国家林业局林业软科学研究先导专项项目(编号 2012 - R15)

基层林业关键岗位干部素质能力模型研究

“基层林业关键岗位干部素质能力模型研究”课题组 著

中国林业出版社

图书在版编目(CIP)数据

基层林业关键岗位干部素质能力模型研究 /“基层林业关键岗位干部素质能力模型研究”课题组著 - 北京：中国林业出版社，2016.10
ISBN 978 - 7 - 5038 - 8757 - 4

Ⅰ. ①基… Ⅱ. ①基… Ⅲ. ①林业 - 基层组织 - 干部教育 - 研究 - 中国 Ⅳ. ①F326.25

中国版本图书馆 CIP 数据核字(2016)第 258736 号

责任编辑：卢 灵 于界芬

出版 中国林业出版社(100009 北京西城区刘海胡同 7 号)
E-mail cfphz@public.bta.net.cn **电话** 83143542
发行 中国林业出版社
印刷 中国农业出版社印刷厂
版次 2016 年 11 月第 1 版
印次 2016 年 11 月第 1 次
开本 787mm × 1092mm 1/16
印张 21.5
字数 421 千字
定价 68.00 元

课题组人员名单

组　长： 李向阳

副组长： 陈立桥　陈立俊

成　员：（按姓氏笔画排序）

丁　娜　马剑芳　王海燕　王　薇　王鑫荣　韦龙宾
毛坤财　任会利　阮　智　李文俊　李志军　李志锋
李克祥　李若娟　李潇晓　杨　旭　杨　丽　杨晓红
来跃勤　宋毅克　张全林　张嘉伟　张肇波　陈立俊
陈　顺　陈俊飞　邵金辉　周建平　周德全　赵　珊
姜振华　柴　艳　徐鹭霞　凌尚松　高力力　高　伟
高振华　唐　波　桑景拴　黄云鹏　皑　妍　葛祖鸣
董明水　韩纯君　温德华　裘烨真　赖文安　詹建文
蔡宝明　翟凌霄

课题参与单位名单

主持单位：

国家林业局管理干部学院
国家林业局成人教育研究中心

参与单位：

山西省林业厅人事教育处
山西省造林局
山西省国有林管理局
辽宁省林业厅人事处
辽宁林业职业技术学院
辽宁省林业工作总站
黑龙江省林业厅人事处

黑龙江省庆安国有林场管理局
黑龙江省林木种苗管理总站
福建三明林业学校
江西省林业干部培训中心
江西环境工程职业学院
河南省林业厅人事教育处
河南林业职业学院
云南省林业厅人事处
云南林业职业技术学院
云南省林业技能开发站
陕西省林业厅人事教育处
陕西省林业教育培训站
广西林业干部学校

前言

Preface

“贤者在位，能者在职”，高素质、创造性领导人才是安国家、全社稷、主兴衰的根本。中央高度重视干部素质能力建设，党的十八大提出，要加强和改进干部教育培训，提高干部素质和能力。《2013～2017年全国干部教育培训规划》明确部署，以加强中国特色社会主义理论体系学习为首要任务，全面推进理论武装、党性教育、能力培训和知识更新。

当前和今后一个时期，是我国实现“两个一百年”奋斗目标、全面建成小康社会的关键阶段，是全面提升林业现代化水平，建设生态文明的重要时期。党的十八大明确指出，要从源头上扭转生态环境恶化趋势，把生态文明建设放在突出地位，融入经济建设、政治建设、文化建设、社会建设各方面和全过程，努力建设美丽中国，实现中华民族永续发展。习近平总书记对推进生态文明建设多次发表重要讲话，做出一系列重要指示和深刻论述，为林业发展提供了基本遵循。“十三五”时期，我国林业将牢固树立创新、协调、绿色、开放、共享的发展理念，深入实施以生态建设为主的发展战略，以维护森林生态安全为主攻方向，以增绿增质增效为基本要求，加快推进现代化建设进程，为全面建成小康社会、实现中华民族伟大复兴的中国梦创造更好的生态条件。要实现这一崇高使命和历史重任，急需一支素质优良、能力突出的林业干部人才队伍。

科学准确把握不同岗位干部的素质能力需求，是建设高素质干部队伍的前提和基础工作，对于针对性提升干部素质能力具有重要意义。《2010～2020年干部教育培训改革纲要》明确指出，要研究不同类别、不同层次、不同岗位干部的素质能力模型，制定分类培训大纲。为此，经国家林业局科技司批准立项，在国家林业局人事司的精心指导下，我们组织开展了“基层林业关键岗位干部素质能力模型研究”。

《基层林业关键岗位干部素质能力模型研究》在借鉴现有国内外研究经验的基础上，结合林业实际，应用素质能力研究方法，构建基层林业关键岗位干部素质能力模型。该研究的特点在于：一是首次将素质能力方法引入林业领域，将基层林业关键岗位干部作为整体研究对象，构建针对性的素质能力标准，促进了林业干部教育培训研究领域方法和对象的创新，为提升林业关键岗位干部素质能力提供了依据；二是针对国内运用素质能力模型构建中的主要问题，将素质能力模型界定为素质、能力和知识等 3 个维度，清晰了对素质能力概念外延的理解；三是进一步完善指标内容，在能力和知识维度下划出了通用(基础)和专业两个方面，体现了行业干部的特点；四是在前期工作中，更加重视词典的构建，通过全面分析组织战略、岗位职责、领导角色，借鉴现有研究成果、结合研讨意见，明确了素质能力研究的重点；五是在构建模型的过程中，在依托关键事件访谈法的基础上，综合采用了文献分析、小组研讨、专家研讨、问卷调查等方法，广泛汇集了研究组的集体智慧、专家的理论知识、一线工作者的实践经验，具有扎实的基础和依据，研究成果具有较高的科学性。

《基层林业关键岗位干部素质能力模型研究》共走访山西、辽宁、黑龙江、福建、江西、河南、广西、云南、陕西等 9 个省(区)的国有林场场长、乡镇林业工作站站长、木材检查站站长、县级林木种苗管理站站长、县级林业有害生物防治检疫站站长、国家级自然保护区管理局局长等 6 类岗位的领导干部共计 233 人，获得有效访谈文本 149 份。模型构建前期，我们面向全国上述 6 类基层林业关键岗位干部发放了 500 份调查问卷，了解掌握他们对素质能力的需求；模型构建完成后，发放了 900 份调查问卷，对模型是否能有效地反映各岗位所必须的知识、素质、能力特点进行检验。经过反复研究，构建了 6 类基层林业关键岗位干部的素质能力模型，每个模型包括 7 个素质要素、7 个能力要素和若干个知识要素，并对除政治素质要素、知识要素之外的每一项素质能力要素作了定义界定，划分了优秀、良好、合格、不合格四个行为层级，对每一层级的行为特征作出描述。这将为开展基层林业关键岗位干部培训、提升干部素质能力提供针对性的标准，为基层林业关键岗位干部的选拔、使用提供可测量的尺度。

本研究由国家林业局管理干部学院李向阳同志主持，陈立桥、陈立俊两位同志具体负责，相关科研人员承担研究工作。有关省级林业主管部门及直属单位、林业培训机构、林业职业院校的同志协助开展了调研访谈和信息采集。本研究得到了国家林业局有关领导和部门的热情关怀，得到了各地方林业部门单位的大力支持，中国人事部科学研究院罗双平教授给予了精心指导，各参与研究单位和人员付出了辛苦劳动。在此，谨向他们表示衷心的感谢！

研究报告撰写人员如下：第一部分执笔人：陈立俊、陈立桥；第二部分执笔人：陈立俊、马剑芳；第三部分执笔人：陈立桥、陈立俊；第四部分执笔人：高力力、赵珊；第五部分执笔人：赵珊、陈立俊；第六部分执笔人：皑妍、裘烨真；第七部分执笔人：裘烨真、皑妍、杨丽；第八部分执笔人：陈立俊。

承担文本分析工作的人员如下：裘烨真(国有林场场长访谈文本分析)，陈立俊(乡镇林业工作站站长访谈文本分析)，赵珊(木材检查站站长访谈文本分析)，皑妍(县级林木种苗管理站站长访谈文本分析)，高力力(县级林业有害生物防治检疫站站长访谈文本分析)，丁娜(国家级自然保护区管理局局长访谈文本分析)。

承担访谈工作的单位如下：国家林业局管理干部学院、山西省林业厅人事教育处、山西省造林局、山西省国有林管理局、辽宁省林业厅人事处、辽宁林业职业技术学院、辽宁省林业工作总站、黑龙江省林业厅人事处、黑龙江省庆安国有林场管理局、黑龙江省林木种苗管理总站、福建三明林业学校、江西省林业干部培训中心、江西环境工程职业学院、河南省林业厅人事教育处、河南林业职业学院、云南省林业厅人事处、云南林业职业技术学院、云南省林业技能开发站、陕西省林业厅人事教育处、陕西省林业教育培训站、广西林业干部学校。

为了尽量还原访谈实况，以更好地遵循访谈对象的本意进行分析，我们做了访谈录音并按此实录为文本。为此，本书附件中的访谈文本尽量保留了原汁原味的口语化风格，文中分析的素质、能力要素名称为最初讨论稿名称，与最终确定的要素名称有所出入，特此说明。本研究成果通过了国家林业局科技司组织的专家评审。根据研究成果撰写的《行业素质能力模型构建及应用研究——以林业行业为例》一文获中共中央组织部全国干部教育培训理论研讨会二等奖。由于经验和水平限制，该研究成果可能还存在不足。希望各位读者对本书提出宝贵意见，以便今后进一步改进。

著　者

目　录

Contents

1 导论

1.1 问题的提出及研究意义

1.1.1 理论层面

人力资源理论揭示，人是生产力中最活跃的因素，人才资源是最宝贵的资源。当今世界，多极化、全球化深入发展，科技进步日新月异，人才竞争日趋激烈。我国当前处在改革发展的关键阶段，经济建设、政治建设、文化建设、社会建设以及生态文明建设全面推进，比以往任何时候都更需要大批的杰出干部人才。

长期以来，我国干部培养以理论和知识学习为主，这主要是因为过去干部队伍整体文化素养不高、知识水平不足。随着时代的发展与进步，社会对人力资本的能力需求日益凸显，人才标准随之发生了显著变化，从工业化时期的“学历主义”向知识经济时代的“能力主义”转化，从推崇“有学历的人”向“有能力的人”转变。素质能力成为干部开展工作、完成任务不可缺少的条件。没有素质能力，不可能成为一个称职的干部；素质能力不高，也不可能成为一个优秀的干部。

中央高度重视干部素质能力建设，特别是进入20世纪90年代后期，随着干部队伍综合素质不断提高和整体性新老交替的完成，中央作出一系列重要决策部署。党的十六大提出大规模培训干部、大幅度提高干部队伍素质。2011年又召开全国干部教育培训工作会议，颁布《2010～2020年干部教育培训改革纲要》，明确要求建立健全中国特色干部教育培训体系，不断提高干部教育培训科学化水平，全面落实大规模培训干部、大幅度提高干部素质的战略任务。《国家中长期人才发展规划纲要(2010～2020年)》要求实施党政人才素质能力提升工程，构建理论教育、知识教育、党性教育和实践锻炼“四位一体”的干部培养教育体

本章节执笔人：陈立俊、陈立桥

系，建立健全党政干部岗位职责规范及其能力素质评价标准。党的十八大明确提出，要“加强和改进干部教育培训，提高干部素质和能力”。《2013～2017年全国干部教育培训规划》明确要求，以加强中国特色社会主义理论体系学习为首要任务，全面推进理论武装、党性教育、能力培训和知识更新。

加强干部素质能力建设，首先要科学、准确把握不同岗位干部的能力需求，这是重要的前提和基础。《2010～2020年干部教育培训改革纲要》明确指出，要研究不同类别、不同层次、不同岗位干部的素质能力模型，制定分类培训大纲。

在国家林业局党组的有力领导下，林业行业深入贯彻中央要求，紧密结合林业发展实际，提出一系列针对性举措。《林业发展“十二五”规划》明确指出，要“加快林业人才资源开发和人才队伍能力建设”，“建立完善现代林业教育培训与技能人才开发体系”，重点实施8项工程建设。《全国林业教育培训“十二五”规划》进一步提出实施9项教育培训重点工程，适应加强党的执政能力建设和先进性建设要求，着力提高林业干部的素质能力，特别针对林业关键岗位干部，研究制订岗位能力建设标准，编写指导性培训大纲和教材。为此，研究组开展了“基层林业关键岗位干部素质能力模型研究”。其目的就是：结合林业实际，研究建立基层林业关键岗位干部素质能力标准，为培训、选拔、使用基层林业关键岗位干部提供依据。

肇端于美国20世纪六七十年代的素质能力方法(competency method)，为本研究提供了可借鉴的方法。麦克利兰(David C. McClelland)在帮助美国国务院设计外交官选拔方法的过程中，应用了素质能力方法的一些关键理论和技术：抛弃对人才条件的预设前提，从第一手材料出发，比较分析绩优和绩差外交官的行为特征，识别导致工作业绩差异的个人条件，在实践中取得了良好效果。70年代，麦克利兰通过进一步研究，直接发掘了那些真正影响工作业绩的个人条件和行为特征——素质能力(competency)，开启了素质能力运动的发端。之后数十年素质能力方法的广泛实践显示，它可以显著地提高人力资源的质量，强化组织的竞争力，促进组织发展目标的实现。本研究将应用素质能力方法，按照人岗一致原则，从素质、能力和知识三个维度出发，构建基层林业关键岗位干部的素质能力模型，明确他们所应具备的素质能力标准。这将为开展基层林业关键岗位干部素质能力建设提供全新的视角和更为有利的技术工具。

1.1.2 实践层面

林业是重要的基础性产业和社会公益事业，是国民经济的重要组成部分，承担着保护生态环境、保持生态平衡、提供林产品和服务的重要作用。党中央、国务院高度重视林业工作，把林业放在关系经济社会发展全局的战略高度，颁发了《中央10号文件》，召开了首次中央林业工作会议，明确了林业的“四个地位”“四大使命”和“五大功能”。党的十八大明确指出，要从源头上扭转生态环境恶化趋势，把生态文明建设放在突出地位，融入经济建设、政治建设、文化建设、社会建设各方面和全过程，努力建设美丽中国，实现中华民族永续发展。党的十八大以来，习近平总书记对推进生态文明建设多次发表重要讲话，作出一系列重要指示和深刻论述，对于发展生态林业和民生林业、建设生态文明和美丽中国具有重要指导意义。林业行业根据新形势新任务，不断推进生态林业民生林业建设，开辟了林业科学发展的新局面。可以说，我国林业处在历史上最好的发展时期，面临着前所未有的发展机遇。

发展生态林业民生林业，需要一支高素质的林业干部队伍。林业关键岗位干部作为林业干部队伍的重要组成部分，其素质能力状况，直接关系林业各项工作的成效。林业关键岗位是指林业行业中关系到培育、保护、管理、利用森林资源，保证林产品质量、提高经济效益和生态效益，保障林业生产安全的重要岗位。1996 年印发了《林业部关于印发 <林业行业关键岗位持证上岗管理暂行办法>的通知》(林人通字〔1996〕57 号)，首批公布了 20 个林业关键岗位，“九五”期间共公布了 33 个林业关键岗位。根据 2010 年统计，国有林场场长、林业工作站站长、木材检查站站长、林木种苗管理站站站长、有害生物防治检疫站站长、自然保护区管理局局长等 6 类关键岗位干部占据了林业关键岗位干部的 81.5%(中国林业统计年鉴，2011)。研究组选取了这 6 类干部作为研究对象，并进一步将研究范围缩小为其中的重要基层一线干部，包括：国有林场场长、乡镇林业工作站站长、木材检查站站长、县级林木种苗管理站站长、县级有害生物防治检疫站站长、国家级自然保护区管理局局长。这些干部处在生态林业民生林业发展的最基层、最前沿，是林业事业的组织者、推动者和实践者，是生态林业民生林业发展的一线主力军，具体工作要靠他们来开展，具体任务要靠他们来落实，具有突出的典型性和代表性。

随着当前林业地位和作用的日益突出，以及集体林权制度改革和生态林业民生林业的深入发展，我国林业从经营理念到发展目标，从结构布局到生产方式，从管理体制到管理手段，从政策导向到保障机制都发生着深刻变革，从而对林业干部的素质能力提出了新的要求。但从现实来看，基层林业关键岗位干部的素质能力还有不小差距，面对不断深化的林业改革和日益激烈的竞争挑战，不少干部出现了程度不同的“知识恐慌”和“本领恐慌”。针对 6 类林业关键岗位干部的小范围调查显示，其整体素质能力状况不容乐观：一是整体学历不高。具有本科学历的不足 4 成，具有研究生及以上学历的更少。二是知识更新较慢。大部分干部由于在工作中培训机会较少，或者培训课程与岗位需求具有一定的差异性，导致专业知识技能更新缓慢，难以适应林业快速发展的形势和满足工作需要。三是专业技术能力和综合管理能力不强。多数干部对自身专业技术能力的满意度不超过 60%，在调查的 6 项能力中居于最差之列。一些入职时间短的干部，连基本的岗位职责和知识都未完全掌握。多数干部对自身管理能力的满意度不足 70%。许多干部认为自己在处理复杂事务时，存在明显欠缺。五是素质能力难以胜任工作需要。国有林场场长、乡镇林业工作站站长、林木种苗管理站站长、自然保护区管理局局长对自身工作的总体满意率，分别为63.5%、65.9%、63.6%和73.1%。许多干部在履行职责特别是核心岗位职责方面，存在明显差距。现实表明，研究制定基层林业关键岗位干部素质能力标准，针对性地提升他们的工作能力，是当前的迫切需要。这将为开展基层林业关键岗位干部培训、提升干部素质能力提供针对性的标准，为基层林业关键岗位干部的选拔、使用提供可测量的尺度，对于更好地服务生态林业民生林业发展具有重要意义。

1.1.3 研究意义

本研究通过构建基层林业关键岗位干部素质能力模型，建立素质能力标准，对于基层林业关键岗位干部的培训、选拔、使用和考核具有重要意义。

一是为干部培训提供标准。高效率的干部培养应针对干部特点和个人需求来制定方案，不同特点的干部适合从事不同的岗位。通过素质能力模型比较和测试，可以为干部规划不同的发展方向，制定相应的培训方案，设计合适的培训课程。

二是为干部选拔和使用提供参考。通过素质能力模型，对干部的发展潜力进行评估，并与不同岗位素质能力模型进行相似性比较，能够为干部发现能力“短板”，找到“最适合”的岗位。同时，通过明确特定岗位的特定能力素质，可在一定程度上避免干部使用的随意性和偶然性，更好地体现人岗一致的原则。

三是为绩效考核提供依据。要使高绩效实现可持续，就应当将绩效寄予相对稳定的干部素质能力之上。通过素质能力模型，对干部进行考评，并给予信息反馈和工作指导，是提高干部素质能力和工作绩效的有效方式，有助于激发干部提升素质能力和开展工作的热情。

四是为开展相关研究奠定基础。素质能力模型是初步的能力标准，从培训、选拔、使用和考核的角度而言，还需以此为据开展大纲开发、课程设计、教材编制等后续工作，本研究将为此奠定良好的基础。同时，基层林业关键岗位干部只是林业干部队伍中的组成部分，素质能力研究方法可以应用于更广泛的干部范围，本研究的成果和经验可以为之提供良好的借鉴。

1.2 研究思路与内容

1.2.1 研究思路

本研究针对国有林场场长、乡镇林业工作站站长、木材检查站站长、县级林木种苗管理站站长、县级有害生物防治检疫站站长、国家级自然保护区管理局局长等6类基层林业关键岗位干部，通过整理文献资料做好理论方法支持，通过调研访谈掌握第一手信息，应用素质能力方法构建模型，经过专家研讨和问卷调查反复修正模型，在此基础上，形成6类基层林业关键岗位干部的素质能力模型。总体上遵循以下技术路线(图1)。

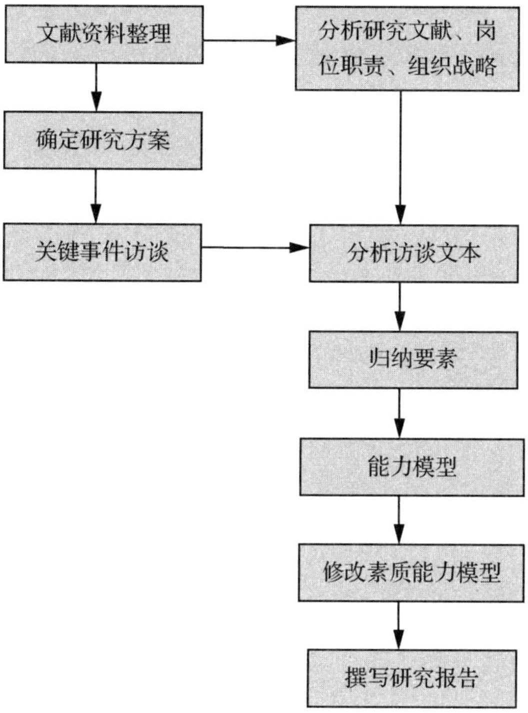

图1　技术路线

1.2.2　研究内容

本研究分为8部分，包括导论、研究综述、基本概念与研究过程、林业关键岗位干部现状、模型构建等内容。

第一部分：导论。从理论和实践角度阐述了本项目的由来，从干部培训、选拔、使用角度阐述了本项目的意义。对项目的研究思路、内容、方法和预期成果作了扼要介绍。

第二部分：国内外研究综述。介绍了素质能力方法在国外的起源、发展，论述了在企业、公共管理部门等重要领域的研究应用成果，特别是作为国家效率工程的重要作用，对素质能力方法在国外的总体研究应用情况作了基本判断。介绍了素质能力方法在国内的引入、发展，着重论述了在公共管理部门的研究应用情况，分析了其中的经验和问题，为开展本研究做基础的理论梳理。

第三部分：基本概念与研究框架。介绍了素质能力、素质能力模型的构成及素质能力模型构建方法，阐述了研究过程和把握重点。

第四部分：林业关键岗位干部现状。从学历、专业、职称、分布、任职年限等角度分析了林业关键岗位干部的状况，主要从岗位职责角度论述了他们在现代林业建设中的重要地位和作用，从专业能力、管理能力角度分析了他们的差距，明确了开展本研究的方向。

第五部分：前期准备。在构建素质能力模型之前，成立领导小组、专家小组、研究小组、调查小组，奠定了研究的组织基础。着重针对研究小组和调查小组成员，开展素质能力理论，特别是关键事件访谈法的培训，确保研究和调查工作顺利开展。在分析组织战略、岗位职责和干部角色的基础上，进一步借鉴现有研究，明确基层林业关键岗位干部的素质能力重点，以确保正确的研究方向。

第六部分：抽样与访谈。确定了抽样和访谈方案，从全国 9 个省(区)抽样选择了 270 位访谈对象，实际访谈了 233 个对象，获得了 149 个有效样本。通过访谈掌握了大量第一手信息资料，并将采访录音逐字逐句录入为文本，为进行下一步研究打下良好基础。

第七部分：模型构建。对 149 个采访文本进行了逐一分析，每个岗位分别提取了 7 个素质要素和 7 个能力要素，归纳了每个岗位的必备知识。通过行为锚定法对素质和能力要素进行概念界定、层级划分和特征描述，形成基层林业关键岗位干部的素质能力四级定义词典库和素质能力模型。在此基础上，通过广泛听取专家意见和开展问卷调查，进一步修改完善研究成果。

第八部分：结语与展望。本研究较好反映了基层林业关键岗位干部的工作实际和岗位特点，具有较强的可信力。其主要创新点在于：首次将素质能力方法引入林业领域，在模型框架上，明确“素质、能力和知识”三维构成，奠定分析理论基础；在要素层次上，兼顾通用性和专业性要求，更加贴合行业干部属性；在方法应用上，以关键事件访谈法为主获取丰富信息，同时辅以专家研讨法、问卷调查法等多种方法，确保结果更加客观。通过这些改进和发展，使得研究成果具有更好的适用价值。本研究的素质能力模型为林业干部培训、选拔、考核和职业规划开辟了创新方式，也为建立类似的行业干部素质能力模型提供了良好借鉴。

1.3 研究方法

在具体研究过程中，结合实际需要，综合运用了关键事件访谈法、文献分析、问卷调查、座谈研讨等方法。

文献分析法：通过搜集、整理和分析相关的素质能力研究文献，梳理了当前的研究现状，确定了本研究的思路和方案。同时，通过分析权威文件和具体单位制定的岗位职责、组织战略，明确了初步的素质能力要素重点，为开展研究奠定了基础。

关键事件访谈法(BEI)：本研究针对 6 类基层林业关键岗位干部，在全国 9 个省份选取典型对象，应用关键事件访谈法调查掌握他们的行为信息，得到 149 个有效文本，从中分析获取了素质能力要素。

问卷调查法：针对国有林场场长、乡镇林业工作站站长、县级林木种苗管理站站长、国家级自然保护区管理局局长等林业关键岗位干部，发放了500份调查问卷，调查他们的学历、专业、职称、任职年限等基本情况，以及他们在履行岗位职责方面的状况和差距。面向全国6类基层林业关键岗位干部发放了900份调查问卷，对素质能力模型是否能有效地反映该岗位所必需的知识、素质、能力特点进行检验。

小组研讨法：素质能力要素的归纳提取、概念界定、层级划分、行为描述，带有强烈的主观色彩，有赖于研究者的知识背景。研究小组定期召开研讨会，在充分借鉴现有研究成果和权威意见的同时，汇集集体智慧，尽力对各个环节工作做出合理的安排。

专家研讨法：多次召开由人事教育主管部门、业务主管部门的领导和专家、各领域专家、基层一线干部参加的研讨会，借用他们深厚的理论知识和丰富的实践经验，对素质能力模型进行反复修改完善。

在以上方法中，关键事件访谈法是本研究最重要的方法论基础，它提供了一个可行的素质能力模型开发程序。如图2所示：通过文献分析，选择绩效标准，确定访谈对象。通过关键事件访谈法、实地考察等方法采集数据，构建和验证素质能力模型。

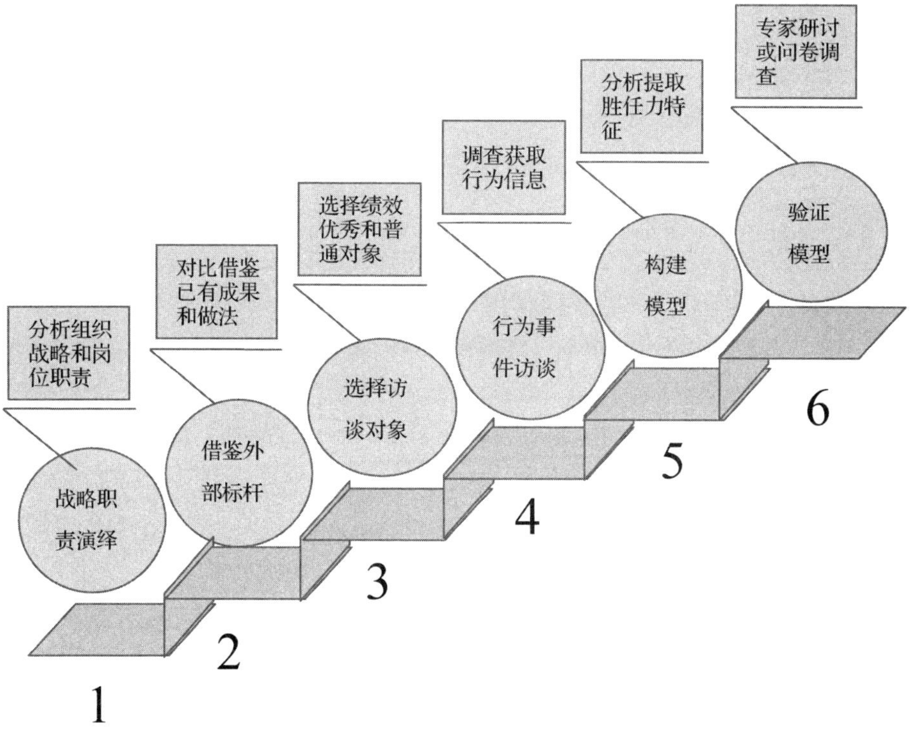

图2　关键事件访谈法应用流程

与其他方法相比，关键事件访谈法是目前公认的建立素质能力模型最有效的方法，但也最耗时耗力（表1）。主要过程是请受访者回忆过去一段时间在工作上感到最具有成就感（或挫折感）的关键事例。受访者必须回忆并陈述一个完整的故事，包括以下内容：情境的描述、有哪些人参与、实际采取了哪些行为、个人有何感觉、结果如何。访谈需收集3～6个行为事件的完整、详细的信息。在具体访谈过程中，需要被访谈者列出他们在工作中遇到的关键情境，包括正面结果和负面结果各3项。这些不仅能得到展现能力的各种工作情景的大量数据，也能得到有关素质能力要素及行为特征方面的信息，为构建素质能力模型提供大量丰富的有价值的信息。

表1　构模方法及优缺点

研究方法	优点	缺点	准确性
问卷调查	1. 经济快捷 2. 匿名性 3. 样本大，效率高 4. 标准化程度高	1. 无法深入追问、挖掘隐藏的素质能力 2. 灵活性较差 3. 统计数据真实性不可控	★★★
关键事件访谈	1. 能够获得大量有价值的数据资料 2. 结论准确度高 3. 过程灵活 4. 能够针对问题深入追问	1. 耗时耗力，样本不易获取 2. 标准化程度较低 3. 受制于研究者的主观思维	★★★★★
综合小组研讨	1. 科学性强 2. 过程灵活 3. 能够针对问题深入追问	1. 样本小，效率较低 2. 容易遗漏某些独特的素质能力 3. 对研究者要求较高	★★★
岗位专家研讨	1. 省时省力 2. 熟悉专业特性，专业性强 3. 过程灵活	1. 容易轻视通用素质能力 2. 对研究者要求较高 3. 受制于研究者的主观思维	★★★
实地观察	1. 能够获得有价值的基础数据资料 2. 简便易行 3. 能够深入、全方位了解受访者真实情况	1. 耗时耗力 2. 样本量小 3. 标准化程度低 4. 易受观察者主观因素影响	★★★★
专家系统数据库	1. 省时省力 2. 样本大，效率高 3. 科学性强 4. 标准化程度高	1. 数据库编制难度较大 2. 灵活性较差 3. 容易遗漏某些独特的素质能力 4. 对数据库编写者要求较高	★★★

2 研究综述

2.1 国外研究综述

素质能力模型研究源于麦克利兰(David C. McClelland)提出的素质能力(competency)理论，目前已在世界范围内得到广泛实践，成为人力资源管理领域的热点。McClelland将素质能力定义为与工作或工作绩效或生活中其他重要成果直接相似或相联系的知识、技能、能力、特质或动机。他在《测量素质能力而非智力》一文中试图用素质能力取代传统智力测量，找出绩效优秀者和普通者的最显著区别特征，提出了关键事件访谈法和素质能力有效测试的6个原则(David C. McClelland，1973)。以此文为标志，西方开启了胜任素质能力运动。

McBer咨询公司和美国管理协会(AMA)开展了第一次大型的素质能力项目研究，提出了优秀管理者的五个素质能力要素：专业知识、心智成熟度、企业家成熟度、人际间成熟度和在职成熟度。Richard Boyatzis(1982)将素质能力方法用于管理工作，使之迅速普及。他在全面分析12个工业行业、41个公共事业和私营企业管理职位、2000名管理人员素质能力的基础上，提出了管理人员通用素质能力的6个特征群和19个子特征。Spencer(1993)归纳出了管理者的6类20种素质能力特征。Fletcher等人将素质能力视为“保证一个人胜任工作的、外显的行为的维度”，提供了研究素质能力的另一途径(胡露，2011)。C. K. Prahalad等人(1990)将素质能力方法应用于组织绩效研究领域，提出了团队核心素质能力概念。Mount等人测量了250名经理人员，得到了管理者素质能力的3个维度：人际关系、管理和技术的技能(陈云川等，2004)。BTay等从能力、态度及个性特征等角度出发，总结出经理人员的25项素质能力要素，包括人际关系能力、言语表达能力、社会敏感性、创造性、灵活性、组织能力、计划能力、决策能力等(张颖，2009)。Chin、Gu、Tubbs建立了管理者全球领导素质能力模

本章节执笔人：陈立俊、马建芳

型，Bueno、Tubbs 进一步分析验证，得出了 6 个关键的素质能力要素（胡艳曦等，2008）。

素质能力模型在西方广泛应用于行政管理、企业、教育、公共部门等领域，在构建人力资源的效率工程方面发挥了重要作用。McClelland 在 FSIO（Foreign Service Information Officers）素质能力模型中提出 3 种核心特征，至今作为美国政府选拔 FSIO 的主要依据。美国高级公务员的素质能力模型，由领导变革、领导他人、成果驱动、业务敏锐性、关系建立、沟通等 6 个核心任职维度构成，下面包含了 26 个子要素。加拿大高级公务员的素质能力模型，则由智力、建设未来的能力、管理能力、人际能力、个人能力等 5 个维度构成，包含了 14 项核心子能力（刘宜静，2000）。英国公务员"能力本位"系统将公务员素质能力分为 3 个大层次和 9 个小层次，在西方国家公务员素质能力实践中较有代表性。英国通过开展工业、公共事业的组织素质能力研究，发展出著名的职业资格体系 NVQ。美国则相应建立了美国国家技能标准，实施了美国领导效率工程（陈云川等，2004）。

2.2　国内研究综述

国内对于素质能力的研究始于 20 世纪 90 年代，主要涉及素质能力内涵、素质能力模型研究、素质能力对人力资源管理实践的影响等方面。国内对素质能力内涵主要从知识、技能、社会角色、自我概念、个性、动机等层次阐述，冯明（2001）将素质能力分为 6 种，章凯（2004）界定了素质能力的个体特征和行为特征。

素质能力模型的类型主要涵盖了党政干部、企业管理人员等。人事部提出了公务员必备的 9 种能力，具有较好的代表性。彭浩晟、沈玉洁（2005）提出了党政人员的素质能力要素及贯彻其中的 5 种品性。罗双平（2005）提出国家公务员岗位通用素质能力应包括政治素质、个性特征、必备知识、工作技能与综合能力、工作经历与经验等 5 个维度的要素。李明斐（2006）提出了领导公务员素质能力的 9 个维度。张兵（2009）提出了县（市、区）党政主要领导干部岗位素质能力模型。

素质能力在企业层面的应用研究相对广泛。李虹等（2001）研究了中层管理者工作素质能力。王重鸣（2002）研究并开发了企业高级经营者综合素质选拔评价系统，用于选拔综合素质能力优秀的经营管理人员。时勘等（2002）研究了企业高层管理者素质能力特征模型。仲理峰（2002）提出了我国家族式企业高层管理者的 11 种素质能力特征。王垒等（2002）提出了中国管理者素质能力特征的四个组成因子：能力因子、社交因子、动机人格因子、情绪因子。

还有一些成果关注了素质能力模型的应用。张宏云、时勘（2001）研究了素质能力特征模型的 360 度反馈评价。柯年满（2003）研究了素质能力对于人力资源管理的重要意义，程芳(2004)研究了素质能力在人员选任中的应用，何斌(2004)研究了素质能力在培训中的应用，赵辉(2007)则研究了地方党政领导干部的素质能力模型与绩效关系。

从林业领域来看，对于干部素质能力建设的研究仍处于起步阶段，在应用素质能力方法开展研究方面更是处于空白。本研究将在借鉴现有国内外研究经验的基础上，结合林业实际，应用素质能力研究方法，构建基层林业关键岗位干部素质能力模型，为开展相关培训、选拔、使用和考核提供参考依据。

本章小结

素质能力研究源于 McClelland 提出的 Competency 理论，目前已在世界范围内得到广泛实践，成为人力资源管理领域的热点。

素质能力模型在西方主要应用于管理、组织和公共部门等领域，对于提升管理者的能力和效率发挥了重要作用。一些主要的西方国家，甚至将其上升到国家战略层次，用于构建本国重大的人才效率工程。

素质能力研究日益引起国内重视。正式引入始于 20 世纪 90 年代，研究内容主要涉及素质能力内涵、素质能力模型研究、素质能力模型应用等领域。在内涵研究方面，延续了 competency 的构成理论，但尚未形成统一定论。在模型研究方面，更多针对企业中高层管理人员，其次是党政干部。在素质能力模型应用研究方面，主要涉及人力资源管理范畴。

从林业领域来看，对于素质能力的研究仍处于起步阶段，在应用素质能力方法开展研究方面更是处于空白。无论从理论角度，还是从实践角度，本研究都是一项创新的工作。

3 基本概念与研究过程

3.1 基本概念

3.1.1 素质能力

“素质能力”一词源于美国心理学家麦克利兰（David C. McClelland）提出的“competency”理论。他强调在现实中“直接发掘那些能真正影响工作业绩的个人条件和行为特征，为提高组织效率和促进个人事业成功做出实质性的贡献”，并将其统称为“competency”。也有研究者根据不同理解将其称为“competence”，国内多译作“胜任力”。

麦克利兰在冰山模型中列出了“competency”的构成。根据不同表现形式，分为表面的“冰山以上部分”和深藏的“冰山以下部分”。“冰山以上部分”为知识、技能，是外在表现，是容易了解与测量的部分。美国学者 Lyle M. Spencer, Jr. &Signe M. Spencer（1993）将其称为基准性素质（threshold competence），认为这是对任职者基础素质的要求，但不能把表现优异者与表现平平者区别开来。“冰山以下部分”包括社会角色、自我形象、特质和动机，是人内在的、难以测量的个性特征。它们不太容易通过外界的影响而得到改变，但却对人员的行为与表现起着关键性的作用。Lyle M. Spencer，Jr. &Signe M. Spencer 将这部分称为鉴别性素质（differentiating competence），认为它是区分绩效优异者与平平者的关键因素，职位越高，鉴别性素质的作用越大。

国内外对于相关要素的划分及解释存在较大差异，综合来看主要包括以下构成层级：技能，指一个人能完成某项工作或任务所具备的能力，如表达能力、组织能力、决策能力、学习能力等。知识，指一个人对某特定领域的了解，如管理知识、财务知识、文学知识等。角色定位，指一个人对职业的预期，即一

本章节执笔人：陈立桥、陈立俊。

个人想要做些什么事情，如管理者、专家、教师等。价值观，指一个人对事物是非、重要性、必要性等的价值取向，如合作精神、献身精神。自我认知，指一个人对自己的认识和看法，如自信、乐观。品质，指一个人持续而稳定的行为特性，如正直、诚实、责任心。动机，指在一个特定领域的自然而持续的想法和偏好，它们将驱动、引导和决定一个人的外在行动，如成就动机、亲和动机、影响力等。一些学者进一步对素质能力构成作出整理归纳。Lucia 与 Lepsinger 认为，素质能力模型主要回答了两个问题：完成工作所需要的技能、知识和个性特征是什么，以及哪些行为对于工作绩效和获取工作成功来说是具有最直接的影响的（胡艳曦等，2008）。根据廖勇凯（2005）的研究，素质能力可以分为一般素质能力（G）与特殊素质能力（S），一般素质能力包括性格与能力，特殊素质能力包括知识与技能。罗双平（2008）将素质能力分为知识、能力、个性、工作经验等四个维度。

由于对“competency”及其构成要素的理解差异，其概念尚无定论，主要有两类分歧观点。一类从内涵角度出发将其视为个人的潜在特征。麦克利兰（David C. McClelland）认为“competency”是“能将某一工作（或组织、文化）中表现优异者与表现平平者区分开来的个人的潜在的、深层次特征，它可以是动机、特质、自我形象、态度或价值观、某领域的知识、认知或行为技能——任何可以被可靠测量或计数的，并且能显著区分优秀绩效和一般绩效的个体特征”。Boyatzis 也将“competency”定义为个体的潜在特征。Spencer 将其定义为能可靠测量并能把高绩效员工区分出来的潜在的、深层次特征。美国合益集团（Hay Group）对其权威定义是：驱动人产生优秀工作绩效的各种个性特征的集合，它反映的是可以通过不同方式表现出来的人的知识、技能、个性与内驱力等，是判断一个人能否胜任某项工作的起点，是决定并区别绩效差异的个人特征。

另一类观点从外在出发将其视为履行工作时的行为表现。Woodruff（1991）认为，“competency”是个体相关行为的类别，是一种明显的能使个体胜任某项工作的行为。Fletcher 认为，“competency”特征是指一类行为，这些行为是具体的、可以观察到的、能证实的，并能可靠地合乎逻辑地归为一类。Cockerill 认为，“competency”是相对稳定的行为，这些行为所连续创立的程序可以使组织能够了解、适应新的环境要求，并能对环境加以改变以更好地适应不同利益的需要。

两类观点各有缺失。前者往往使得“competency”的内容过于抽象和庞杂，难于让人理解。后者使得“competency”可以通过行为表现来度量，但同样在操作方面存在问题。因此，有的学者试图调和两者，Ledford（1995）认为“competency”是可验证的、产生绩效的个人特征，包括3个概念：一是个人特质，即个人独具的特质，包括知识、技能和行为；二是可验证性，即个人所表现出来的、可以确认的部分；三是产生绩效的可能性，即除了现在的绩效表现，还注重未来的绩效。尽管以上关于“competency”的界定不一，但仍存在以下基本一致：“competency”与工作岗位要求紧密联系，强调岗位胜任。“competency”与工作绩效紧密联系，可以预测员工未来的工作绩效。“competency”与绩效差异紧密联系，能够区分绩优员工与绩差员工。

表2　国内外代表性的素质能力概念

研究者	概念
戴维·麦克利兰	Competence/Competency：能区分在特定工作岗位、角色或者情境中绩效水平的个人潜在的特性
莱尔·斯潘塞和西格尼·斯潘塞	Competence：人格中潜在的、深层次的并且持久的个人特质，能够预测一个人在广泛多样的情境和工作任务中的行为与工作绩效，能够预测哪些人能做得好和哪些人可能做不好。这些特质与标准参照组的工作绩效，具有高度的因果关系
理查德·博亚茨	Competency：一个人具有的并用来在某个生活角色中产生成功表现的任何特质，这种个体的潜在特征，可能是动机、特质、技能、自我形象、社会角色或者知识
合益集团（Hay Group）	Competency：能够把平均绩效水平者和高绩效者区分开来的任何动机、态度、技能、知识、行为或个人特点
美国管理协会（American Management Association）	Competency：在一项工作中，与达成优良绩效相关的知识、动机、特征、形象、社会角色和技能
时　勘	胜任特征：能将某一工作(或组织、文化)中有卓越成就者与表现平平者区分开来的个人的潜在特征，即能把某职位中表现优异者和表现平平者区别开来的个体潜在的、较为持久的行为特征(Behavioral Characteristics)
王重鸣	胜任力特征：导致高管理绩效的知识、技能、能力以及价值观、个性、动机等特征(KSAOs)，即管理胜任力
安鸿章	胜任特征：是指根据岗位的工作要求，确保该岗位的人员能够顺利完成该岗位工作的个人特征结构，它可以是动机、特质、自我形象、态度或价值观、某领域知识、认知或行为技能，且能显著区分优秀与一般绩效的个体特征的综合表现
彭剑锋	胜任力：是驱动一个人产生优秀绩效的个性特征的集合，它反映的是可以通过不同方式表现出来的个人的知识、技能、个性和内驱力等。胜任力是判断一个人能否胜任某项工作的起点，是决定并区别绩效差异的个人特征
赵曙明	胜任力：个人所具有的对工作绩效有显著贡献的一系列特质。企业经营者胜任力：从事企业经营管理工作的人应当具备的能够为企业创造高绩效的心智模式、价值观、个性、兴趣，以及能够使其胜任岗位的知识、技术、能力等
章　凯	胜任力：在特定工作岗位、组织环境和文化氛围中绩优者所具备的可以客观衡量的个体特征及由此产生的可预测的、指向绩效的行为特征。其特征结构包括个体特征、行为特征和工作的情景条件
萧鸣政	胜任力：是指在特定工作岗位、组织环境和文化氛围中高绩效者所具备的可以测量与开发的个体特征，它们能够将高绩效者和一般绩效者区分开来，其中有潜在的个体特征，也有外显的个体特征

目前，国内外学者针对人的素质能力构成，建立了多种理论和模型。麦克利兰把人的素质能力特征分为知识、技能、社会角色、自我概念、特质和动机六个维度。国内对人的素质能力构成作了本土化改进。中央组织部公开选拔党政领导干部的标准，包括政治思想、知识、能力、心理和身体素质等五个方面。人力资源与社会保障部规定国家公务员须具备政治鉴别能力、依法行政能力、公共服务能力、调查研究能力、学习能力、沟通协调能力、创新能力、应对突发事件能力、心理调适能力等 9 种通用能力。还有一些代表性成果，如赵耀(2005)提出的中央国家机关人事干部素质能力模型，包括完成任务能力、机关业务能力、人际交往能力、个人素质能力、管理能力等五个方面。这些观点各有缺失，或者界定过于抽象和复杂，或者不够直观明确，或者偏重于某一方面，造成理解上的混乱。表 3 列出了近年来领导干部素质能力模型的主要成果。在理解上有的“素质”包括“能力”，有的“能力”包括“素质”，并且往往偏重于“素质”或“能力”某一方面。

本研究认为，“素质能力”是指一个人在具体工作行为中集中体现出来的胜任工作所需要具备的素质、能力、知识等个人特征，是决定并区别绩效差异的要素。“素质”“能力”和“知识”是“素质能力”的 3 个基本构成维度。这种界定消除了一般研究的误区，更合理地明确了素质能力模型的构成，更清楚地区分了素质、能力和知识三者之间的关系。

表 3　领导干部素质能力模型主要成果

作者（年份）	对象	素质能力维度	素质能力要素
赵耀（2005）	中央国家机关人事干部	完成任务能力	原则性、主动性、有恒性、灵活性、识人能力、创新能力
		机关业务能力	政治信念和党性修养、法制观念、人事政策把握能力、计算机应用技术、一般管理知识和机关业务知识、人事管理工作的实践经验
		人际交往能力	团队合作能力、服务意识、对组织认识能力、沟通能力、解决冲突能力
		个人素质能力	正直诚信、情绪控制能力、开拓进取能力、应变能力、决策能力、表达能力、学习研究能力、自我认知能力
		管理能力	计划能力、组织能力、激励能力、影响力、授权能力
郑学宝 孙健敏（2006）	广东省县级党政领导干部	知识	政治理论、人文与社会学知识、科技知识、哲学与历史知识、行政管理理论、管理工作经历、政策法规常识、与岗位有关的专业知识
		能力	语言表达能力、文字表达能力、人际沟通能力、组织协调能力、激励下属与建设团队能力、知人善任能力、学习能力、科学思维能力、战略思维能力、形势预测与抢抓机遇促进发展能力、计划能力、决策能力、解决实际问题能力、发展当地经济能力、应对复杂局面能力、岗位与环境适应能力、变革与创新能力、举一反三与融会贯通能力

（续）

作者（年份）	对象	素质能力维度	素质能力要素
郑学宝 孙健敏 （2006）	广东省县级党政领导干部	素质	政治信仰坚定、自律性、原则性、责任心、公平公正性、奉献与牺牲精神、大局意识、为公众服务意识、优政意识、成就动机与愿景视野、诚信度、自我反省、容人度量与宽容心、情绪稳定性与自控能力、身体健康且精力充沛
		个性特征	乐观自信且富有激情、宜人性与亲和力、竞争意识、合作精神
胡月星 （2007）	基层科、处级党政领导干部	情商	务实精神、公仆意识、诚信、廉洁、坚韧、自律、敬业精神、协作沟通、依法行政、联系群众、大局意识、自信、心理调适、解决问题、前瞻性
		组织办事能力	语言表达、创新能力、学习能力、组织实施、抓经济工作、时间管理、岗位适应、业务才干、贯彻政策、调查研究、应变能力
		领导风格	成就动机、独立性、灵活性、果断性、勤奋、幽默感、责任心、主动精神、进取心、宽容、事业心
	厅局级、处级党政领导干部	关键心理品质	事业心、自律、前瞻性、坚韧、自信心、责任心、公仆意识、务实精神、灵活性、主动精神、诚信、创新精神
		核心能力	创新能力、学习能力、决策能力、组织能力、沟通协调能力、调查研究能力、激励能力、政策把握能力、信息整合能力、情绪智力、统筹规划能力、危机处理能力
胡月星 王振华 （2009）	基层党政领导干部	沟通协调能力	进取精神、承受力与适应性、人生阅历与人际资源、应变与自我调整、自我批评与知错能改、遇事调查研究重实践与独立自信、对工作进程的清醒认识与合理安排、全局思维与利益协调、反馈与控制、信息反馈与自我调整
		自律性	谦虚自控、公平公正、倾听、服务意识、明辨是非
		执行能力	权力行使的自我约束、执行政策的透明度、领导与管理常识、民主讨论
		识人用人能力	选贤能力、作风公正与为人楷模、处理问题讲原则、公正合理
		分析认识能力	岗位知识与学习更新、自知之明、情形判断、认识把握事物间联系与判断发展趋势、反应敏捷
		敬业性	工作灵活与因地制宜、工作紧迫感、顽强进取、贴近群众
		个人特质	讲原则、纪律性强、工作主动、预见性、情绪调控
		决策能力	争取合作与支持、决策可行性强、信息收集能力、勇于承担责任

（续）

作者（年份）	对象	素质能力维度	素质能力要素
左宪民 王雪梅 洪小良 张登文 （2010）	北京市局级领导干部	知识	马克思主义、毛泽东思想、邓小平理论、“三个代表”重要思想、科学发展观、党和国家方针政策、中共党史党建、社会主义市场经济、社会主义民主与法制理论、公共行政、领导科学、国际政治、现代科技、中外历史、中外文学、中外艺术
		工作能力	政治鉴别能力、科学决策能力、前瞻能力、创新能力、依法行政能力、公共服务能力、选人用人能力、沟通协调能力、激励下属能力、业务能力、学习能力、调研能力、心理调适能力、信息处理能力、应对突发事件能力
		个性特质	全局观念、廉洁自律、求真务实、民主作风、诚信正直、合作意识、责任意识、开拓创新、胸怀宽广、严谨周密、国际视野、坚韧执着、多谋善断
韩勇 （2012）	基层党政领导干部	心理品质	进取心、务实精神、前瞻性、事业心、自律、主动精神、坚韧、责任心、独立性、自信心、宽容、灵活性、果断性、幽默感、公仆意识、敬业乐群、诚信、廉洁、大局意识和勤奋
		核心胜任力	创新能力、语言表达能力、组织实施能力、学习能力、依法行政能力、联系群众能力、业务才干、协作沟通能力、解决实际问题能力、调查研究能力、应变能力、心理调适能力、抓经济工作能力、岗位适应能力、时间管理能力和政策贯彻能力

素质这个词最初见于生理学和心理学。“素”即本来的、原有的意思；“质”是一事物区别于他事物的内在规定性。从初始的意义上讲，素质是指人的神经系统、感觉器官和运动器官等先天的解剖生理特点，是人们在后天获得知识、才能，形成品质、个性等的生理和心理基础。一个人的素质状况，不仅取决于包括先天的禀赋，而且包括后天长期学习和实践锻炼的结果。因此，素质的含义往往被拓宽到人的思想、道德、性格、气质、知识、能力等诸多方面，成为一个全新而又丰富的概念。这个概念扩大了素质的内涵，实际包括“素质能力”的所有构成要素，并且与“能力”“知识”混杂难以区分。本研究认为，素质专指人们先天具有或后天长期学习锻炼的生理和心理特征，在具体构成上指冰山模型中水面以下部分的要素。

能力一般指顺利完成某一活动所必需的主观条件，是直接影响活动效率，并使活动顺利完成的个性心理特征。能力总是和人完成一定的活动相联系在一起的，离开了具体活动既不能表现人的能力，也不能发展人的能力。从这个意义上讲，能力与“素质能力”具有相同属性，因此使得涵义更加混乱。技能是指运用知识和经验执行一定活动的能力，是通过练习而获得的动作方式和动作系统，按活动方式可分为操作技能和心智技能（智力活动）。操作技能由外显的机体运动来呈现，其动作的对象为物质性的客体，即物体；心智技能通常借助内在的智力操作来实现，其动作对象为事物的信息，即观念。本研究中的能力专指技能，在具体构成上指冰山模型中水面以上部分的技能要素。

知识是人类认识的成果，包括系统的科学理论知识和经验知识两个层面，一般分为自然科学知识、社会科学知识和思维科学知识等3类。随着科学技术的迅猛发展，知识范畴进一步拓宽。国际经济合作与发展组织发布的《以知识为基础的经济》，指出知识既包括能够编码的知识，如事实知识、原理知识，也包括那些可以意会但不可以编码的隐性知识，如技能知识、人力知识等。这种界定将技能也纳入知识范畴，一方面说明知识是获得技能的基础，同时也会对知识和技能造成一定程度的混淆。本研究中的知识指经验知识和科学理论知识，在具体构成上指冰山模型中水面以上部分的知识要素。

素质、能力、知识三者紧密相关，相互依存，共同作用于主体，构成人的“素质能力”。素质是人的深层次特征，决定了人的知识、能力的发展方向和水平。知识是基础，一个人素质、能力的高低，取决于他所占有知识的广度与深度。能力是素质、知识的外显，素质和知识诉诸实践就表现为能力；同时，掌握知识、提高素质也有赖于能力的发展，一个能力强的人较容易获得知识和提高素质。一般来说，知识、能力易于改变，素质则难于改变。知识、能力大多与工作所要求的直接资质相关，能够在比较短的时间使用一定的手段，比如通过考察资质证书、考试、面谈、简历等具体形式来进行测量，也可以通过培训、锻炼等方法来提高。素质往往很难度量和准确表述，又少与工作内容直接关联。只有在主观能动性发生变化时，其对工作的影响才会体现出来。不同的素质能力，需要不同的培训方法。冰山以上的外显知识、技能易于传递，可用的培训方法较多，冰山以下的内隐素质相对难于获取，培训方法存在欠缺。有的学者从知识、工作方式、态度3个维度调查研究了不同培训方法的效果：就扩展知识而言，可用方法较多，讲座、课堂讲授最为适合，案例教学方式也同样有效；就改进工作方式来说，案例教学方式最为有效，实地考察和讲座具有一定效果；就改变态度而言，缺少普遍认同的培训方法，相对认同度最高的培训方式是实地考察、案例教学和讲座。这进一步说明，内隐素质的开发一般要采取实践性强的方式，让受训者在参与体验的过程中获得对知识的形象理解。基于素质能力的复杂性，有的研究进一步提出，在制定培训计划时，除了开展知识培训、技能培训、行为方式培训、态度培训等传统培训之外，还要开展思维培训、观念培训、心理培训，以创新思维意识，更新固有观念，改善心智模式，更好地适应素质能力提升要求。

3.1.2 素质能力模型

“素质能力模型”是胜任工作所需具备的个人特征或要素的集合。一般来说，它的要素构成主要包括通用素质能力和专业素质能力两类。通用素质能力是干部所应该具备的通用性的能力。专业素质能力是干部所应具备的特定岗位能力，体现了特定岗位的工作性质和工作内容。不同类别、岗位干部的素质能力模型构成不同。通常而言，党政领导干部的工作主要侧重于宏观性、领导性、管理性，对于素质能力要素的要求主要为通用素质能力，对于专业素质能力的要求相对不高，因此其模型主要体现了鲜明的通用性。对于行业干部而言，专业素质能力也很重要，因此其模型往往兼顾了通用性和专业性。在此基础上，形成了两类主要模型：通用素质能力模型和行业素质能力模型。本研究的对象为基层林业关键岗位干部，他们作为基层工作管理者和具体林业岗位的工作者，相应需要建立行业素质能力模型(图3、图4)。

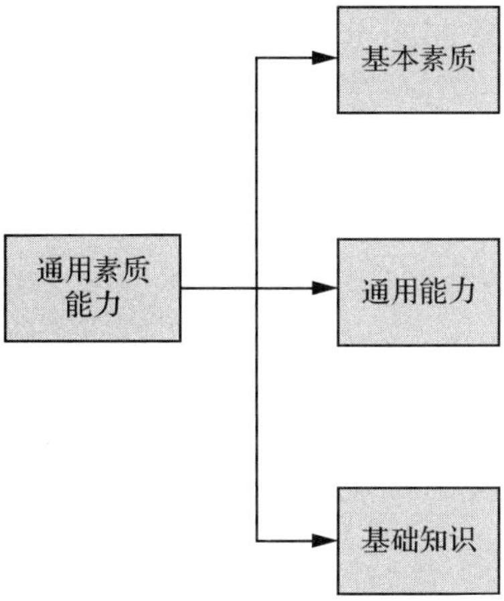

图3　通用素质能力模型构成

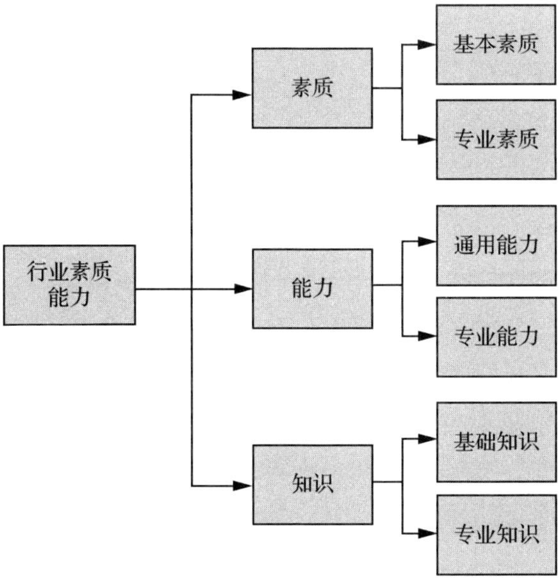

图4　行业素质能力模型构成

3.2 研究过程

3.2.1 研究过程

研究分为三个阶段：前期准备、模型构建、修改完善(图5)。

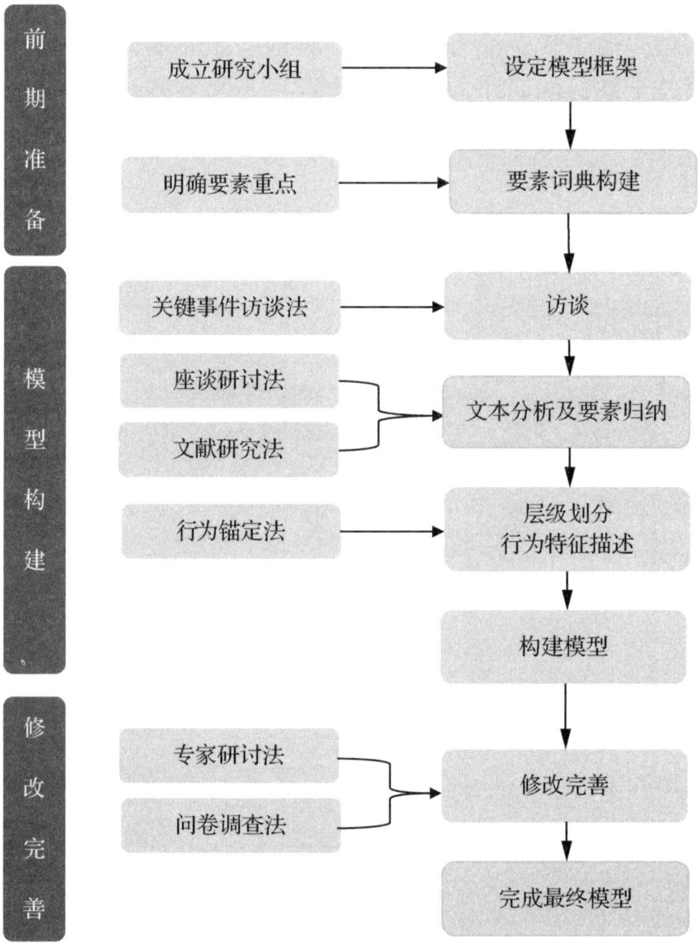

图5 素质能力模型研究框架

(1)准备阶段。在此阶段，主要做了以下工作：成立数十名成员在内的研究和调研小组，设定分析框架，分析文献和干部职责，明确素质能力重点。其中，最重要的环节就是设定了更加合理的分析框架。

目前的素质能力模型研究成果各有缺失，或者对于素质能力的界定过于抽象和复杂，或者其要素构成不够直观明确，或者偏重于素质或能力某一方面，造成理解上的混乱。研究组在借鉴现有研究成果的基础上，结合基层林业关键岗位干部实际，确定了素质、能力和知识“三维”构成。三维之下设定了八个层面。其中，素质分为政治素质、职业道德素质、心理素质、工作动机，能力分为通用能力和专业能力，知识分为基础知识、专业知识。这种构成更加明确了模型的层级构成，更清楚地区分了素质、能力和知识的关系，为开展本研究奠定了理论基础。

(2)模型构建。构模是整个研究中最复杂和具有挑战性的阶段。主要工作是访谈获取干部行为信息、将访谈录音录入文本、分析文本提取素质能力要素、划分素质能力层级和描述行为特征等。其中，最重要的环节就是应用关键事件访谈法获得足够丰富的信息，这直接关系模型能否构建成功。

研究组严格遵循关键事件访谈法的主要原则开展工作，同时辅以其他多种研究方法。按照统计学原理，研究组分华北、东北、华东、华中、华南、西南、西北等七个行政区划，确定了山西、辽宁、黑龙江、福建、江西、河南、广西、云南、陕西等9个林业重点省(区)，从中抽取270个访谈样本。通过一对一访谈，共获得149个有效录音。这为研究组的研究提供了扎实的现实行为依据。在此基础上，研究组归纳了初始的基层林业关键岗位干部素质能力要素。

(3)修改完善。为了保证素质能力模型的有效性，需要对模型进行反复修改论证。一般来说，验证方法主要有问卷调查验证、专家研讨验证、同时效度验证、预测效度验证等。预测效度验证是指随机选取两组条件等同的岗位干部，按照模型对其中一组进行培训，对比绩效变化确定模型是否有效。同时效度验证指按照相同标准选取第二批样本进行关键事件访谈，对比访谈结果确定模型是否有效。国内多采取问卷调查验证。

为了保证素质能力模型的有效性，研究组深入征询和听取人事教育和业务主管部门领导，以及相关专家、基层一线干部的意见，就模型要素选取、定义界定、行为特征描述等关键方面，进行修改完善。例如在描述行为特征时，与每个基层林业关键岗位的领导专家分别举行专门座谈研讨，反复推敲行为维度及其具体内容，使其更加贴合岗位实际。

同时，研究组还面向全国基层林业关键岗位干部发放了900份问卷，调查各项素质能力要素的重要程度，结果显示与研究组构建的模型基本一致。对于略有差异的素质能力要素，研究组结合专家意见进行了微调。

经过以上步骤，最终构建了基层林业关键岗位干部的素质能力四级定义词典库和素质能力模型。

3.2.2 把握重点

构建素质能力模型是一项复杂的工作，对于具体行业来说更是如此。与党政领导干部相比，行业干部具有显著不同的特点。他们往往既肩负着管理职能，又是具体专业工作的承担者。因此，对其素质能力要求不能与党政领导干部简单雷同。但当前许多研究忽视了这些特点，存在许多突出问题，例如：素质能力概念及构成模糊、指标体系不完善、研究方法应用不科学等等。本研究针对以上问题进行重点改进和完善，着重做好以下几个方面：

一是把握好素质、能力和知识三者关系。这是构成干部素质能力的三个基本维度，彼此相互联系、缺一不可。素质是人的深层次特征，决定了人的知识、能力的发展方向和水平。知识是基础，一个人素质、能力的高低，取决于所占有知识的广度与深度。能力是素质、知识的外显，素质和知识诉诸实践就表现为能力。提升行业干部的素质能力，不仅要改进知识、能力和行为方式，还要注重增强素质和改善心智模式。许多现有的素质能力模型研究往往将三者混淆或简单割裂。比如：盲目引进、模糊应用西方理论，对其不作深入理解和区分，在概念上将素质或能力某一维度界定为素质能力整体；或者误解当前"能力本位"思想，在模型构成上重视能力要素、轻视素质要素、忽略知识要素。这就削弱了模型的理论基础和应用价值，甚至可能给实际工作带来误导。实际上，不管构建何类干部素质能力模型，都不可否认素质、能力、知识三个维度的重要性。这要求研究组首先要正确认识和处理好三者关系，并且不可偏废某一方面。

二是兼顾通用性和专业性要求。组织需求和岗位需求是构建模型的出发点。在模型的指标设计上，要按照组织发展和岗位职责需要，兼顾干部素质能力的通用性和专业性。通用素质能力指适用于多类干部的素质能力，体现了公认的行为要求；专业素质能力指某个特定岗位所需的素质能力，体现了专业性的行为要求。一般来说，行业干部既是行业工作的领导者和管理者，也是具体专业岗位的工作者。职业特点和工作性质决定了他们的素质能力结构应该是博与专的统一，须兼具通用性和专业性。在任何情况下，干部的政治素质不可缺少；在某些情况下，专业素质能力的作用可能非常突出。许多素质能力模型研究往往有所偏废，例如一些具体行业干部的素质能力模型甚至未列入专业素质能力。这进一步影响了模型的准确性和适用性。构建行业干部素质能力模型，必须兼顾通用性和专业性。这一要求甚至对党政领导干部、公务员、企业家等管理者的模型构建也有借鉴意义。因为管理者往往对多种专业工作负有管理职能，需具备相关的基本专业素质能力。

三是做好层级划分和行为特征描述工作。这个工作是指按照表现优劣程度对行为划分不同等级和进行描述。它是构建素质能力模型的重要组成步骤，而不是可有可无的延伸工作。其目的是提供可供参照的行为标准，从而使得各项素质能力要求更为直观。这一工作主要是应用行为锚定等级评价法，将关键事件和等级量表结合起来，对工作中的典型行为划分优劣层级并进行描述，每一描述均代表了某一层级中的特定绩效水平。国内目前对此方法的应用极为欠缺。有的研究通过研讨或主观思维而不是依据现实行为，对素质能力要素进行等级和行为评价。更多的研究出于省事目的，甚至摒弃了这一步骤。这往往使得其成果缺乏可供度量的依据，成为难以应用的抽象概念。构建行业干部素质能力模型，必须将层级划分和行为特征描述作为重要工作。通常而言，不同应用领域的模型层级和行为划分不一。用于人才招聘的模型相对简单，而用于干部选拔、培训、考核的模型相对复杂。研究组在构建林业关键岗位干部素质能力模型时，划分了优秀、良好、合格、不合格四个层级，对行为从意识、态度、知识、思维、技能、驱动力等多方面作了锚定和描述，能够基本满足林业干部素质能力标准的多样化要求。

四是用好关键事件访谈法等技术工具。构建干部素质能力模型的关键在于，应用关键事件访谈法获取足够丰富的干部行为信息，从中发掘真正影响工作绩效的素质能力特征。这一方法也有一定的局限，它往往受制于研究者的主观思维和访谈对象的行为方式。因此，需要预先分析组织发展战略、岗位工作职责、干部角色，以更好地把握干部素质能力重点；同时，应综合应用小组研讨、专家研讨、问卷调查等多种方法进行反复论证，以消减研究者在从事素质能力要素分析和行为特征描述等具体工作时导致的主观偏颇。国内目前对此方法的应用虽然在一些特定领域取得了突破，但在总体应用上远未成熟。有的研究还停留在简单模仿阶段。有的研究出于省事省成本的想法，大幅减少访谈样本和访谈时间，甚至运用问卷调查法和专家研讨法作为代替。这使得其研究缺乏现实依据，甚至导致错误的结论。构建行业干部素质能力模型，必须切实用好关键事件访谈法，不能打折缩水；还要辅以职责分析、座谈探讨、问卷调查等多种方法，尽可能保证结论的客观性。

本章小结

本研究认为，“素质能力”是一个人在具体工作行为中集中体现出来的胜任工作所需要具备的素质、能力、知识等个人特征，是决定并区别绩效差异的要素。“素质能力模型”就是这些个人特征或要素的集合。

本研究认为，素质专指人们先天具有或后天长期学习锻炼的生理和心理特征，在具体构成上指冰山模型中水面以下部分的要素。

本研究中的能力是指运用知识和经验执行一定活动的能力，在具体构成上指冰山模型中水面以上部分的技能要素。

本研究中的知识指经验知识和科学理论知识，在具体构成上指冰山模型中水面以上部分的知识要素。

素质、能力、知识三者紧密相关，相互依存，共同作用于主体，构成人的“competency”。

本研究分为3个阶段：前期准备、模型构建、修改完善，每个阶段围绕关键环节开展研究工作。

构建素质能力模型是一项复杂的工作，要着重把握好四个重点。

4 林业关键岗位干部现状分析

为更准确把握干部素质能力现状，为构建素质能力模型提供数据支持，研究组针对研究对象作了调查。限于客观条件，根据不同调查内容对调查对象范围有所取舍。其中，对队伍规模、学历的调查囊括了6类林业关键岗位干部，对专业结构、年龄结构、工作年限及任职年限的调查限于除国家级自然保护区管理局局长之外的其他5类干部，对素质能力满意度、工作满意度的调查限于国有林场场长、乡镇林业工作站站长、县级林木种苗管理站站长、国家级自然保护区管理局局长等4类干部。调查结果表明，林业关键岗位干部队伍规模庞大、地位重要，但整体学历不高、知识更新较慢、专业技术能力和综合管理能力不强，迫切需要进一步提升素质能力。

4.1 队伍规模庞大，占有重要地位

截至2010年年底，全国林业各种类型经济单位(包括国有企业、事业单位、机关、集体经济单位及其他各种经济单位)为46396个(中国林业统计年鉴，2010)，而国有林场场长、乡镇林业工作站站长、木材检查站站长、县级林木种苗管理站站长、县级有害生物防治检疫站站长、国家级自然保护区管理局局长等6类干部作为本部门一把手，合计达到37757人，占全国林业各种类型经济单位一把手人数的81.5%(表4)。截至2011年，除国家级自然保护区管理局局长之外，其他5个关键岗位干部人数占全国林业部门单位一把手人数的65%(中国林业统计年鉴，2011)，队伍规模庞大。

本章节执笔人：高力力、赵珊

表 4　人数情况

干部类别	人数(人)	占林业系统所有经济类型单位一把手比例(%)
国有林场场长	4557	10
乡镇林业工作站站长	28112	61
木材检查站站长	2375	5
林木种苗管理站站长	871	2
林业有害生物防治检疫站站长	1595	3
国家级自然保护区管理局局长	247	0.5
合计	37757	81.5

基层林业关键岗位干部作为其中重要组成部分，承担着政策宣传贯彻、林业行政执法、林业生产经营、森林资源管护、林业技术指导等职责，涉及了林业生态建设、产业发展和生态文明建设的所有重要领域。他们也是各项专业职责的具体指导者及带头人，具体工作要靠他们来开展，具体任务要靠他们来落实。例如，截至 2013 年，我国共有乡镇林业站 36000 个。乡镇林业工作站作为林业部门最基层的管理机构，在发展现代林业、建设生态文明、促进科学发展的大局中发挥着重要作用。作为一名合格的乡镇林业站站长，既要了解政策法规，又要明白技术规程；既要有组织管理能力，又要善于沟通协调；既要完成上面下达的任务，又要提供农民满意的服务。这些岗位干部的能力素质状况，决定了基层一线林业工作的质量，关系着林业发展大局。

4.2　专业基本对口，整体学历不高

从专业分布来看，具有林业相关专业背景的干部比例较高，说明他们在专业理论知识方面具有一定优势，与岗位要求基本吻合。

其中，国有林场场长、乡镇林业工作站站长、林木种苗管理站站长、林业有害生物防治检疫站站长和具有林业相关专业背景的比例相对较高，分别达到 73.2%、74.4%、83.7% 和 83.3%。木材检查站站长具备林业专业背景比例相对较低，为 40%，这是由于木材检查站站长的核心岗位职责是行政执法，对林业专业要求不高(表 5)。

表 5　专业结构情况

岗位	林业相关专业所占比例(%)	非林专业所占比例(%)
乡镇林业工作站站长	74.4	25.6
国有林场场长	73.2	25.8
林业有害生物防治检疫站站长	83.3	16.7
林木种苗管理站站长	83.7	16.3
木材检查站站长	40.0	60.0

从学历分布来看，高学历比例普遍偏低，且各岗位差异较大。具有本科及以上学历均不足4成，具有研究生学历的更少。国有林场场长、林业有害生物防治检疫站站长和自然保护区管理局局长学历层次相对较高，具有本科及以上学历的分别达到39.6%、31.0%和38.0%，初高中学历所占比例均不高于8.0%。乡镇林业工作站站长、木材检查站站长和林木种苗管理站站长学历层次较低，具有本科及以上学历的分别为21.0%、19.0%和10.7%，具有初高中学历的达到10.0%、13.0%和13.0%。总体来看，学历层次低的多数集中在乡镇林业工作站站长、木材检查站站长、林木种苗管理站站长等基层一线干部(表6)。

表6　学历结构情况

岗位	统计样本（人）	初高中所占比例(%)	中专所占比例(%)	大专所占比例(%)	本科及以上所占比例(%)
国有林场场长	349	0.6	18.9	40.9	39.6
乡镇林业工作站站长	215	10.0	14.5	54.5	21.0
木材检查站站长	38	13.3	28.7	47.3	10.7
林木种苗管理站站长	420	13.0	20.5	47.5	19.0
林业有害生物防治检疫站站长	42	7.2	19.0	42.8	31.0
自然保护区管理局局长	227	8.0	11.0	43.0	38.0

另外，在访谈中发现，这些岗位干部大多毕业于林校等中专院校，从正规林业大学毕业的人不多。在取得大专及以上学历的干部中，有相当比例的人并未真正在高校受过系统的基础教育，而是在参加工作后通过函授、自考等途径进修学习的，而且所学的多是非林专业，与岗位职责要求关系不大。

4.3　工作年限较长，知识更新较慢

调查显示，多数干部年龄在50岁以下，工作年限较长。50岁以下的干部占85%。其中，30~40岁的占31%；41~50岁的占54.8%(表7)。工作年限在11年以上的干部占93.3%，其中长于20年的占46.3%(表8)。这是由林业行业的特殊性决定的。林业属于生产周期长、人员流动慢的行业。这一方面有利于干部积累更为丰富的工作经验。但另一方面，由于他们长期从事相对单一的专业工作，可能更不易于接受新知识和新技术。随着近几年林业的快速发展，林业知识技能的更新速度加快，大部分干部由于在工作中培训机会较少，或者培训课程与岗位需求具有一定的差异性，导致专业知识技能更新缓慢，自身素质能力远远无法满足其工作需要。

从任职年限来看，多数干部任职在4年以上，具有相对丰富的专业管理经验。但也有相当部分的干部任职在4年以下，而且其中部分人为军转干部或一

直在乡镇任行政管理职务。这部分干部既无林业专业知识，又对林业行业情况了解不多，工作起来较为吃力，因此在专业素质能力方面需要进一步提升。

表 7　年龄结构情况

岗位	年龄结构（岁）所占比例（%）		
	30～40	41～50	50 以上
国有林场场长	17	65	17
乡镇林业工作站站长	23	58	19
木材检查站站长	57	40	3
林木种苗管理站站长	28	56	16
林业有害生物防治检疫站站长	30	55	15

表 8　工作及任职年限情况

岗位	工作年限（年）所占比例（%）				任职年限（年）所占比例（%）			
	10 年以下	11～20	21～30	31 年及以上	4 年以下	4～5	6～10	11 年及以上
国有林场场长	—	30.4	39.1	30.5	26.1	21.7	43.5	8.7
乡镇林业工作站站长	16.3	55.8	25.6	2.3	20.9	11.6	48.8	18.7
木材检查站站长	5.7	57.1	28.6	8.6	40.0	26.7	16.6	16.7
林木种苗管理站站长	4.7	37.2	58.1	—	34.9	11.6	34.9	18.6
林业有害生物防治检疫站站长	8.6	45.7	34.3	11.4	31.0	4.8	26.2	38.0

4.4　素质能力不强，自我评价不高

基层林业关键岗位干部多处于林业生产建设一线，需要具体贯彻执行上级政策。总管复杂专业的一线工作，要求必须具备较强的管理能力和专业素质能力。但调查结果表明，许多干部对自身素质能力及工作不满意，提升的空间还很大。

从专业素质能力来看，多数干部对自身的满意度不超过 6 成，在调查的 6 项能力中居于最差之列。访谈中的案例提供了进一步的佐证。山西的一位林业有害生物防治检疫站站长在刚上任时对虫害知识不熟悉，在遇到红脂大小蠹虫害时，由于不清楚害虫习性，盲目采用伐病株的方法，结果病株上油脂散发导致虫害大面积传播，造成了更大的危害和损失。山东泰安的某位乡镇林业工作站站长，在当地遭遇美国白蛾灾害时，不了解基本知识，对其束手无策，拖延很久才上报处理。甘肃平凉的某位乡镇林业工作站站长，不会使用最基本的电脑办公软件，在制作测绘表格时要临时外聘大学生。还有部分干部由于对法律法

规不熟悉，遇到林业违法行为时执法不规范，引起矛盾纠纷。云南普洱一位乡镇林业工作站站长在执法中遇到一名老百姓将自己家的茶叶树带入市场交易，且无任何相关木材检疫手续，该站长在不熟悉森林法相关条款的情况下，自行判定为滥砍滥伐，没收该木材并按物品价值的 1 ~ 3 倍进行处罚，引起群众的不满。

从其他综合管理能力来看，多数干部对自身素质能力的满意度不足 7 成。许多干部认为自己在处理复杂事务时，存在明显的能力欠缺。一些乡镇林业工作站站长，在处理基层矛盾冲突、护林防火工作时，存在工作方法简单、宣传教育不到位的现象，个别还造成矛盾激化、群众上访的问题。例如，江西一位木材检查站站长在管辖范围内查获一批无证木材，在准备押送检查站处理时，由于执法过程简单粗暴，没有对违法人员做好宣传教育工作，与群众产生矛盾，导致 20 多名本地村民将执法人员包围，一度产生混乱，对执法部门形象造成恶劣影响。

调查还发现，不同地区的干部在素质能力方面，存在明显差异。例如，西部地区和林业欠发达地区的国有林场场长，其业务范围主要是资源管护，在指导产业发展方面的压力不大。相对于东部和林业产业发达地区的场长，他们的经营管理能力和市场意识存在一定差距(表 9)。

表 9　素质能力满意度调查结果

岗位	选项	满意度(%)					
		决策能力	组织协调能力	经营管理能力	专业技术能力	危机处理能力	依法行政能力
国有林场场长	好	52.3	45.5	35.2	49.9	39.4	27.6
	一般	45.7	43.5	59.9	48.6	58.9	66.5
	较差	2.0	11.0	4.9	1.5	1.7	5.9
乡镇林业工作站站长	好	62.1	54.5	46.0	52.6	44.0	68.1
	一般	34.2	42.0	52.3	45.7	49.7	29.4
	较差	3.7	3.6	1.7	1.7	6.3	2.5
林木种苗管理站站长	好	61.5	69.0	64.0	59.5	56.5	67.0
	一般	23.5	15	20.5	31.5	18.5	20.5
	较差	15	14	15.5	10	25	12.5
自然保护区管理局局长	好	73.0	79.0	65.0	66.0	74.0	78.0
	一般	24	21	33	29	25	21
	较差	3.0	0	2.0	5.0	1.0	1.0

对于自身工作满意度的调查结果进一步表明，干部素质能力难以充分满足工作需要。调查对象对自身工作的总体满意率均不超过75%。多数干部认为自己贯彻执行上级政策方面，做得相对较好，但在履行其他岗位职责，特别是核心岗位职责方面，还存在明显差距。例如，乡镇林业工作站站长对履行资源管护、技术应用推广和行政执法等核心职责的满意度分别为64.5%、40.8%和38.9%。自然保护区管理局局长对履行资源管护、生态旅游开发、社区综合管理等核心职责的满意度分别为62.0%、18.8%和30.4%，还有相当大的提升空间(表10)。

以上分析充分表明，构建基层林业关键岗位干部素质能力模型、针对性提升其素质能力已成为当前的重要课题。

表10　工作满意度调查结果

岗位	职责	满意度(%)		
		良好	一般	较差
国有林场场长	总体	63.5	33.6	2.9
	政策贯彻执行	81.6	14.5	3.9
	林木经营	78.5	15.1	6.4
	规划制度设计	67.2	22.5	10.3
	生产经营管理	37.4	33.8	28.8
	珍稀动植物保护	20.8	46.5	32.7
乡镇林业工作站站长	总体	65.9	31.9	2.2
	政策贯彻执行	69.9	10.2	19.9
	资源管护	64.5	25.0	10.5
	规划设计	55.0	31.4	13.6
	技术应用推广	40.8	32.4	26.8
	行政执法	38.9	27.8	33.3
林木种苗管理站站长	总体	63.6	32.9	4.5
	政策贯彻执行	76.0	13.5	10.5
	经营管理	22.5	55.5	22.0
	技术管理	68.0	13.5	18.5
	资源管理	55.5	23.0	21.5
	产业发展	48.0	34.5	17.5
	行政执法	64.0	19.5	16.5

（续）

岗位	职责	满意度(%)		
		良好	一般	较差
自然保护区管理局局长	总体	73.1	18.3	8.6
	政策贯彻执行	87.0	13.0	0
	规划设计	52.3	47.7	0
	科研教育	3.8	0	96.2
	资源管护	62.0	15.7	22.3
	技术应用推广	58.9	23.4	17.7
	生态旅游开发	18.8	33.7	47.5
	社区综合管理	30.4	30.0	39.6

本章小结

基层林业关键岗位干部处在现代林业建设的前沿一线，是林业事业的组织者、推动者、实践者，是生态林业民生林业发展的一线主力军。

对6类林业关键岗位干部的调查显示，具有林业相关专业背景的所占比例较高，与岗位要求基本吻合。但高学历比例偏低，具有本科及以上学历的不足4成。

多数调查对象工作年限较长。同时，仍有部分干部任职时间较短，在专业能力和经验方面需要进一步提升。

多数调查对象对自身素质及工作满意度不高，认为自己在能力素质方面还有不小的提升空间。

调查对象的素质能力现状表明，构建基层林业关键岗位干部素质能力模型、针对性提升其能力素质已成为当前的重要课题。

5 前期准备

基层林业关键岗位干部队伍构成复杂，岗位工作差异明显，能力需求不尽相同，这是构建素质能力模型的现实依据。从此角度而言，本研究是一项具有挑战性的工作，需要为之投入更多的时间和精力，争取广泛的支持和参与，做好充分的准备。为此，研究组开展了以下工作。

5.1 成立研究小组

根据研究需要，成立了领导小组、专家小组、研究小组和调研小组。领导小组由国家林业局管理干部学院的主要领导组成，负责课题的指导工作、工作计划与方案审定，并协调解决研究过程中的重大问题。

专家小组由人事教育主管部门和业务主管部门的领导、人力资源管理和教育培训领域的专家、一线卓越绩效工作者组成，负责对素质能力要素和模型进行综合审定和把关。

研究小组由国家林业局管理干部学院从事成人教育研究、干部教育培训教学研究的10余名专业人员组成，负责实施具体研究，承担访谈、文本分析、模型构建、报告撰写工作。

调查小组由国家林业局管理干部学院的项目研究人员，及9个省份人事教育管理和干部教育培训领域的20余名专业人员组成，负责对6类关键岗位干部开展访谈，并对录音样本进行文本录入。

5.2 培训研究人员

构建素质能力模型的关键在于，要设计较为科学的研究指标框架，构建较为完善的素质能力要素词典，通过深入开展关键事件访谈掌握第一手信息资料，通过对采访文本的认真分析归纳素质能力要素，通过反复研讨完成对要素的定

本章节执笔人：赵珊、陈立俊

义和行为特征描述。这些工作的完成质量，首先取决于工作人员的业务素质和对素质能力研究方法的理解程度。作为具体工作承担者，研究小组和调查小组的成员虽然精通各自领域的业务，但都初次接触素质能力方法，对素质能力要素的界定、行为事例访谈的步骤、模型构建的原则和要求不够熟悉。

为确保研究工作顺利开展，研究组多次聘请素质能力研究领域的专家，对研究小组成员开展技术培训，使其深入掌握构建素质能力模型的基本方法。针对调研小组成员，研究组多次组织研讨会，为其讲解关键事件访谈的原则、方法、要求和步骤，为开展访谈和研究工作奠定了坚实基础。

5.3 设计指标框架

设计指标是构建素质能力模型的重要基础工作，规定了模型构建的框架和方向。素质能力模型并不是万能模型，尽管模型中会存在一定的明确性、一致性和互通性，但做模型时很容易出现一些漏洞。第一，素质能力模型研究都是基于领导与管理行为的范围和延伸，很容易复杂化，涵盖过多维度，使得模型对象更为困惑，导致具体操作时没有重点、素质能力模糊不清。第二，模型建立容易理念化，空洞化，忽略具体岗位中决定成功的某些重要因素，不能满足各类领导多样化、不同文化和环境的要求，使得很少有干部能达到模型的所有要求。第三，当前的模型关注在职干部的行为，却未必适合下一代领导，不一定经得起长期检验。为建立更加科学合理的素质能力模型，研究组借鉴现有研究成果，结合基层林业关键岗位干部的特点，通过分析研讨，确定了三级指标

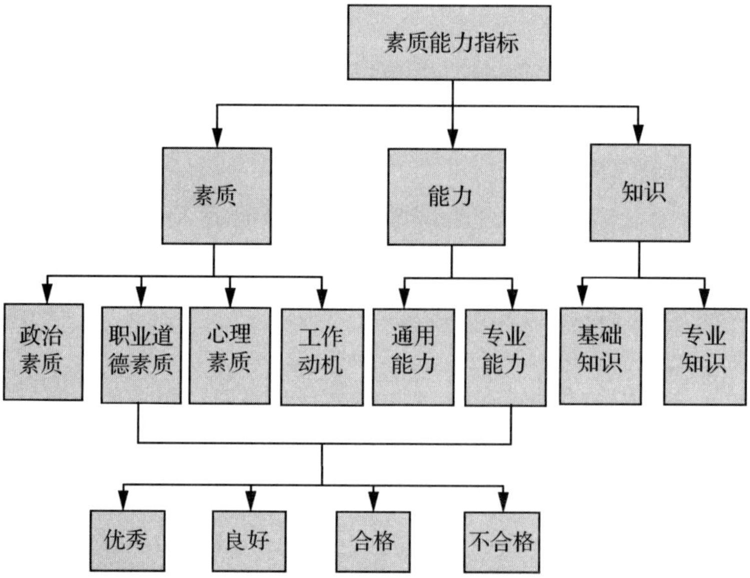

图6　三级指标框架

研究框架(图 6)。其中，一级和二级指标代表素质能力模型的构成，三级指标则是对素质能力模型的进一步描述和深化。

5.3.1 一级指标

一级指标包括素质、能力、知识 3 个维度，共同构成干部所具备的素质能力。本研究中对素质、能力、知识的界定已在本书第 3 章节做了具体阐述。

5.3.2 二级指标

二级指标确定了 8 个维度，包括政治素质、职业道德素质、心理素质、工作动机等 4 个素质维度，通用能力和专业能力 2 个能力维度，基础知识和专业知识等 2 个知识维度。

冰山模型中的素质能力构成主要包括社会角色、价值观、自我认知、品质、动机等。在我国独特的国情下，这些要素的含义各有差异。社会角色是基于职业预期的态度和行为模式，主要体现干部的政治素质。政治素质是首要考察的干部素质，是干部在政治和思想上应当具备的基本素质，直接影响干部活动的发展方向和工作成效。对于任何干部来说，政治素质都是必备条件，相对于其他素质能力，它无需划分行为等级，更不能作取舍。角色定位指一个人对职业的预期，价值观是一个人对事物是非、重要性、必要性等的价值取向，两者主要体现干部的职业道德素质。自我认知、品质等主要体现干部的心理素质。心理是人生理结构的特殊机能，是对客观现实的反映。从心理学角度而言，心理素质包括情感、信心、意志力、韧性等，与自我认知、品质内容相通。工作动机是一个人工作的内在驱动，决定了干部在履职过程中的行动。综合以上分析，研究组将素质分为政治素质、职业道德素质、心理素质和工作动机等 4 个维度。

在能力的维度划分上，一般包括 2 类。通用能力适用于全体或多数，是干部应具备的基本能力。专业能力指某个特定角色和工作所需要的特殊的技能，大多针对岗位设定。基层林业关键岗位干部作为干部队伍的组成部分，需要具备同整个干部队伍一样的通用能力，同时由于林业岗位的专业性和特定性，也需要具备相应的专业能力。基于以上考虑，研究组将能力划分为通用能力和专业能力 2 个维度。

在知识的划分上，就不同岗位的干部来说，职业特点和工作性质决定了他们的知识结构应该是博与专的统一。只有具备完整合理的知识结构，才能提高自身素质和能力。因此，研究组将知识划分为基础知识和专业知识 2 个维度。

5.3.3 三级指标

三级指标确定了优秀、良好、合格、不合格等 4 个行为层级。目的是按照表现优劣程度对行为划分不同等级，明确岗位胜任的行为标准，用于区分干部的岗位胜任程度。优秀是工作绩效卓越者的行为特征，体现岗位胜任的高级标准。

良好是工作绩效表现中等者的行为特征，体现岗位胜任的次级标准。合格是工作绩效及格者的行为特征，体现岗位胜任的最低标准。不合格是工作绩效不理想者的行为特征，代表岗位胜任的相反层面，体现了干部需要避免的行为。通常而言，不同应用领域的模型等级划分不一。从培训角度而言，4 个行为层级体现了最高标准、良好标准、最低标准和不合格标准，能够反映和满足培训的多层面要求。

5.4 构建要素词典

要素词典用于为分析文本、提取归纳要素提供依据，是重要的基础工作。一方面，词典要素的选用直接关系文本分析和模型构建的质量，其构成越全面，提供的依据也就越丰富。另一方面，不同的研究人员对于要素有不同的理解，选定不同的要素可能都有合理性，但在建立素质能力模型时就会出现困难，难以做出决策。一个好的词典，需要兼具广泛性、代表性和典型性。素质能力模型作为一种具体环境、具体层面的研究成果，在不同行业具有不同的战略要求和文化特点，盲目模仿和照抄会忽略行业本质。研究组的研究对象是其所在部门的一把手，他们同为林业基层一线工作的实践者，但又具有不同的工作职责。因此，构建词典必须在深入分析组织战略、岗位职责、领导角色的基础上，真正把握和合理运用其理念和思想，才能达到预期的良好效果(图 7)。

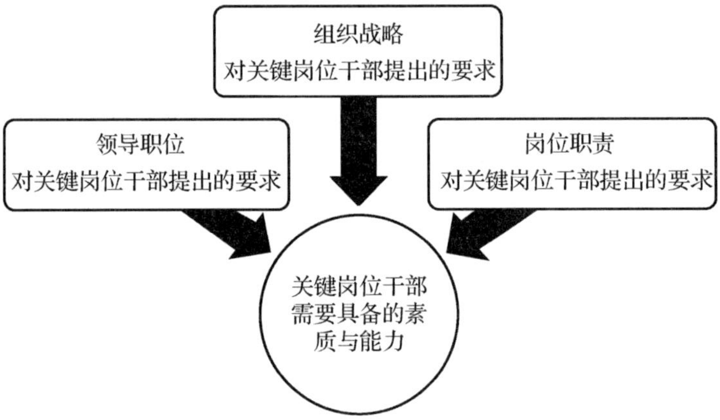

图 7　素质能力要素词典构建分析

5.4.1 组织战略分析

本研究中的基层林业关键岗位是林业职能部门的基本单位，上级和组织的要求规定了该岗位的工作重点，决定了岗位素质能力的发展方向。因此，必须对各岗位所处的组织职能有一个全面和前瞻性的了解。

(1)国有林场职能。国有林场是国家为加快森林资源培育、保护和改善生态，在重点生态脆弱地区和大面积集中连片的国有荒山荒地上，采取国家投资的方式建立起来的专门从事营造林和森林管护的林业事业单位。截至2012年，全国国有林场总数已达到4796个，职工总人数达44万人。国有林场的主要任务是扩大森林资源，提高森林质量，充分发挥国有林地生产潜力，提高生态、社会和经济效益。作为国有林场场长，必须在森林培育和森林保护方面，发挥重要的领导作用，将其作为提升素质能力的重点。

(2)乡镇林业工作站职能。乡镇林业工作站(简称林业站)是林业主管部门指导和组织农村集体和个人发展林业生产的基层事业单位，是国家在基层唯一的林业综合执法和管理机构，是林业部门最基层的管理机构。截至2013年，全国乡镇林业站总数达39000多个。长期以来，林业站在发展现代林业、建设生态文明、促进科学发展的大局中发挥了重要的支撑和保障作用。中央9号文件强调了林业站的六大职能：政策宣传、资源管护、林政执法、生产组织、科技推广和社会化服务。这是提升林业站站长素质能力的方向和重点。

(3)木材检查站职能。木材检查站属于本级林业局直属的行政授权执法事业单位，主要职能是依法对木材、野生动植物运输实施检查监督，负责查验木材运输证和森林植物检疫证书。做好木材检查工作，对于防止木材滥砍滥伐、保护森林资源具有重要意义。作为木材检查站站长的首要任务就是抓好木材检查工作，提升执法的素质能力。

(4)县级林木种苗管理站职能。县级林木种苗管理站属于本级林业局直属的行政授权执法事业单位，承担着种苗管理的重要职能，负责依法管理林木种子生产经营，行政审批，组织开展种苗监督、检验等工作。抓好林木种苗关是提高营林质量的关键，关系林业工作全局，对于加速造林绿化进程、确保林业持续健康发展具有重要意义。作为林木种苗管理站站长，首先要提升种苗质量监管的素质能力。

(5)县级林业有害生物防治检疫站职能。县级林业有害生物防治检疫站分布在全国数量众多的县级行政区域，是本级林业局直属的事业单位，主要职能是动植物检疫、有害生物监测、有害生物防治，承担着全县林木病虫鼠害防治、检疫和行政管理、技术指导、技术服务、森林植物检疫防治、行政执法等任务。截至2011年，县级林业有害生物防治检疫站共有2722个。其主要任务是通过防治检疫工作，将有害生物控制在一定水平之下，以获得最佳的经济、生态、社会效益。作为站长，首先要努力推动本地区的有害生物防治检疫工作，并提升相应的素质能力。

(6)国家级自然保护区职能。自然保护区为对有代表性的自然生态系统、珍稀濒危野生动植物物种的天然集中分布区、有特殊意义的自然遗迹等保护对象所在的陆地、陆地水体或者海域，依法划出一定面积予以特殊保护和管理的区域。截至2012年年底，全国(不含港、澳、台地区)共建立国家级自然保护区

363个，面积9415万公顷，占国土面积的9.7%。自然保护区的建立，使我国85%的陆地生态系统类型、85%的野生动物种群和国家重点保护的300余种珍稀濒危野生动物、130多种珍贵树木的主要分布地得到了较好保护。同时，这些自然保护区还起到了涵养水源、保持水土、调节气候、防风固沙、改善环境的重要作用(欧阳志云，2002)。作为国家自然保护区管理局局长，要着力抓好本自然保护区的建设与管理，切实履行好保护自然生态环境和野生动植物资源的职责，着重提升相应所需的素质能力。

5.4.2 领导角色分析

基层林业关键岗位干部作为本部门一把手，被赋予了重要的领导权力和职责。提升他们的素质能力，必须着眼于促进他们行使权力、履行职责。通常而言，基层林业关键岗位干部承担着以下领导角色：

(1)战略规划的制定者。基层林业关键岗位干部承担着制定本单位战略发展规划、推动单位全面发展的重要任务，是本单位改革发展的总设计师。这就要求他们要具备出色的战略规划能力和实施能力。首先，要全面准确了解和把握本单位的历史沿革，认识和发现影响本单位工作的深层次原因，科学判断工作和事业发展的主要矛盾，对影响发展的各种因素有比较清醒的认识。其次，在深刻、系统、全面掌握情况的基础上，能破除影响改革发展的思想障碍，提出符合本单位实际的发展思路，并得到广大干部职工的认可。第三，在谋划单位的长远规划时，能根据现有的条件和可能，提出分步实施方案，同整体发展规划构成一个思路清晰、分步递进、相互衔接的完整计划。

(2)日常事务的管理者。管理是基层林业关键岗位干部的基本活动，包括管理协调好各项资源、组织活动、管理好下属职工等。作为第一责任人，必须具备出色的工作能力和管理水平。首先，要带领整个部门履行好职能，在处理各项事务时能够理顺关系，能预见实施中将会出现的问题，做好分析决策工作。其次，能够按照管理程序，做好日常工作的计划、组织和监督检查，凡重要事项都能把好关口，实现有效的控制。

(3)内外关系的协调者。一个单位的活力与可持续发展，很大程度上取决于是否有足够的内在凝聚力。基层林业关键岗位干部必须具备出色的组织协调能力，在沟通内外、凝聚合力方面发挥举足轻重的作用。首先，领导承担着工作分工的任务，要平衡好内部职能分工关系，既抓主要矛盾，又不顾此失彼，使每一个人的工作都得到应有的重视和关注，避免产生矛盾和摩擦。其次，要合理架构单位内部组织机构，理顺职能，激发活力。例如，在某些国有林场，存在机构庞大、人员富足等情况，管理上“事业单位行政化”，不是因事设岗，而是因人设岗，这就要求场长能够理顺关系、做好调整。第三，能处理好干部职工关系，树立正气，做到不偏不倚，不拉帮结派，带出好的风气。第四，能有效争取上级和相关部门单位的支持。基层林业关键岗位干部身处地方，不可避免地要与当地毗邻乡镇、农村来往，同时还要协调与上级主管部门和县域内部门的联系。作为部门首要领导，要通过良好的人际关系和较强的组织能力，处理好各方面的关系，更好地实现单位的发展目标。

(4)人才团队的建设者。任何一个领导者的思想、意图都需要下属去贯彻执行，领导者不一定处处比自己的下属高明，要收到事半功倍的工作效果，必须善于选才用人，做到人尽其才、才尽其用、用尽其长、扬长避短。一个知人善任、公道正派的领导，能够更好地在本单位促成有利于人才脱颖而出的良好氛围。

(5)榜样力量的传递者。基层林业关键岗位干部在本部门内既具有领导权威，也发挥着人格影响力。作为合格的领导，要具备优秀的人格和品质，成为上行下效的榜样。首先，领导的工作作风影响部门的风气，因此要做到勤政为民、大公无私、民主平等、公道正派。其次，领导的思想理论修养影响单位的思想文化建设，一个政治理论素养较高的领导，懂得在自己的全盘工作中，正确引导舆论，对职工进行思想理论教育，使干部职工统一思想，形成风清气正的氛围。

5.4.3 岗位职责分析

基层林业关键岗位干部既是领导者，又是具体事务的管理者，在履行单位职能、推进具体工作方面发挥着重要作用。岗位职责代表着他们具体承担的工作任务，进一步说明了需要具备的重点素质能力。表 11 ~ 16 中列出了 6 类关键岗位干部的主要岗位职责内容，并从中分析推断出最重要的素质能力要素。

例如，乡镇林业工作站站长一般承担了 10 项主要职责。第一项职责是负责“宣传与贯彻执行森林和野生动植物资源保护等法律、法规和各项林业方针、政策”。因此，站长必须了解和掌握相关的林业政策法规知识，在工作中能正确宣传和执行各项政策法规，在执法过程中能够坚持原则、公正廉洁，自觉遵守法律规定。与此对应，工作站站长要履行好第一项职责，首要具备政策宣传能力、政策执行能力、原则性、法制意识等素质，以及林业政策法规知识。

表 11　国有林场场长岗位职责

岗位职责内容		重点素质能力
1. 贯彻执行国家有关法律、法规和政策，开展保护自然资源的宣传教育工作	➡	素质：责任意识、法制意识 能力：政策宣传能力、政策执行能力、 知识：林业政策法规

（续）

岗位职责内容		重点素质能力
2. 制定具体管理制度，保护和管理经营范围内的自然环境和自然资源，维护国家生态安全和木材安全	➡	素质：严密性 能力：森林资源经营能力 知识：森林资源经营
3. 对珍稀动植物的生态进行观察、研究，负责珍稀动物资源的引种、驯化、保护和发展，拯救濒于灭绝的生物物种	➡	能力：森林资源管护能力、调查研究能力 知识：森林资源管护
4. 开展科学试验和技术创新，推广先进技术	➡	能力：技术推广与服务能力
5. 加强社会协作，为科学实验、教学实习、参观考察服务	➡	能力：社区关系处理能力
6. 组织实施本林场的经营方针、长远规划和年度计划，鼓励林场通过多种方式扩大经营范围，壮大林场规模	➡	素质：开拓性能力、经营管理能力
7. 提请或者决定本林场管理机构的设置、调整 8. 决定本林场岗位责任制、承包责任制方案 9. 依法提请行政主管部门任免或者聘任、解聘本林场管理人员 10. 组织制定工资调整、资金使用、财务预决算等方案和重要规章制度，提请职工代表大会审议决定有关职工福利等重大事项	➡	素质：规范性、严密性、民主性 能力：计划组织能力、团队领导能力 知识：领导学、管理学、经济学

表 12　乡镇林业工作站站长岗位职责

岗位职责内容		重点素质能力
1. 宣传与贯彻执行森林和野生动植物资源保护等法律、法规和各项林业方针、政策	➡	素质：责任意识、法制意识 能力：政策宣传能力、政策执行能力 知识：林业政策法规知识
2. 协助乡镇人民政府制定林业发展规划和年度计划、组织和指导农村集体、个人开展林业生产经营活动	➡	素质：服务群众意识 能力：计划组织能力、技术服务与推广能力
3. 配合林业行政主管部门开展资源调查、造林检查验收、林业统计和森林资源档案管理工作，掌握辖区内森林资源消长和野生动植物物种变化情况	➡	素质：规范性、严密性、条理性 能力：森林资源管护能力 知识：森林资源管护
4. 协助林业行政主管部门管理林木采伐工作，配合做好林木采伐的伐区调查设计，并参与监督伐区作业和伐区验收工作	➡	能力：监督检查能力、计划组织能力 素质：原则性、规范性

（续）

岗位职责内容		重点素质能力
5. 配合林业行政主管部门和乡镇人民政府做好森林防火、森林病虫害防治工作	➡	素质：原则性、规范性、法制意识 能力：森林资源管护能力、行政执法能力 知识：森林资源管护、林业政策法规
6. 依法保护、管理森林和野生动植物资源；依法保护湿地资源		
7. 协助有关部门处理森林、林木和林地所有权或者使用权争议、查处破坏森林和野生动植物资源案件。根据国家有关规定代收和协助管理各项林业行政事业性收费等		
8. 协助林业行政主管部门管理辖区内的乡村林场、个体林场	➡	素质：规范性 能力：沟通协调能力
9. 配合乡镇人民政府建立健全乡村护林网络，负责乡村护林队伍的管理	➡	能力：计划组织能力、团队领导能力
10. 推广林业科学技术，开展林业技术培训，技术咨询和技术服务等林业社会化服务，为林农提供产前、产中、产后服务	➡	能力：技术推广与服务能力 素质：服务群众意识 知识：林业科技推广与社会服务化、林木栽培技术、管理学
11. 承担林业行政主管部门委托的其他事项		

表 13　木材检查站长岗位职责

岗位职责内容		重点素质能力
1. 宣传、执行《中华人民共和国森林法》《中华人民共和国野生动物保护法》及各省（市、区）木材运输管理条例等林业法律、法规和政策	➡	素质：责任意识、法制意识 能力：政策宣传能力、政策执行能力、 知识：林业政策法规
2. 负责木材、竹材、活立木、林副林化产品运输的检查、监督，依法查验木材运输证件；负责防火期内林区的防火检查工作	➡	素质：原则性、法制意识、廉洁性、严密性 能力：行政执法能力、监督检查能力、宣传教育与组织能力 知识：林业政策法规、森林防火、木材检量检测、木材检尺
3. 负责森林植物（含木材、苗木、种子、干果等）的调运检疫检查监督，依法检验植物检疫证件。		
4. 负责野生动物运输的检查、监督、依法查验野生动物运输证件；负责本地区木材经营加工许可证的办证、发证监督检查工作		
5. 制止违法运输木材、种苗、野生动物等的行为，对违法运输木材、种苗、野生动物等予以暂扣；在委托范围内对违章运输行为实施行政处罚		

（续）

岗位职责内容		重点素质能力
6. 依法管理辖区内的木材市场，引导经营户规范经营，引导扶持木材加工企业规范化、规模化发展，鼓励木材加工企业对加工剩余物的再利用	➡	素质：法制意识、规范性 能力：市场管理能力
7. 负责林木种苗技术和管理木材检查执法人员的业务培训，对林木种苗生产和经营者提供信息服务、技术咨询和指导，完善考核制度	➡	素质：规范性、服务群众意识能力、团队领导能力、技术服务与推广能力、信息服务能力 知识：林业政策法规

表 14　县级林木种苗管理站站长岗位职责

岗位职责内容		重点素质能力
1. 宣传执行《中华人民共和国种子法》的各项方针、政策，贯彻落实国家、省（市、区）有关林木种苗法律、法规和规章、方针政策、标准等	➡	素质：责任意识、法制意识 能力：政策宣传能力、政策执行能力 知识：林业政策法规
2. 研究、制定本地区林木种苗发展建设规划、经批准后组织实施，并监督检查执行情况，配合好相关部门管好用好林木种苗的建设资金	➡	素质：前瞻性、规范性 能力：种苗规划指导能力、计划组织能力、监督检查能力
3. 组织开展种苗质量检验、监督和种苗病虫害防治工作；核发林木种子生产、经营许可证，并监督管理种苗市场，监督检查营林工程种苗质量	➡	素质：规范性、严密性 能力：种苗质量监管能力 知识：种苗质量检验
4、依法管理林木种苗市场，查办林木种苗生产经营中的行政案件	➡	素质：原则性、法制意识、廉洁性 能力：行政执法能力 知识：林业政策法规
5. 负责组织林木种苗生产、调剂、储备、种质资源管理及良种选育、审定、示范、推广和引种工作	➡	素质：规范性、严密性 能力：种质资源管护能力、技术服务与推广能力 知识：良种选育、良种基地建设、种苗质量检验
6. 负责林木种苗技术和管理人员的业务培训，对林木种苗生产和经营者提供信息服务、技术咨询和指导	➡	素质：服务群众意识 能力：团队领导能力、技术服务与推广能力
7. 负责林木新品种、新技术的开发、培育、示范和推广工作	➡	素质：开拓性、服务群众意识 能力：良种开发及种苗管理能力、技术服务与推广能力、计划组织能力 知识：良种选育
8. 承办林业行政行政主管部门交办的其他事项		

表 15　县级林业有害生物防治站站长岗位职责

岗位职责内容		重点素质能力
1. 宣传贯彻国家和地方政府关于林业有害生物防治检疫的方针，政策和法规，遵照各项规章制度，做好站内事务	➡	素质：责任意识、法制意识 能力：政策宣传能力、政策执行能力 知识：林业政策法规
2. 依照《森林病虫害防治条例》和《植物检疫条例》的授权，行使林业有害生物防治和应施检疫的森林植物及其产品的检疫管理、行政许可和行政处罚	➡	素质：原则性、法制意识、廉洁性 能力：植物检疫能力、行政执法能力 知识：林业政策法规、植物检疫、林业有害生物防治、林业有害生物鉴定识别
3. 制定本地区林业有害生物事件应急预案和处置办法，并提出防治方案，制定监测预警和除治措施，提出防治经费预控	➡	素质：严密性、规范性 能力：林业有害生物防治管理能力、林业有害生物调查监测能力、林业有害生物预测预报能力 知识：林业有害生物测报知识、林业有害生物防治
4. 对林业有害生物监测预警和除治进行技术指导，组织实施防治试验和技术推广	➡	素质：服务群众意识、规范性 能力：技术推广与服务能力、计划组织能力 知识：林业有害生物防治、
5. 组织对本地区林业有害生物防治效果和年终目标管理指标的检查验收，建立技术档案	➡	素质：规范性、条理性 能力：计划组织能力
6. 管理基层场、站测报人员，确定其责任区和调查观点	➡	能力：计划组织能力、团队领导能力
7. 充实机构，组织培训林业有害生物专业技术队伍，宣传学习主要林业有害生物防治、检疫知识，提高人员素质	➡	素质：服务群众意识、亲和力 能力：团队领导能力、学习能力、宣传发动能力
8. 强化管理职能，完善设施和技术装备 9. 负责本地区林业有害生物防治的农药器械的调配供应和维修	➡	素质：责任意识 能力：计划组织能力

表 16　国家级自然保护区管理局局长岗位职责

岗位职责内容		重点素质能力
1. 宣传贯彻和执行国家有关自然保护区的法律、法规、方针和政策，对保护区实行依法管理	➡	素质：责任意识、法制意识 能力：政策宣传能力、政策执行能力 知识：林业政策法规

（续）

岗位职责内容		重点素质能力
2. 制订适应本保护区需要的管理规定和措施，按照总体规划要求制定保护区规划和项目设计，统一组织实施保护区建设，采用科学方法，对自然保护区自然资源环境进行有效的管理	➡	素质：前瞻性、规范性 能力：战略规划能力、计划组织能力 知识：自然保护区建设管理
3. 做好保护区自然资源的调查统计工作，调查自然资源并建立健全自然资源档案	➡	素质：规范性、严密性 能力：资源调查监测能力 知识：资源调查监测
4. 负责本保护区范围内的森林防火、林政工作（组织生态环境监测）以及林地管理，完善边界、界碑，稳定林地权属	➡	素质：原则性、严密性 能力：资源管护能力、社区关系处理能力 知识：森林防火、野生动植物保护
5. 组织或协助有关部门开展自然保护区的各项科研活动，扩大对外科技交流与合作	➡	能力：科学研究能力、沟通协调能力
6. 会同有关部门查处破坏保护区自然资源违法案件，防止主要保护对象及其生存栖息地遭受干扰和破坏，防止生态系统遭受污染及非法的、不合理的利用自然资源	➡	素质：法制意识、原则性 能力：协同执法能力 知识：林业政策法规
7. 在不影响自然环境和自然资源保护的前提下，开展参观、生态旅游和多种经营项目，增强保护区自我发展能力	➡	素质：灵活性、原则性 能力：资源经营能力、社区关系处理能力 知识：资源经营管理
8. 扶持区内群众发展经济，正确处理保护与发展的关系，逐步建立自然保护区社区共管体系	➡	素质：服务群众意识、亲和力 能力：社区关系处理能力 知识：林业经济
9. 分配、管理自然保护区经费，向自然保护区所在地的地方人民政府或国家有关机构提请资金补助	➡	能力：对上争取支持能力、沟通协调能力
10. 向有关自然保护区行政主管部门提请或决定关于本自然保护区管理机构及下设机构和人员的设置与调整		
11. 其他需要由管理局局长行使的职权		

5.4.4 要素重点理论分析

许多研究成果对一般的素质能力要素进行了解读，为研究组提供了很好的参照。研究组在上述分析的基础上，借鉴这些理论成果，全面分析了基层林业关键岗位干部所应具备的素质能力重点。

（1）政治素质重点。目前对干部政治素质的要求较为明确，主要可以概括为以下10个方面：政治方向正确，坚持中国特色社会主义道路；政治目标明确，牢固树立共产主义远大目标；政治理论较好，熟练掌握马列主义方法；政治立场坚定，牢记党和人民的利益立场；政治观点鲜明，坚持马列主义观点；政治宗旨明确，全心全意为人民服务；政治敏锐性强，明辨方向是非；政治思路清晰，一切从实际出发；政治作风优良，坚持群众路线和善于自我批评；政治纪律严格，做到遵纪守法、与中央保持一致。这是对所有干部，包括基层林业关键岗位干部的基本要求。

（2）职业道德素质重点。职业道德素质是指所有从业人员在职业活动中应该遵循的行为准则，是一定职业范围内的特殊道德要求，在特定的时间、地点、条件下是相对稳定和持久的。我国《公民道德建设实施纲要》提出了职业道德的主要内容是：爱岗敬业、诚实守信、办事公道、服务群众、奉献社会。爱岗敬业需要责任意识，办事公道需要民主意识，诚实守信需要自律意识，服务群众需要服务意识，奉献社会需要奉献精神。从基层林业关键岗位工作实际来看，较多涉及公共管理、公共服务、行政执法等工作，需要干部具备良好的社会价值观，集中体现为奉献精神、服务群众意识、民主意识、法制意识、大局意识等。在此基础上，结合专家意见，研究组确定了奉献精神、法制意识、责任意识、服务群众意识、自律意识、民主意识、廉洁性、大局意识等8个职业道德素质重点。

（3）心理素质重点。本研究对心理素质的界定主要依据心理学的个性理论。英国心理学家卡特尔的人格因素论认为人格由16个根源特质群构成，并且这16种根源特质在每个人身上是相同的，包括自律性、敢为性、稳定性等。罗双平（2008）综合国内外研究成果，列出67个个性要素，涵盖了基本的性格特征，为研究组提供了进一步的参考。在借鉴这些成果的基础上，研究组结合基层林业关键岗位领导干部的具体特点，归纳了自信心、坚韧性、条理性、严密性、果断性、原则性、开拓性、灵活性、规范性、包容性等28个心理素质重点。

（4）工作动机重点。工作动机是一种心理状态，指的是一系列激发与工作绩效相关的行为，并决定这些行为的形式、方向、强度和持续时间的内部与外部力量。Steer R. M. 和 Porter（1991）将工作动机定义为：影响工作情境中行为之激发、导向与持久的状态。工作动机作为个体动力系统的重要组成部分，是行为的原动力，也是行为的直接驱动力量。它驱动个体努力工作、高质量创新并不断完善工作。一般而言，干部的工作动机主要体现在追求兴趣取向、追求胜任取向、追求报酬取向、追求晋升取向、追求肯定取向、追求关系取向等6个方面。

（5）通用能力重点。人事部在2003年年底颁布了《国家公务员通用能力标准框架（试行）》，提出了国家公务员的9项通用能力，包括政治鉴别能力、依法行政能力、公共服务能力、调查研究能力、学习能力、沟通协调能力、创新能力、应对突发事件能力、心理调适能力。其中，政治鉴别能力包含在本研究的政治素质要素中，应对突发事件能力、依法行政能力、公共服务能力往往与基层林业关键岗位干部的具体职责联系，可归为专业能力，其余几项能力同样适用于基层林业关键岗位干部。罗双平对国内外素质能力理论进行了综合研究，总结了56个一般能力要素。在借鉴这些成果的基础上，研究组结合基层林业关键岗位干部特点，总结归纳了战略规划能力、改革创新能力、分析决策能力、经营管理能力、计划组织能力、监督检查能力、沟通协调能力、应对突发事件能力等22个通用能力重点。

（6）专业能力重点。专业能力是各岗位干部基于岗位职责所需具备的专业能力和特殊能力。对岗位职责的分析，已列出了最重要的专业能力要素。如国有林场场长需要具备森林资源经营能力、森林资源管护能力、社区关系处理能力、宣传组织能力等专业能力。在此基础上，研究组认真研究讨论、征询专家意见，确定了政策宣传能力、政策执行能力、森林资源经营能力、森林资源管护能力、行政执法能力、技术推广与服务能力、社区关系处理能力等18个专业能力重点。

（7）基础知识重点。基础知识是领导干部需要具备的共性知识，体现了知识结构的广博性、完善性。领导者在研究和制定战略，进行科学决策和执行的领导活动中，既需要社会学知识，也需要科学知识，学科的跨度越大，融合越好，越能在领导思维和领导方法上创新。根据对党政领导干部的一般知识要求，结合基层林业关键岗位干部的工作实际，经过认真研究讨论，研究组归纳了政治理论知识、政策法律知识、领导学、经济学、管理学、现代办公知识、科学知识等7个基础知识重点。

（8）专业知识重点。专业知识是基层林业关键岗位干部开展岗位工作所需的专业和特殊知识。对岗位的职责分析，已列出了最重要的专业知识要素。如国有林场场长需要具备森林资源经营、森林资源保护等专业知识。在此基础上，经认真研究讨论、征询专家意见，研究组进一步归纳了林业政策法规、森林培育、森林资源管护、森林资源经营、林业项目计划与管理、苗木培育技术、森林防火、野生动植物保护等38个专业知识重点。

5.4.5 词典构建

通过以上步骤的分析整合，研究组初步得出了基层林业关键岗位干部的素质能力重点，在此基础上构建了素质能力要素词典，作为分析文本、构建模型的依据。这个词典包括52个素质要素（含有10个政治素质要素、8个职业道德素质要素、28个心理素质要素、6个工作动机要素）、41个能力要素（含有23个通用能力要素、18个专业能力要素）、45个知识要素（含有7个基础知识要素、38个专业知识要素）（表17）。

表 17　素质能力要素词典

类别	名称	内容
素质	政治素质	政治方向、政治目标、政治理论、政治立场、政治观点、政治宗旨、政治敏锐性、政治思路、政治作风、政治纪律
	职业道德素质	奉献精神、法制意识、责任意识、服务群众意识、自律意识、民主意识、廉洁性、大局意识
	心理素质	自信心、规范性、原则性、坚韧性、条理性、严密性、果断性、开拓性、灵活性、包容性、事业心、敢为性、亲和力、同情心、公平性、成就感、上进心、前瞻性、科学性、务实性、服从性、保守性、独立性、敏锐性、表率性、忧虑性、创新性、耐心
	工作动机	追求兴趣取向、追求胜任取向、追求报酬取向、追求晋升取向、追求肯定取向、追求关系取向
能力	通用能力	战略规划能力、政策把握能力、创新能力、分析决策能力、统筹管理能力、计划组织能力、监督检查能力、调查研究能力、科学研究能力、学习能力、经营管理能力、经营创收能力、沟通协调能力、对上争取支持能力、化解矛盾冲突能力、应对突发事件能力、解决问题能力、灵活处理问题能力、团队领导能力、知人善任能力、心理调适能力、写作能力、口头表达能力
	专业能力	政策宣传能力、政策执行能力、宣传发动能力、行政执法能力、森林资源管护能力、森林资源经营能力、资源调查监测能力、社区关系处理能力、林业有害生物防治能力、林业有害生物调查监测能力、植物检疫能力、种苗质量监管能力、良种开发及种苗管理能力、种质资源管护能力、种苗规划指导能力、技术推广与服务能力、信息服务交流能力、市场管理能力
知识	基础知识	政治理论知识、政策法律知识、领导学、经济学、管理学、现代办公知识、科学知识
	专业知识	林业政策法规、林政执法、森林资源管护、种质资源管护、森林资源调查监测、森林防火、林业基础知识、苗木培育技术、林木栽培技术、园林植物栽培、园林绿化、遗传育种、造林学、森林培育、植物学、林业发展史、林业有害生物防治、林业有害生物测报、植物检疫、良种基地建设、种苗质量检验、野生动植物保护、野生动植物识别、生物多样性保护、森林资源经营、林业经济管理、林下经济、生态旅游、林业科技推广与社会化服务、林业调查设计、林业规划设计、林业计划与项目管理、林业统计管理、林业档案的建立与管理、木材检量检测、木材鉴定、自然保护区建设管理、社区共管

本章小结

根据研究需要，首先成立了领导小组、专家小组、研究小组和调研小组等，奠定了研究组织基础。

针对研究小组成员，开展了素质能力方法培训，奠定了研究方法基础。

确定了以岗位胜任为核心的三级指标体系，奠定了研究框架基础。

通过借鉴现有成果，分析组织战略要求、岗位职责和领导角色要求，听取专家意见，确定了 52 个素质要素、41 个能力要素、45 个知识要素的素质能力要素词典，为分析文本、构建模型提供了依据。

6 抽样与访谈

6.1 抽样

样本的选取，首先要根据组织机构规模的大小，确定样本的方案。选定样本方案一般有小组织机构样本选取、大中型组织机构样本选取、从统计学角度样本选取等3种方式(罗双平，2008)。从科学性和准确性的角度来看，使用统计学的方法选取样本是最理想的，而从项目研究的实际出发，该方法并不具备可行性。如前所述，全国林业行业关键岗位在岗干部规模庞大，假设将其视为一个整体或一个超大型的组织机构，每个林业关键岗位便是一个专业系列，可使用大中型组织机构样本选取的方案来确定样本。

大中型组织机构样本选择，要求每个专业系列或每个工种至少选择20人，因此在确定每个林业关键岗位样本数量时不应低于这个数量。本研究中，每个岗位按照不同地区、省份、工作绩效选择确定了45个访谈样本。

6.1.1 抽样依据

(1)按照地理行政区划选择样本。研究小组首先按照我国地理行政区划的7个地区来选择样本，即分别从华北、东北、华东、华中、华南、西南、西北地区分别选择确定样本。地理区划依据主要就是其所处地理位置、经济特征、历史文化因素、气候及自然环境等，而其中最重要的一点就是地理差异和气候环境的不同。区域间的差异会影响林业资源的生长、分布、经营方向，意味着不同区域同一林业关键岗位的职责和内容会有其相应的地域特点。因此，为了保障样本的丰富性和代表性，分区域进行样本选择是关键的第一步。

(2)按照林业重点省份选择样本。选择确定样本的省份时，主要是对各个省份的林地面积、森林覆盖率、活立木蓄积量、植物种类、林业产业发展现状、林业在地方经济中的地位和作用等因素进行综合考量，同时考虑项目人力、物

本章节执笔人：皑妍、裘烨真

力、经费、时间等客观因素，最终在不同地区分别选择 1 ~ 2 个林业重点省份，最终确定从山西、辽宁、黑龙江、福建、江西、河南、广西、云南、陕西等 9 个省份抽取样本。

(3) 按照不同工作绩效选择样本。构建素质能力模型的依据来源于对抽样样本的访谈事例。工作绩效卓越者、一般者和低绩效者从不同层次体现了岗位胜任的要求。选择样本标准不能太高也不能太低，假如抽样对象都是卓越绩效的人群，就会忽视对其他人群素质能力构成的关注，如果抽样对象大部分是低绩效人群，必然会降低员工素质标准。因此，抽样兼顾了工作绩效卓越、一般和较差三类不同对象。

6.1.2 抽样方案(图 8)

步骤一，确定样本选取省份。华北地区：山西省。东北地区：辽宁省、黑龙江省。华东地区：福建省、江西省。华中地区：河南。华南地区：广西壮族自治区。西南地区：云南省。西北地区：陕西省。

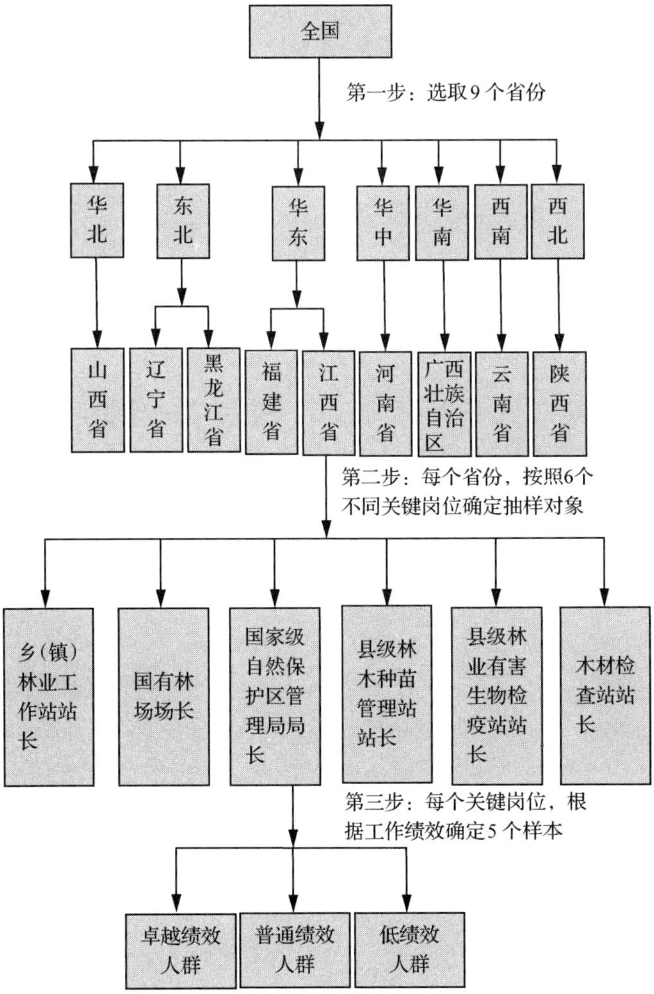

图 8　抽样方案

步骤二，从确定的9个省份中，按照6类不同岗位确定抽样对象：国有林场场长、乡镇林业工作站站长、木材检查站站长、县级林木种苗管理站站长、县级林业有害生物防治检疫站站长、国家级自然保护区管理局局长。

步骤三，每个关键岗位确定5个样本，以工作绩效卓越者为主，兼顾一般和低绩效者。确定原则是，样本超过3人的可以适当增加卓越绩效人员数量，少于3人时必须有一个名额为卓越绩效人员。预期样本数为：(9省份)×(6岗位/省份)×(5个样本/岗位)=270个样本。

6.2 访谈

建立素质能力模型，需要依赖一定的信息基础与分析，并保证其分析与构建基础来自于具体客观的信息，而目前公认的最有效的方法就是关键事件访谈法。主要步骤为：确定访谈大纲、实施访谈。

6.2.1 确定访谈大纲

为了对抽样对象开展有效访谈，提高访谈质量和效率，避免访谈的盲目性，获得更多有效信息，研究组结合林业行业特点，制定了访谈大纲(表18)。

大纲由开场和6个问题构成。开场为“自我介绍、访谈目的介绍和保密申明”，旨在营造轻松愉快的谈话氛围，帮助消除被访者的疑虑，避免其产生紧张情绪。

问题一：“请简要介绍您的学习经历和工作经历”。在访谈之前，首先要了解受访者的学习经历和工作经历，掌握受访者的背景信息，对其行为理念和方式作一个基本判断。这部分信息只是作为事例分析时的辅助，因此不需花费太多时间。

问题二：“请介绍您的主要岗位职责”。通过了解受访者的工作职责和工作流程，进一步把握事件发生的范围和框架，预判访谈的方向和内容，有助于把握访谈的整体性。

问题三：“请介绍工作中三件成功的事例”，问题四：“请介绍工作中三件失败的事例”。这两个问题是访谈的关键问题。因为要分析出具体的素质能力要素，必须清楚被访者在解决具体问题时是怎么做的，也就是被访者在实际情境中采取的措施和行动，而不是假设的答复或哲理性、抽象性或信仰性的行为。通过这两个问题能够了解体现受访者素质能力的具体行为。同时，为了深入挖掘其行为细节和行为理念，要求受访者在回答问题时详细描述“事件发生的过程、遇到的困难、采取的措施”以及“当时的想法、之后的体会”。

问题五：“请列举履职所需专业知识和相关知识”。这一问题旨在补充和验证通过文本分析所获得的知识要素，从而更好地完善素质能力中的知识维度。

问题六：“请介绍履职成功经验”。这一问题旨在了解受访者的主观经验和认识。这一部分信息不作为研究组分析素质能力要素的主体内容，但是可以作为有益的补充和验证信息，使得研究组的分析结论更加科学。

包含6个问题的调研大纲，将访谈内容牢牢限定在研究者感兴趣的范围内，使研究者在访谈过程中起主导作用，既能鼓励访谈对象对重要问题发表见解，又能有效把握访谈走向，有利于获取和挖掘更充分的信息。

表18　访谈大纲

<table>
<tr><th colspan="2">问题</th><th>目的</th></tr>
<tr><td>开场</td><td>自我介绍、访谈目的介绍、保密说明</td><td>访谈热身阶段：
创造融洽和谐的谈话氛围，打消受访者顾虑</td></tr>
<tr><td>问题一</td><td>请简要介绍您的学习经历和工作经历</td><td>问题导入</td></tr>
<tr><td>问题二</td><td>请介绍您的主要岗位职责</td><td>了解全景</td></tr>
<tr><td>问题三</td><td>请列举3件近年来工作中的成功事例，并详细描述事件发生的过程、遇到的困难、当时的想法、采取的措施，处理成功之后的体会</td><td rowspan="2">访谈关键阶段：
这项工作内容是什么？——了解事件全景
遇到了哪些问题？——了解体现能力的关键节点
当时的想法（为什么这样做）？——体现素质要素
采取的措施（您分别是如何做的）？——体现能力要素
成功或失败之后的体会（这样做的结果怎样）？——体现能力素质要素和经验</td></tr>
<tr><td>问题四</td><td>请列举3件近年来工作中的失败事例，并详细描述事件发生的过程、遇到的困难、当时的想法、采取的措施，处理失败之后的体会</td></tr>
<tr><td>问题五</td><td>请列举履行岗位职责所需的专业知识和相关知识</td><td rowspan="2">访谈收尾阶段：
验证和补充文本分析所得的知识点、素质及能力要素</td></tr>
<tr><td>问题六</td><td>请介绍履行好岗位职责最重要的成功经验</td></tr>
</table>

6.2.2　实施访谈

为更好地进行访谈，研究组事先安排了不受干扰的场地，运用沟通技巧建立恰当的访谈氛围，解除被访者的防备，激发出良好的谈话意愿。先以友好的方式介绍访谈者自己，解释访谈目的，强调对谈话内容保密，并获准使用录音设备。

正式访谈采用了由开放式逐渐转入半开放式的方法。在访谈初始阶段，采访者只起辅助作用，将主动权完全交由受访者，激发他们的谈话欲望，鼓励他们充分发表对问题的看法、见解，通过对话了解受访者关注的问题和思考问题的方式。随着谈话内容的深入，访谈逐渐进入到半开放模式，采访者渐渐掌握对话的主导权，重点针对前面访谈中出现的重要问题进行提问，对尚存疑问的问题进行追问。

为避免诱导性提问影响受访者思路，采访者在提问时未将自己对答案的猜测带入其中，而是用了一系列敞开式的设问方式探寻真实情况。比如在采访某国有林场场长时，问："群众有不理解的，您怎么解决？"而不是"群众不理解，您是一个一个去说服他们吗？"问："当时是因为什么造成的违规？"而不是"您是因为操作失误造成违规吗?”通过这种提问方式，让受访者在不受干扰的情况下谈出当时真实的想法和感受，提出对一些问题成因的客观分析，这在很大程度上确保了访谈资料的客观性。

为避免受访者对“失败”“不成功”等词的敏感性，研究组在实际访谈中将第四个问题“请列举3件近年来工作中的失败事例”更换为“您在工作中有没有发生过什么比较遗憾的事件?”或者“您认为工作中有没有什么地方需要改进，当时发生了什么?”采访大纲中规定的举3件失败案例，也因考虑到受访者的心理感受，在谈话过程中没有做硬性规定，完全按照谈话现场情况，由研究者自行把握，这也有效避免了谈话过程中尴尬场面或不愉快情况的发生。

在访谈过程中出现了一些突出问题，比如受访者想不出描述什么行为事件，或者对发生的事件描述得过于简单，或者跑题偏题。在这样的情况下，采访者往往通过有目的的提问，帮助其整理思绪，还原事件过程和关键环节，了解当事人具体想法，并针对关键内容详细追问，直到获得所需信息。

某国有林场场长采访案例

问：您当场长以来，这10年里面有没有什么事件，您觉得处理的非常满意的，觉得挺成功的?

答：我先从森林培育的角度说。2002年，当时哈尔滨市提出了中幼林培育，那阵儿国家还没提出来，我就从2002年搞了森林培育。在搞森林培育的过程中，有好多人不理解，因为我把小树砍了，把林子清光了，清透了，把有的树，原来很茂密的树清了透亮，因为解决林子过密的问题。在那个时候，因为我们当地对这个方面都很不理解。通过这几年，到2008年为止，魏殿生司长到那儿去调研以后，对这个问题给予充分的肯定。我从2002年到现在，我们林场中幼林培育将近10万亩。通过搞中幼林培育，我带出两个产业：第一个就是我们当地黑龙江那块有红松，通过这个抚育，红松的公顷数达到900多，多的1100，最少的600。现在说，看来这个产业挺好，你像我去年(2013年)生产红松籽10万斤。后来我又提出了一个很天真的想法：我说林业能不能研究不造林就有林，不栽树就有树，不育苗就有苗。通过实践，这不是天真，完全可以实现。

问：您刚才谈到，把林子里小树砍稀疏了群众有不理解的，您是怎么解决的?

答：我也考虑到职工呼声这么高，怎么整?我说这边也不能干，问谁谁都不说。我说那这么的吧，开一个座谈会，把原来前届的老场长、老技术员、老工人、老现场员，邀请一些我们县级林业主管部门的退休的老同志、老局长、老专业、搞一辈子营林的老同志，这个规模达到了30人，我领着到山上看一下。当时，我们县里头有个原来主管营林的局长，已经60多了，他搞了20多年的营林。他说他当时也想这么搞，但是由于限额采伐的问题，特别是经济问题，没有推开。他怕我坚持不下去。得说我现在咬牙挺了下，通过这个座谈会，可以说压了不少风。

问：您刚才提到林业能不栽树就有树，不育苗就有苗，您是怎么做到的?

答：通过人工抚育，中幼林培育以后，合理的密度，透光、通风、控光，底下的植被，天然的树种，主要靠天然下种，现在已经成群团状出现了再生，天然更新得非常好。我现在琢磨就是：下次在抚育清林的过程中，不应该全清了。抚育过后，我跟我们科技处也说，全国性的大面积搞中幼林培育，能不能考虑到灌下更新的问题，搞个科研课题。再一个就是说，树木适应性特别强。它适应了它就能活，适应了它会出，不适应它不会出。当时对中幼林有不理解的，我培养了一代，下一代林怎么办?我这么解释的：森林和人一样，人也是一种良性循环，有生有死。森林也是如此，有发出的，有再生的。就像说人有了儿子，你供他上学，到一定年龄你给他结了婚，你就不用愁孙子的问题。他自然而然就给你生了孙子，自然而然就给你生儿育女了。

问：您在中幼林培育过程中有没有遇到一些技术问题？

答：技术难题也就是蓄积量不够的这个事情违规了。

问：当时是因为什么造成的违规？

答：怎么违规呢，就是规程。它设计的规程，它这个规程比方说：它让你消耗蓄积25%，实际这点儿根本就不够，要达到培育目的，根本就不够，你动一点儿就超。这个中幼林培育这个规程还是有不够的地方。

问：那您怎么解决的？

答：这个只能是勤整，达到规程。达不到位的，过几年再整。只能是这样，一次达不到培育的效果。你要达到培育的效果，就违反规章。因为天然林几十年都没动过，林分太密了。

通过初期的反复访谈，研究组总结出以下规范：准备好录音设备和安静的采访环境；安排好采访时间和进程，最好单个采访；熟悉访谈提纲；要求采访对象尽量采用普通话；避免诱导性问题、未然性问题；把握好采访节奏，防止采访内容支离破碎，尽可能获取有效信息（比如只谈组织作用，不谈个人作用）；对偏离主题的应及时引导，对重要信息可进一步追问，对对方回避回答的问题可换角度提问。这些规范为随后的访谈提供了良好参考，使得研究组获得了更多有效的信息。研究组按照这种方式，对9个省份的233个对象进行了采访，获得有效访谈录音样本149个（有效访谈指基本按照访谈提纲进行访谈，被访者描述了完整的成功或不成功事件，通过录音整理能够提炼出素质和能力要素的访谈文本）。

表19　访谈样本数统计　　单位：人

省份 \ 关键岗位		国有林场场长	乡镇林业工作站站长	木材检查站站长	县级林木种苗管理站站长	县级有害生物防治检疫站站长	国家级自然保护区管理局局长	小计
山西	访谈人数	4	5	5	5	5	8	32
	有效访谈	4	4	3	5	4	6	26
辽宁	访谈人数	2	5	5	5	5	2	24
	有效访谈	1	4	4	4	5	2	20
黑龙江	访谈人数	3	3	5	4	5	3	23
	有效访谈	2	1	1	1	1	2	8
福建	访谈人数	3	5	1	5	5	3	22
	有效访谈	2	5	1	5	5	3	21

（续）

省份	关键岗位	国有林场场长	乡镇林业工作站站长	木材检查站站长	县级林木种苗管理站站长	县级有害生物防治检疫站站长	国家级自然保护区管理局局长	小计
江西	访谈人数	3	6	6	6	6	2	29
	有效访谈	3	2	4	2	1	2	14
河南	访谈人数	3	5	5	5	5	4	27
	有效访谈	3	4	2	1	1	4	15
广西	访谈人数	3	5	5	5	6	2	26
	有效访谈	2	2	2	3	2	1	12
云南	访谈人数	3	6	3	3	4	4	23
	有效访谈	3	2	2	2	1	3	13
陕西	访谈人数	3	5	5	5	5	4	27
	有效访谈	2	5	4	2	3	4	20
合计	访谈人数	27	45	40	43	46	32	233
	有效访谈	22	29	23	25	23	27	149

本章小结

研究小组利用大中型组织机构样本选取方案，根据不同地区自然条件、森林资源和林业生产特点、社会经济条件，结合地理行政区划，确定了山西、辽宁、黑龙江、福建、江西、河南、广西、云南、陕西等9个林业重点省份作为访谈地点。

针对9个省份的6个林业关键岗位干部，每个岗位确定5个采访样本，以工作绩效卓越者为主，兼顾一般和低绩效者，共选择270个访谈对象。

编制了访谈大纲，采用结构式加开放式2种方式进行访谈，尽可能挖掘所需信息和细节。

实际访谈共233人，获得有效访谈录音样本149个。

7 基层林业关键岗位干部素质能力模型构建

研究小组针对149个有效访谈文本，通过分析文本、归纳要素、定义要素、分级描述行为特征、反复研讨修改等步骤，构建了基层林业关键岗位干部素质能力模型(图9)。

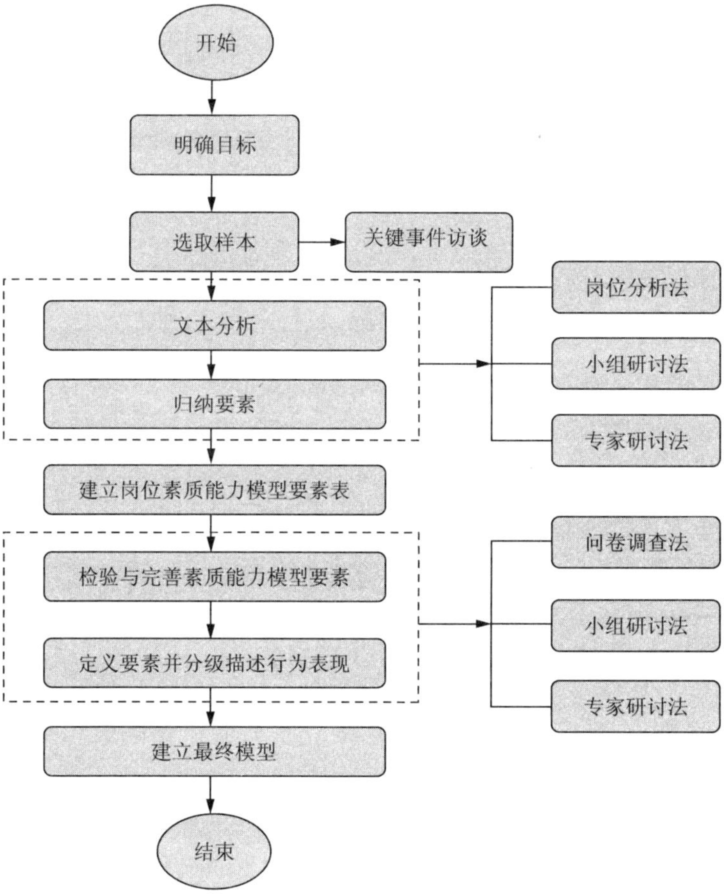

图9 素质能力模型构建流程

本章节执笔人：裘烨真、皑妍、杨丽

7.1 文本分析

文本分析是指以素质能力要素词典为依据，对访谈文本中的具体事件进行深入分析，初步获取岗位素质能力要素的过程。它首先要求研究者将访谈录音资料转换成文本，通过对文本中具体事件的解读，分析出受访者的素质、能力和知识重点要素。通过对同一岗位众多访谈者素质、能力、知识要素的频次统计，罗列出该岗位可能需要具备的所有素质能力要素。

由于文本分析要求最大程度还原访谈者真实意图，因此需要研究者将访谈录音逐字逐句记录下来。一小时的访谈录音资料，需要 2 ~ 3 个工作日才能完成整理和分析工作，因此文本分析是最基础也是花费精力最大的一个环节。文本分析的质量，直接决定了模型构建的成败。

7.1.1 文本分析过程

对访谈文本的分析，经历了个人分析、小组研讨和专家座谈等阶段。

首先，研究组成员依据岗位分析等得出的素质能力要素词典，按照自己的理解，对文本进行初步分析。通过文本中访谈者对“您当时是怎么想的”“您当时的感受是什么”“您当时的心情怎样”等问题的回答来分析提取素质要素；通过文本中访谈者对“这个事件是怎么发生的”“您当时怎么做的”“您具体参与该项工作中的哪几个环节”“您在整个事件中起到的作用是什么”等问题的回答，来分析提取能力和知识要素。

为避免由于研究成员个体差异而导致文本要素提炼过程中的主观性偏差，在小组成员对文本分析之后，还要将其提交给所有研究人员共同讨论、商议，达成共识后，确定要素名称。

最后，为确保要素名称的科学性和规范性，研究组多次组织研讨会，邀请相关研究领域专家对要素提取方式方法进行把关和指点，邀请林业行业专家、技术骨干对素质能力要素名称进行进一步研讨修改。

通过上述几个步骤，研究组对最初构建的词典中有偏差的要素进行重新鉴定，将新发现的要素做了及时补充，由此得到更丰富的素质能力要素。

例如，在分析乡镇林业工作站站长岗位文本时，最初由岗位职责分析得出的要素“解决问题能力”，在实际访谈案例中得到了印证。但研究组在后期讨论过程中认为其涉及范围偏大，描述比较笼统，将其改为“化解矛盾冲突能力”。在文本分析中，“对上争取支持能力”出现频次较多，主要指乡镇林业工作站站长向乡政府、上级林业主管部门争取支持的一种能力。在后期的研讨中，相关专家认为这种表述过于直白，其实主要体现的是其沟通和协调的能力，因此将其与“沟通协调能力”合并，对频次相加统计。另外，由于在研讨过程中产生新的想法、认识和感受，得出一些新的素质能力要素，研究组将其补入原有要素表中。表 20 以乡镇林业工作站站长文本分析为例，列出了其素质能力要素的分析提取过程。

表 20　文本分析示例

案例 1：第一件事还是指导农户。那年是种槐树，也就是育的土槐苗子，当时籽种处理上出了问题。籽种是市林业工作站从平凉引进过来的，当时没有搞出芽试验，几乎有三分之一籽种不发芽，无形中损失了一部分苗木。我就亲自上门联系、指导，第二年就采取了措施 ，第四年就一棵 6 元钱卖了。人们当时很感动，来看我，还请我吃了一顿饭……我感觉对老百姓实实在在办件事，老百姓还是记着我们的。我感到能和老百姓打成一片很高兴。[1]素质：责任意识、服务群众意识、追求肯定取向[2]能力：技术推广与技术服务能力[3]知识点：苗木栽培技术……再有一件事就是一个女的把地里的杂草铲下来，放了一把火就点着了，没有想到刮了一阵大风，火就着起来了……我们了解到该家庭老人生活困难，就罚了她 300 块钱。老人掏了 200 块钱，村干部垫了 100 块钱。[1]素质：同情心……我能处理的我都能积极协调处理，尽职尽责，在工作中有难处的，处理不了的，我就及时向上级汇报。[1]个性：责任意识……要经费应该是上级领导考虑的事情，就是写了申请报告也不可能，我们是个穷县……[2]能力：对上争取支持(欠缺)

↓ 通过文本分析统计要素频次，结合研究小组研讨、专家意见确定岗位要素表

素质要素（频次）	责任意识(36)、服务群众意识(24)、追求胜任取向(19)、奉献意识(10)、追求肯定取向(9)、原则性(7)、开拓性(7)、灵活性(7)、严密性(6)、规范性(4)、自信心(4)、自律意识(3)、果断性(3)、法律意识(1)、民主意识(1)
能力要素（频次）	沟通协调能力(36)、技术推广与技术服务能力(26)、计划组织能力(20)、学习能力(17)、行政执法能力(11)、政策执行能力(10)、化解矛盾冲突能力(9)、政策宣传能力(9)、团队领导能力(6)、经营管理能力(4)、监督检查能力(4)、调查研究能力(3)、信息服务能力(3)、心理调适能力(2)、森林资源管护能力(2)、森林资源经营能力(1)、创新能力(1)
知识要素	政治理论知识、政策法律知识、领导学、经济学、管理学、现代办公知识、科学知识、林业政策法规、苗木培育技术、森林防火、森林营造、野生动植物保护、乡镇林业工作站建设、林业计划与项目管理、林业科技推广与社会化服务、林业统计管理、林业档案的建立与管理
修改要素	“对上争取支持能力”合并到“沟通协调能力” “解决问题能力”改为“化解矛盾冲突能力”
新增要素	乡镇林业工作站建设、林业信息技术

7.1.2　文本分析结果

通过文本分析，结合小组研讨和专家意见，研究组得出各岗位的素质能力要素(表 21)。例如，乡镇林业工作站站长的素质能力要素包括 15 项素质要素、17 项能力要素、17 项知识要素。

表 21　基层林业关键岗位干部素质能力要素

国有林场场长素质能力要素	
素质要素（频次）	责任意识(30)、追求胜任取向(29)、服务群众意识(25)、追求肯定取向(20)、开拓性(20)、规范性(9)、原则性(8)、民主意识(8)、法制意识(7)、灵活性(7)、自信心(6)、严密性(5)、奉献精神(5)、果断性(3)、坚韧性(1)、条理性(1)、追求关系取向(1)

（续）

国有林场场长素质能力要素	
能力要素（频次）	沟通协调能力(56)、经营管理能力(39)、分析决策能力(36)、团队领导能力(34)、森林资源经营能力(22)、森林资源管护能力(21)、社区关系处理能力(18)、计划组织能力(18)、调查研究能力(10)、学习能力(9)、政策宣传能力(9)、应对突发事件能力(5)、创新能力(4)、心里调适能力(3)、技术推广与技术服务能力(2)、战略规划能力(1)、知人善任能力(1)
知识要素	政治理论知识、政策法律知识、领导学、经济学、管理学、现代办公知识、科学知识、林业政策法规、森林资源经营、森林资源管护、林木(苗木)栽培、林业项目计划与管理、林业调查设计、林业经济管理、园林绿化、生态旅游、林下经济
乡镇林业工作站站长素质能力要素	
素质要素（频次）	责任意识(36)、服务群众意识(24)、追求胜任取向(19)、奉献意识(10)、追求肯定取向(9)、原则性(7)、开拓性(7)、灵活性(7)、严密性(6)、规范性(4)、自信心(4)、自律意识(3)、果断性(3)、法制意识(1)、民主意识(1)
能力要素（频次）	沟通协调能力(36)、技术推广与技术服务能力(26)、计划组织能力(20)、学习能力(17)、行政执法能力(11)、政策执行能力(10)、化解矛盾冲突能力(9)、政策宣传能力(9)、团队领导能力(6)、经营管理能力(4)、监督检查能力(4)、调查研究能力(3)、信息服务能力(3)、心理调适能力(2)、森林资源管护能力(2)、森林资源经营能力(1)、创新能力(1)
知识要素	政治理论知识、政策法律知识、领导学、经济学、管理学、现代办公知识、科学知识、林业政策法规、苗木培育技术、森林防火、森林营造、野生动植物保护、乡镇林业工作站建设、林业计划与项目管理、林业科技推广与社会化服务、林业统计管理、林业档案的建立与管理
木材检查站站长素质能力要素	
素质要素（频次）	责任意识(28)、原则性(24)、服务群众意识(23)、奉献意识(16)、法制意识(12)、追求胜任取向(12)、严密性(11)、自律意识(8)、灵活性(8)、规范性(7)、果断性(2)、敏锐性(1)、追求肯定取向(2)
能力要素（频次）	木材检查执法能力(66)、团队领导能力(29)、沟通协调能力(22)、宣传发动能力(12)、应对突发事件能力(10)、调查研究能力(8)、分析决策能力(7)、计划组织能力(7)、学习能力(4)、心里调适能力(1)
知识要素	政治理论知识、政策法律知识、领导学、经济学、管理学、现代办公知识、科学知识、林业政策法规、植物学、木材检量检测、木材鉴定、野生动植物识别、森林资源管理
县级林木种苗管理站站长素质能力要素	
素质要素（频次）	追求肯定取向(25)、责任意识(21)、服务群众意识(15)、原则性(9)、追求胜任取向(7)、严密性(5)、规范性(5)、奉献意识(4)、廉洁性(3)、灵活性(3)、开拓性(1)、求实性(1)、耐心(1)、忧患意识(1)

（续）

县级林木种苗管理站站长素质能力要素	
能力要素（频次）	种苗研发管护能力(27)、种苗质量监管能力(27)、沟通协调能力(23)、技术推广与技术服务能力(18)、行政执法能力(16)信息服务能力(11)、宣传发动能力(11)、团队领导能力(7)、经营管理能力(6)、种苗规划指导能力(5)、分析决策能力(4)、学习能力(3)、调查研究能力(2)、计划组织能力(2)、科学研究能力(1)、监督检查能力(1)、创新能力(1)
知识要素	政治理论知识、政策法律知识、领导学、经济学、管理学、现代办公知识、科学知识、林业政策法规、种质资源管护、种苗质量检测、遗传育种、造林学、种苗病虫害防治、苗木培育技术、良种选育、良种基地建设、林业规划设计、种苗计划与项目管理、园林植物栽培
县级林业有害生物防治检疫站站长素质能力要素	
素质要素（频次）	责任意识(50)、服务群众意识(27)、追求胜任取向(22)、奉献意识(11)、追求肯定取向(11)、原则性(9)、自信心(4)、同情心(4)、亲和力(3)、规范性(2)、事业心(2)、敢为性(2)、严密性(1)、条理性(1)、自律意识(1)、果断性(1)、敏锐性(1)、宽容性(1)、公平性(1)
能力要素（频次）	林业有害生物防治管理能力(68)、沟通协调能力(55)、林业有害生物调查监测能力(39)、宣传发动能力(29)、技术推广与技术服务能力(24)、林业有害生物预测预报能力(23)、行政执法能力(27)、植物检疫能力(17)、学习能力(17)、团队领导能力(16)、计划组织能力(11)、调查研究能力(3)、分析决策能力(1)、经营管理能力(1)、化解矛盾冲突能力(1)、文字表达能力(1)、心里调适能力(1)
知识要素	政治理论知识、政策法律知识、领导学、经济学、管理学、现代办公知识、科学知识、林业政策法规、森林病虫害防治、病虫害预测预报、植物检疫、园林绿化、植物学、树木学、营造林技术、农药学、昆虫学、病理学
国家级自然保护区管理局局长素质能力要素	
素质要素（频次）	责任意识(30)、自信心(26)、服务群众意识(12)、原则性(11)、追求胜任取向(11)、追求肯定取向(11)、奉献精神(9)、规范性(9)、开拓性(9)、法制意识(7)、灵活性(6)、大局意识(4)、追求兴趣取向(4)、坚韧性(2)、民主意识(2)、条理性(2)、同情心(2)、自律意识(2)、追求关系取向(2)
能力要素（频次）	沟通协调能力(31)、团队建设能力(20)、分析判断能力(20)、森林资源管护能力(18)、森林资源经营能力(16)、社区关系处理能力(15)、行政执法能力(12)、战略规划能力(8)、森林资源监测能力(7)、宣传发动能力(7)、战略规划能力(8)、学习能力(4)、文字表达能力(4)、团队领导能力(3)、化解矛盾与冲突能力(3)、有害生物防治管理能力(2)、科学研究能力(1)、口头表达能力(1)、心理调适能力(1)
知识要素	政治理论知识、政策法律知识、领导学、经济学、管理学、现代办公知识、科学知识、林业政策法规、生物多样性保护、自然保护区建设与管理、森林资源监测、生物学、生态学、森林防火、森林经营、林业规划设计、生态旅游、动植物保护

7.2 要素归纳

要素归纳是指对文本分析得出的要素进一步归类、整合。在这一环节中，研究组要对罗列出的所有岗位要素进行审核，通过反复对比各要素依据，找出要素之间的共性和差异，根据概念的相似程度进行归类、修改或重新界定，使各个要素之间有清晰的界限。要素归纳的过程包括：要素的合并、拆解和删减。

7.2.1 要素的合并

在要素归纳过程中，合并要素的情况出现较多。要素的合并一般分4种情况：

一是根据具体工作内容将几个相互关联的要素合并。以“宣传教育与组织能力”为例，研究组在分析文本时发现，乡镇林业工作站站长的“政策宣传能力”和“政策执行能力”，以及县级林木种苗管理站站长的“宣传发动能力”具有相通性。这3个要素主要从宣传林业政策知识、行政执法等事件中提取的，在行为上有密不可分的关联性。因此，经过讨论，将它们合并为“宣传教育与组织能力”。又如县级林木种苗管理站站长的“种苗质量监管能力”和“行政执法能力”，大部分情况是对林木种苗进行质量监管的同时，行使了执法的权力，因此将这2种能力合并为“种苗质量监管与执法能力”。

二是将几个范畴较小但词义接近的要素合并，用一个更为贴切的名词予以重新界定。如林业有害生物防治检疫站站长在向当地群众宣传林业有害生物防治相关法律、规章、政策，提供林业有害生物防治技术指导和咨询服务等事例中，表现出贴近群众、为群众着想、包容群众的性格特征。在最初的文本分析中，由于考虑到太多细微的差别，就出现了“亲和力”“宽容性”“同情心”“服务群众意识”等4个素质要素。从文本案例呈现出的内容上看，这些要素虽然侧重不同，但均体现了林业有害生物防治检疫站站长为群众服务的愿望和意识，而单个要素显然不能完全概括文本呈现的意思。经过反复斟酌、推敲，研究小组将这些要素统一合并为“服务群众意识”。这既表现了站长关爱群众、服务群众的意识，又体现出其服务群众时亲和与宽容的个性。又如，研究组在最初构建要素词典时，素质要素中的工作动机根据动机来源不同分为追求兴趣取向、追求胜任取向、追求报酬取向、追求晋升取向、追求肯定取向、追求关系取向6个要素。但在实际文本分析中发现，大部分直接体现的是“追求胜任取向”“追求肯定取向”，而不论是内在工作动机还是外在工作动机，都是一个人所具有的试图追求和达到目标的驱动力，因此将这些素质要素合并为“成就动机”。

三是将某个范畴较小的要素，并入到词义相近、范畴更宽的要素中。如在分析国有林场场长的“团队领导能力”和“知人善任能力”时发现，团队的领导能力主要指的是能够制定团队行动目标，建立、维护并运作高效团队，带领团队成员完成工作目标的一种能力。而善于发现团队成员的能力，做到人尽其才、才尽其用是这个能力的一个重要内容。相比而言，“团队领导能力”的范畴更大，能够涵盖“知人善任能力”的词义，经研究组讨论将后者并入前面的要素。

四是对于同时出现于素质和能力中的要素，根据具体情况，将其归在其中一类要素内。如：国有林场场长的素质要素中有“创新性”，能力要素中有“创新能力”，结合实际案例，研究组认为“创新性”更偏重于一种能力，故将其统一归到能力要素中的“创新能力”之下。

7.2.2 要素的分解

在进行要素整理时研究组发现，有时只用一种要素名称很难区分出各岗位的专业性和针对性。面对这种情况，研究组将原本统一命名的要素，根据岗位差异以及执行内容的不同进行了拆分。如，在要素表中，凡是各岗位涉及执法行为的能力，统一命名为“行政执法能力”，但是只用这一要素名词进行界定，并不能清晰地反映出各岗位执法内容的区别，无法较好地体现出专业针对性。因此，在建模时研究组根据岗位差异，将执法依据和行为较专业的林业有害生物防治检疫站站长、林木种苗站站长和木材检查站站长这几个岗位中出现的这一要素分别命名为“林业植物检疫执法能力”“林木种苗质量监管与执法能力”和“木材检查执法能力”，同时，将执法依据和行为较全面的林业工作站站长这一岗位中出现的这一要素仍保留了“行政执法能力”的名称。

7.2.3 要素的删减

在文本分析中，对于要素表中出现频次较低且不具代表性的要素，研究组进行了删减。如，通过文本分析出现了“口头表达能力”这样的能力要素，它是一种与人交流时表现的技能，在文本里很少单独体现，但在沟通协调、团队建设、宣传教育等能力中会间接呈现，不具独立代表性，因此予以删除。

7.2.4 要素归纳结果

在小组讨论、专家研讨的基础上，研究组对各岗位素质能力要素进行了合并和删减，将修正后的要素按照频次由高到低进行了排序。在素质能力要素的数量确定上，研究组综合了素质能力模型研究理论以及专家意见，认为设定在15 个之内较为合理。要素设定太少，使标准过低，只要具备其中一两个要素的人便能成为卓越工作者，模型失去参考性。要素设定太多，使标准过高，模型失去构建意义。研究小组依据岗位实际情况，按照不同类别和频次高低，选取了 6 个素质要素、7 个能力要素以及相关知识要素，加上政治素质要素，共同构成基层林业关键岗位干部所需的素质能力要素。表 22 以乡镇林业工作站站长为例，说明了要素归纳的过程。

表 22　乡镇林业工作站站长素质能力要素归纳过程

	原要素	合并要素	删减要素	新要素
素质要素	责任意识	“追求胜任取向”与“追求肯定取向”↓合并“成就动机”		责任意识
	服务群众意识			成就动机
	追求胜任取向			群众意识
	奉献意识			奉献意识
	追求肯定取向			原则性
	原则性			开拓性
	开拓性			
能力要素	沟通协调能力	“政策执行能力”与“政策宣传能力”↓合并“宣传教育与组织能力”		沟通协调能力
	技术推广与技术服务能力			技术推广与技术服务能力
	计划组织能力			计划组织能力
	学习能力			学习能力
	行政执法能力			宣传教育与组织能力
	政策执行能力			行政执法能力
	化解矛盾冲突能力			化解矛盾冲突能力
	政策宣传能力			
知识要素	政治理论知识、政策法律知识、领导学、经济学、管理学、现代办公知识、科学知识、林业政策法规、苗木培育技术、森林防火、森林营造、野生动植物保护、乡镇林业工作站建设、林业计划与项目管理、林业科技推广与社会化服务、林业统计管理、林业档案的建立与管理		林业计划与项目管理、林业科技推广与社会化服务、林业统计管理、林业档案的建立与管理	政治理论知识、政策法律知识、领导学、经济学、管理学、哲学与历史知识、现代办公知识、科学知识、林业政策法规、乡镇林业工作站建设、苗木培育技术、森林防火、森林营造、野生动植物保护

经过以上过程，研究组得出各岗位干部的素质能力要素及其频次（表 23）。总体来看，各岗位素质能力要求既相互联系，又显著不同。

一方面，“成就动机”和“责任意识”成为各岗位干部最突出的素质要素，充分说明积极向上的心态和认真负责的精神在工作中起到重要作用，各岗位干部都要有履行义务、承担责任的自觉性。“沟通协调能力”在各岗位中也均有体现，反映出这 5 个关键岗位干部，需要经常与上级或同级相关部门沟通协调，争取他们的配合和支持。

另一方面，各岗位素质能力重点不同。国有林场场长，需要在经营管理现有林场资源的前提下，确保国有资产保值、增值，因此其最重要的能力为“森林资源经营能力”和“森林资源管护能力”。乡镇林业工作站是国家在基层唯一的林业综合执法和管理机构，大多需要配合林业行政主管部门和乡镇人民政府开展工作，工作的对象又多为文化层次不高、经济条件较差的基层林农，因此，对他们而言，“宣传教育与组织能力”和“沟通协调能力”显得尤为重要。木材检查站、林木种苗管理站和林业有害生物防治检疫站业务相对单一，要求专业性强，因此，木材检查站站长的主要能力为“木材检查执法能力”，林木种苗管理站站长的主要能力为“种苗开发管护能力”和“种苗质量监管能力”，林业有害生物防治检疫站站长的主要素质能力为“林业有害生物防治管理能力”和“林业有害生物调查监测能力”。

表 23　基层林业关键岗位干部素质能力要素

国有林场场长素质能力要素			
类别		要素	频次
素质	职业道德素质	责任意识	30
		群众意识	25
		民主意识	8
	心理素质	开拓性	20
		规范性	9
	工作动机	成就动机	50
能力	通用能力	沟通协调能力	56
		经营管理能力	39
		分析决策能力	36
		团队领导能力	35
	专业能力	森林资源经营能力	22
		森林资源管护能力	21
		社区关系处理能力	18
知识	基础知识	政治理论知识	
		政策法律知识	
		领导学	
		经济学	
		管理学	
		现代办公知识	
		科学知识	
	专业知识	林业政策法规	
		森林培育	
		森林资源管护	
		森林资源经营	
		林业信息技术	
		林业项目计划与管理	

（续）

乡镇林业工作站站长素质能力要素			
类别		要素	频次
素质	职业道德素质	责任意识	36
		群众意识	24
		奉献意识	10
	心理素质	原则性	7
		开拓性	7
	工作动机	成就动机	28
能力	通用能力	沟通协调能力	36
		计划组织能力	20
		学习能力	17
		化解矛盾与冲突能力	9
	专业能力	技术推广与技术服务能力	26
		宣传教育与组织能力	19
		行政执法能力	11
知识	基础知识	政治理论知识	
		政策法律知识	
		领导学	
		经济学	
		管理学	
		现代办公知识	
		科学知识	
	专业知识	林业政策法规	
		乡镇林业工作站建设	
		苗木培育技术	
		森林防火	
		森林营造	
		野生动植物保护	
木材检查站站长素质能力要素			
类别		要素	频次
素质	职业道德素质	责任意识	28
		群众意识	23
		奉献意识	16
	心理素质	法制意识	12
		原则性	24
	工作动机	成就动机	14

（续）

木材检查站站长素质能力要素			
类别		要素	频次
能力	通用能力	团队领导能力	29
		沟通协调能力	22
		应对突发事件能力	10
		调查研究能力	8
		分析决策能力	7
	专业能力	木材检查执法能力	60
		宣传教育与组织能力	12
知识	基础知识	政治理论知识	
		政策法律知识	
		领导学	
		经济学	
		管理学	
		现代办公知识	
		科学知识	
	专业知识	林业政策法规	
		木材检量检测	
		木材检尺	
		野生动植物保护	
		林业植物检疫	

县级林木种苗管理站站长素质能力要素			
类别		要素	频次
素质	职业道德素质	责任意识	21
		群众意识	15
	心理素质	原则性	9
		严密性	5
		规范性	5
	工作动机	成就动机	32

（续）

县级林木种苗管理站站长素质能力要素			
类别		要素	频次
能力	通用能力	沟通协调能力	23
	专业能力	种苗质量监管与执法能力	41
		种苗研发组织和种质资源管护能力	27
		技术推广与技术服务能力	18
		市场信息服务能力	11
		宣传教育与组织能力	11
		种苗规划指导能力	5
知识	基础知识	政治理论知识	
		政策法律知识	
		领导学	
		经济学	
		管理学	
		现代办公知识	
		市场营销	
	专业知识	林业政策法规	
		林木种质资源收集保存开发利用评价	
		良种选育	
		种子生产加工贮藏	
		苗木培育	
		种子苗木质量检测	
		种苗计划与项目管理	
		种苗病虫害防治	

县级林业有害生物防治检疫站站长素质能力要素			
类别		要素	频次
素质	职业道德素质	责任意识	50
		群众意识	35
		奉献意识	11
		原则性	9
	心理素质	自信心	4
	工作动机	成就动机	33

（续）

县级林业有害生物防治检疫站站长素质能力要素			
类别		要素	频次
能力	通用能力	沟通协调能力	55
		学习能力	17
	专业能力	林业有害生物防治能力	68
		林业有害生物监测预报能力	62
		宣传教育与组织能力	29
		林业植物检疫执法能力	27
		技术推广与技术服务能力	24
知识	基础知识	政治理论知识	
		政策法律知识	
		领导学	
		经济学	
		管理学	
		现代办公知识	
	专业知识	林业政策法规	
		林业有害生物防治	
		林业植物检疫	
		森林培育	
		林业有害生物鉴定识别	
		林业有害生物预测预报预警	

国家级自然保护区管理局局长素质能力模型要素			
类别		要素	频次
素质	职业道德素质	责任意识	30
		群众意识	12
		奉献意识	9
	心理素质	自信心	26
		原则性	11
		成就动机	28
能力	通用能力	沟通协调能力	31
		团队领导能力	20
		分析判断能力	20

（续）

国家级自然保护区管理局局长素质能力模型要素			
类别		要素	频次
能力	专业能力	生物多样性和资源管护能力	18
		资源经营能力	16
		社区关系处理能力	15
		协同执法能力	12
知识	基础知识	政治理论知识	
		政策法规知识	
		领导学	
		管理学	
	专业知识	林业政策法规	
		环境保护法规	
		物种和生态监测	
		生物多样性保护	
		自然保护区管理和有害生物防治	
		生物学	
		生态学	
		森林经营	
		规划设计	
		社区共管	
		公共教育	
		生态旅游	
		自然景观保护管理	

7.3 检验与完善要素

研究组通过开展问卷调查和深入征询专家意见，对初步分析得出的模型要素进行了检验与完善。

7.3.1 问卷调查分析

研究组首先设计了调查问卷。问卷全部由客观问题组成，是根据初步建立的素质能力模型的不同层级指标而设计：首先，按照模型中的一级指标设定基本信息、知识需求、能力需求、素质需求等4个模块；其次，按照具体要素指标在不同模块下设定具体问题；最后，根据不同岗位要素特点设定问题选项。通过讨论及征求专家意见，最终形成了一份由4个部分、13个问题组成的“基层林业关键岗位干部素质能力调查问卷”（表24）。

表 24　基层林业关键岗位干部素质能力调查问卷

一、基本信息

1. 性别：(A)男　　(B)女

2. 年龄(以 2012 年 12 月 31 日为准)：
(1)30 岁以下　(2)31 ~40 岁　(3)41 ~50 岁　(4)51 岁及以上

3. 学历：
(1)大专以下　(2)大专　(3)本科　(4)硕士研究生　(5)博士研究生

4. 职务：
(1)国有林场场长　(2)乡镇林业工作站站长　(3)木材检查站站长　(4)林木种苗管理站站长　(5)林业有害生物防治检疫站站长　(6)自然保护区管理局局长

5. 职称：
(1)无　(2)初级　(3)中级　(4)副高　(5)高级

6. 您担任现职务的年限：
(1)1 ~2 年　(2)3 ~5 年　(3)6 ~10 年　(4)11 ~20 年　(5)20 年以上

二、知识需求

7. 您认为履行好现职务需要掌握哪些基础知识(可多选)：
(1)政治理论知识　(2)政策法律知识　(3)领导学　(4)经济学　(5)管理学　(6)哲学与历史知识　(7)现代办公知识　(8)科学知识

8. 您认为履行好现职务需要掌握哪些专业知识(可多选)：
(1)林业政策法规　(2)林木栽培技术　(3)苗木培育技术　(4)森林培育　(5)营造林技术　(6)良种选育技术　(7)种子收集加工贮藏技术　(8)林木种质资源管理　(9)森林资源经营　(10)森林资源经营　(11)森林经理　(12)森林资源监测　(13)森林资源管护　(14)森林防火　(15)野生动植物保护　(16)生物多样性保护　(17)保护生物学　(18)乡镇林业工作站建设　(19)自然保护区建设　(20)自然保护区理论　(21)自然保护区管理政策　(22)生态环境教育　(23)林业有害生物防治　(24)林业有害生物监测预报　(25)林业植物检疫检验　(26)林业有害生物鉴定识别　(27)种苗病虫害防治技术　(28)种苗检测技术　(29)木材检量检测　(30)木材检尺　(31)树木学　(32)植物学　(33)动物学　(34)昆虫学　(35)农药学　(36)病理学　(37)林下经济　(38)林业计划与项目管理　(39)林业科技推广与社会化服务　(40)生态旅游　(41)林业信息技术　(42)云计算

三、能力需求

9. 您认为履行好现职务需要具备哪些通用能力(可多选)：
(1)战略规划能力　(2)分析决策能力　(3)经营管理能力　(4)计划组织能力　(5)监督检查能力　(6)应对突发事件能力　(7)沟通协调能力　(8)团队领导能力　(9)知人善任能力　(10)调查研究能力　(11)学习能力　(12)创新能力　(13)口头表达能力　(14)文字表达能力　(15)心理调适能力

10. 您认为履行好现职务需要具备哪些专业能力(可多选)：
(1)资源(森林、湿地、草原、荒漠、林地等)经营能力　(2)资源管护能力　(3)种苗研发管护能力　(4)林业有害生物防治能力　(5)林业有害生物监测预报能力　(6)林业植物检疫执法能力　(7)种苗质量监管与执法能力　(8)种苗规划指导能力　(9)种苗研发组织和种质资源管护能力　(10)病虫害防治执法能力　(11)木材检查执法能力　(12)技术推广与技术服务能力　(13)信息服务能力　(14)化解矛盾冲突能力　(15)社区关系处理能力　(16)行政执法能力　(17)宣传教育与组织能力　(18)生物多样性和资源管护能力

（续）

四、素质需求
11. 您认为履行好现职务需要具备哪些素质（可多选）： （1）政治素质 （2）大局意识 （3）责任意识 （4）奉献意识 （5）法制意识 （6）群众意识 （7）自律意识 （8）民主意识 （9）包容意识 （10）自信心
12. 您认为履行好现职务需要具备哪些个性（可多选）： （1）坚韧性 （2）条理性 （3）严密性 （4）果断性 （5）原则性 （6）开拓性 （7）灵活性 （8）规范性
13. 您认为您努力工作的动力是（可多选）： （1）满足兴趣 （2）挑战自我 （3）获得报酬 （4）获得晋升 （5）获得他人肯定 （6）营造人际关系

研究组面向全国林业6类关键岗位，工作绩效不同的干部共计发放了900份调查问卷，每个岗位150份。通过问卷分析，对素质能力要素是否能有效地反映该岗位所需的素质、能力、知识特点进行检验。鉴于政治素质的重要性和明确性，研究组将其作为一个整体问题列为调查问卷的考察内容。问卷调查主要结果如下：

（1）国有林场场长。本次共发放150份调查问卷，有效问卷为150份。被调查者中94%为男性，年龄主要集中在41～50岁的中青年干部，占59%；被调查的国有林场场长大部分是大专及本科学历，分别占45%和48%；任职3～5年的人数占31%，任职6～10年的29%，任职11～20年的占26%。表25列出了调查对象对相关要素的选择情况。

表25 国有林场场长问卷调查结果

	职业道德素质		心理素质		工作动机	
素质	责任意识	96%	开拓性	89%	挑战自我	79%
	政治素质	83%	原则性	72%	获得他人肯定	74%
	奉献精神	82%	果断性	70%	获得报酬	39%
	法制意识	82%	坚韧性	68%	营造人际关系	31%
	民主意识	78%	条理性	60%	满足兴趣	24%
	群众意识	65%	规范性	58%	获得晋升	23%
能力	通用能力		专业能力			
	分析决策能力	92%	森林资源经营能力	89%		
	经营管理能力	90%	森林资源管护能力	84%		
	沟通协调能力	88%	宣传与组织能力	78%		
	应对突发事件能力	69%	社区关系处理能力	72%		
	团队领导能力	67%	技术推广与技术服务能力	48%		
	计划组织能力	65%	林业有害生物防治能力	42%		

（续）

知识	基础知识		专业知识			
	政策法律知识	98%	林业政策法规	97%		
	管理学	88%	森林资源管护	79%		
	领导学	85%	森林资源经营	76%		
	经济学	69%	林木栽培技术	69%		
	政治理论知识	68%	森林培育	67%		
	科学知识	45%	营造林技术	61%		
			野生动植物保护	53%		
			林业信息技术	53%		
			林业项目计划与管理	53%		
			生态旅游	42%		

(2)乡镇林业工作站站长。本次共发放150份调查问卷，有效问卷为150份。被调查者中97%为男性，年龄主要集中在31～40岁及41～50岁的中青年干部，分别占被调查总人数的41%和39%；大多数林业工作站站长都以大专学历为主，占被调查总人数49%；任职时间超过20年的人数占到43%，其次是任职11～20年的占24%。下面按照选择比例高低列出了相关要素(表26)。

表26　乡镇林业工作站站长问卷调查结果

素质	职业道德素质		心理素质		工作动机	
	责任意识	87%	原则性	86%	获得他人肯定	69%
	政治素质	77%	坚韧性	51%	挑战自我	65%
	法制意识	77%	规范性	46%	获得报酬	43%
	奉献精神	73%	开拓性	28%	营造人际关系	41%
	群众意识	54%	严密性	21%	获得晋升	35%
	自律意识	37%	条理性	19%	满足兴趣	30%
能力	通用能力		专业能力			
	沟通协调能力	88%	技术推广与技术服务能力	77%		
	化解矛盾与冲突能力	79%	宣传教育与组织能力	66%		
	学习能力	63%	资源管护能力	52%		
	计划组织能力	56%	行政执法能力	51%		
	经营能力	41%	社区关系处理能力	34%		
	监督检查能力	40%	森林资源经营能力	31%		

（续）

知识	基础知识		专业知识			
	政策法律知识	92%	林业政策法规	95%		
	政治理论知识	72%	乡镇林业工作站建设	80%		
	管理学	56%	林木栽培技术	78%		
	经济学	53%	森林防火	76%		
	领导学	44%	营造林技术	65%		
	科学知识	29%	森林资源管护	49%		
			野生动植物保护	48%		
			林业信息技术	46%		
			森林培育	34%		

（3）木材检查站站长。本次共发放150份调查问卷，有效问卷为147份。被调查者中98%为男性，年龄主要集中在31～40岁和41～50岁的中青年干部，分别占被调查总人数的39%和42%；大部分木材检查站站长为大专学历，占被调查总人数的51%；任职时间大部分在10年以上，11～20年的占45%，20年以上的占21%。表27列出了调查对象对相关要素的选择情况。

表27 木材检查站站长问卷调查结果

素质	职业道德素质		心理素质		工作动机	
	责任意识	77%	严密性	68%	挑战自我	64%
	奉献精神	75%	原则性	61%	获得他人肯定	60%
	自律意识	58%	条理性	52%	满足兴趣	51%
	政治素质	56%	规范性	50%	营造人际关系	47%
	群众意识	55%	果断性	43%	获得晋升	38%
	民主意识	43%	开拓性	33%	获得报酬	29%
能力	通用能力		专业能力			
	应对突发事件能力	88%	木材检查执法能力	91%		
	沟通协调能力	83%	宣传教育与组织能力	67%		
	监督检查能力	75%	信息服务能力	44%		
	团队领导能力	74%	林业有害生物防治能力	41%		
	计划组织能力	72%	社区关系处理能力	39%		
	调查研究能力	59%	资源经营能力	30%		
	分析决策能力	51%				

（续）

	基础知识		专业知识			
知识	政策法律知识	90%	林业政策法规	88%		
	政治理论知识	88%	木材检量检测	86%		
	管理学	76%	野生动植物保护	80%		
	领导学	71%	木材检尺	78%		
	科学知识	65%	林业植物检疫检验	76%		
	经济学	59%	森林资源管护	69%		
			森林培育	57%		
			树木学	51%		
			森林资源监测	44%		
			林业信息技术	39%		

(4)县级林木种苗管理站站长。本次共发放150份调查问卷，有效问卷为148份。被调查者中96%为男性，年龄主要集中在31～40岁和41～50岁的中青年干部，分别占被调查总人数的49%和31%；被调查的县级林木种苗管理站站长大部分是大专及本科学历，分别占49%和30%；任职时间大部分在10年以上，11～20年的占39%，20年以上的占35%。表28列出了调查对象对相关要素的选择情况。

表28　县级林木种苗管理站站长问卷调查结果

	职业道德素质		心理素质		工作动机	
素质	责任意识	83%	原则性	91%	获得他人肯定	88%
	奉献精神	79%	规范性	90%	挑战自我	67%
	法制意识	75%	条理性	81%	满足兴趣	62%
	自律意识	68%	开拓性	70%	营造人际关系	51%
	民主意识	56%	坚韧性	68%	获得报酬	25%
	政治素质	51%	严密性	63%	获得晋升	17%
能力	通用能力		专业能力			
	沟通协调能力	91%	种苗质量监管与执法能力	85%		
	计划组织能力	83%	种苗研发组织和种质资源管护能力	81%		
	团队领导能力	70%	资源经营能力	77%		
	监督检查能力	59%	信息服务能力	69%		
	分析决策能力	48%	宣传教育组织能力	68%		
	经营管理能力	46%	技术推广与技术服务能力	61%		

（续）

	基础知识		专业知识			
知识	政策法律知识	98%	苗木培育技术	92%		
	管理学	83%	良种选育技术	91%		
	领导学	76%	种子收集加工贮藏技术	89%		
	政治理论知识	69%	林业政策法规	89%		
	经济学	61%	林木种质资源管理	87%		
	科学知识	59%	种苗监测技术	81%		
			种苗病虫害防治技术	78%		
			植物学	65%		
			农药学	55%		
			林业计划与项目管理	50%		

(5)县级林业有害生物防治检疫站站长。本次共发放150份调查问卷，有效问卷为149份。被调查者中95%为男性，年龄主要集中在31~40岁和41~50岁的中青年干部，分别占被调查总人数的55%和38%；被调查的县级林业有害生物防治检疫站站长大部分是大专及本科学历，分别占43%和36%；任职时间大部分在10年以上，11~20年的占45%，20年以上的占28%。表29列出了调查对象对相关要素的选择情况。

表29　县级林业有害生物防治检疫站站长问卷调查结果

	职业道德素质		心理素质		工作动机	
素质	责任意识	94%	原则性	75%	获得他人肯定	77%
	群众意识	89%	自信心	71%	满足兴趣	68%
	奉献精神	79%	严密性	65%	营造人际关系	51%
	政治素质	70%	规范性	61%	挑战自我	49%
	法制意识	67%	条理性	58%	获得晋升	41%
	民主意识	61%	灵活性	46%	获得报酬	38%
能力	通用能力		专业能力			
	沟通协调能力	82%	林业有害生物防治能力	79%		
	学习能力	59%	宣传教育与组织能力	75%		
	团队领导能力	56%	林业有害生物监测预报能力	71%		
	计划组织能力	51%	技术服务与技术推广能力	65%		
	化解矛盾冲突能力	46%	林业植物检疫执法能力	61%		
	分析决策能力	37%	资源管护能力	53%		

（续）

	基础知识		专业知识			
知识	政策法律知识	91%	林业政策法规	93%		
	领导学	88%	林业有害生物防治	82%		
	经济学	75%	林业有害生物监测预报	78%		
	管理学	74%	林业植物检疫检验	71%		
	政治理论知识	67%	林业有害生物鉴定识别	69%		
	科学知识	44%	林业信息技术	62%		
			森林培育	57%		
			林业信息技术	54%		
			昆虫学	46%		
			病理学	45%		

（6）国家级自然保护区管理局局长。本次共发放150份调查问卷，有效问卷为150份。被调查者中94%为男性，年龄主要集中在41～50岁的干部，占被调查总人数的58%；大部分国家级自然保护区管理局局长为大专及本科学历，占被调查总人数的36%和45%；任职时间3～5年的占27%，任职时间6～10年的占31%，任职11～20年的占23%。表30列出了调查对象对相关要素的选择情况。

表30　国家级自然保护区管理局局长问卷调查结果

	职业道德素质		心理素质		工作动机	
素质	责任意识	90%	自信心	89%	自我挑战	75%
	政治素质	84%	开拓性	82%	获得他人肯定	68%
	群众意识	78%	原则性	77%	满足兴趣	66%
	奉献精神	73%	果断性	69%	营造人际关系	61%
	民主意识	68%	坚韧性	63%	获得晋升	53%
	自律意识	59%	灵活性	50%	获得报酬	42%
能力	通用能力		专业能力			
	分析决策能力	89%	生物多样性和资源管护能力	85%		
	沟通协调能力	82%	社区关系处理能力	81%		
	团队领导能力	80%	资源经营能力	76%		
	应对突发事件能力	79%	化解矛盾冲突能力	66%		
	创新能力	63%	监督检查能力	59%		
	经营管理能力	60%	宣传教育组织能力	55%		

（续）

知识	基础知识		专业知识			
	政策法律知识	89%	林业政策法规	91%		
	政治理论知识	87%	自然保护区管理政策	89%		
	管理学	81%	自然保护区建设	82%		
	领导学	78%	自然保护区理论	76%		
	经济学	72%	野生动植物保护	74%		
	科学知识	60%	生物多样性保护	65%		
			森林资源经营	61%		
			生态旅游	60%		
			林业信息技术	55%		
			森林防火	54%		

7.3.2 模型要素检验

从问卷调查结果来看，初步归纳的素质能力要素比较符合实际，只有个别要素与调查结果略有差异。研究小组对出现差异的要素进一步分析、讨论，并深入征询主管部门领导、专家、基层一线干部的意见，保留了更加体现岗位特点的要素。

例如，在通过文本分析归纳得出的乡镇林业工作站站长素质能力要素中，“法制意识”的频次比“开拓性”低，所以保留了“开拓性”，淘汰了“法制意识”。在问卷调查结果看，选择“法制意识”和“开拓性”的比例分别为77%和28%，与文本分析归纳的结果相反。经进一步研究认为，“法制意识”是人们对于现行法律法规的观点、知识和心理态度的总称。乡镇林业工作站站长依法管护森林资源，处理森林、林木和林地所有权或者使用权争议，查处破坏森林和野生动植物资源案件，首先表现出来的是法制观念和依法办事的意识。而“开拓性”主要评价的是一个人在工作中扩展新局面、开辟新途径的行为及品质，相较而言概念较大，岗位特点不够突出。因此，保留了更加符合工作实际的“法制意识”。其他作出的研究修改还有，删除了基础知识中的“现代办公知识”和“科学知识”，增加了专业知识中的“林业信息技术”。通过以上验证和研讨过程，对各岗位干部素质能力要素进行了进一步修改完善(表31)。

表31 修改后的基层林业关键岗位干部素质能力要素

国有林场场长素质能力要素		
类别		要素
素质	职业道德素质	责任意识
		民主意识
		奉献意识
		法制意识
	心理素质	开拓性
	工作动机	成就动机

（续）

国有林场场长素质能力要素		
类别		要素
能力	通用能力	沟通协调能力
		经营管理能力
		分析决策能力
		团队领导能力
	专业能力	森林资源经营能力
		森林资源管护能力
		社区关系处理能力
知识	基础知识	政治理论知识
		政策法律知识
		领导学
		经济学
		管理学
	专业知识	林业政策法规
		森林培育
		森林资源管护
		森林资源经营
		林业信息技术
		林业项目计划与管理

乡镇林业工作站站长素质能力要素		
类别		要素
素质	职业道德素质	责任意识
		群众意识
		奉献意识
		法制意识
	心理素质	原则性
	工作动机	成就动机
能力	通用能力	沟通协调能力
		计划组织能力
		学习能力
		化解矛盾与冲突能力
	专业能力	技术推广与技术服务能力
		宣传教育与组织能力
		行政执法能力

（续）

<table>
<tr><th colspan="3">乡镇林业工作站站长素质能力要素</th></tr>
<tr><th colspan="2">类别</th><th>要素</th></tr>
<tr><td rowspan="12">知识</td><td rowspan="5">基础知识</td><td>政治理论知识</td></tr>
<tr><td>政策法律知识</td></tr>
<tr><td>领导学</td></tr>
<tr><td>经济学</td></tr>
<tr><td>管理学</td></tr>
<tr><td rowspan="7">专业知识</td><td>林业政策法规</td></tr>
<tr><td>乡镇林业工作站建设</td></tr>
<tr><td>苗木培育技术</td></tr>
<tr><td>森林防火</td></tr>
<tr><td>森林营造</td></tr>
<tr><td>野生动植物保护</td></tr>
<tr><td>林业信息技术</td></tr>
<tr><th colspan="3">木材检查站站长素质能力要素</th></tr>
<tr><th colspan="2">类别</th><th>要素</th></tr>
<tr><td rowspan="6">素质</td><td rowspan="3">职业道德素质</td><td>责任意识</td></tr>
<tr><td>群众意识</td></tr>
<tr><td>奉献意识</td></tr>
<tr><td rowspan="2">心理素质</td><td>原则性</td></tr>
<tr><td>严密性</td></tr>
<tr><td>工作动机</td><td>成就动机</td></tr>
<tr><td rowspan="7">能力</td><td rowspan="5">通用能力</td><td>团队领导能力</td></tr>
<tr><td>沟通协调能力</td></tr>
<tr><td>应对突发事件能力</td></tr>
<tr><td>调查研究能力</td></tr>
<tr><td>分析决策能力</td></tr>
<tr><td rowspan="2">专业能力</td><td>木材检查执法能力</td></tr>
<tr><td>宣传教育与组织能力</td></tr>
</table>

（续）

木材检查站站长素质能力要素		
类别		要素
知识	基础知识	政治理论知识
		政策法律知识
		领导学
		管理学
	专业知识	林业政策法规
		木材检量检测
		木材检尺
		野生动植物保护
		林业植物检疫

县级林木种苗管理站站长素质能力模型要素		
类别		要素
素质	职业道德素质	责任意识
		群众意识
	心理素质	原则性
		严密性
		规范性
	工作动机	成就动机
能力	通用能力	沟通协调能力
	专业能力	种苗质量监管与执法能力
		种苗研发组织和种质资源管护能力
		技术推广与技术服务能力
		宣传教育与组织能力
		市场信息服务能力
		种苗规划指导能力
知识	基础知识	政治理论知识
		政策法律知识
		领导学
		管理学
		市场营销
	专业知识	林业政策法规
		林木种质资源收集保存开发利用评价
		良种选育
		种子生产加工贮藏
		苗木培育
		种子苗木质量检测
		种苗计划与项目管理
		种苗病虫害防治

（续）

县级林木种苗管理站站长素质能力模型要素		
类别		要素
素质	职业道德素质	责任意识
		群众意识
		奉献意识
	心理素质	自信心
		原则性
	工作动机	成就动机
能力	通用能力	沟通协调能力
		学习能力
	专业能力	林业有害生物防治能力
		林业有害生物监测预报能力
		宣传教育与组织能力
		林业植物检疫执法能力
		技术推广与技术服务能力
知识	基础知识	政治理论知识
		政策法律知识
		领导学
		管理学
	专业知识	林业政策法规
		林业有害生物鉴定识别知识
		林业有害生物预测预报知识
		林业植物检疫检验知识
		林业有害生物防治识别
		林用药剂药械安全使用知识
		林业有害生物综合治理知识
		森林培育

（续）

国家级自然保护区管理局局长素质能力模型要素		
类别		要素
素质	职业道德素质	责任意识
		群众意识
		奉献意识
	心理素质	自信心
		原则性
		成就动机
能力	通用能力	沟通协调能力
		团队领导能力
		分析判断能力
	工作动机 专业能力	生物多样性和资源管护能力
		资源经营能力
		社区关系处理能力
		协同执法能力
知识	基础知识	政治理论知识
		政策法规知识
		领导学
		管理学
	专业知识	林业政策法规
		环境保护法规
		物种和生态监测
		生物多样性保护
		自然保护区管理和有害生物防治
		生物学
		生态学
		森林经营
		规划设计
		社区共管
		公共教育
		生态旅游
		自然景观保护管理

7.4 定义界定及分级行为特征描述

通过以上步骤，确定了基层林业关键岗位干部素质能力模型的构成要素。在此基础上，进行了定义界定和行为特征描述。

7.4.1 定义界定

定义界定是指用简短的句子描述要素的关键性特征。在这一环节中，研究组通过查阅词典、百度百科等，结合访谈文本及各关键岗位工作特点，为每个素质能力要素列出简短定义。

如“规范性”一词，百度百科的解释为“按照既定标准、规范的要求进行操作，使某一行为或活动达到或超越规定的标准”。中国人事科学研究院罗双平教授在《从岗位胜任到绩效卓越：能力模型操作实务》一书中对该词的解释为：“评价一个人的社会规范化程度”。结合访谈文本中林木种苗管理站站长的具体行为，其规范性主要体现在执行任务时对规章制度的遵守。因此，研究组对“规范性”一词的定义是：“评价一个人在执行工作任务时，对政策法规、规章制度、工作流程等标准的遵守和执行程度。”（表32）

表32 “规范性”概念界定示例

依据	具体内容	要素概念	
百度百科	按照既定标准、规范的要求进行操作，使某一行为或活动达到或超越规定的标准。		
专家辞典	评价一个人的社会规范化程度		
	事件1：我们一般情况下立足本地育苗，今晚起苗，明早就上山造林，不超过24小时。苗调回来卸下后，第一件做的事情是选苗，把合格的苗选出来后，立即蘸黄泥土，蘸完泥浆后，在沟边排整齐，盖稻草，第二天上山造林，这样造林成活率高。我认为提高造林成活率最关键的一步就是要蘸黄泥土，蘸黄泥土后，不脱水，成活率就高。我们梅列区要求林业站搞营林业务的技术人员，苗木调过来一定要蘸泥浆，他们也习惯这么做了		
访谈文本	事件2：第三是建立责任追究制度。我们安排调拨的苗木，通过造林调拨单，由供苗方签字，如果因为苗木问题而出现造林事故，就由供苗方承担责任。我们有建立一些档案。这些档案主要内容是：造林的地点、苗木的种类、等级（现在95%都是一级苗）。要求要间苗，一亩不能超过45000株。……档案中有供需双方的签字，林业站站长签字，从这个档案可以看出这个育苗户供给本县造林业主的苗的数量，以此为依据给育苗户补贴	➡	评价一个人在执行工作任务时，对政策法规、规章制度、工作流程等标准的遵守和执行程度
	事件3：要办证的育苗户比较多，我们要求他们有办公地点，有生产基地，种源要可靠，是从正规渠道进来的，对育苗户的信息要登记。外来物种苗进入本县要检疫		

7.4.2 分级行为特征描述

每一个素质能力要素都有其具体的行为表现，需要区分不同层次，描述相应的行为特征。通过划分行为层级、描述行为特征，一方面能向组织成员展示什么样的行为是组织所期望的，另一方面便于组织成员将当前自身所具备的素质能力与岗位要求进行对比，更清晰地认识到差距所在，为自我改进、提升提供有益参考。

研究组在分析不同对象的行为表现后发现：绩效优秀的员工在工作中具有极强的积极性和主动性，拥有广泛、专业的技能，对整个工作和各部门的工作有战略性认知，除能出色完成本职工作外，还能不断指导他人，创新性地开展工作。绩效良好的员工工作主动性较强，与本职工作相关的专业基础知识扎实，技能娴熟，对整体工作有一定规划，能够带领部门人员较好地完成各项工作。绩效合格的员工工作循规蹈矩，拥有必需的基本技能，能够独立完成本职工作，但只在有限范围内解决问题。不合格员工工作态度消极，工作技能欠缺，遇到问题时盲目硬干或逃避退缩。

研究组以这 4 类干部的行为表现为依据，划分了优秀、良好、合格、不合格四个行为层级，避免了高层级行为标准高不可及、低层级行为过于夸张的情况。

为确保行为特征描述的客观性、真实性，研究小组应用了以下方法（由于政治素质是对干部的基本要求，因此未作层级划分和行为特征描述）：

一是从人的思维方式、态度、内驱力、社会动机、自我意识等维度出发进行描述。如“成就动机”，对其行为的描述就是从态度、内驱力、社会动机几个维度出发（表 33）。

表 33　成就动机分级行为特征

层级	行为特征
优秀	1. 有明确的工作目标和理想，同时也有很强的实现自我价值意愿；不满足于平均业绩，追求卓越； 2. 在工作中，精力充沛，充满热情、自信刻苦、不畏艰难； 3. 能够在工作过程中不断总结创新，在完成预定目标或得到充分肯定和高度评价后，感到非常满足，充分体验到成功的喜悦
良好	1. 有自己衡量优异的标准，工作努力，能够持续不断地改善绩效； 2. 工作热情较高，能够视困难、问题或变化为挑战； 3. 努力追求更高的工作目标，并在目标达成后或得到肯定时感到喜悦
合格	1. 能够胜任和完成本职工作，但达不到杰出的标准； 2. 工作热情不够，缺乏表现欲；对困难较大，具有挑战性的工作缺乏信心，可能退缩； 3. 对待工作“不求有功，但求无过”，认为只要不出差错，得到认可，便是成就
不合格	1. 对本职工作感到力不从心，失去兴趣； 2. 精神萎靡不振，工作漫不经心，并不在意是否能够完成本职工作； 3. 工作中对是否能够得到大家的认可并不在意

二是从人的“知识、技能、实践”等维度出发进行描述。如林业工作站站长的“技术推广与技术服务能力”，就是从知识掌握程度、技能应用情况及工作具体表现 3 个角度进行描述（表 34）。

表 34　技术推广与技术服务能力分级行为特征

层级	行为特征
优秀	1. 熟练掌握林业实用技术知识和发展趋势；熟悉各类林业科技推广方式和信息传播手段； 2. 能够结合实际需要不断改进科技推广组织形态、运行机制和工作手段； 3. 能够根据林农需要，有效开展技术推广工作，并不断改进和完善工作方式；能够有效指导他人开展技术推广和技术服务，主动分析总结问题和经验，不断改进技术推广和技术服务工作
良好	1. 对林业实用技术知识较为熟悉，了解各类有效的科技推广方式和信息传播手段； 2. 能够根据林农需要，持续开展针对性的技术推广； 3. 能够独立开展技术指导和服务并取得良好效果
合格	1. 了解基本的林业实用技术知识； 2. 掌握常用的科技推广方式和信息传播手段； 3. 能够根据林农需要，适当开展一些必要的技术推广；在其他方面的支持和配合下，能够开展技术指导和服务
不合格	1. 不了解林业实用技术基础知识和发展趋势； 2. 不懂各类科技推广方式和信息传播手段； 3. 无法为林农提供基本的技术推广和服务

三是从各要素自身包含的组成方面出发进行描述。如对“团队领导能力”，就是从“制定组织战略目标”“了解团队成员”“制定激励机制”“建立团队合作机制”“使用与培养人才”等5个方面进行描述(表35)。

表 35　团队领导能力分级行为特征

层级	行为特征
优秀	1. 具有个人魅力或领导气质，能够把握组织或团队成员的发展方向； 2. 对团队成员的绩效有充分的认识，并能够给予成员适当的反馈； 3. 根据团队成员的特点，能够制定相应的绩效激励机制，并能够通过激励机制的贯彻实施使团队成员保持高昂的工作热情； 4. 有意识地创建团队精神，能够在团队间合理有效地调配资源，进而加强不同目标和背景的团队合作；通过团队成员工作的观察与分析，能够查找出团队合作的不足，并能够采取相应的提升措施； 5. 善于发现、培养和使用团队成员，做到知人善任、人尽其才
良好	1. 善于制定团队发展目标，并能够使其在全体成员中达成共识，进而得以贯彻实施； 2. 能够根据团队成员特点，有针对性地分配任务，并全力保证组织目标的达成； 3. 能够根据团队成员特点，能够采取相应的激励手段，充分调动团队成员工作积极性； 4. 能够有意识地开展团队合作及建立适当的竞争机制，以提高团队的整体绩效； 5. 能提供团队成员施展才华的一定空间和机会

（续）

层级	行为特征
合格	1. 能制定团队发展长远目标，基本被团队成员认可、接受，起到一定凝聚作用； 2. 了解一定的任务分配知识，并能够在执行过程中对任务进行适当的跟踪； 3. 能够采取一定的激励手段，提高团队成员工作积极性； 4. 能够采取行动加强团队成员之间的相互沟通，促成团队成员的互相理解和支持；能够及时处理团队成员反馈的意见，为团队成员提供及时、有效的指导和帮助； 5. 能采用一定措施培养、使用团队成员
不合格	1. 缺乏长远的发展目标，团队缺乏凝聚力； 2. 任务分配不适当，不能有效发挥团队成员的能力； 3. 对团队成员缺乏有效的激励措施； 4. 缺乏与团队成员之间的沟通交流，不能及时处理团队成员反馈的意见，使工作有时不能顺利进行； 5. 不重视对成员的培养、使用，团队成员成长受到限制

7.5 构建最终模型

根据素质能力的构成维度、要素及行为特征，研究组构建了 6 类基层林业关键岗位干部的素质能力模型。每个模型包括 7 个素质要素、7 个能力要素，以及相关必备的知识要素；对每个素质能力要素作了定义界定，划分了优秀、良好、合格、不合格 4 个层级，并从多方面对行为特征进行了锚定和描述(图 10、表 36)。

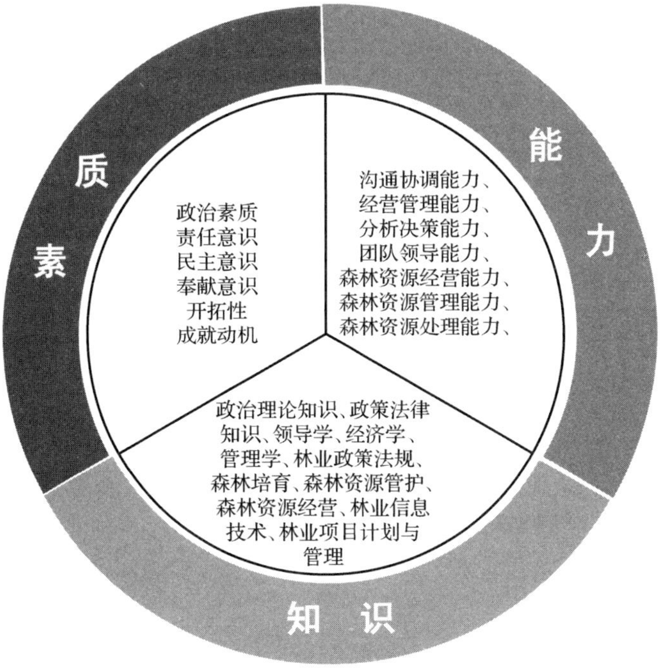

图 10　国有林场场长素质能力模型

表 36 国有林场场长素质能力模型

类别	名称	定义	层级	行为特征
素质	政治素质	**政治素质：** 人们从事社会政治活动所必需的基本条件和基本品质		1. 政治方向正确，坚持中国特色社会主义道路； 2. 政治目标明确，牢固树立共产主义远大目标； 3. 政治理论较好，熟练掌握马列主义方法； 4. 政治立场坚定，牢记站在党和人民的利益立场； 5. 政治观点鲜明，坚持马列主义观点； 6. 政治宗旨明确，全心全意为人民服务； 7. 政治敏锐性强，明辨方向是非； 8. 政治思路清晰，一切从实际出发； 9. 政治作风优良，坚持群众路线和善于自我批评； 10. 政治纪律严格，做到遵纪守法、与中央保持一致
	职业道德素质	**责任意识：** 对自己所作所为负责，对他人或组织承担责任和履行义务的自觉态度	优秀	1. 能够主动采取行动，及时解决工作中出现的问题； 2. 即使不是自己的过错造成的问题，也能以大局为重先解决问题，而不是先追究责任
			良好	1. 面对工作中出现的问题，勇于承担责任； 2. 能够从单位利益出发，自觉承担责任和履行义务，并监督和指导下属完成工作
			合格	1. 工作中能够承担部分责任，但不敢承担较大责任； 2. 出现问题时能够主动承担大部分责任，但偶有推卸责任的行为
			不合格	1. 工作中害怕承担责任； 2. 出现问题时，有推卸责任的行为
		民主意识： 评价一个人在做出决策时，听取、接受及对待他人意见的态度	优秀	1. 在做出决策时能充分、广泛地征求他人意见； 2. 能充分调动群众提出建议、参与决策的积极性； 3. 重视、接纳群众的反对意见，在工作中积极疏导负面情绪，建设和谐的环境
			良好	1. 在做出决策时能够积极、主动征求他人意见； 2. 能够组织群众参与决策制定过程； 3. 能够考虑、接纳群众的反对意见
			合格	1. 在做出决策时能够听取他人意见； 2. 在可接受范围内听取部分反对意见
			不合格	1. 仅依靠自己做出决策，不听取他人意见； 2. 在工作中独断专权、一意孤行，不征求、不接受职工、群众意见，甚至对提出反对意见的群众打击报复

（续）

类别	名称	定义	层级	行为特征
素质	职业道德素质	**奉献意识：** 在开展工作或进行决策时，顾全大局、吃苦耐劳、愿意付出的态度和品质	优秀	1. 有强烈的事业心及无私的奉献精神，积极工作，吃苦耐劳，任劳任怨；能够利用各种资源使工作成果最大化； 2. 能够以整体利益为标准，不断调整自己的行为； 3. 不计个人得失，甘于付出，不求回报
			良好	1. 工作积极，愿意为解决问题而付出努力。能够努力完成工作及相关的事情； 2. 会不断调整自己的行为以符合整体利益及和谐性； 3. 不过多计较个人得失，意见不同时，能保留看法
			合格	1. 坚持本职工作，履行份内职责； 2. 有意识调整自己的行为以符合整体利益及和谐性； 3. 必要时能舍弃个人利益
			不合格	1. 消极应付工作，经常抱怨； 2. 面对不利自身的环境，表现出逃避、不作为； 3. 计较个人得失，很难接受不同意见
	心理素质	**法制意识：** 是指对于法（特别是现行法）的认识程度和心理态度。体现在对自己权利、义务的认识（法律感），对法、法律制度了解、掌握、运用的程度（法律知识），以及对行为是否合法的评价等	优秀	1. 熟悉相关法律法规，熟练掌握相关法律知识； 2. 法制观念较强，坚持有法必依、执法必严、违法必究； 3. 当单位或自身合法权利受到威胁时，能够积极主动地寻求法律的保护，通过法律途径进行解决
			良好	1. 了解相关法律法规，能够掌握相关法律知识； 2. 法制观念较强，坚持依法办事； 3. 当单位或自身合法权利受到威胁时，能够通过法律途径进行解决
			合格	1. 对相关法律法规有一定的了解，掌握基本的法律知识； 2. 具备一定的法制观念，基本能够做到依法办事； 3. 当单位或自身的合法权利受到威胁时，能够守住底线，必要时运用法律武器进行自我保护
			不合格	1. 对法律法规的认识和了解程度不足，欠缺法律知识； 2. 法制观念淡薄，有法不依、执法不严、违法不究，事事以“人情”为重； 3. 当单位或自身的合法权利受到威胁时，缺乏寻求法律保护的主动性，宁可采取“和为贵、忍为上”的方式处理
		开拓性： 评价一个人在面对机遇和挑战时，开拓创新、果断行动的个性	优秀	1. 具有很强的决断力和创新性，不断寻找新的起点，看准机会便积极争取，一旦萌发新的想法，很快就会付诸行动； 2. 遇到困难从不采取回避、逃遁或自我麻醉、自欺欺人的态度，而是接受现实，迎接挑战，勇往直前，毫不退缩。总是抱有为打破不利局面从正面排除障碍的态度； 3. 表现出自信、果断、大胆和一定的冒险精神

（续）

类别	名称	定义	层级	行为特征
素质	心理素质	**开拓性：** 评价一个人在面对机遇和挑战时，开拓创新、果断行动的个性	良好	1. 乐于接受有一定难度的任务，对负有挑战性的工作有兴趣； 2. 遇到困难，在成功的可能性不十分确定的情况下经过周密考虑，敢于采取有一定风险的行动，并投入相当数量的人力、物力、财力； 3. 表现自信、积极、喜欢挑战
			合格	1. 具有一定的决断力，当出现新的机会或想法时，会前思后想，考虑充分再行动； 2. 遇到困难会停滞不前，总是会等到事情发展到对自己有利时再采取行动； 3. 表现平和、稳定
			不合格	1. 缺乏创新性，习惯于听从别人的指挥，习惯于走别人规划好的路； 2. 遇到困难总是逃避，犹豫不决，不敢面对现实，当事情发展不顺利时会退缩； 3. 表现为胆小并缺乏自信
	工作动机	**成就动机：** 希望更好地完成工作或达到某一绩效标准，强烈追求成功的持续性愿望	优秀	1. 有明确的工作目标和理想，同时也有很强的实现自我价值意愿。不满足于平均业绩，追求卓越； 2. 在工作中，精力充沛，充满热情、自信刻苦、不畏艰难； 3. 能够在工作过程中不断总结创新，在完成预定目标或得到充分肯定和高度评价后，感到非常满足，充分体验到成功的喜悦
			良好	1. 有自己衡量优异的标准，工作努力，能够持续不断地改善绩效； 2. 工作热情较高，能够视困难、问题或变化为挑战； 3. 努力追求更高的工作目标，并在目标达成后或得到肯定时感到喜悦
			合格	1. 能够胜任和完成本职工作，但达不到杰出的标准； 2. 工作热情不够，缺乏表现欲。对困难较大、具有挑战性的工作缺乏信心，可能退缩； 3. 对待工作“不求有功，但求无过”，认为只要不出差错，得到认可，便是成就
			不合格	1. 对本职工作感到力不从心，失去兴趣； 2. 精神萎靡不振，工作漫不经心，并不在意是否能够完成本职工作； 3. 工作中对是否能够得到大家的认可并不在意
能力	通用能力	**沟通协调能力：** 在工作中妥善处理各种关系，获得支持与配合的能力	优秀	1. 内部的桥梁，有着卓越的协调能力能与上下级作好沟通，并妥善处理好相互之间的关系，促进其相互理解； 2. 有着卓越的协调能力，善于获得他们的支持与配合
			良好	1. 与工作中的各方保持密切联系与良好关系； 2. 能够体谅和理解他人，愿意就具体情况做出调整与妥协； 3. 愿意就对方疑问做出及时的回应，确保信息的准确表达； 4. 倾向于以制度的形式明确沟通职责，懂得倾听的艺术
			合格	1. 了解沟通的作用，与工作中的各方都有比较好的关系； 2. 遇到问题与冲突时愿意体谅与理解别人，能及时回复一部分信息； 3. 略懂得聆听的艺术，愿意以制度方式明确沟通职责

（续）

类别	名称	定义	层级	行为特征
能力	通用能力		不合格	1. 平时不注重沟通，遇到冲突与矛盾以强权或回避来解决； 2. 习惯自我为中心的思维模式； 3. 缺少全方位思考，缺少协调与沟通
		经营管理能力：改善本单位当前经济、经营状况的能力	优秀	1. 有强烈的经营和经济工作意识，积极主动地规划本单位未来经济发展的方向； 2. 具备突出的经营创收能力，能拓展创收渠道，整合多种资源，拓展经营空间。优化原有产业结构，指导和运作一个或多个产业的发展，为本单位及周围群众带来额外经济效益
			良好	1. 有不断改善单位经营和经济状况的意识，会为了改善本单位经济现状，而为本单位的经济发展制定更高的目标； 2. 有较好的经营创收能力，能够发现并整合各种资源，为本单位带来额外经济效益
			合格	1. 有改善本单位当前经营和经济状况的意识，有谋求发展资本的需求； 2. 能够发现现有资源的开发潜力，并利用其为本单位带来额外经济效益
			不合格	1. 对本单位当前经济、经营状况趋向安于现状； 2. 对所存在的资金问题不求解决，闲置现有资源
		分析决策能力：多角度、多层次分析既有信息，做出恰当、合理、及时决策并采取行动的能力	优秀	1. 能运用理性思维在纷乱的事物中抓住本质，正确预测其发展趋势，并发现一般人不能发现的问题； 2. 能够根据工作经验，准确确定要解决问题的性质和决策目标，并及时给出可行的常规问题决策方案； 3. 掌握决策备选方案的分析技巧，能够迅速且准确地判断各种备选方案的优势和不足，并能借助信息和分析工具给出非常规问题的有效解决方案； 4. 决策时能当机立断，不拘常规，为组织发展选择出最佳发展方案
			良好	1. 能够对收集到的信息进行客观的分析和判断，并能对相关问题的未来发展趋势作出正确的预测； 2. 能够通过纷繁复杂的表面现象，对存在问题的性质进行合理判断，并能够在此基础上迅速确定决策目标，并根据工作经验和技巧果断、及时地做出合理有效的常规决策； 3. 对自己所做的非常规决策可能产生的影响有清晰的认识，并能够借助信息和分析工具在各类备选方案中选择最有效的方案； 4. 在复杂且风险高的形势下，通过适度分析多种领域内的各种信息，能够做出有长期影响的战略性决策，并能够承担相关责任和后果
			合格	1. 能够运用归纳和演绎等逻辑推理方法，对信息进行简单的汇总、分析； 2. 能够根据工作经验，对要解决问题的性质和决策目标进行准确定位，并及时给出可行的常规问题决策方案； 3. 掌握决策备选方案的分析技巧，能够迅速且准确地判断各种备选方案的优势和不足； 4. 能够借助信息和分析工具给出非常规问题的有效解决方案

（续）

类别	名称	定义	层级	行为特征
能力	通用能力		不合格	1. 缺乏必要的知识和经验，不能抓住事物的本质特征和内在联系，无法预测事物发展趋势； 2. 在关系到组织发展的重大问题前患得患失不愿做任何决策，或在决策时一意孤行，只看到“乐观”的一面，而没有考虑到环境的可能变化，造成重大损失
		团队领导能力： 制定团队行动目标，建立、维护并运作高效团队，带领团队成员完成工作目标的能力	优秀	1. 具有个人魅力或领导气质，能够把握组织或团队成员的发展方向； 2. 对团队成员的绩效有充分的认识，并能够给予成员适当的反馈； 3. 根据团队成员的特点，能够制定相应的绩效激励机制，并能够通过激励机制的贯彻实施使团队成员保持高昂的工作热情； 4. 有意识地创建团队精神，能够在团队间合理有效地调配资源，进而加强不同目标和背景的团队合作；通过团队成员工作的观察与分析，能够查找出团队合作的不足，并能够采取相应的提升措施； 5. 善于发现、培养和使用团队成员，做到知人善任、人尽其才
			良好	1. 善于制定团队发展目标，并能够使其在全体成员中达成共识，进而得以贯彻实施； 2. 能够根据团队成员特点，有针对性地分配任务，并全力保证组织目标的达成； 3. 能够根据团队成员特点，能够采取相应的激励手段，充分调动团队成员工作积极性； 4. 能够有意识地开展团队合作及建立适当的竞争机制，以提高团队的整体绩效； 5. 能提供团队成员施展才华的一定空间和机会
			合格	1. 能制定团队发展长远目标，基本被团队成员认可、接受，起到一定凝聚作用； 2. 了解一定的任务分配知识，并能够在执行过程中对任务进行适当的跟踪； 3. 能够采取一定的激励手段，提高团队成员工作积极性； 4. 能够采取行动加强团队成员之间的相互沟通，促成团队成员的互相理解和支持；能够及时处理团队成员反馈的意见，为团队成员提供及时、有效的指导和帮助； 5. 能采用一定措施培养、使用团队成员
			不合格	1. 缺乏长远的发展目标，团队缺乏凝聚力； 2. 任务分配不适当，不能有效发挥团队成员的能力； 3. 对团队成员缺乏有效的激励措施； 4. 缺乏与团队成员之间的沟通交流，不能及时处理团队成员反馈的意见，使工作有时不能顺利进行； 5. 不重视对成员的培养、使用，团队成员成长受到限制

（续）

类别	名称	定义	层级	行为特征
能力	专业能力	**森林资源经营能力：** 以森林资源为对象，进行经营管理、开发利用，以获得生态效益和经济效益的能力	优秀	1. 全面准确掌握森林资源现状，能够科学合理开展森林资源调查，并为森林资源培育、保护与利用提出重要依据； 2. 建立科学、合理的森林经营运行机制，指导当地森林经营有序进行，建立合理的森林经营利益分配机制和森林生态效益补偿机制； 3. 形成结构合理，布局科学、空间配置优化的可持续经营森林，充分发挥森林多目标功能，为国家经济社会发展提供必要和合适的物质产品和环境服务功能
			良好	1. 掌握森林资源情况，定期开展森林资源调查； 2. 科学、合理编制年度森林经营方案，有序组织经营活动，安排林业生产，并监督检查森林经营活动； 3. 能够通过科学管理、合理经营，维持森林生态系统的健康和活力，维护生物多样性及生态过程，使森林资源达到可持续经营与利用
			合格	1. 基本了解森林资源基本情况，根据实际需要开展森林资源调查； 2. 能够根据本地森林资源状况，按年度编制森林经营方案并组织实施； 3. 在森林资源合理保护的基础上，并通过森林资源生产性经营创造部分经济效益
			不合格	1. 不了解森林资源情况，资源规划设计调查不够深入； 2. 忽视年度森林经营方案编制，或方案制定脱离本地区实际； 3. 未合理利用森林资源。过度经营森林资源，导致森林生产力低下，生态系统物种、生态过程多样性破坏严重
		森林资源管护能力： 预防和消除各种森林破坏和灾害，保护森林健康和生物多样性的能力	优秀	1. 深入掌握相关政策法律法规，具有丰富的森林管护经验，熟悉森林火灾和有害生物的发生发展规律及预防技术措施，贯彻预防为主、防治结合的保护理念； 2. 科学制定本地区森林资源保护规划，形成科学、合理、完善的防控保护机制和应急预案，森林资源灾害防护基础设施、防护体系及人员配备完善； 3. 将森林保护与森林经营体系有效结合，有效利用生物防治、抗性育种等各种措施开展森林保护工作，协同相关部门打击各种破坏森林资源的违法行为；善于总结归纳森林保护工作经验，及时发现问题和改进工作；有效抑制林区内森林灾害和事故发生，森林生态系统健康有活力，生物多样性保护工作成效显著
			良好	1. 熟悉相关政策法律法规，具有丰富的森林管护经验和扎实的森林灾害防治知识； 2. 科学制定本地区森林资源保护规划，建立良好的护林防火机制、森林和有害生物防控机制、生物多样性保护机制，森林资源灾害防护基础设施、防护体系及人员配备情况良好； 3. 能够及时发现灾害隐患，有效防止森林灾害和事故的发生，协同相关部门遏制各种破坏森林资源的违法行为，生物多样性保护工作有序，有针对性地保护重点濒危野生动植物，森林生态系统状况良好

（续）

类别	名称	定义	层级	行为特征
能力	专业能力		合格	1. 了解相关政策法律法规，了解基本森林灾害防治知识，具有一定的森林保护经验； 2. 能够对本地区森林资源进行有序管理，制定各项森林资源保护制度，森林资源和生产设施保护情况较好； 3. 按照要求规范开展森林资源管护工作，避免大的森林火灾和有害生物灾害发生，协同相关部门开展依法治林工作；森林生物多样性保护较好
			不合格	1. 不了解相关政策法律法规，不了解基本森林灾害防治知识，缺乏森林保护经验； 2. 本地区森林资源管理混乱，缺乏系统的森林资源管护制度，缺乏基础资源保护生产设施； 3. 保护意识淡薄，保护工作不力，森林灾害事故频发，森林资源破坏严重，生物多样性差，森林生态系统脆弱
		社区关系处理能力：处理社区纠纷和问题、协调社区群众关系、带动社区群众致富，以促进社区和谐发展的能力	优秀	1. 熟悉基层工作情况，熟悉相关法律法规，精通说服方法要领，具有相当群众威信，能够积极查找存在问题，消除隐患，基本无冲突事件发生； 2. 全心全意服务群众，发扬民主氛围，做到公平公正公开，与周边部门和社区群众形成可持续发展的良性互动，实现共管共护，推动社区经济发展、政治文化进步，带动群众共同致富
			良好	1. 熟悉基层工作情况，熟悉相关法律法规，掌握说服方法要领，具有较好的群众威信，能够有效化解纠纷矛盾； 2. 具备较好的服务群众意识和民主意识，与周边部门和社区群众之间的关系和睦，有效协调保护和发展的问题，促进社区共建共管，带动群众共同致富
			合格	1. 具有一定基层经验，了解基本法律法规，掌握基本说服方法要领，具有一定群众威信，遇到矛盾纠纷能够综合双方利益关系，使社区关系得到基本控制； 2. 具备一定的服务群众意识和民主意识，能听取周边部门和社区群众的意见或建议，协商涉及双方利益的问题，鼓励各方参与社区管理和保护工作，并能够带动群众改善生活水平
			不合格	1. 缺乏基层工作经验，不了解相关法律法规，缺乏基本说服方法要领，处理问题简单粗暴，纠纷频发，甚至造成群体性事件，社区秩序混乱； 2. 缺乏服务群众意识和民主意识，与周边部门和群众关系疏远，工作难以获得各方支持，无法带动社区发展，无法改善社区群众生活水平
知识	基础知识	政治理论知识、政策法律知识、领导学、经济学、管理学		
	专业知识	林业政策法规、森林培育、森林资源管护、森林资源经营、林业信息技术、林业项目计划与管理		

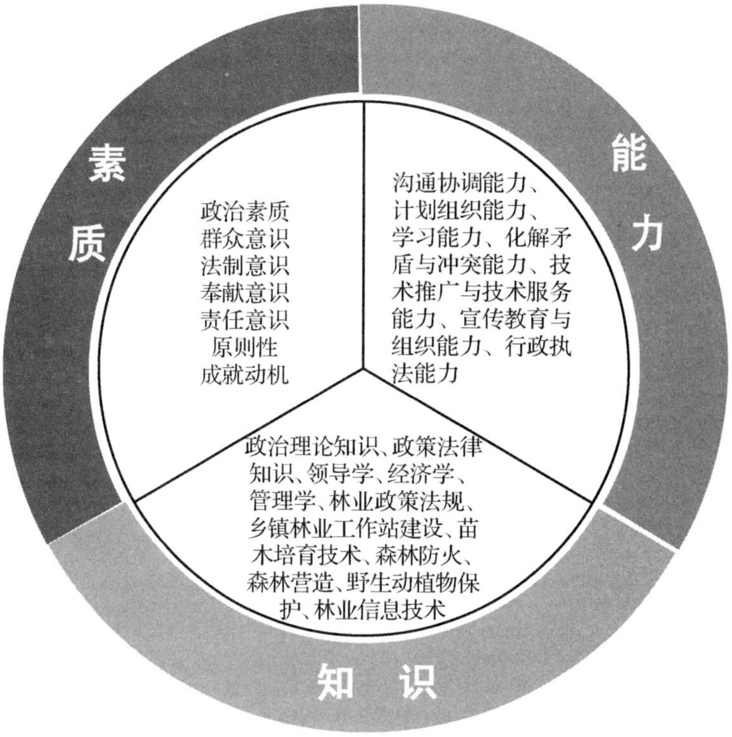

图 11　乡镇林业工作站站长素质能力模型

表 37　乡镇林业工作站站长素质能力模型

类别	名称	定义	层级	行为特征
素质	政治素质	**政治素质：** 人们从事社会政治活动所必需的基本条件和基本品质		1. 政治方向正确，坚持中国特色社会主义道路； 2. 政治目标明确，牢固树立共产主义远大目标； 3. 政治理论较好，熟练掌握马列主义方法； 4. 政治立场坚定，牢记站党和人民的利益立场； 5. 政治观点鲜明，坚持马列主义观点； 6. 政治宗旨明确，全心全意为人民服务； 7. 政治敏锐性强，明辨方向是非； 8. 政治思路清晰，一切从实际出发； 9. 政治作风优良，坚持群众路线和善于自我批评； 10. 政治纪律严格，做到遵纪守法、与中央保持一致
	职业道德素质	**责任意识：** 对自己所作所为负责，对他人或组织承担责任和履行义务的自觉态度	优秀	1. 能够主动采取行动，及时解决工作中出现的问题； 2. 即使不是自己的过错造成的问题，也能以大局为重先解决问题，而不是先追究责任
			良好	1. 面对工作中出现的问题，勇于承担责任； 2. 能够从单位利益出发，自觉承担责任和履行义务，并监督和指导下属完成工作

（续）

类别	名称	定义	层级	行为特征
素质	职业道德素质		合格	1. 工作中能够承担部分责任，但不敢承担较大责任； 2. 出现问题时能够主动承担大部分责任，但偶有推卸责任的行为
			不合格	1. 工作中害怕承担责任； 2. 出现问题时，有推卸责任的行为
		群众意识： 能够从实际出发，深入群众、了解民情，并为群众提供服务的愿望和意识	优秀	1. 始终把群众利益放在第一位，时时刻刻为群众着想； 2. 通过各种形式深入到群众之中，体察民情、体验民生、体会民意，在群众最盼的时候慰民心，在群众最急的时候解民忧，在群众最难的时候办实事； 3. 真正做到权为民所用、情为民所系、利为民所谋。与群众打成一片，亲密无间
			良好	1. 能够把群众利益放在首位，为群众着想； 2. 能够经常了解民情，为群众谋利益； 3. 对群众有利的事尽力主动做好，与群众关系融洽
			合格	1. 关心群众利益和需求，在职责范围内为群众提供服务； 2. 愿意走到群众中去了解实际情况； 3. 能够做到与群众平等沟通，与群众关系较好
			不合格	1. 只顾自己，不关心群众； 2. 形式主义，缺乏为群众服务的精神； 3. 脱离群众，与群众关系紧张
		奉献意识： 在开展工作或进行决策时，顾全大局、吃苦耐劳、愿意付出的态度和品质	优秀	1. 有强烈的事业心及无私的奉献精神，积极工作，吃苦耐劳，任劳任怨。能够利用各种资源使工作成果最大化； 2. 能够以整体利益为标准，不断调整自己的行为； 3. 不计个人得失，甘于付出，不求回报
			良好	1. 工作积极，愿意为解决问题而付出努力。能够努力完成工作及相关的事情； 2. 会不断调整自己的行为以符合整体利益及和谐性； 3. 不过多计较个人得失，意见不同时，能保留看法
			合格	1. 坚持本职工作，履行份内职责； 2. 有意识调整自己的行为以符合整体利益及和谐性； 3. 必要时能舍弃个人利益
			不合格	1. 消极应付工作，经常抱怨； 2. 面对不利自身的环境，表现出逃避、不作为； 3. 计较个人得失，很难接受不同意见
			优秀	1. 熟悉相关法律法规，熟练掌握相关法律知识； 2. 法制观念较强，坚持有法必依、执法必严、违法必究； 3. 当单位或自身合法权利受到威胁时，能够积极主动地寻求法律的保护，通过法律途径进行解决

（续）

类别	名称	定义	层级	行为特征
素质	职业道德素质	**法制意识：** 是指对于法的认识程度和心理态度	良好	1. 了解相关法律法规，能够掌握相关法律知识； 2. 法制观念较强，坚持依法办事； 3. 当单位或自身合法权利受到威胁时，能够通过法律途径进行解决
			合格	1. 对相关法律法规有一定的了解，掌握基本的法律知识； 2. 具备一定的法制观念，基本能够做到依法办事； 3. 当单位或自身的合法权利受到威胁时，能够守住底线，必要时运用法律武器进行自我保护
			不合格	1. 对法律法规的认识和了解程度不足，欠缺法律知识； 2. 法制观念淡薄，有法不依、执法不严、违法不究，事事以“人情”为重； 3. 当单位或自身的合法权利受到威胁时，缺乏寻求法律保护的主动性，宁可采取“和为贵、忍为上”的方式处理
	心理素质	**原则性：** 对法律法规、道德底线和公认准则的立场及执行程度	优秀	1. 严格遵守国家法律法规及政策规定； 2. 积极主动维护国家和群众利益，严格按章办事； 3. 是非分明，敢于坚持正义，敢于同违法乱纪和不道德行为做斗争
			良好	1. 严格遵守国家法律法规及政策规定； 2. 能够维护国家和群众利益，严格按章办事； 3. 明辨是非，立场坚定
			合格	1. 遵守国家法律法规及政策规定； 2. 做到按章办事，在工作中出现问题时能够迅速改正； 3. 有区分是非的态度，在遇到极大压力或困难时，能够守住底线
			不合格	1. 不能遵守国家法律法规及政策规定； 2. 为了个人私利、小团体利益或个人关系，不照章办理，拿原则做交易，甚至违法、违规、违纪； 3. 对是非对错持不关心的态度，是非不分，立场摇摆不定，也不坚持正义
	工作动机	**成就动机：** 希望更好地完成工作或达到某一绩效标准，强烈追求成功的持续性愿望	优秀	1. 有明确的工作目标和理想，同时也有很强的实现自我价值意愿。不满足于平均业绩，追求卓越； 2. 在工作中，精力充沛，充满热情、自信刻苦、不畏艰难； 3. 能够在工作过程中不断总结创新，在完成预定目标或得到充分肯定和高度评价后，感到非常满足，充分体验到成功的喜悦
			良好	1. 有自己衡量优异的标准，工作努力，能够持续不断地改善绩效； 2. 工作热情较高，能够视困难、问题或变化为挑战； 3. 努力追求更高的工作目标，并在目标达成后或得到肯定时感到喜悦

（续）

类别	名称	定义	层级	行为特征
素质	工作动机		合格	1. 能够胜任和完成本职工作，但达不到杰出的标准； 2. 工作热情不够，缺乏表现欲。对困难较大、具有挑战性的工作缺乏信心，可能退缩； 3. 对待工作“不求有功，但求无过”，认为只要不出差错，得到认可，便是成就
			不合格	1. 对本职工作感到力不从心，失去兴趣； 2. 精神萎靡不振，工作漫不经心，并不在意是否能够完成本职工作； 3. 工作中对是否能够得到大家的认可并不在意
能力	通用能力	**沟通协调能力：** 在工作中妥善处理各种关系，获得支持与配合的能力	优秀	1. 内部的桥梁，有着卓越的协调能力能与上下级作好沟通，并妥善处理好相互之间的关系，促进其相互理解； 2. 有着卓越的协调能力，善于获得他们的支持与配合
			良好	1. 与工作中的各方保持密切联系与良好关系； 2. 能够体谅和理解他人，愿意就具体情况做出调整与妥协； 3. 愿意就对方疑问做出及时的回应，确保信息的准确表达； 4. 倾向于以制度的形式明确沟通职责，懂得倾听的艺术
			合格	1. 了解沟通的作用，与工作中的各方都有比较好的关系； 2. 遇到问题与冲突时愿意体谅与理解别人，能及时回复一部分信息； 3. 略懂得聆听的艺术，愿意以制度方式明确沟通职责
			不合格	1. 平时不注重沟通，遇到冲突与矛盾以强权或回避来解决； 2. 习惯自我为中心的思维模式； 3. 缺少全方位思考，缺少协调与沟通
		计划组织能力： 通过建立组织结构、拟定工作步骤、明确责权关系，促使组织成员互相协作配合、有效实现组织目标的能力	优秀	1. 能够在千头万绪中理清事情轻重缓急、先后顺序，迅速制定规划，落实计划，认真执行 2. 能够在最短的时间内，判断出完成任务所需资源的种类和数量，并充分考虑各种内在、外在条件，通过各种方法将其组织起来，统筹安排，运用最佳方案使工作顺利推进 3. 能够做好与各方的沟通，最大限度地取得上级的支持，并充分调动参与者的工作热情。能够做到职责明确，使各成员根据相应的职责开展工作，不互相推诿、扯皮
			良好	1. 能够观察出完成任务的困难之处，设定目标和目的，把工作进行分解，并针对问题和障碍进行调整，制定出有效的工作方案； 2. 能够对计划的执行过程进行跟踪，对计划的推进节奏进行控制，对暴露的问题及时处理，有条不紊地完成工作任务； 3. 能够做好与上级的沟通，阐明意义，获得上级领导对计划的认可和支持，从而为计划的组织实施创造良好条件

（续）

类别	名称	定义	层级	行为特征
能力	通用能力	**计划组织能力：**通过建立组织结构、拟定工作步骤、明确责权关系，促使组织成员互相协作配合、有效实现组织目标的能力	合格	1. 能够根据上级的指导或要求，简单地制订个人的工作计划，并将目标转化成可执行的具体方案； 2. 在计划推动过程中不能采取最佳方式提高效率，虽然能够完成任务，但容易导致进度拖后； 3. 能够组织人员推动工作，但由于职责不清，容易造成职责交叉、互相推诿现象
			不合格	1. 不能遵循已制定的目标和安排好的有序的方法，或没有耐心制定计划并组织实施； 2. 工作没有计划性，思路不够清晰，办事没有条理； 3. 完成各项任务及工作过程中，容易在没有理顺工作重点、规划工作进程的情况下，就盲目开展工作，致使工作不能按期完成，处于混乱状态
		学习能力：评价一个人获取、理解和加工相关信息知识，不断更新知识结构、提高工作水平的能力	优秀	1. 有强烈的求知欲，持终生学习的观点；学习能持之以恒，有明确的学习目标与计划； 2. 学习专注，理解力强，记忆力好，善于思考；有钻研精神，能克服学习或技术应用中遇到的种种难题； 3. 能运用科学有效的学习方法独立获取所需信息、知识、技能，并能触类旁通，将各方面知识转化为自身能力，获取自身发展
			良好	1. 从事自己不太熟悉的工作时，能够钻研资料，获得必备的工作知识或技能，从而尽快适应新的工作要求； 2. 善于吸收和利用前人已取得的工作成果，或了解同行业的技术信息并吸收他人的长处； 3. 习惯性地搜集行业内最新的信息，追踪新政策、新技术的发展动态，积极了解对行业可能产生影响的新政策、新技术、新方法
			合格	1. 在工作中，愿意向其他同事学习； 2. 具有强烈的好奇心，希望了解工作中的细节和技术； 3. 积极与他人交流和向他人求助； 4. 观察他人的工作，从而学习了解必要的知识和技术
			不合格	1. 在专业上停滞不前，不愿意更新自己的知识结构； 2. 在工作中不注意向他人学习，忽视同行业的发展状况，从而使得自身工作落后； 3. 对学习不感兴趣，常以工作忙、任务重等各种理由逃避学习培训活动
		化解矛盾与冲突能力：处理矛盾纠纷、应对公共问题、协调群众关系的能力	优秀	1. 有很丰富的基层工作经验，全心全意为群众服务，与群众打成一片； 2. 深入掌握相关的法律法规，精通多种沟通方法； 3. 发扬群众民主氛围，做到公平公正公开，有效化解矛盾纠纷，消除问题隐患
			良好	1. 基层工作经验丰富，有较强的服务群众意识，群众威信较高； 2. 熟悉相关法律法规，可熟练运用一些沟通技巧； 3. 把准矛盾本质，找准问题症结，提出合理的解决方案，有效控制和化解矛盾纠纷

（续）

类别	名称	定义	层级	行为特征
能力	通用能力		合格	1. 具备一定的基层工作经验和服务意识，与群众关系较好； 2. 了解基本相关法律法规，具备一定的沟通说服技巧； 3. 能够找到争议点，提出解决方案，基本解决矛盾纠纷
			不合格	1. 缺乏基层工作经验，缺乏服务群众意识，群众基础薄弱； 2. 不懂相关法律法规，不懂说服方法要领； 3. 情绪化处理双方矛盾冲突，矛盾纠纷得不到解决甚至扩大发展
能力	专业能力	**技术推广与技术服务能力：** 推广、普及林业实用技术和提供技术指导、服务的能力	优秀	1. 熟练掌握林业实用技术知识和发展趋势；熟悉各类林业科技推广方式和信息传播手段； 2. 能够结合实际需要不断改进科技推广组织形态、运行机制和工作手段； 3. 能够根据林农需要，有效开展技术推广工作，并不断改进和完善工作方式； 4. 能够有效指导他人开展技术推广和技术服务，主动分析总结问题和经验，不断改进技术推广和技术服务工作
			良好	1. 对林业实用技术知识较为熟悉，了解各类有效的科技推广方式和信息传播手段； 2. 能够根据林农需要，持续开展针对性的技术推广； 3. 能够独立开展技术指导和服务并取得良好效果
			合格	1. 了解基本的林业实用技术知识；掌握常用的科技推广方式和信息传播手段； 2. 能够根据林农需要，适当开展一些必要的技术推广； 3. 在其他方面的支持和配合下，能够开展技术指导和服务
			不合格	1. 不了解林业实用技术基础知识和发展趋势； 2. 不懂各类科技推广方式和信息传播手段； 3. 无法为林农提供基本的技术推广和服务
		宣传教育与组织能力： 宣传林业相关法律法规和政策，提高群众知法守法意识，推动各项管理工作的能力	优秀	1. 准确领会林业相关法律法规和政策，工作经验丰富，林业相关知识扎实，并能够根据本地区实际情况制定相关措施； 2. 充分利用各种宣传手段，努力做到林业相关法律法规和政策家喻户晓，并安排专人深入重点地区举办相关知识培训班、讲座，与群众建立感情，耐心进行讲解，最终达成共识；在最大的可能性下为本地区老百姓谋发展、谋利益； 3. 管辖内老百姓有很强的资源保护、市场意识和法律意识，市场规范有序，没有发生违法现象； 4. 具有大局意识，能够争取各方力量宣传林业工作，组织上下左右共同开展林业工作
			良好	1. 对林业相关法律法规和政策掌握较准，具有扎实的林业相关知识； 2. 能够利用贴标语、发传单、电视、广播、网络等多种手段积极开展宣传，使群众对相关法律法规和政策有一定认识； 3. 管辖内群众保护意识、法律意识较好，市场运行有序，违法行为极少发生； 4. 林场周边关系和睦，能够联合周边部门和单位共同宣传林业相关法律法规和政策

（续）

<table>
<tr><th>类别</th><th>名称</th><th>定义</th><th>层级</th><th>行为特征</th></tr>
<tr><td rowspan="6">能力</td><td rowspan="6">专业能力</td><td rowspan="2">宣传教育与组织能力：宣传林业相关法律法规和政策，提高群众知法守法意识，推动各项管理工作的能力</td><td>合格</td><td>1. 了解林业相关法律法规和政策，了解基本林业相关知识；
2. 具有宣传相关法律法规和政策的意识，但宣传不到位；
3. 管辖内的群众有一定的保护意识和法律意识，市场秩序较好，无较大纠纷和违法行为发生；
4. 偶尔与周边部门和单位进行工作交流，使周边社区对林业工作有一定了解</td></tr>
<tr><td>不合格</td><td>1. 不了解林业相关法律法规和政策，不了解基本林业相关知识；
2. 对林业相关法律法规和政策几乎没有开展相关宣传工作；
3. 管辖内的群众资源保护意识差、法律意识淡薄；
4. 与周边部门和单位沟通较少，工作无法获得周边社区支持</td></tr>
<tr><td rowspan="4">行政执法能力：贯彻林业政策法律法规，依法保护资源的能力</td><td>优秀</td><td>1. 熟悉资源保护的相关政策、法律、法规能够做到依法办事、规范执法、文明执法；
2. 服务性强，坚持服务与执法相结合，为他人排忧解难；
3. 主动性强，能够及时发现、上报执法中的问题，提出改进意见或建议，做好沟通上下的桥梁；
4. 指导下属开展执法工作</td></tr>
<tr><td>良好</td><td>1. 熟悉资源保护的相关政策、法律、法规能够做到依法办事，规范执法，文明执法；
2. 服务性强，坚持服务与执法相结合，为他人排忧解难</td></tr>
<tr><td>合格</td><td>熟悉资源保护的相关政策、法律、法规能够做到依法办事，规范执法，文明执法</td></tr>
<tr><td>不合格</td><td>对资源保护的相关政策、法律、法规了解不够执法不严，有法不依，违法不究，使执法工作混乱；执法方式简单粗暴</td></tr>
<tr><td rowspan="2">知识</td><td>基础知识</td><td colspan="3">政治理论知识、政策法律知识、领导学、经济学、管理学</td></tr>
<tr><td>专业知识</td><td colspan="3">林业政策法规、乡镇林业工作站建设、林木栽培技术、森林防火、森林营造、野生动植物保护、林业信息技术</td></tr>
</table>

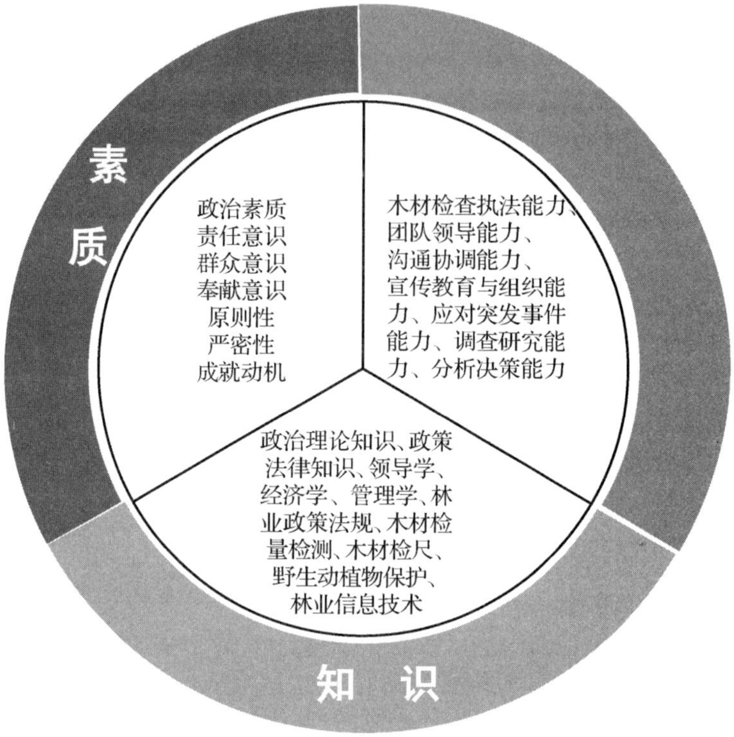

图 12 木材检查站站长素质能力模型

表 39 木材检查站站长素质能力模型

类别	名称	定义	层级	行为特征
素质	政治素质	**政治素质：**人们从事社会政治活动所必需的基本条件和基本品质		1. 政治方向正确，坚持中国特色社会主义道路； 2. 政治目标明确，牢固树立共产主义远大目标； 3. 政治理论较好，熟练掌握马列主义方法； 4. 政治立场坚定，牢记站党和人民的利益立场 5. 政治观点鲜明，坚持马列主义观点； 6. 政治宗旨明确，全心全意为人民服务； 7. 政治敏锐性强，明辨方向是非； 8. 政治思路清晰，一切从实际出发； 9. 政治作风优良，坚持群众路线和善于自我批评； 10. 政治纪律严格，做到遵纪守法、与中央保持一致
	职业道德素质	**责任意识：**对自己所作所为负责，对他人或组织承担责任和履行义务的自觉态度	优秀	1. 能够主动采取行动，及时解决工作中出现的问题； 2. 即使不是自己的过错造成的问题，也能以大局为重先解决问题，而不是先追究责任
			良好	1. 面对工作中出现的问题，勇于承担责任； 2. 能够从单位利益出发，自觉承担责任和履行义务，并监督和指导下属完成工作

（续）

类别	名称	定义	层级	行为特征
素质	职业道德素质		合格	1. 工作中能够承担部分责任，但不敢承担较大责任； 2. 出现问题时能够主动承担大部分责任，但偶有推卸责任的行为
			不合格	1. 工作中害怕承担责任； 2. 出现问题时，有推卸责任的行为
		群众意识： 能够从实际出发，深入群众、了解民情，并为群众提供服务的愿望和意识	优秀	1. 始终把群众利益放在第一位，时时刻刻为群众着想； 2. 通过各种形式深入到群众之中，体察民情、体验民生、体会民意，在群众最盼的时候慰民心，在群众最急的时候解民忧，在群众最难的时候办实事； 3. 真正做到权为民所用、情为民所系、利为民所谋；与群众打成一片，亲密无间
			良好	1. 能够把群众利益放在首位，为群众着想； 2. 能够经常了解民情，为群众谋利益； 3. 对群众有利的事尽力主动做好，与群众关系融洽
			合格	1. 关心群众利益和需求，在职责范围内为群众提供服务； 2. 愿意走到群众中去了解实际情况； 3. 能够做到与群众平等沟通，与群众关系较好
			不合格	1. 只顾自己，不关心群众； 2. 形式主义，缺乏为群众服务的精神； 3. 脱离群众，与群众关系紧张
		奉献意识： 在开展工作或进行决策时，顾全大局、吃苦耐劳、愿意付出的态度和品质	优秀	1. 有强烈的事业心及无私的奉献精神，积极工作，吃苦耐劳，任劳任怨。能够利用各种资源使工作成果最大化； 2. 能够以整体利益为标准，不断调整自己的行为； 3. 不计个人得失，甘于付出，不求回报
			良好	1. 工作积极，愿意为解决问题而付出努力。能够努力完成工作及相关的事情； 2. 会不断调整自己的行为以符合整体利益及和谐性； 3. 不过多计较个人得失，意见不同时，能保留看法
			合格	1. 坚持本职工作，履行份内职责； 2. 有意识调整自己的行为以符合整体利益及和谐性； 3. 必要时能舍弃个人利益
			不合格	1. 消极应付工作，经常抱怨； 2. 面对不利自身的环境，表现出逃避、不作为； 3. 计较个人得失，很难接受不同意见
		原则性： 对法律法规、道德底线和公认准则的立场及执行程度	优秀	1. 严格遵守国家法律法规及政策规定； 2. 积极主动维护国家和群众利益，严格按章办事； 3. 是非分明，敢于坚持正义，敢于同违法乱纪和不道德行为做斗争

（续）

类别	名称	定义	层级	行为特征
素质	职业道德素质	**原则性：** 对法律法规、道德底线和公认准则的立场及执行程度	良好	1. 严格遵守国家法律法规及政策规定； 2. 能够维护国家和群众利益，严格按章办事； 3. 明辨是非，立场坚定
			合格	1. 遵守国家法律法规及政策规定； 2. 做到按章办事，在工作中出现问题时能够迅速改正； 3. 有区分是非的态度，在遇到极大压力或困难时，能够守住底线
			不合格	1. 不能遵守国家法律法规及政策规定； 2. 为了个人私利、小团体利益或个人关系，不照章办理，拿原则做交易，甚至违法、违规、违纪； 3. 对是非对错持不关心的态度，是非不分，立场摇摆不定，也不坚持正义
	心理素质	**严密性：** 评价一个人思维缜密和行为周全的程度	优秀	1. 做事深思熟虑，重视细节，具有很强的计划性； 2. 多角度全方位的考虑工作环节，积极主动查找问题，改进细节，力求尽善尽美
			良好	考虑问题细致周全，逻辑缜密，具有较强的计划性； 工作严谨、务实，对于发现的问题，及时纠正
			合格	1. 工作勤于思考，留意细节，有一定的计划性； 2. 有计划、有步骤地开展工作，有效避免大的纰漏
			不合格	1. 做事不经深思熟虑、草率大意，对工作实施的各个环节不做推敲； 2. 开展工作时手忙脚乱，时常出现纰漏
	工作动机	**成就动机：** 希望更好地完成工作或达到某一绩效标准，强烈追求成功的持续性愿望	优秀	1. 有明确的工作目标和理想，同时也有很强的实现自我价值意愿；不满足于平均业绩，追求卓越； 2. 在工作中，精力充沛，充满热情、自信刻苦、不畏艰难； 3. 能够在工作过程中不断总结创新，在完成预定目标或得到充分肯定和高度评价后，感到非常满足，充分体验到成功的喜悦
			良好	1. 有自己衡量优异的标准，工作努力，能够持续不断地改善绩效； 2. 工作热情较高，能够视困难、问题或变化为挑战； 3. 努力追求更高的工作目标，并在目标达成后或得到肯定时感到喜悦
			合格	1. 能够胜任和完成本职工作，但达不到杰出的标准； 2. 工作热情不够，缺乏表现欲；对困难较大，具有挑战性的工作缺乏信心，可能退缩； 3. 对待工作“不求有功，但求无过”，认为只要不出差错，得到认可，便是成就
			不合格	1. 对本职工作感到力不从心，失去兴趣； 2. 精神萎靡不振，工作漫不经心，并不在意是否能够完成本职工作； 3. 工作中对是否能够得到大家的认可并不在意

（续）

类别	名称	定义	层级	行为特征
能力	通用能力	**团队领导能力：**制定团队行动目标，建立、维护并运作高效团队，带领团队成员完成工作目标的能力	优秀	1. 具有个人魅力或领导气质，能够把握组织或团队成员的发展方向； 2. 对团队成员的绩效有充分的认识，并能够给予成员适当的反馈； 3. 根据团队成员的特点，能够制定相应的绩效激励机制，并能够通过激励机制的贯彻实施使团队成员保持高昂的工作热情； 4. 有意识地创建团队精神，能够在团队间合理有效地调配资源，进而加强不同目标和背景的团队合作；通过团队成员工作的观察与分析，能够查找出团队合作的不足，并能够采取相应的提升措施； 5. 善于发现、培养和使用团队成员，做到知人善任、人尽其才
			良好	1. 善于制定团队发展目标，并能够使其在全体成员中达成共识，进而得以贯彻实施； 2. 能够根据团队成员特点，有针对性地分配任务，并全力保证组织目标的达成； 3. 能够根据团队成员特点，能够采取相应的激励手段，充分调动团队成员工作积极性； 4. 能够有意识地开展团队合作及建立适当的竞争机制，以提高团队的整体绩效； 5. 能提供团队成员施展才华的一定空间和机会
			合格	1. 能制定团队发展长远目标，基本被团队成员认可、接受，起到一定凝聚作用； 2. 了解一定的任务分配知识，并能够在执行过程中对任务进行适当的跟踪； 3. 能够采取一定的激励手段，提高团队成员工作积极性； 4. 能够采取行动加强团队成员之间的相互沟通，促成团队成员的互相理解和支持；能够及时处理团队成员反馈的意见，为团队成员提供及时、有效的指导和帮助； 5. 能采用一定措施培养、使用团队成员
			不合格	1. 缺乏长远的发展目标，团队缺乏凝聚力； 2. 任务分配不适当，不能有效发挥团队成员的能力； 3. 对团队成员缺乏有效的激励措施； 4. 缺乏与团队成员之间的沟通交流，不能及时处理团队成员反馈的意见，使工作有时不能顺利进行； 5. 不重视对成员的培养、使用，团队成员成长受到限制
		沟通协调能力：在工作中妥善处理各种关系，获得支持与配合的能力	优秀	1. 内部的桥梁，有着卓越的协调能力能与上下级作好沟通，并妥善处理好相互之间的关系，促进其相互理解； 2. 有着卓越的协调能力，善于获得他们的支持与配合
			良好	1. 与工作中的各方保持密切联系与良好关系； 2. 能够体谅和理解他人，愿意就具体情况做出调整与妥协； 3. 愿意就对方疑问做出及时的回应，确保信息的准确表达； 4. 倾向于以制度的形式明确沟通职责；懂得倾听的艺术

（续）

类别	名称	定义	层级	行为特征
能力	通用能力		合格	1. 了解沟通的作用，与工作中的各方都有比较好的关系； 2. 遇到问题与冲突时愿意体谅与理解别人，能及时回复一部分信息； 3. 略懂得聆听的艺术，愿意以制度方式明确沟通职责
			不合格	1. 平时不注重沟通，遇到冲突与矛盾以强权或回避来解决； 2. 习惯自我为中心的思维模式； 3. 缺少全方位思考，缺少协调与沟通
		应对突发事件能力： 预防和应对林业自然灾害、事故灾难、社会安全事件等突发事件，确保工作可持续发展的能力	优秀	1. 及时捕捉带有倾向性、潜在性的问题，制定突发事件应急预案，并争取把问题解决于萌芽之中； 2. 及时发布预警信息，迅速查明原因，找准事件症结，准确定性； 3. 面对突发事件，处变不惊，临危不乱，敏锐把握事件潜在影响和事态发展，迅速控制局面，有效消除潜在冲突隐患 4. 一抓到底，善始善终，做好事后恢复与重建
			良好	1. 有效掌握工作相关信息，科学分析并预见潜在问题，制定突发事件应急预案； 2. 正确认识突发事件的实质，有效协调各方利益关系； 3. 面对突发事件，保持头脑清醒，科学分析，正确应对并控制局面； 4. 当突发事件的威胁和危害得到控制和消除后，能够采取必要措施防止复发
			合格	1. 关注平常工作相关信息，对潜在问题具有一定的预见性； 2. 认识到突发事件的实质，基本理顺主要利益关系； 3. 面对突发事件，保持冷静，作出果断处置，基本控制局面
			不合格	1. 对工作相关信息掌握不够，对潜在问题没有预见性； 2. 对问题本质缺乏正确认识，不能协调多方利益关系； 3. 面对突发事件，头脑情绪化，手足无措；对局势和趋势判断不清，行动迟缓或应对不当。
		调查研究能力： 有计划、有步骤地考察研究对象，运用科学的理论、方法、手段了解研究对象，从中发现事物本质及其规律的能力	优秀	1. 掌握科学的调查研究方法，能采集到大量有价值的信息； 2. 善于对采集到的信息做出科学分析，善于发现问题、分析问题；积极探索事物发展的规律，预测发展的趋势，提出解决问题的建议； 3. 善于总结经验，发现典型，指导、推动工作
			良好	1. 熟悉多种调查研究方法，可采集到较多有价值的信息； 2. 对采集到的信息能做出深入分析，对问题的实质和规律有一定的认识； 3. 有较强的经验总结能力能力，尊重客观事实
			合格	1. 了解基本调查研究方法，注重并开展一些信息收集工作； 2. 能够对采集到的信息做出基本分析，有时可能不够深入； 3. 有经验总结能力
			不合格	1. 缺乏科学的调查研究方法，采集的信息几乎没有价值； 2. 对采集信息缺乏科学的分析，只注意表面现象，不注意问题的实质与规律； 3. 不善于总结经验，不够尊重事实

（续）

<table>
<tr><th>类别</th><th>名称</th><th>定义</th><th>层级</th><th>行为特征</th></tr>
<tr><td rowspan="6">能力</td><td rowspan="4">通用能力</td><td rowspan="4">**分析决策能力：**
多角度、多层次分析既有信息，做出恰当、合理、及时决策并采取行动的能力</td><td>优秀</td><td>1. 能运用理性思维在纷乱的事物中抓住本质，正确预测其发展趋势，并发现一般人不能发现的问题；
2. 能够根据工作经验，准确确定要解决问题的性质和决策目标，并及时给出可行的常规问题决策方案；
3. 掌握决策备选方案的分析技巧，能够迅速且准确地判断各种备选方案的优势和不足，并能借助信息和分析工具给出非常规问题的有效解决方案；
4. 决策时能当机立断，不拘常规，为组织发展选择出最佳发展方案</td></tr>
<tr><td>良好</td><td>1. 能够对收集到的信息进行客观的分析和判断，并能对相关问题的未来发展趋势作出正确的预测；
2. 能够通过纷繁复杂的表面现象，对存在问题的性质进行合理判断，并能够在此基础上迅速确定决策目标，并根据工作经验和技巧果断、及时地做出合理有效的常规决策；
3. 对自己所做的非常规决策可能产生的影响有清晰的认识，并能够借助信息和分析工具在各类备选方案中选择最有效的方案；
4. 在复杂且风险高的形势下，通过适度分析多种领域内的各种信息，能够做出有长期影响的战略性决策，并能够承担相关责任和后果</td></tr>
<tr><td>合格</td><td>1. 能够运用归纳和演绎等逻辑推理方法，对信息进行简单的汇总、分析；
2. 能够根据工作经验，对要解决问题的性质和决策目标进行准确定位，并及时给出可行的常规问题决策方案；
3. 掌握决策备选方案的分析技巧，能够迅速且准确地判断各种备选方案的优势和不足；
4. 能够借助信息和分析工具给出非常规问题的有效解决方案</td></tr>
<tr><td>不合格</td><td>1. 缺乏必要的知识和经验，不能抓住事物的本质特征和内在联系，无法预测事物发展趋势；
2. 在关系到组织发展的重大问题前患得患失不愿做任何决策，或在决策时一意孤行，只看到“乐观”的一面，而没有考虑到环境的可能变化，造成重大损失</td></tr>
<tr><td rowspan="2">专业能力</td><td rowspan="2">**木材检查执法能力：**
依法对运输木材、林木产品、林副产品、野生动植物及其制品等进行检查，制止、查处相关违法行为的能力</td><td>优秀</td><td>1. 熟悉木材检查相关政策、法律、法规；
2. 能够做到依法办事、规范执法、文明执法；
3. 服务性强，坚持服务与执法相结合，坚持以说服教育贯彻始终，政务公开完善；
4. 主动性强，能够及时发现、上报执法中的问题，提出改进意见或建议，能够获得上级主管部门、区域内部门和当地林农、木材经营者等群众的理解、支持和帮助，实现群防群治违法事件</td></tr>
<tr><td>良好</td><td>1. 熟悉木材检查相关政策、法律、法规；
2. 能够做到依法办事，规范执法，文明执法；
3. 服务性强，坚持服务与执法相结合，坚持以说服教育贯彻始终，积极宣传木材检查执法相关法律法规，提高执法效果</td></tr>
</table>

（续）

类别	名称	定义	层级	行为特征
能力	专业能力		合格	1. 熟悉木材检查相关政策、法律、法规； 2. 能够做到依法办事，规范执法，文明执法，保证证件齐全，证货相符，吨位相当
			不合格	1. 对木材检查相关政策、法律、法规了解不够； 2. 执法不严，有法不依，违法不究，使执法工作混乱； 3. 执法方式简单粗暴
		宣传教育与组织能力： 宣传贯彻木材检查相关法律、法规和政策，提高群众知法守法意识，组织当地相关部门，共同推动木材检查各项管理工作的能力	优秀	1. 准确领会木材检查相关法律法规和政策，工作经验丰富，相关知识扎实，并能够根据本地区实际情况制定相关宣传措施； 2. 充分利用各种宣传手段，努力做到木材检查相关法律、法规和政策家喻户晓，并安排专人深入重点地区举办相关知识培训班、讲座，与群众建立感情，耐心进行讲解，最终达成共识； 3. 管辖内群众有很强的木材保护、市场意识和法律意识，市场规范有序，基本无违法现象发生； 4. 具有大局意识，能够争取各方力量宣传木材检查工作，组织上下左右共同开展木材检查执法工作
			良好	1. 熟悉林木种苗法律、法规和政策，具有扎实的木材检查相关知识； 2. 能够利用电视、广播、网络等多种手段积极开展宣传，使群众对木材检查法律法规和政策较为熟悉； 3. 群众保护意识、法律意识较好，市场运行有序，违法行为极少发生； 4. 周边关系和睦，能够联合周边部门和单位共同宣传相关法律法规和政策，共同开展木材检查执法工作
			合格	1. 了解基本的木材检查相关法律、法规和政策； 2. 掌握常用的宣传手段，具有宣传意识，能够正常开展木材检查相关政策、法律和法规宣传工作； 3. 管辖内的群众有一定的保护意识和法律意识，市场秩序较好，无较大纠纷和违法行为发生； 4. 能够与相关部门进行工作交流，联合开展木材检查执法工作
			不合格	1. 不了解木材检查相关法律、法规和政策； 2. 缺乏宣传意识，对各类宣传手段不了解，对木材检查相关政策、法律法规宣传不到位； 3. 当地群众对木材检查政策了解不够，违法现象频发，难以发动群众积极性， 4. 与周边部门和单位沟通较少，工作无法获得支持
知识	基础知识	政治理论知识、政策法律知识、管理学、领导学		
	专业知识	林业政策法规、木材检量检测、木材检尺、野生动植物保护、林业植物检疫		

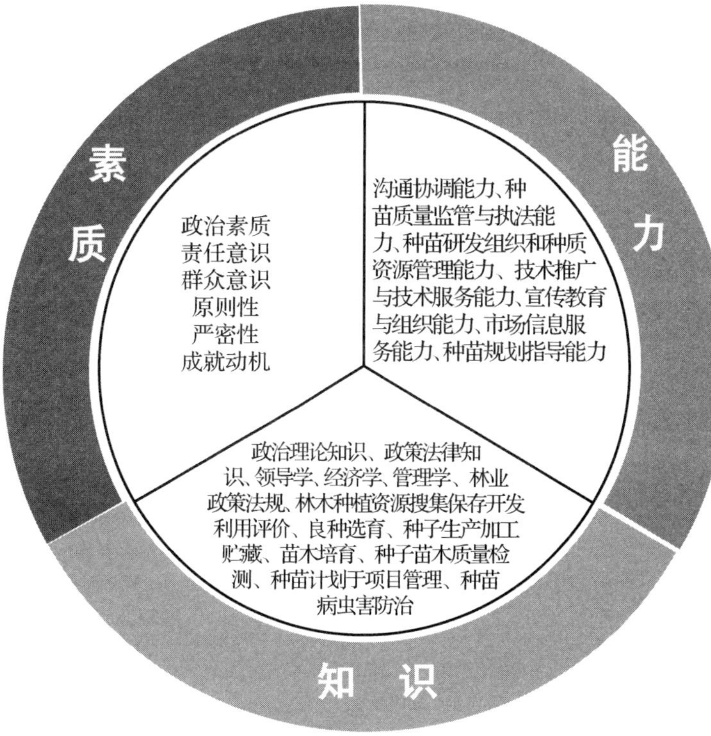

图 13　县级林木种苗管理站站长素质能力模型

表 39　县级林木种苗管理站站长素质能力模型

类别	名称	定义	层级	行为特征
素质	政治素质	**政治素质：** 人们从事社会政治活动所必需的基本条件和基本品质		1. 政治方向正确，坚持中国特色社会主义道路； 2. 政治目标明确，牢固树立共产主义远大目标； 3. 政治理论较好，熟练掌握马列主义方法； 4. 政治立场坚定，牢记站党和人民的利益立场； 5. 政治观点鲜明，坚持马列主义观点； 6. 政治宗旨明确，全心全意为人民服务； 7. 政治敏锐性强，明辨方向是非； 8. 政治思路清晰，一切从实际出发； 9. 政治作风优良，坚持群众路线和善于自我批评； 10. 政治纪律严格，做到遵纪守法、与中央保持一致
		责任意识： 对自己所作所为负责，对他人或组织承担责任和履行义务的自觉态度	优秀	1. 能够主动采取行动，及时解决工作中出现的问题； 2. 即使不是自己的过错造成的问题，也能以大局为重先解决问题，而不是先追究责任
			良好	1. 面对工作中出现的问题，勇于承担责任； 2. 能够从单位利益出发，自觉承担责任和履行义务，并监督和指导下属完成工作

（续）

类别	名称	定义	层级	行为特征
素质	职业道德素质		合格	1. 工作中能够承担部分责任，但不敢承担较大责任； 2. 出现问题时能够主动承担大部分责任，但偶有推卸责任的行为
			不合格	1. 工作中害怕承担责任； 2. 出现问题时，有推卸责任的行为
		群众意识： 能够从实际出发，深入群众、了解民情，并为群众提供服务的愿望和意识	优秀	1. 始终把群众利益放在第一位，时时刻刻为群众着想； 2. 通过各种形式深入到群众之中，体察民情、体验民生、体会民意，在群众最盼的时候慰民心，在群众最急的时候解民忧，在群众最难的时候办实事； 3. 真正做到权为民所用、情为民所系、利为民所谋；与群众打成一片，亲密无间
			良好	1. 能够把群众利益放在首位，为群众着想； 2. 能够经常了解民情，为群众谋利益； 3. 对群众有利的事尽力主动做好，与群众关系融洽
			合格	1. 关心群众利益和需求，在职责范围内为群众提供服务； 2. 愿意走到群众中去了解实际情况； 3. 能够做到与群众平等沟通，与群众关系较好
			不合格	1. 只顾自己，不关心群众； 2. 形式主义，缺乏为群众服务的精神； 3. 脱离群众，与群众关系紧张
	心理素质	**原则性：** 对法律法规、道德底线和公认准则的立场及执行程度	优秀	1. 严格遵守国家法律法规及政策规定； 2. 积极主动维护国家和群众利益，严格按章办事； 3. 是非分明，敢于坚持正义，敢于同违法乱纪和不道德行为做斗争
			良好	1. 严格遵守国家法律法规及政策规定； 2. 能够维护国家和群众利益，严格按章办事； 3. 明辨是非，立场坚定
			合格	1. 遵守国家法律法规及政策规定； 2. 做到按章办事，在工作中出现问题时能够迅速改正； 3. 有区分是非的态度，在遇到极大压力或困难时，能够守住底线
			不合格	1. 不能遵守国家法律法规及政策规定； 2. 为了个人私利、小团体利益或个人关系，不照章办理，拿原则做交易，甚至违法、违规、违纪； 3. 对是非对错持不关心的态度，是非不分，立场摇摆不定，也不坚持正义

（续）

类别	名称	定义	层级	行为特征
素质	心理素质	**严密性：** 评价一个人思维缜密和行为周全的程度	优秀	1. 做事深思熟虑，重视细节，具有很强的计划性； 2. 多角度全方位的考虑工作环节，积极主动查找问题，改进细节，力求尽善尽美
			良好	考虑问题细致周全，逻辑缜密，具有较强的计划性； 工作严谨、务实，对于发现的问题，及时纠正
			合格	1. 工作勤于思考，留意细节，有一定的计划性； 2. 有计划、有步骤地开展工作，有效避免大的纰漏
			不合格	1. 做事不经深思熟虑、草率大意，对工作实施的各个环节不做推敲； 2. 开展工作时手忙脚乱，时常出现纰漏
		规范性： 评价一个人在执行工作任务时，对政策法规、规章制度、工作流程等标准的遵守和执行程度	优秀	1. 能融会贯通方方面面的政策法规、规章制度、工作流程，使之与具体工作计划有机融为一体； 2. 能根据实际情况梳理现有工作流程、步骤，在发现问题或缺陷时，主动向上级部门或有关领导提出修改意见，为更好地规范工作行为创造条件
			良好	1. 熟悉工作中所应用的政策法规、规章制度、工作流程； 2. 严格按照流程步骤开展工作，高效推进；在流程与实际发生变化时，能运用经验和知识分析解决具体问题
			合格	1. 了解基本的政策法规、规章制度、工作流程； 2. 能够按照流程标准开展各项工作，使工作有序进行；但在政策不明朗，流程与实际变化不相契合的情况下，可能不知所措
			不合格	不了解政策法规、规章制度、操作规程，或虽了解，但在工作时出于各种原因不按章办事，使工作处于混乱、无序状态
	工作动机	**成就动机：** 希望更好地完成工作或达到某一绩效标准，强烈追求成功的持续性愿望	优秀	1. 有明确的工作目标和理想，同时也有很强的实现自我价值意愿；不满足于平均业绩，追求卓越； 2. 在工作中，精力充沛，充满热情、自信刻苦、不畏艰难； 3. 能够在工作过程中不断总结创新，在完成预定目标或得到充分肯定和高度评价后，感到非常满足，充分体验到成功的喜悦
			良好	1. 有自己衡量优异的标准，工作努力，能够持续不断地改善绩效； 2. 工作热情较高，能够视困难、问题或变化为挑战； 3. 努力追求更高的工作目标，并在目标达成后或得到肯定时感到喜悦
			合格	1. 能够胜任和完成本职工作，但达不到杰出的标准； 2. 工作热情不够，缺乏表现欲。对困难较大，具有挑战性的工作缺乏信心，可能退缩； 3. 对待工作“不求有功，但求无过”，认为只要不出差错，得到认可，便是成就

（续）

类别	名称	定义	层级	行为特征
素质			不合格	1. 对本职工作感到力不从心，失去兴趣； 2. 精神萎靡不振，工作漫不经心，并不在意是否能够完成本职工作； 3. 工作中对是否能够得到大家的认可并不在意
能力	通用能力	**沟通协调能力：**在工作中妥善处理各种关系，获得支持与配合的能力	优秀	1. 内部的桥梁，有着卓越的协调能力能与上下级作好沟通，并妥善处理好相互之间的关系，促进其相互理解； 2. 有着卓越的协调能力，善于获得他们的支持与配合
			良好	1. 与工作中的各方保持密切联系与良好关系； 2. 能够体谅和理解他人，愿意就具体情况做出调整与妥协； 3. 愿意就对方疑问做出及时的回应，确保信息的准确表达； 4. 倾向于以制度的形式明确沟通职责；懂得倾听的艺术
			合格	1. 了解沟通的作用，与工作中的各方都有比较好的关系； 2. 遇到问题与冲突时愿意体谅与理解别人，能及时回复一部分信息； 略懂得聆听的艺术，愿意以制度方式明确沟通职责
			不合格	1. 平时不注重沟通，遇到冲突与矛盾以强权或回避来解决； 2. 习惯自我为中心的思维模式； 缺少全方位思考，缺少协调与沟通
	专业能力	**林木种苗质量监管与执法能力：**按照相关法律法规及标准规范对林木种苗生产、经营和使用的不同环节开展监督、管理及执法，确保林木种苗质量的能力	优秀	1. 掌握林木种苗相关政策、法律、法规，能够依法办事、规范执法、文明执法。服务性强，坚持服务与执法相结合，为他人排忧解难。主动性强，能够及时发现、上报执法中的问题，提出改进意见或建议，做好沟通上下桥梁；根据相关法律法规，结合当地实际情况，出台执法工作的方案或相关制度；林木种苗法律、法规和相关政策的宣传工作到位，在种苗选育者、生产者、经营者、使用者中形成知法、依法、守法的良好氛围； 2. 掌握林木种苗质量标准规范，严格按照林木种苗质量监管相关规定和标准进行林木种苗质量监督检查工作，形成一项工作制度，定期开展监督检查工作，定期公布种苗质量检查信息；认真落实种子生产经营许可证、标签、档案等制度； 3. 严格把关林木种苗各项行政许可管理，严格审批程序，工作规范、高效；并加强对许可人的后继监管，开展培训、指导等服务
			良好	1. 熟悉林木种苗相关政策、法律、法规，能够做到依法办事、规范执法、文明执法。服务性强，坚持服务与执法相结合，为他人排忧解难；积极开展林木种苗法律、法规和相关政策的宣传工作，促使种苗生产者、使用者知法、依法、守法；种苗市场监管较为到位，以次充好、假冒伪劣等违法行为很少发生，市场氛围良好； 2. 熟悉林木种苗质量标准规范，积极主动按照林木种苗质量监管相关规定和标准开展林木种苗质量监督检查工作。能够及时发布林木种苗质量检验信息；较好地落实种子生产经营许可证、标签、档案等制度； 3. 林木种苗行政许可管理到位，审核程序严格，能严格按照相关规定办理，工作高效有序

（续）

类别	名称	定义	层级	行为特征
能力	专业能力	**林木种苗质量监管与执法能力：**按照相关法律法规及标准规范对林木种苗生产、经营和使用的不同环节开展监督、管理及执法，确保林木种苗质量的能力	合格	1. 熟悉林木种苗相关政策、法律、法规，能够做到依法办事、规范执法、文明执法。种苗市场得到一定程度的监管，以次充好、假冒伪劣等违法行为偶有发生； 2. 了解林木种苗质量标准规范，能够按照林木种苗质量监管相关规定和标准进行林木种苗质量监督检查工作，种苗质量问题偶有出现。能够开展一些林木种苗质量检验信息发布工作；基本落实种子生产经营许可证、标签、档案等制度； 3. 基本能够按照相关法律法规开展林木种苗行政许可管理工作
			不合格	1. 对林木种苗相关政策、法律、法规不够了解，执法不严，有法不依，违法不究，使执法工作混乱；种苗市场没有得到有效监管，市场上以次充好、假冒伪劣的现象屡有发生，种苗生产者、使用者的权益没有得到保障； 2. 对林木种苗质量标准规范不够了解，辖区内林木种苗质量监督检查工作没有有效开展，种苗质量没有保障，上山造林充斥着大量的人情苗、关系苗；种子生产经营许可证、标签、档案等制度完全没有落实到位； 3. 林木种苗行政许可管理不到位，审批程序松散，没有严格按照相关规定对申请材料进行审核和现场考察，存在人情关系和吃拿卡要的现象
		种苗研发组织和种质资源管护：组织开展林木种质资源调查，收集与保存，林木良种选、引、育、繁的能力	优秀	1. 掌握本地区林木种质资源的整体情况，开展林木种质资源调查工作，对重点保护的林木种质资源信息进行查漏补缺工作；能够有计划、有步骤地完成当地种质资源调查、收集工作，在遇到工程建设、自然灾害等特殊情况，能够及时地组织人员采取有效措施开展抢救性的收集保存工作；掌握原地保存、异地保存和设施保存等各种保存方式，并能根据实际情况采取最适合地方式进行保存，并对林木种质资源库进行及时补充，没有任何纰漏出现； 2. 对林木良种基地、采种基地、种质资源保存库等各类林木种子基地管理严格、规范，并且能够结合地区特点总结管理经验，向上级提供一些建设性的意见建议； 3. 掌握林木良种选育的相关知识和发展趋势，积极组织开展林木良种选育、引进、推广等工作；大力支持相关科技项目的组织实施，建设示范林，推广新品种优良品种的使用，不仅满足区域林业生产需求，造林质量和效益得到提升
			良好	1. 林木种质资源保护意识很强，熟悉本地区的种质资源情况；能够及时完成本地区种质资源收集工作，当林木种质资源受到自然灾害等威胁时能够采取有效措施开展抢救性的收集工作；熟悉原地保存、异地保存和设施保存等各种保存方式，并能采用适合本地的方式，对种质资源进行保护，没有重大损失出现； 2. 对林木良种基地、采种基地、种质资源保存库等各类林木种子基地管理严格，能够开展有效地保护； 3. 熟悉林木良种选育的相关知识和发展趋势，积极组织开展林木良种选育、引进、推广等工作，能够满足区域内林业生产需求

（续）

类别	名称	定义	层级	行为特征
能力	专业能力	**种苗研发组织和种质资源管护：** 组织开展林木种质资源调查，收集与保存，林木良种选、引、育、繁的能力	合格	1. 具有林木种质资源保护意识，了解本地区种质资源基本情况；能及时收集本地种质资源，遇到自然灾害等特殊情况时，能够采取一些措施对林木种质资源进行保护；了解一定的种质资源保存方式，出现较少的重大损失； 2. 对林木良种基地、采种基地、种质资源保存库等各类林木种子基地能够开展一些日常的管理； 3. 了解林木良种选育的相关知识和发展趋势，能够组织开展林木良种选育、引进、推广的一些工作，基本满足区域内林业生产需求
			不合格	1. 林木种质资源保护意识淡薄，对管辖区内的种质资源情况不清；对本地种质资源的收集工作不及时，遇到自然灾害等特殊情况时不能及时采取有效措施进行保护；对种质资源的保存方式不够了解，不能采取适当保存方式，时常造成较大的损失； 2. 对林木良种基地、采种基地、种质资源保存库等各类林木种子基地管理不严，不能开展有效保护； 3. 林木良种选育意识差，相关工作开展不到位，无法满足实际需求
		技术推广与技术服务能力： 推广林木良种及其育苗技术，提供相关技术指导、技术培训的能力	优秀	1. 掌握林木良种及育苗技术的知识和发展趋势； 2. 熟悉各类林业科技推广方式和信息传播手段； 3. 能够根据老百姓的需要有针对性地开展技术咨询和服务；定期开展林木良种及育苗技术培训；注重技术指导人员的素质提升，时常在内部开展业务学习和培训
			良好	1. 对林木良种及育苗技术的相关知识较为熟悉； 2. 了解各类有效的科技推广方式和信息传播手段； 3. 能够给老百姓提供较好的技术咨询和服务，并能够提供适当的培训
			合格	1. 了解基本的林木良种及育苗技术知识； 2. 掌握常用的科技推广方式和信息传播手段； 3. 能够给老百姓提供基本的技术咨询和服务
			不合格	1. 不了解林木良种及其育苗技术知识和发展趋势； 2. 不懂各类科技推广和信息传播手段； 3. 无法为老百姓提供基本的技术咨询和服务
		市场信息服务能力： 搜集发布林木种苗市场信息，服务林业生产的能力	优秀	1. 能够通过各种渠道广泛调查、收集种苗生产、供求信息，掌握第一手的资料，找准信息热点，分析市场发展趋势； 2. 充分利用各类种苗交易市场等平台，拓展互联网交易平台建设，能够及时、准确地发布林木种苗市场信息，供求合作机制稳定，能够科学开展本地区林业生产
			良好	1. 能够广泛开展调查，掌握大量林木种苗生产、供求信息； 2. 能够熟练运用各类技术手段，并利用各类种苗交易市场等平台，及时发布林木种苗市场信息，能较好地指导本地区林业生产的开展

（续）

类别	名称	定义	层级	行为特征
能力	专业能力	**市场信息服务能力：** 搜集发布林木种苗市场信息，服务林业生产的能力	合格	1. 能够开展一些调查，掌握本地区基本的林木种苗生产、供求信息； 2. 能够运用常用的技术手段发布林业种苗市场信息，组织区域内林业生产时基本符合市场供求关系
			不合格	1. 不重视林木种苗市场信息服务工作，很少对本地区的林木种苗生产、供求信息等进行调查； 2. 对各类技术手段不是很了解，无法向辖区内的群众开展信息服务工作，组织区域内林业生产时具有盲目性
		宣传教育与组织能力： 宣传林木种苗相关法律法规、政策、标准，提高老百姓知法守法意识，推动林木种苗各项管理工作的能力	优秀	1. 准确领会林木种苗相关法律法规和政策； 2. 熟悉并能够充分利用各类宣传手段，使林木种苗相关法律法规和政策深入人心； 3. 了解老百姓的需求，能够设身处地、耐心细致地做宣传工作，与当地老百姓建立了互相支持、互相配合的和谐环境；经常安排专人给群众举办相关知识培训班和讲座等，管辖区内老百姓有很强的用种意识、市场意识和自我保护意识，种苗市场规范有序，没有发生违法现
			良好	1. 熟悉林木种苗法律法规和政策； 2. 了解各类有效的宣传手段，使老百姓对林木种苗法律法规和政策较为熟悉； 3. 能够站在老百姓的角度耐心细致地做宣传工作，发动其积极性，使得管辖区内的老百姓具有较强的种意识、市场意识和自我保护能力，种苗市场运行较好，违法行为极少发生
			合格	1. 了解基本的林木种苗法律法规和政策； 2. 掌握常用的宣传手段，使老百姓对林木种苗法律法规和政策有一定的认识； 3. 能够对老百姓开展宣传工作，管辖区内的老百姓有一定的用种意识、市场意识和自我保护能力，严重的违法行为发生较少
			不合格	1. 不了解林木种苗相关法律法规和政策； 2. 对各类宣传手段不了解，无法向管辖区内的群众开展相关的宣传教育活动； 3. 不重视与老百姓的沟通交流，难以发动群众积极性，管辖区内老百姓用种意识、市场意识及自我保护能力较差
		林木种苗规划指导能力： 起草林木种苗发展规划、计划，完成规划目标任务的能力	优秀	1. 全面深刻了解当地林业和林木种苗发展现状； 2. 对当地林木种苗发展思路非常清晰，根据当地林木种苗发展现状，通过及时梳理存在的问题和深入分析，能够制定出较完善的林木种苗发展规划、计划； 3. 按照当地林木种苗发展规划、计划要求，能够制定出操作性强的实施方案，组织实施，能够圆满完成规划、计划规定的目标任务

（续）

类别	名称	定义	层级	行为特征
能力	专业能力	**林木种苗规划指导能力：** 起草林木种苗发展规划、计划，完成规划目标任务的能力	良好	1. 熟悉当地林业和林木种苗发展现状； 2. 对当地林木种苗发展思路比较明确，能够制定针对性较强，重点明确的林木种苗发展规划、计划； 3. 按照当地林木种苗发展规划、计划要求，制定实施方案，组织实施，能够较好地完成规划、计划规定的目标任务
			合格	1. 基本了解当地林业和林木种苗发展现状； 2. 对当地林木种苗发展有一定思路，能够制定基本符合实际的林木种苗发展规划、计划； 3. 能够完成规划、计划规定的主要目标任务
			不合格	1. 不了解对当地林业和林木种苗发展现状； 2. 对当地林木种苗发展缺乏明确思路，无法制定合理的林木种苗发展规划、计划； 3. 不能完成规划、计划的目标任务
知识	基础知识	政治理论知识、政策法律知识、领导学、管理学、市场营销		
	专业知识	林业政策法规、林木种质资源收集保存开发利用评价、良种选育、种子生产加工贮藏、苗木培育、种子苗木质量检测、种苗计划与项目管理、种苗病虫害防治		

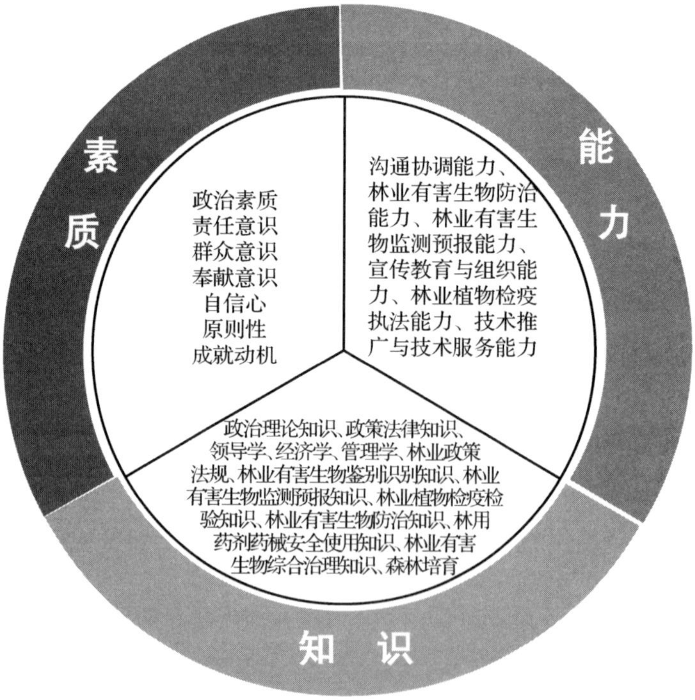

图 14　县级林业有害生物防治检疫站站长素质能力模型

表 40　县级林业有害生物防治检疫站站长素质能力模型

<table>
<tr><th>类别</th><th>名称</th><th>定义</th><th>层级</th><th>行为特征</th></tr>
<tr><td rowspan="9">素质</td><td>政治素质</td><td>政治素质：人们从事社会政治活动所必需的基本条件和基本品质</td><td></td><td>1. 政治方向正确，坚持中国特色社会主义道路；
2. 政治目标明确，牢固树立共产主义远大目标；
3. 政治理论较好，熟练掌握马列主义方法；
4. 政治立场坚定，牢记站党和人民的利益立场；
5. 政治观点鲜明，坚持马列主义观点；
6. 政治宗旨明确，全心全意为人民服务；
7. 政治敏锐性强，明辨方向是非；
8. 政治思路清晰，一切从实际出发；
9. 政治作风优良，坚持群众路线和善于自我批评；
10. 政治纪律严格，做到遵纪守法、与中央保持一致</td></tr>
<tr><td rowspan="8">职业道德素质</td><td rowspan="4">责任意识：对自己所作所为负责，对他人或组织承担责任和履行义务的自觉态度</td><td>优秀</td><td>1. 能够主动采取行动，及时解决工作中出现的问题；
2. 即使不是自己的过错造成的问题，也能以大局为重先解决问题，而不是先追究责任</td></tr>
<tr><td>良好</td><td>1. 面对工作中出现的问题，勇于承担责任；
2. 能够从单位利益出发，自觉承担责任和履行义务，并监督和指导下属完成工作</td></tr>
<tr><td>合格</td><td>1. 工作中能够承担部分责任，但不敢承担较大责任；
2. 出现问题时能够主动承担大部分责任，但偶有推卸责任的行为</td></tr>
<tr><td>不合格</td><td>1. 工作中害怕承担责任；
2. 出现问题时，有推卸责任的行为</td></tr>
<tr><td rowspan="4">群众意识：能够从实际出发，深入群众、了解民情，并为群众提供服务的愿望和意识。</td><td>优秀</td><td>1. 始终把群众利益放在第一位，时时刻刻为群众着想；
2. 通过各种形式深入到群众之中，体察民情、体验民生、体会民意，在群众最盼的时候慰民心，在群众最急的时候解民忧，在群众最难的时候办实事；
3. 真正做到权为民所用、情为民所系、利为民所谋；与群众打成一片，亲密无间</td></tr>
<tr><td>良好</td><td>1. 能够把群众利益放在首位，为群众着想；
2. 能够经常了解民情，为群众谋利益；
3. 对群众有利的事尽力主动做好，与群众关系融洽</td></tr>
<tr><td>合格</td><td>1. 关心群众利益和需求，在职责范围内为群众提供服务；
2. 愿意走到群众中去了解实际情况；
3. 能够做到与群众平等沟通，与群众关系较好</td></tr>
<tr><td>不合格</td><td>1. 只顾自己，不关心群众；
2. 形式主义，缺乏为群众服务的精神；
3. 脱离群众，与群众关系紧张</td></tr>
</table>

（续）

<table>
<tr><th>类别</th><th>名称</th><th>定义</th><th>层级</th><th>行为特征</th></tr>
<tr><td rowspan="11">素质</td><td rowspan="8">职业道德素质</td><td rowspan="4">奉献意识：在开展工作或进行决策时，顾全大局、吃苦耐劳、愿意付出的态度和品质</td><td>优秀</td><td>1. 有强烈的事业心及无私的奉献精神，积极工作，吃苦耐劳，任劳任怨。能够利用各种资源使工作成果最大化；
2. 能够以整体利益为标准，不断调整自己的行为；
3. 不计个人得失，甘于付出，不求回报</td></tr>
<tr><td>良好</td><td>1. 工作积极，愿意为解决问题而付出努力。能够努力完成工作及相关的事情；
2. 会不断调整自己的行为以符合整体利益及和谐性；
3. 不过多计较个人得失，意见不同时，能保留看法</td></tr>
<tr><td>合格</td><td>1. 坚持本职工作，履行份内职责；
2. 有意识调整自己的行为以符合整体利益及和谐性；
3. 必要时能舍弃个人利益</td></tr>
<tr><td>不合格</td><td>1. 消极应付工作，经常抱怨；
2. 面对不利自身的环境，表现出逃避、不作为；
3. 计较个人得失，很难接受不同意见</td></tr>
<tr><td rowspan="4">自信心：对自身能力积极准确评价，相信自己能够克服困难，成功完成工作任务的特性</td><td>优秀</td><td>1. 乐于承担有挑战、有风险的工作任务，并为此感到兴奋；
2. 能够承受挫折和失败，总结经验教训，争取下次成功；
3. 不害怕面对失败，表现出百折不挠的精神</td></tr>
<tr><td>良好</td><td>1. 表现自信，给人以深刻印象；
2. 面对困难任务不退缩，勇于承担；
3. 面对阻力不轻易放弃，积极地寻求解决问题的办法</td></tr>
<tr><td>合格</td><td>1. 在没有明确指示或监督条件下，能够独立处理工作；
2. 相信自己的能力，将决策化为行动</td></tr>
<tr><td>不合格</td><td>1. 怀疑自己的能力，缺乏自我表现能力，或者过于自负，对自己评价过高；
2. 一味服从，对各种挑战敬而远之；
3. 面对挫折和困难，灰心丧气，容易放弃</td></tr>
<tr><td rowspan="3">心理素质</td><td rowspan="3">原则性：对法律法规、道德底线和公认准则的立场及执行程度</td><td>优秀</td><td>1. 严格遵守国家法律法规及政策规定；
2. 积极主动维护国家和群众利益，严格按章办事；
3. 是非分明，敢于坚持正义，敢于同违法乱纪和不道德行为做斗争</td></tr>
<tr><td>良好</td><td>1. 严格遵守国家法律法规及政策规定；
2. 能够维护国家和群众利益，严格按章办事；
3. 明辨是非，立场坚定</td></tr>
<tr><td>合格</td><td>1. 遵守国家法律法规及政策规定；
2. 做到按章办事，在工作中出现问题时能够迅速改正；
3. 有区分是非的态度，在遇到极大压力或困难时，能够守住底线</td></tr>
</table>

（续）

类别	名称	定义	层级	行为特征
素质			不合格	1. 不能遵守国家法律法规及政策规定； 2. 为了个人私利、小团体利益或个人关系，不照章办理，拿原则做交易，甚至违法、违规、违纪； 3. 对是非对错持不关心的态度，是非不分，立场摇摆不定，也不坚持正义
	工作动机	**成就动机：** 希望更好地完成工作或达到某一绩效标准，强烈追求成功的持续性愿望	优秀	1. 有明确的工作目标和理想，同时也有很强的实现自我价值意愿。不满足于平均业绩，追求卓越； 2. 在工作中，精力充沛，充满热情、自信刻苦、不畏艰难； 3. 能够在工作过程中不断总结创新，在完成预定目标或得到充分肯定和高度评价后，感到非常满足，充分体验到成功的喜悦
			良好	1. 有自己衡量优异的标准，工作努力，能够持续不断地改善绩效； 2. 工作热情较高，能够视困难、问题或变化为挑战； 3. 努力追求更高的工作目标，并在目标达成后或得到肯定时感到喜悦
			合格	1. 能够胜任和完成本职工作，但达不到杰出的标准； 2. 工作热情不够，缺乏表现欲。对困难较大，具有挑战性的工作缺乏信心，可能退缩； 3. 对待工作“不求有功，但求无过”，认为只要不出差错，得到认可，便是成就
			不合格	1. 对本职工作感到力不从心，失去兴趣； 2. 精神萎靡不振，工作漫不经心，并不在意是否能够完成本职工作； 3. 工作中对是否能够得到大家的认可并不在意
能力	通用能力	**沟通协调能力：** 在工作中妥善处理各种关系，获得支持与配合的能力	优秀	1. 内部的桥梁，有着卓越的协调能力能与上下级作好沟通，并妥善处理好相互之间的关系，促进其相互理解； 2. 有着卓越的协调能力，善于获得他们的支持与配合
			良好	1. 与工作中的各方保持密切联系与良好关系； 2. 能够体谅和理解他人，愿意就具体情况做出调整与妥协； 3. 愿意就对方疑问做出及时的回应，确保信息的准确表达； 4. 倾向于以制度的形式明确沟通职责，懂得倾听的艺术
			合格	1. 了解沟通的作用，与工作中的各方都有比较好的关系； 2. 遇到问题与冲突时愿意体谅与理解别人，能及时回复一部分信息； 3. 略懂得聆听的艺术，愿意以制度方式明确沟通职责
			不合格	1. 平时不注重沟通，遇到冲突与矛盾以强权或回避来解决； 2. 习惯自我为中心的思维模式； 3. 缺少全方位思考，缺少协调与沟通

（续）

类别	名称	定义	层级	行为特征
能力	通用能力	**学习能力：** 评价一个人获取、理解和加工相关信息知识，不断更新知识结构、提高工作水平的能力	优秀	1. 有强烈的求知欲，持终生学习的观点。学习能持之以恒，有明确的学习目标与计划； 2. 学习专注，理解力强，记忆力好，善于思考。有钻研精神，能克服学习或技术应用中遇到的种种难题； 3. 能运用科学有效的学习方法独立获取所需信息、知识、技能，并能触类旁通，将各方面知识转化为自身能力，获取自身发展
			良好	1. 从事自己不太熟悉的工作时，能够钻研资料，获得必备的工作知识或技能，从而尽快适应新的工作要求； 2. 善于吸收和利用前人已取得的工作成果，或了解同行业的技术信息并吸收他人的长处； 3. 习惯性地搜集行业内最新的信息，追踪新政策、新技术的发展动态，积极了解对行业可能产生影响的新政策、新技术、新方法
			合格	1. 在工作中，愿意向其他同事学习； 2. 具有强烈的好奇心，希望了解工作中的细节和技术； 3. 积极与他人交流和向他人求助； 4. 观察他人的工作，从而学习了解必要的知识和技术
			不合格	1. 在专业上停滞不前，不愿意更新自己的知识结构； 2. 在工作中不注意向他人学习，忽视同行业的发展状况，从而使得自身工作落后； 3. 对学习不感兴趣，常以工作忙、任务重等各种理由逃避学习培训活动
	专业能力	**林业有害生物防治能力：** 贯彻林业有害生物防治政策方针，管理和指导林业有害生物应急防治工作，减少和控制林业有害生物灾害发生的能力	优秀	1. 熟悉林业有害生物防治政策方针，熟悉各类林业有害生物灾害的性状及特征，熟练掌握各项林业有害生物防治知识和技术，并善于钻研应用新技术新方法； 2. 林业有害生物防治工作组织有序，进展顺利；成灾率控制在4.5%以下，无公害防治率达到85%以上； 3. 应对突发林业有害生物事件所需设施、设备、药剂等物资储备建设工作完善； 4. 辖区内林业有害生物防治队伍建设完善：具有专业背景工作人员达到80%以上，自身专业能力强，能够开展林业有害生物防治技术研究为主的相关科学研究工作，注重并能够定期开展林业有害生物防治人员专业技术培训、专业知识更新和绩效考核工作，为林业有害生物防治工作提供有效的技术保障； 5. 林业有害生物防治制度健全：各项相关制度建立健全，为林业有害生物防治工作的有序开展提供了有力的制度保障； 6. 能够根据本地区林业有害生物发生发展规律、灾害可能爆发情况科学编制应急处置预案，有效预防和控制各类林业有害生物灾害；并能够根据实际情况，对方案进行不断弥补、调整、更正和完善，最大限度地降低突发性及爆发性林业有害生物灾害造成的损失，控制其扩散、蔓延； 7. 社会化防治工作措施有力，组织有序

（续）

类别	名称	定义	层级	行为特征
能力	专业能力	**林业有害生物防治能力：** 贯彻林业有害生物防治政策方针，管理和指导林业有害生物应急防治工作，减少和控制林业有害生物灾害发生的能力	良好	1. 较熟悉国家林业有害生物防治的政策方针，及各类林业有害生物灾害的性状及特征，相关防控知识掌握较全面、技术较熟练； 2. 林业有害生物防治工作开展较好；成灾率控制在6.5%以下，无公害防治率达到75%以上； 3. 应对突发林业有害生物事件所需设施、设备、药剂等物资的储备工作建设情况较好； 4. 辖区内林业有害生物防治队伍建设完善：具有专业背景工作人员达到70%以上，能够定期开展相关业务培训，保证防治队伍具备必要的业务素质和专业技术能力； 5. 林业有害生物防治制度建设情况良好：能够为林业有害生物防治工作的有序开展提供可靠的制度保障； 6. 林业有害生物应急处置预案落实情况良好，能够准确掌握当地常发性林业有害生物灾害的发生规律，并采取有效措施开展防控； 7. 社会化防治工作进展情况良好
			合格	1. 了解林业有害生物防治相关政策方针，对各类林业有害生物灾害的性状及特征，相关防控知识、技术有一定的了解； 2. 林业有害生物防治工作开展顺利：成灾率控制在8.5%以下，无公害防治率达到65%以上； 3. 能够按照相关规定开展应对突发林业有害生物事件所需设施、设备、药剂等物资的储备工作； 4. 重视林业有害生物防治队伍建设：具有专业背景工作人员达到60%以上，并不定期组织开展相关业务培训； 5. 能够根据工作需要，不断加强制度建设； 6. 能够按照规定制定林业有害生物应急处置预案，能够掌握本地区常发性林业有害生物灾害的发生原因及发展规律，并及时抓住灾害发生、发展过程的主要矛盾，正确拟定防控对策，规避各类风险因素的积累，有效防范灾害扩大林业有害生物应急处置预案落实情况良好，能够准确掌握当地常发性林业有害生物灾害的发生规律，并采取有效措施开展防控； 7. 能够有效推进社会化防治工作
			不合格	1. 不了解国家林业有害生物防治政策方针，对林业有害生物防治知识和技术掌握不多； 2. 林业有害生物防治工作开展较差；成灾率达到8.5%以上，无公害防治率不到65%； 3. 未能按照相关规定进行应对突发林业有害生物事件所需设施、设备、药剂等物资的储备工作； 4. 队伍建设开展较差，林业有害生物防治队伍储备不足，不重视专业技术培训； 5. 不重视制度建设，各项制度建设不完善； 6. 未制定林业有害生物灾害应急预案，甚至对常见林业有害生物都无力应对，事故频发，生态安全得不到基本保证； 7. 社会化防治工作开展较差

（续）

类别	名称	定义	层级	行为特征
能力	专业能力	**林业有害生物监测预报能力：**组织开展调查和监测，掌握林业有害生物发展动态和趋势，预报相关信息，服务林业有害生物防治的能力	优秀	1. 辖区内林业有害生物调查监测工作组织有序，进展顺利：熟悉国家林业有害生物灾害监测预报的相关政策方针，调查测报知识掌握全面、手段先进。林业有害生物监测长期预报准确率稳定在85%以上，中短期预报准确率在90%以上； 2. 监测预报基础设施建设完备：GPS野外调查记录仪、计算机、网络服务设备、通讯设备等硬件设备以及数据库、“3S”等软件设施配备齐全，能够全面满足监测工作需要； 3. 辖区内调查监测队伍建设完善：具有专业背景工作人员达到80%以上，自身专业能力强，能够开展测报技术研究为主的相关科学研究工作，注重并能够定期开展监测人员相关专业技术培训、专业知识更新和绩效考核工作，为监测预报工作提供有效的技术保障； 4. 监测预报制度健全：林业有害生物普查制度、专项调查制度、监测调查制度等各项制度建设完善，建立了群众发现报告、监测员报告、内部层级报告等制度，设立群众有奖举报机制，激发群众监测预报积极性，并能够按照工作报告制度及时向上级报告，为监测预报工作的有序开展提供了有力的制度保障； 5. 调查监测工作组织开展情况好：能够按时保质完成林业有害生物调查监测工作。各项日常调查、报表统计、方案编制等工作开展规范，保证调查的准确性、全面性、及时性和系统性，为当地林业有害生物防治工作及时提供长期预报和短期预警。信息通畅、警惕性高，不仅能够准确掌握辖区内林业有害生物发生、分布规律，同时了解周边地区林业有害生物灾害发生情况，并且能够迅速反应，做出决策，制定相应监测方案，为保护本地区生态安全提供保障
			良好	1. 辖区内林业有害生物调查监测工作开展较好：较熟悉国家林业有害生物灾害监测预报的相关政策方针，调查测报知识较全面、手段较先进。林业有害生物监测长期预报准确率稳定在80%以上，中短期预报准确率在85%以上； 2. 监测预报基础设施建设情况良好，能够较好地满足监测工作需要； 3. 辖区内调查监测队伍建设情况较好：具有专业背景的工作人员达到75%以上，能够定期对专、兼职调查监测人员进行培训和考核； 4. 监测预报制度建设情况较好：林业有害生物普查制度、专项调查制度、监测调查制度等各项制度建设情况良好，能够为监测预报工作的有序开展提供可靠的制度保障； 5. 能够按时完成林业有害生物调查监测工作：各项日常调查、报表统计、方案编制等工作开展情况较好，能够及时掌握本辖区林业有害生物的发生特点及防治情况，做到对林业生物灾害的早发现、早报告。能够将监测预报工作贯穿于林业有害生物灾害防治全过程，为灾害前期预防、中期除治，后期评估提供数据支撑

（续）

类别	名称	定义	层级	行为特征
能力	专业能力	**林业有害生物监测预报能力：** 组织开展调查和监测，掌握林业有害生物发展动态和趋势，预报相关信息，服务林业有害生物防治的能力	合格	1. 辖区内林业有害生物调查监测工作开展有序；了解国家林业有害生物灾害监测预报的相关政策方针，能够掌握调查测报的必备知识和手段；林业有害生物监测长期预报准确率稳定在75%以上，中短期预报准确率在80%以上； 2. 监测预报基础设施建设情况较好，能够保障监测工作的正常开展； 3. 能够有意识地开展调查监测队伍建设工作，具有专业背景的工作人员达到60%以上，并能不定期对调查监测人员开展相关专业技术培训； 4. 能够根据工作需要，不断加强制度建设； 5. 能够按规定及要求开展林业有害生物调查监测各项工作；能够掌握辖区内常见林业有害生物的发生规律、分布规律以及当地林业有害生物灾害发生情况和动态，为当地主要林业生物灾害的预防和除治提供决策依据
			不合格	1. 辖区内林业有害生物调查监测工作情况开展较差；不了解林业有害生物监测预报的相关政策方针，对于基本的调查监测知识和手段掌握不多；长期及中短期测报准确率均达不到75%； 2. 林业有害生物监测预报基础设施建设不完善，无法保障监测工作的正常开展； 3. 调查监测队伍储备不足，不重视监测队伍专业技术培训； 4. 不重视制度建设，各项制度建设不完善； 5. 不能按规定及要求开展林业有害生物调查监测各项工作，对于辖区内林业有害生物发生规律、分布规律和发生动态了解不够，林业有害生物测报工作开展较差
		宣传教育与组织能力： 运用各种宣传手段传播林业有害生物防治相关法律、规章、政策等，并组织当地各部门及群众一起开展林业有害生物防治工作的能力	优秀	1. 联防联治工作进展顺利，成效显著；能够与其他机构、部门开展有效的沟通协作，获得系统内外各部门的支持、配合顺利组织开展联防联治工作； 2. 建立了信息共享、联席会议等制度，每年定期与周边区域开展联合防治、联合执法工作； 3. 积极组织林农、林业经营主体间开展联防联治工作； 4. 能够利用各种宣传手段同通过多种宣传渠道对林业有害生物防治政策、法律法规进行全方位、多角度宣传，使其深入人心
			良好	1. 联防联治工作进展有序：具备较强的沟通协调能力，能够得到其他机构、部门的支持，组织开展联防联治工作； 2. 每年不定期与周边区域开展区域间联合防治、联合执法工作； 3. 能够获得林农、林业经营主体的配合，开展联防联治工作； 4. 能够利用各种宣传手段，如宣传册、电子传媒，包括各种墙体广告、电视、电台、互联网等等进行多方位有效宣传，使当地对林业有害生物防治相关政策、法律法规非常了解

（续）

类别	名称	定义	层级	行为特征
能力	专业能力	**宣传教育与组织能力：** 运用各种宣传手段传播林业有害生物防治相关法律、规章、政策等，并组织当地各部门及群众一起开展林业有害生物防治工作的能力	合格	1. 联防联治工作开展情况样好，进行林业有害生物防治时能够顺利组织各方开展联防联治群防群治工作； 2. 能够与周边区域开展区域间联合防治、联合执法工作； 3. 用贴标语、发传单等简单方式对林业有害生物防治工作进行宣传，使当地部门及百姓对林业有害生物防治政策、法律法规有一定认识
			不合格	1. 缺乏联防联治群防群治手段，此项工作组织不力； 2. 从未开展区域间联防联治、联合执法工作； 3. 缺乏宣传意识，对林业政策、法律法规宣传不到位，致使当地对林业有害生物防治政策、法律法规了解不够，因此违法现象频发，并经常会与其他部门或百姓出现矛盾冲突
		林业植物检疫执法能力： 贯彻植物检疫政策法规，运用专业知识和技术手段对森林植物进行检疫、除害，预防有害生物传播和危害的能力	优秀	1. 林业植物检疫工作成效显著：种苗产地检疫率达到100%，植物检疫知识全面、技能熟练；熟知各类林业有害生物的源发地及特性，能够科学运用抽样方法和切实可行的检疫检验手段进行植物检疫工作，确保及时发现并采取有效措施遏制林业有害生物的传播蔓延，真正做到“零疫情”； 2. 林业植物检疫各项工作所需设施设备建设完备，各项设备配备齐全； 3. 队伍素质较高：专业人员占85%，能够开展和接受培训。重视检疫队伍建设，检疫检验工具、除害处理设备及交通工具等基础设施配备完善。能够对检疫队伍经常组织开展培训及业务指导，及时发现队伍建设中的问题并改进工作，确保专、兼职检疫员都能熟练掌握各项检疫技能； 4. 沟通协调能力较强，能够根据需要取得行业内及行业外各部门的支持，顺利组织开展各项植物检疫执法工作； 5. 熟悉林业植物检疫和有害生物防治的相关政策、法律、法规；能够做到依法办事、规范执法、文明执法；服务性强，坚持服务与执法相结合，为他人排忧解难。主动性强，能够及时发现、上报执法中的问题，提出改进意见或建议，做好沟通上下的桥梁。指导下属开展执法工作
			良好	1. 林业植物检疫工作开展良好：种苗产地检疫率达到90%，植物检疫知识较全面和技能较熟练，能够准确识别常见林业有害生物，有效控制林业有害生物传播风险； 2. 林业植物检疫设施设备建设情况良好，能够为检疫队伍配备较为齐全的检疫检验设备； 3. 具有较好的沟通协调能力，能够协调相关部门配合开展产地、调运及引种检疫等相关工作； 4. 检疫队伍建设情况较好，能够定期对专、兼职检疫员开展相关业务培训，保证检疫队伍具备必要的业务素质和专业技术； 5. 熟悉林业植物检疫和有害生物防治的相关政策、法律、法规；能够做到依法办事，规范执法，文明执法。服务性强，坚持服务与执法相结合，为他人排忧解难

（续）

类别	名称	定义	层级	行为特征
能力	专业能力	**林业植物检疫执法能力：** 贯彻植物检疫政策法规，运用专业知识和技术手段对森林植物进行检疫、除害，预防有害生物传播和危害的能力	合格	1. 能够正常有序开展林业植物检疫工作：种苗产地检疫率达到80%。能够掌握常规检疫检验技术和知识；对检疫性和危险性林业有害生物能够正确识别，能够按照相关技术规程，运用合理的抽样方法、检验手段开展产地、调运和引种检疫工作，具备可接受的风险控制水平； 2. 林业植物检疫设施设备建设情况较好，能够为检疫队伍配备必要的检疫检验工具等基础设施； 3. 具备一定的沟通协调能力，能够有序组织相关部门开展林业植物检疫和执法工作； 4. 较重视检疫队伍建设。能够不定期对兼职检疫员组织开展业务培训，保证检疫员队伍掌握基本的检疫技术和知识； 5. 熟悉植物检疫及林业有害生物防治的相关政策、法律、法规，能够做到依法办事，规范执法，文明执法
			不合格	1. 林业植物检疫执法工作开展情况较差：种苗产地检疫率不到80%。欠缺植物检疫基本知识及技能；对检疫性和危险性林业有害生物无法准确识别，对基本的抽样方法、检验手段、检验程序等技术规程掌握不够，无法对林业有害生物做出准确判断，对林业有害生物缺乏认识和警惕性，措施不力，林业有害生物传播、危害事故频发； 2. 林业植物检疫设施设备建设情况不好，无法保证林业植物检疫执法工作的正常开展； 3. 不重视检疫队伍建设，队伍储备不足，对兼职检疫员的系统培训组织开展较少，致使检疫队伍整体水平不高； 4. 沟通协调能力差，无法有效协调各相关部门协同开展林业植物检疫执法工作； 5. 对资源保护的相关政策、法律、法规了解不够；执法不严，有法不依，违法不究，使执法工作混乱；执法方式简单粗暴
		技术推广与技术服务能力： 对林业有害生物相关的实用技术进行试验、示范、培训、指导，提供咨询服务，推动普及工作的能力	优秀	1. 自身专业能力过硬，熟练掌握各项林业有害生物防治知识及实用技术； 2. 专业技术队伍建设情况较好：能够定期组织开展有针对性的培训，确保专业技术队伍林业有害生物防治水平维持在较高层面。为当地林业有害生物防治工作提供技术保障； 3. 熟悉当地林业有害生物防治各项工作内容及相应防治技术，信息灵通，能够整合内外部资源，为当地林业有害生物防治工作提供高效地咨询服务；能够深入实际了解防治需求，为工作对象积极主动传授知识技术、提供咨询服务，并针对其具体需求进行示范培训及技术指导；积极谋划组织，推动本地技术推广普及工作开展
			良好	1. 自身专业技术能力较强，熟练掌握相关实用技术； 2. 重视专业技术队伍建设，能够定期开展专业技术人员培训及知识更新工作。为当地林业有害生物防治林业做好技术支撑； 3. 熟悉当地林业有害生物防治各项工作内容及相应防治技术，信息灵通，能够利用自身资源，为工作对象提供有效咨询服务，并针对其具体需求进行示范培训及技术指导

（续）

类别	名称	定义	层级	行为特征
能力	专业能力	**技术推广与技术服务能力：**对林业有害生物相关的实用技术进行试验、示范、培训、指导，提供咨询服务，推动普及工作的能力	合格	1. 具备一定的专业能力，掌握必备林业有害生物防治相关实用技术； 2. 能够根据本地区情况，不定期地针对专业技术队伍开展培训及知识更新工作；能够满足当地林业有害生物防治工作的技术需求； 3. 能够结合本地实际，给工作对象提供有效咨询服务，并对其进行培训
			不合格	1. 自身专业能力差，不懂相关实用技术；无法有效判断并根据实际情况组织专业技术人员开展林业有害生物技术推广与技术服务工作； 2. 不重视专业技术队伍建设及专业知识更新，致使面对工作对象的咨询时，不能提供有效地技术指导及咨询服务； 3. 责任心差，疏于对工作对象进行林业有害生物防治技术培训
知识	基础知识	政治理论知识、政策法律知识、领导学、管理学		
	专业知识	林业政策法规、林业有害生物鉴定识别知识、林业有害生物监测预报知识、林业植物检疫检验知识、林业有害生物防治知识、林用药剂药械安全使用知识、林业有害生物综合治理知识、森林培育		

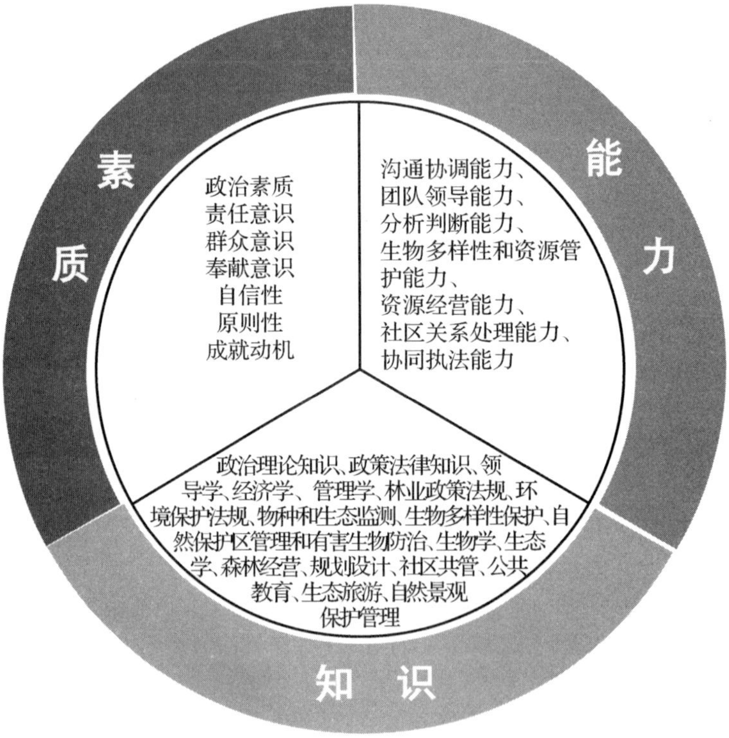

图 15　国家级自然保护区管理局局长素质能力模型

表 41 国家级自然保护区管理局局长素质能力模型

类别	名称	定义	层级	行为特征
素质	政治素质	**政治素质：** 人们从事社会政治活动所必需的基本条件和基本品质		1. 政治方向正确，坚持中国特色社会主义道路； 2. 政治目标明确，牢固树立共产主义远大目标； 3. 政治理论较好，熟练掌握马列主义方法； 4. 政治立场坚定，牢记站党和人民的利益立场； 5. 政治观点鲜明，坚持马列主义观点； 6. 政治宗旨明确，全心全意为人民服务； 7. 政治敏锐性强，明辨方向是非； 8. 政治思路清晰，一切从实际出发； 9. 政治作风优良，坚持群众路线和善于自我批评； 10. 政治纪律严格，做到遵纪守法、与中央保持一致
	职业道德素质	**责任意识：** 对自己所作所为负责，对他人或组织承担责任和履行义务的自觉态度	优秀	1. 能够主动采取行动，及时解决工作中出现的问题； 2. 即使不是自己的过错造成的问题，也能以大局为重先解决问题，而不是先追究责任
			良好	1. 面对工作中出现的问题，勇于承担责任； 2. 能够从单位利益出发，自觉承担责任和履行义务，并监督和指导下属完成工作
			合格	1. 工作中能够承担部分责任，但不敢承担较大责任； 2. 出现问题时能够主动承担大部分责任，但偶有推卸责任的行为
			不合格	1. 工作中害怕承担责任； 2. 出现问题时，有推卸责任的行为
		群众意识： 能够从实际出发，深入群众、了解民情，并为群众提供服务的愿望和意识	优秀	1. 始终把群众利益放在第一位，时时刻刻为群众着想； 2. 通过各种形式深入到群众之中，体察民情、体验民生、体会民意，在群众最盼的时候慰民心，在群众最急的时候解民忧，在群众最难的时候办实事； 3. 真正做到权为民所用、情为民所系、利为民所谋；与群众打成一片，亲密无间
			良好	1. 能够把群众利益放在首位，为群众着想； 2. 能够经常了解民情，为群众谋利益； 3. 对群众有利的事尽力主动做好，与群众关系融洽
			合格	1. 关心群众利益和需求，在职责范围内为群众提供服务； 2. 愿意走到群众中去了解实际情况； 3. 能够做到与群众平等沟通，与群众关系较好
			不合格	1. 只顾自己，不关心群众； 2. 形式主义，缺乏为群众服务的精神； 3. 脱离群众，与群众关系紧张

（续）

类别	名称	定义	层级	行为特征
素质	职业道德素质	**奉献意识：**在开展工作或进行决策时，顾全大局、吃苦耐劳、愿意付出的态度和品质	优秀	1. 有强烈的事业心及无私的奉献精神，积极工作，吃苦耐劳，任劳任怨。能够利用各种资源使工作成果最大化； 2. 能够以整体利益为标准，不断调整自己的行为； 3. 不计个人得失，甘于付出，不求回报
			良好	1. 工作积极，愿意为解决问题而付出努力；能够努力完成工作及相关的事情； 2. 会不断调整自己的行为以符合整体利益及和谐性； 3. 不过多计较个人得失，意见不同时，能保留看法
			合格	1. 坚持本职工作，履行份内职责； 2. 有意识调整自己的行为以符合整体利益及和谐性； 3. 必要时能舍弃个人利益
			不合格	1. 消极应付工作，经常抱怨； 2. 面对不利自身的环境，表现出逃避、不作为； 3. 计较个人得失，很难接受不同意见
		自信心：对自身能力积极准确评价，相信自己能够克服困难，成功完成工作任务的特性	优秀	1. 乐于承担有挑战、有风险的工作任务，并为此感到兴奋； 2. 能够承受挫折和失败，总结经验教训，争取下次成功； 3. 不害怕面对失败，表现出百折不挠的精神
			良好	1. 表现自信，给人以深刻印象； 2. 面对困难任务不退缩，勇于承担； 3. 面对阻力不轻易放弃，积极地寻求解决问题的办法
			合格	1. 在没有明确指示或监督条件下，能够独立处理工作； 2. 相信自己的能力，将决策化为行动
			不合格	1. 怀疑自己的能力，缺乏自我表现能力，或者过于自负，对自己评价过高； 2. 一味服从，对各种挑战敬而远之； 3. 面对挫折和困难，灰心丧气，容易放弃
	心理素质	**原则性：**对法律法规、道德底线和公认准则的立场及执行程度	优秀	1. 严格遵守国家法律法规及政策规定； 2. 积极主动维护国家和群众利益，严格按章办事； 3. 是非分明，敢于坚持正义，敢于同违法乱纪和不道德行为做斗争
			良好	1. 严格遵守国家法律法规及政策规定； 2. 能够维护国家和群众利益，严格按章办事； 3. 明辨是非，立场坚定
			合格	1. 遵守国家法律法规及政策规定； 2. 做到按章办事，在工作中出现问题时能够迅速改正； 3. 有区分是非的态度，在遇到极大压力或困难时，能够守住底线

（续）

类别	名称	定义	层级	行为特征
		原则性： 对法律法规、道德底线和公认准则的立场及执行程度	不合格	1. 不能遵守国家法律法规及政策规定； 2. 为了个人私利、小团体利益或个人关系，不照章办理，拿原则做交易，甚至违法、违规、违纪； 3. 对是非对错持不关心的态度，是非不分，立场摇摆不定，也不坚持正义
素质	工作动机	**成就动机：** 希望更好地完成工作或达到某一绩效标准，强烈追求成功的持续性愿望	优秀	1. 有明确的工作目标和理想，同时也有很强的实现自我价值意愿。不满足于平均业绩，追求卓越； 2. 在工作中，精力充沛，充满热情、自信刻苦、不畏艰难； 3. 能够在工作过程中不断总结创新，在完成预定目标或得到充分肯定和高度评价后，感到非常满足，充分体验到成功的喜悦
			良好	1. 有自己衡量优异的标准，工作努力，能够持续不断地改善绩效； 2. 工作热情较高，能够视困难、问题或变化为挑战； 3. 努力追求更高的工作目标，并在目标达成后或得到肯定时感到喜悦
			合格	1. 能够胜任和完成本职工作，但达不到杰出的标准； 2. 工作热情不够，缺乏表现欲。对困难较大，具有挑战性的工作缺乏信心，可能退缩； 3. 对待工作“不求有功，但求无过”，认为只要不出差错，得到认可，便是成就
			不合格	1. 对本职工作感到力不从心，失去兴趣； 2. 精神萎靡不振，工作漫不经心，并不在意是否能够完成本职工作； 3. 工作中对是否能够得到大家的认可并不在意
能力	通用能力	**沟通协调能力：** 在工作中妥善处理各种关系，获得支持与配合的能力	优秀	1. 内部的桥梁，有着卓越的协调能力能与上下级作好沟通，并妥善处理好相互之间的关系，促进其相互理解； 2. 有着卓越的协调能力，善于获得他们的支持与配合
			良好	1. 与工作中的各方保持密切联系与良好关系； 2. 能够体谅和理解他人，愿意就具体情况做出调整与妥协； 3. 愿意就对方疑问做出及时的回应，确保信息的准确表达； 4. 倾向于以制度的形式明确沟通职责，懂得倾听的艺术
			合格	1. 了解沟通的作用，与工作中的各方都有比较好的关系； 2. 遇到问题与冲突时愿意体谅与理解别人，能及时回复一部分信息； 3. 略懂得聆听的艺术，愿意以制度方式明确沟通职责
			不合格	1. 平时不注重沟通，遇到冲突与矛盾以强权或回避来解决； 2. 习惯自我为中心的思维模式； 3. 缺少全方位思考，缺少协调与沟通

（续）

类别	名称	定义	层级	行为特征
能力	通用能力	**团队领导能力：**制定团队行动目标，建立、维护并运作高效团队，带领团队成员完成工作目标的能力	优秀	1. 具有个人魅力或领导气质，能够把握组织或团队成员的发展方向； 2. 对团队成员的绩效有充分的认识，并能够给予成员适当的反馈； 3. 根据团队成员的特点，能够制定相应的绩效激励机制，并能够通过激励机制的贯彻实施使团队成员保持高昂的工作热情； 4. 有意识地创建团队精神，能够在团队间合理有效地调配资源，进而加强不同目标和背景的团队合作；通过团队成员工作的观察与分析，能够查找出团队合作的不足，并能够采取相应的提升措施； 5. 善于发现、培养和使用团队成员，做到知人善任、人尽其才
			良好	1. 善于制定团队发展目标，并能够使其在全体成员中达成共识，进而得以贯彻实施； 2. 能够根据团队成员特点，有针对性地分配任务，并全力保证组织目标的达成； 3. 能够根据团队成员特点，能够采取相应的激励手段，充分调动团队成员工作积极性； 4. 能够有意识地开展团队合作及建立适当的竞争机制，以提高团队的整体绩效； 5. 能提供团队成员施展才华的一定空间和机会
			合格	1. 能制定团队发展长远目标，基本被团队成员认可、接受，起到一定凝聚作用； 2. 了解一定的任务分配知识，并能够在执行过程中对任务进行适当的跟踪； 3. 能够采取一定的激励手段，提高团队成员工作积极性； 4. 能够采取行动加强团队成员之间的相互沟通，促成团队成员的互相理解和支持；能够及时处理团队成员反馈的意见，为团队成员提供及时、有效的指导和帮助； 5. 能采用一定措施培养团队成员
			不合格	1. 缺乏长远的发展目标，团队缺乏凝聚力； 2. 任务分配不适当，不能有效发挥团队成员的能力； 3. 对团队成员缺乏有效的激励措施； 4. 缺乏与团队成员之间的沟通交流，不能及时处理团队成员反馈的意见，使工作有时不能顺利进行； 5. 不重视对成员的培养，团队成员成长受到限制
		分析决策能力：多角度、多层次分析既有信息，做出恰当、合理、及时决策并采取行动的能力	优秀	1. 能运用理性思维在纷乱的事物中抓住本质，正确预测其发展趋势，并发现一般人不能发现的问题； 2. 能够根据工作经验，准确确定要解决问题的性质和决策目标，并及时给出可行的常规问题决策方案； 3. 掌握决策备选方案的分析技巧，能够迅速且准确地判断各种备选方案的优势和不足，并能借助信息和分析工具给出非常规问题的有效解决方案； 4. 决策时能当机立断，不拘常规，为组织发展选择出最佳发展方案

（续）

类别	名称	定义	层级	行为特征
能力	通用能力	**分析决策能力：** 多角度、多层次分析既有信息，做出恰当、合理、及时决策并采取行动的能力	良好	1. 能够对收集到的信息进行客观的分析和判断，并能对相关问题的未来发展趋势作出正确的预测； 2. 能够通过纷繁复杂的表面现象，对存在问题的性质进行合理判断，并能够在此基础上迅速确定决策目标，并根据工作经验和技巧果断、及时地做出合理有效的常规决策； 3. 对自己所做的非常规决策可能产生的影响有清晰的认识，并能够借助信息和分析工具在各类备选方案中选择最有效的方案； 4. 在复杂且风险高的形势下，通过适度分析多种领域内的各种信息，能够做出有长期影响的战略性决策，并能够承担相关责任和后果
			合格	1. 能够运用归纳和演绎等逻辑推理方法，对信息进行简单的汇总、分析； 2. 能够根据工作经验，对要解决问题的性质和决策目标进行准确定位，并及时给出可行的常规问题决策方案； 3. 掌握决策备选方案的分析技巧，能够迅速且准确地判断各种备选方案的优势和不足； 4. 能够借助信息和分析工具给出非常规问题的有效解决方案
			不合格	1. 缺乏必要的知识和经验，不能抓住事物的本质特征和内在联系，无法预测事物发展趋势； 2. 在关系到组织发展的重大问题前患得患失不愿做任何决策，或在决策时一意孤行，只看到"乐观"的一面，而没有考虑到环境的可能变化，造成重大损失
	专业能力	**生物多样性和资源管护能力：** 维护自然保护区内生物多样性、保证自然资源和生态环境不受破坏的能力	优秀	1. 深入掌握相关政策法律法规，具有扎实的生物多样性和自然资源保护知识和丰富的自然保护区管理经验，熟悉贯彻预防为主、防治结合的保护理念； 2. 科学制定自然保护区管理制度，形成科学、合理、完善的生物多样性、自然资源保护机制和应急预案； 3. 保护区管理成效显著，生态系统健康有活力，生物多样性保护工作成效显著，善于总结归纳保护工作经验，能够及时发现灾害隐患，有效防止事故发生，协同相关部门打击各种破坏自然资源的违法行为
			良好	1. 熟悉相关政策法律法规，具有扎实的生物多样性和自然资源保护知识和丰富的自然保护区管理经验； 2. 科学制定自然保护区管理制度，定期开展生物多样性和自然资源的调查、评估和监测，建立良好的生物多样性和自然资源保护机制，协同相关部门遏制各种破坏自然资源和自然环境违法行为，协同相关机构形成合理的保护科研工作措施； 3. 保护区管理成效显著，生物多样性保护工作有序，有针对性地保护重点濒危野生动植物，保护区生态系统状况良好，基础设施、防护体系及人员配备完善

（续）

类别	名称	定义	层级	行为特征
能力	专业能力	**生物多样性和资源管护能力：** 维护自然保护区内生物多样性、保证自然资源和生态环境不受破坏的能力	合格	1. 了解相关政策法律法规，具备基本生物多样性和自然资源保护知识，具有一定的自然保护区管理经验； 2. 能够制定符合本地区实际的自然保护区管理制度，打击破坏自然保护区自然资源和生态环境的违法行为，加强保护区内宣传教育，提高社区居民的保护意识，组织或协助有关部门开展保护区的科学研究工作； 3. 保护区内管理有序，具备基本的保护设施，自然资源和生物多样性保护较好
			不合格	1. 不了解相关政策法律法规，缺乏生物多样性和自然资源保护知识，缺乏自然保护区管理经验； 2. 缺乏系统的自然资源管护制度，保护区内分区不够清晰，自然资源和自然环境情况掌握不够，缺乏基础的资源保护生产设施； 3. 保护意识淡薄，保护工作不力，保护区内管理混乱，偶有重大污染或者破坏事故
		资源经营能力： 在保护自然资源基础上，进行经营管理、开发利用以提高保护区经济效益的能力	优秀	1. 全面掌握相关法律法规，全面准确掌握自然资源和自然环境情况，档案齐备，能够科学合理开展资源调查，并为保护与利用提出重要依据； 2. 建立科学、合理的自然资源经营机制，指导当地资源经营有序进行，建立合理的自然资源经营利益分配机制和生态效益补偿机制； 3. 形成结构合理，布局科学、空间配置优化的可持续经营模式，充分发挥自然资源多目标功能，为国家经济社会发展提供必要和合适的物质产品和环境服务功能
			良好	1. 掌握相关法律法规，了解保护区内自然资源并建立档案，根据实际需要组织资源调查和环境监测； 2. 科学、合理编制森林经营方案，根据已报批经营方案有序组织经营活动，并监督检查经营活动； 3. 能够通过科学管理、合理经营，维持生态系统的健康和活力，维护生物多样性及生态过程，使自然资源达到可持续经营与利用
			合格	1. 熟悉相关法律法规，保护区内核心区、缓冲区、实验区和外围保护区界定清晰，自然资源和自然环境基本情况基本了解； 2. 能够根据实验区和外围保护区内自然资源状况，编制经营方案，并获得省、自治区、直辖市人民政府及国务院有关自然保护区行政主管部门批准； 3. 在不影响保护自然保护区的自然环境和自然资源的前提下，组织开展实验区参观、旅游等活动
			不合格	1. 不了解相关法律法规，保护区内分区不够清晰，自然资源和自然环境情况掌握不够，调查监测不够深入； 2. 未按规定编制实验区经营方案，或方案制定脱离本地区实际； 3. 未合理利用自然资源。在核心区或缓冲区内开展旅游和生产经营活动或建设生产设施；过度经营实验区自然资源，导致保护区内生态环境和生物多样性遭到破坏

（续）

类别	名称	定义	层级	行为特征
能力	专业能力	**社区关系处理能力：** 处理社区纠纷和问题、协调社区群众关系、带动社区群众致富，以促进社区和谐发展的能力	优秀	1. 熟悉基层工作情况，熟悉相关法律法规，精通说服方法要领，具有相当群众威信，能够积极查找存在问题，消除隐患，基本无冲突事件发生； 2. 全心全意服务群众，发扬民主氛围，做到公平公正公开，与周边部门和社区群众形成可持续发展的良性互动，实现共管共护，推动社区经济发展、政治文化进步，带动群众共同致富
			良好	1. 熟悉基层工作情况，熟悉相关法律法规，掌握说服方法要领，具有较好的群众威信，能够有效化解纠纷矛盾； 2. 具备较好的服务群众意识和民主意识，与周边部门和社区群众之间的关系和睦，有效协调保护和发展的问题，促进社区共建共管，带动群众共同致富
			合格	1. 具有一定基层经验，了解基本法律法规，掌握基本说服方法要领，具有一定群众威信，遇到矛盾纠纷能够综合双方利益关系，使得社区关系得到基本控制； 2. 具备一定的服务群众意识和民主意识，能听取周边部门和社区群众的意见或建议，协商涉及双方利益的问题，鼓励各方参与社区管理和保护工作，并能够带动群众改善生活水平
			不合格	1. 缺乏基层工作经验，不了解相关法律法规，缺乏基本说服方法要领，处理问题简单粗暴，纠纷频发，甚至造成群体性事件，社区秩序混乱； 2. 缺乏服务群众意识和民主意识，与周边部门和群众关系疏远，工作难以获得各方支持，无法带动社区发展，无法改善社区群众生活水平
		协同执法能力： 贯彻林业政策法律法规，协助有关部门依法保护资源的能力	优秀	1. 熟悉资源保护的相关政策、法律、法规； 2. 认真巡查及时发现破坏保护区自然资源违法案件，并积极主动地协助有关部门依法处置； 3. 服务性强，坚持服务与执法相结合，为他人排忧解难
			良好	1. 熟悉资源保护的相关政策、法律、法规； 2. 能够积极主动地协助有关部门依法查处破坏保护区自然资源的违法案件
			合格	1. 了解资源保护的相关政策、法律、法规； 2. 有破坏保护区自然资源的违法案件时，能够协助有关部门进行依法处置
			不合格	1. 对资源保护的相关政策、法律、法规了解不够； 2. 有法不依，违法不究，不能很好协助配合有关部门依法处置，自然保护区自然资源遭到破坏的案件时有发生
知识	基础知识	政治理论知识、政策法律知识、领导学、管理学		
	专业知识	林业政策法规、环境保护法规、物种和生态监测、生物多样性保护、自然保护区管理和有害生物防治、生物学、生态学、森林经营、规划设计、社区共管、公共教育、生态旅游、自然景观保护管理		

本章小结

在分析6个岗位共计149个访谈文本的基础上，提取归纳了各岗位所需素质能力要素。经反复研究讨论、征询专家意见、开展问卷调查，确定了素质能力要素。

参照各关键岗位优秀、良好、合格、不合格4类不同绩效干部的行为表现，结合岗位工作特性，对素质能力要素各层级(优秀、良好、合格、不合格)的行为特征进行了描述。

在此基础上，构建了基层林业关键岗位干部素质能力模型。每个模型包括7个素质要素、7个能力要素、若干个知识要素，以及素质能力要素定义、4个行为层级划分、多方面的行为特征。

8 结语与展望

8.1 主要结论

(1)基层林业关键岗位干部的素质能力，是对于实际工作需要的反映。本研究在分析组织战略、领导角色、岗位职责的基础上，应用关键事件访谈法构建了素质能力模型，同时深入征询了专家的意见，并经过了调查问卷的验证和测量。综合来看，较好反映了基层林业关键岗位干部的工作实际和岗位特点，具有较强的可信力。

(2)提升基层林业关键岗位干部的素质能力，必须从多个方面着手。素质能力模型涵盖了7个素质要素、7个能力要素，以及多项知识要素，使研究组明确了应该从哪些方面进行素质能力培训。

(3)不同岗位干部的素质能力具有显著的差异性。通用的素质能力在不同岗位上的重要排序明显不同，不同岗位的专业素质能力差异更加显著，不同干部在行为特征上的落差也非常明显。研究组可以据此制定不同的能力标准和绩效标准，也可以为不同个体特征的同一岗位干部设计更有针对性的培训计划。

(4)提升基层林业关键岗位干部素质能力，是一个不断改善的过程。素质能力模型主要依据干部当前的实际工作，没有考虑未来的变化性，因此需要随着发展不断作出调整。

8.2 主要创新点

素质能力方法在国际范围内得到广泛应用，影响深远。国内对其研究应用也正方兴未艾。开展本研究具有重要的理论和实践意义，主要有以下创新：

一是首次将素质能力方法引入林业领域，并将基层林业关键岗位干部作为整体研究对象，为其构建针对性的素质能力标准，促进了林业干部教育培训研

本章节执笔人：陈立俊

究领域方法和对象的创新，为针对性提升林业关键岗位干部素质能力提供了依据。

二是针对当前素质能力模型构建中的主要问题，将素质能力模型界定为素质、能力和知识等三个维度，消除了对素质能力概念的理解误区。

三是进一步完善指标内容，在能力和知识维度下划出了通用(基础)和专业两个方面，体现了行业干部的特点。

四是在前期工作中，更加重视词典的构建。通过全面分析组织战略、岗位职责、领导角色，借鉴现有研究成果、结合研讨意见，明确了素质能力研究的重点。

五是在构建模型的过程中，在依托关键事件访谈法的基础上，综合采用了文献分析、小组研讨、专家研讨、问卷调查等方法，广泛汇集了研究组的集体智慧、专家的理论知识、一线工作者的实践经验，具有扎实的基础和依据，研究成果具有较高的科学性。

8.3 应用前景

素质能力模型建设是人力资源管理活动的基础性、决定性工作。一项调查发现：在业绩管理方面，90%的组织把以素质能力模型为基础的评价数据用于员工发展目标；在人员配置方面，88%的组织使用以素质能力模型为基础的面试方法来作出雇佣决策；在薪酬管理方面，64%的组织认为员工收入的增长在很大程度上取决于他们在素质能力方面的改善或加强；在员工培训及开发方面，62%的公司实施的项目与素质能力紧密相关；在薪酬支付方面，54%的公司在职位或发展方面使用的都是以素质能力模型为基础的薪酬体系(吴能全等，2006)。这充分说明，素质能力模型具有突出的应用价值。

本研究的素质能力模型为林业干部培训、选拔、使用、考核和职业规划开辟了创新方式，也为建立类似的行业干部素质能力模型提供了良好借鉴(表42)。一是为干部培训提供标准。高效率的干部培养应针对干部特点和个人需求来制定方案，不同特点的干部适合从事不同的岗位。通过素质能力模型比较和测试，可以为干部规划不同的发展方向，制定相应的培训方案，设计合适的培训课程。二是为干部选拔和使用提供参考。通过素质能力模型，对干部的发展潜力进行评估，并与不同岗位素质能力模型进行相似性比较，能够为干部发现能力“短板”，找到“最适合”的岗位。同时，通过明确特定岗位的特定能力素质需求，可在一定程度上避免干部使用的随意性和偶然性，更好地体现人岗一致的原则。三是为绩效考核提供依据。要使高绩效实现可持续，就应当将绩效寄予相对稳定的干部素质能力之上。通过素质能力模型，对干部进行考评，并给予信息反馈和工作指导，是提高工作绩效、激发干部学习热情的有效方式。四是为开展其他类似研究奠定基础。林业关键岗位干部只是林业干部队伍中的组成部分，素质能力研究方法可以应用于更广泛的范围和行业，本研究的成果和经验可以为之提供良好的借鉴。

表 42　素质能力模型应用价值

人力资源系统	素质能力模型的应用价值
选拔与使用	给出全面的工作要求与产生高绩效所需的素质、能力和知识； 制定明确的用人标准，将人事管理由事后管理向事前管理转变，降低用人风险和成本； 更有可能选出具有成功潜力的干部； 尽量减少在达不到组织期望的干部身上的(时间和资金)投入； 保证更加系统化、精确化的面试与晋升考核
培训	使人们能把重点放在对绩效有最大影响的素质、能力和知识上； 确保培训与开发能与组织价值观和战略牢牢挂钩； 最有效的利用培训与开发的时间与资金
绩效考核	能确保干部达成绩效所需的素质、能力和知识都受到关注，使绩效评估更加结构化，使干部更加明确为产生高绩效而要提升和改进的方面； 考核既关注已经形成的绩效结果，又关注干部成功潜能的发展，使考核更加灵活和科学

特别对于培训领域而言，本研究确定了林业关键岗位干部应该从哪些方面进行培训，并从通用和专业两个层面提出了素质能力要求，明确了培训内容和培训目标，使得培训更加具有针对性和可操作性。对于行为特征的差异化界定，使得研究组能更清楚地区分不同干部的工作绩效和素质能力状况，从而可以为干部个体针对性设计发展计划，满足按需施教的要求。具体来说，本研究的素质能力模型及其方法可以应用于提升林业关键岗位干部素质能力的主要环节，包括岗位素质能力测评、培训需求分析、制定差异性培训方案、培训效果评价(图 16)。

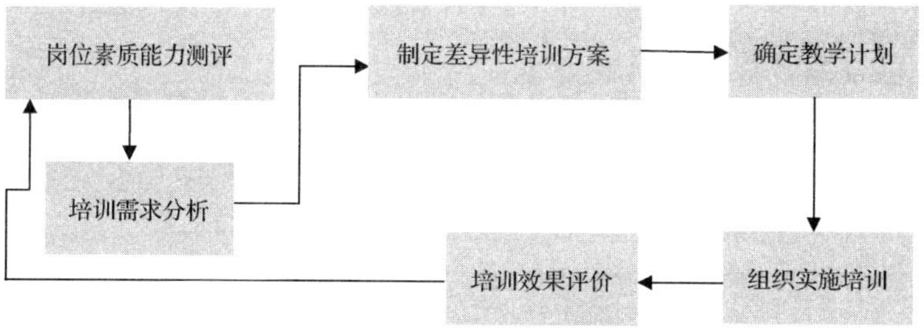

图 16　林业关键岗位干部素质能力提升流程

一是开展培训需求分析。进行培训需求分析的目的就是确认差距，即确认员工素质能力的现有状况和应有状况之间的差距。通过素质能力模型明确岗位应该具有的素质能力，通过素质能力测评明确一般绩效者和优秀绩效者之间存在的差距，从而找出干部在工作中存在的问题，确定进行什么内容的培训。

二是制定差异化培训方案。根据干部素质能力培训需求分析结果，对工作优秀、良好、合格、不合格者分别制定不同的培训方案，实施差别培训。通常而言，工作优秀者和良好者由于具备相对扎实的理论知识和工作能力，培训重点应放在潜能开发方面。对于工作合格者，则应针对其薄弱的理论知识和能力进行针对性的培训，同时也包括一定的潜能开发培训。不合格的工作者一般缺乏必要的理论知识和实际技能，因此其培训重点应放在水面以上的“知识和技能”方面。

三是实施培训效果评估和质量控制。为了保证培训的效果和培训目标的实现，在培训的过程当中要实施培训控制和监督。主要控制流程为：梳理干部素质能力培训资料→开展360度培训效果评估→对比培训目标与实际工作差距→梳理检讨存在问题→改进培训方案。这一流程的重点在于，通过测试考察干部对培训内容的掌握程度，通过实际工作考察干部的行为变化，通过工作绩效考察干部的改善程度，从而达到全面的评估效果，并相应不断调整改进培训工作，确保培训的针对性和有效性。

8.4 研究局限性及建议

本研究限于主客观条件的限制，存在一定的局限性：

首先，关键事件访谈耗时耗力，具有很大的执行难度。实际采访样本分布于9个省(区)，获取有效文本149个，在广泛性和代表性方面还可以进一步提升。

其次，在具体文本分析过程中，研究组未对绩效卓越者和绩效差者进行对比分析。麦克利兰认为，素质能力测量的目的不是测量具体的行为表现，而是测量造成这些行为的共同个体特征，从而使得这些特征具有更广泛的适用性。研究组认为，对于某一具体成功完成的工作，在绩效卓越者和绩效差者身上均具有相应的卓越品质，他们都是构成胜任工作的要素。这种方法上的改变，可能会对结果的适用性带来细微的影响。

第三，素质能力模型的效应需要一个较长时间的检验。研究组目前的主要依据是研究人员的研讨、专家意见、问卷调查结果。如果在此基础上进行纵向研究，可能具有更强的说服力。

第四缺少有效的素质能力测量工具。素质能力测量是模型应用的必要环节。目前，素质能力测量还缺乏有效的工具。目前采用的16PF、MBTI等心理测试问卷，在信度、效度和适应性等方面还存在难以解决的问题。

针对以上重点问题，建议开展以下后续研究：一是增加样本，扩大样本来源，进一步验证成果的效度；二是进一步修正完善调查问卷的题目，使之更加基于行为而不是概念；三是开展纵向研究，从时间跨度上进一步验证素质能力模型的效应；四是依据本研究成果，针对性开发干部培训大纲和学习培训教材，更好地将成果应用于实际工作；五是结合林业特点和岗位工作实际，针对性开发本土化的素质能力测量工具，为模型应用提供有利工具。

参考文献

[1]国家林业局．中国林业统计年鉴[Z]．北京：中国林业出版社，2010.

[2]国家林业局．中国林业统计年鉴[Z]．北京：中国林业出版社，2011.

[3]胡露．重庆乡镇领导干部胜任力模型构建及应用研究[D]．重庆：重庆工商大学，2011.

[4]陈云川，雷轶．胜任力研究与应用综述及发展趋向[J]．科研管理，2004(6).

[5]张颖．胜任力模型开发研究评述[J]．消费导刊，2009(5).

[6]胡艳曦，官志华．国内外关于胜任力模型的研究综述[J]．商场现代化，2008(31).

[7]刘宜静．高级行政人员核心能力之分析[D]．台湾：台湾政治大学，2000.

[8]冯明．对工作情景中人的胜任力研究[J]．外国经济与管理，2001(8).

[9]章凯，肖莹．胜任力分析与人力资源管理创新[J]．成人高教学刊，2004(2).

[10]彭浩晟，沈玉洁．建立胜任力模型：提高党政领导人才执政能力的一个新思维[J]．前沿，2005(10).

[11]罗双平．国家公务员岗位胜任通用能力模型的研究[J]．前瞻与思考，2005(72).

[12]李明斐．公务员胜任力模型的构建与检验研究[C]．大连：大连理工大学，2000.

[13]张兵．县（市、区）党政主要领导干部岗位胜任力模型研究报告[DB/OL]．http://www.zsdx.gov.cn/Library/003100000001595.html，2009.

[14]李红，张侃，车宏生．中层管理人员工作胜任特征实证性研究[D]．北京：中国科学院心理研究所，2001.

[15]王重鸣，陈民科．管理胜任力特征分析：结构方程模型检验[J]．心理科学，2002(5).

[16]时勘，王继承，李超平．企业高层管理者胜任特征模型评价的研究[J]．心理学报，2002(3).

[17]仲理峰．家族史企业高层管理者胜任特征模型及其影响应用[D]．北京：中国科学院心理研究所，2002.

[18]王垒，李林，赵曙明．中国管理者胜任力特征模型[C]．人力资源管理研究新进展．南京：南京大学出版社，2002.

[19]张宏云，时勘．基于胜任特征模型的360度反馈评价研究[A]．第九届全国心理学学术会议文摘选集，2001.

[20]柯年满．基于胜任力的“捆绑式”人力资源管理整合[J]．商业研究，2003(23).

[21]程芳．基于胜任力的人员选任机制研究[J]．江汉大学学报，2004(3).

[22]何斌，孙芰飞．基于胜任力的培训需求分析及其应用[J]．企业经济，2004(1).

[23]赵辉．中国地方党政领导干部胜任力模型与绩效关系研究[D]．成都：西南交通大学，2007.

[24]廖勇凯．跨国企业在沪子公司战略性国际人力资源管理模型建构与实证研究[D]．上海：复旦大学，2005.

[25]胡艳曦，官志华．国内外关于胜任力模型的研究综述[J]．商场现代化，2008(31).

[26]赵耀．对中央国家机关人事干部胜任力的实证分析[J]．人口与经济，2005(6).

[27]欧阳志云，王效科，苗鸿，韩念勇．我国自然保护区管理体制所面临的问题与对策探讨[J]．科技导报，2002(1)：49－52

[28]罗双平．从岗位胜任到绩效卓越——能力模型建立操作实务[M]．北京：机械工业出版社，2008.

[29]王睿．素质能力模型发展现状与研究[J]．中国电力教育，2009(143).

[30]李建锋，郝明．我国国有林场改革历程与发展思路[J]．中国林业，2008(20)

[31]陈一平，管长岭．国有林场场长必读[M]．北京：中国林业出版社，2012.

[32]马斯洛．马斯洛人本哲学[M]．北京：九州出版社，2003.

[33]吴能全，许峰．胜任能力模型设计与应用[M]．广州：广东经济出版社，2006.

[34]David C. McClelland. Testing for competency rather than for intelligence [J]. American Psychologist, 1973(28).

[35]Boyatzis R E. The competent manager：A model for effective performance [M]. NY：Willey, 1982.

[36]Spencer L M A and Spencer P S M. Competence at work：Models for superior performance [M]. Wiley&Sons, 1993.

[37]Steer R M & Porter L M. Motivation and work behavior[M]. NY：McGraw Hill, 1991.

[38] Prahalad C K. Gary Hamel. The core competence of the corporation [J]. Harvard Business Review, 1990.

附　件

一、国有林场场长访谈文本案例分析[1]

案　例　一

受访者：黑龙江省×××场长

问：×场长，您好，请您简答介绍一下您的学习、工作经历。

答：我是从部队回来的。当兵回来以后，在林业做了几年森林保护，林业这一行做了十来年。当过护林员、护林站站长、主管场长，也当过林业公安派出所警察，干了十几年的护林工作。××年担任现在这个××场场长，一直到现在。我××年去到这个林场的。我们林场经营面积不小，18513 公顷。林地面积不小，17000 多公顷（**基本信息**）。当时林场经济情况很不好，我接过来的时候还有债。

问：×场长，您当场长以来，有没有觉得处理得非常满意的、挺成功的事例，请给我们举 3 个例子。具体说一说当时什么是情况，您是怎么想的，具体采取了哪些措施，取得了哪些效果，有什么体会。

答：我先从森林培育的角度说，××年，××市提出了中幼林培育，我们当地有个林造板厂，我把这个板厂利用得挺好。当时××市提出了中幼林培育，那阵儿国家还没提出来，我就从 2002 年搞了森林培育（**素质：开拓性**）。在搞森林培育的过程中，有好多人不理解，因为我把小树砍了，把林子清光了、清透了，把原本很茂密的树清了透亮，因为要解决林子过密的问题，我把小树都砍了。当时好多人不理解，因为小树长起来不容易。特别是被压的、双压的、丛生的，特别是丛生的这些树。好比说，一丛 5 株，我保留 3 株、2 株、4 株，拿掉一些。把藤条灌木清了清，林分质量上来了，就是现在中幼林培育的办法。就因为我砍一些不成材的小树，群众对这方面有点儿意见。通过这几年，到

---

① 本章节文本分析人：裘烨真

2008年为止，××司长到那儿去调研以后，对这个问题给予充分的肯定(**素质：追求肯定取向**)。从2002年到现在，我们林场中幼林培育将近10万亩。搞中幼林培育后，我带出两个产业：第一个就是我们黑龙江那儿有红松，有60年代、70年代、80年代造的红松，当时因为造的红松周期长，都没有抚育，我就把它抚育开了，这5000亩的红松都在30年以上，当时有的子松，林子过密，因为三、四十年都没动它，红松也没接触过。现在通过7~8年的中幼林培育，带出一个总的产业，红松达到900多公顷，多的1100公顷，最少的600公顷，去年生产红松籽10万(斤)，生产红松籽总量：30万到50万斤。现在看来这个产业挺好(**能力：森林资源经营能力；知识点：森林资源经营、林木栽培**)。

第二个就通过中幼林培育我发现这么一个问题，在中幼林培育的过程中，不能把所有的天然林、人工林都当利用材林培育，应该考虑到植物多样性，将培育用材与绿化苗木相结合。这个通过实践，我们也确实受益了。特别是黑龙江这地方林下资源非常丰富，天然林里面的资源更丰富，有好多天然林里面的藤条灌木，特别是灌木类的乔木、亚乔木都适宜园林绿化，是可以进城的树种。我去年为了培育用材林，把根浅的灌木全部干掉，因为这个，我开了个现场会。我们那儿有些忍冬、接骨木、山丁子、暴马子等等这些东西。比如说，××他们跟我们搞绿化，一棵忍冬树给我们4000元，而在用材林抚育过程中，这一类小树往往会被伐掉。如果考虑培育用材林和绿化苗木相结合这个问题，这颗小苗就能留下。因为这一棵苗子也长了几十年，移植到城里效果也非常好，很适应城市园林绿化的生长，城市园林也需要山里、森林里的这些植物。因此我认为在培育森林过程中，不能单独考虑到培育用材林，应该多方面考虑，考虑到种子、苗子，考虑林下经济问题，这也属于林下经济的一个组成部分(**能力：分析决策能力、经营管理能力、森林资源经营能力**)。

去年还是前年啊，国家林业局厅局长会议，现场会议都在××地区开的，那个现场会我听说开得挺好。我经常到××地方去，学习他们的中幼林培育。这个中幼林培育，解决咱们国家蓄积量增长的问题，确实是一种好办法。通过中幼林培育以后，促使蓄积量的净增是比较快的(**能力：学习能力**)。像我们这儿现在林分质量也比较好了，特别在中幼林培育过程中，我们要考虑到调整树种结构的问题，特别有些不值钱的，没有生长前途的树种，通过抚育的手段，能调的给调过去，把珍贵的树种保留下来(**能力：森林资源管护能力**)。

问：您刚才谈到，森林抚育过程中清了清林子，群众有不理解的，您怎么解决的？阻力大么？

答：有人告状，告到我们当地去了。当地林业局来人看没啥毛病，他们还要告，特别一些老同志有不理解的。后来，我也考虑到职工呼声这么高，怎么整？我说这边也不能干，问谁谁都不说，我说那这么的吧，开一个座谈会，把原来前届的老场长、老技术员、老工人、老现场员请来，再邀请一些我们县级林业主管部门退休的老同志、老局长、老专家和搞了一辈子营林工作的老同志，这个规模达到了30人。我领着他们到山上看了一下。当时，我们县里头有个原来主管营林的局长，已经60多岁了，他搞了20多年的营林工作。他说他当时也想这么搞，但是由于限额采伐的问题，特别是经济问题，没有推开。但如果说枝桠材可以卖出去的话，就应该这么坚持下去，他怕我坚持不下去。要是我能坚持下去，那就太好了。得说我现在咬牙挺下来了。通过这个座谈会，可以说压了不少风**(素质：坚韧性、民主意识)**。一个多月以后，林业局××司长一去，一评价，就收到了国家林业局给中幼林的补助。

贾治邦局长提出抓两头，补中间，就是说中幼林抚育面积缺口比较大，欠账比较多，特别我们抚育7、8年以后的林子。最近我们跟省林业厅搞经营的谈了，我们的天然林森林资源太丰富了，我当时就琢磨，提出了一个很天真的想法：天然林通过抚育以后，林业能不能研究不造林就有林，不栽树就有树，不育苗就有苗。通过实践，这不是天真，完全可以实现。

问：怎么实现的？

答：通过人工抚育，中幼林培育以后，透光、通风、控光，给予林子合理的密度。底下的植被、天然的树种，主要靠天然下种，现在已经成群团状出现了再生，天然更新得非常好。现在有更新的苗木都这么高了，每平方米苗最多都达到20多株。比如有特别珍贵的树种：滩溪柳(音译)、核桃、红菠萝(音译)，这些东西在灌下已经都出来了。上次他们去调研，我说下次在抚育清林的过程中，不应该全清了。我跟我们科技处也说，全国性的大面积搞中幼林培育，抚育过后，能不能考虑灌下更新的问题？搞个科研课题研究一下。就像我说的，不造林就有林，不栽树就有树，不育苗就有苗。通过实践，天然更新、自然更新，效果非常好。再一个就是适应性特别强。它适应了就能活，适应了它会出，不适应它不会出。当时有这么一件事儿，当时对培育中幼林有不理解的，有人问："我培养了一代，下一代林怎么办？"因为那林子非常非常密，当时没有把那个好的有生长前途的留下了，你像那小树都给压了，都清除了。当时有人说我："咱们场长现在做了一件培养了一代人、不培养下一代，只培养儿子、不培养孙子的事。"其实按我说的中幼林培育方法，这确实是合理的密度，不能把大的刺下来，保留这个小的，那得说都是一水水的，都留下来，密度不容。那小的就不用管它了，小的可以砍掉，不砍留着也没用。因为这样，群众就只看到我光培养了一代林。当时我是这么解释的，我说你们说得也有道理，森林和人一样，人也是一种良性循环，有生有死。森林也是如此，有发出的，有再生的，就像人有了儿子，你供他上学，到一定年龄你让他结了婚，就不用愁孙子的问题，他自然而然就给你生孙子了，自然而然就生儿育女了。你把这一代培养好了以后，下一代根本就不用你管了，他自然而然就会管。你给他创造条件，肯定他会有。森林也是，你给它创造条件，通光、通风，给它一定的雨水，遇到适合生长的时候，下面有土壤，在适合的地方它肯定会长出来。果然这么多年，确实实现了天然的更新。我们科技处也准备在我们场搞一个灌下更新问题的研究，我对森林的经营产生了兴趣，森林经营就是周期太长，一时不容易得到大家理解(**能力：森林资源管护能力；知识点：森林资源管护，林木栽培**)。

再一个就是如何当好场长的问题。第一个是搞好森林经营(**知识点：森林资源经营**)，抓好植树造林(**知识点：林木栽培**)。第二个就是抓森林保护的问题。森林保护，一个是保护林子的问题；第三是保护林地。现在国家很重视征占林地、非法占用林地搞建筑(**知识点：森林资源管护**)。我们也调研过这种情况，林地面积减少，最大的面积是山区，林农混居的地方。就是说现在农村一承包林地就是几十年，凡是农田地在山区的，没有不占地头、扩地边的。我原来搞过林政，正视这一点。30年之前，在招地10亩，现在已经变成20亩、30亩，成倍地增长。现在就老百姓蚕食林地，占地头、扩地边，这个蚕食量相当大。目前林地存在征占林地问题、老百姓蚕食林地问题、森林防火问题(**知识点：森林资源管护**)。

问：老百姓蚕食林地有没有出现过什么问题?

答：只能靠林场的护林员去抓去管。这个要管大劲儿了，林农矛盾太紧张，山上就容易失火。

问：这个您怎么平衡?

答：这个只能是靠林场自己管，现在我们还没想出什么太好的办法。你打得过严了，山上就失火。

问：失火是什么原因?

答：人为的因素比较多，泄愤。

问：有没有出过这样的事情?

答：有，这种情况简直太多了。山上失火，高火险天气，同时几个山头起火。

问：您怎么处理呢？管得太严又不行。

答：对，管得太严又不行，但不管还不行。只能是防火期间对老百姓侵占领地问题不抓了、不管了。这没人管、没人抓，也有矛盾，但必定是少一些。你在高火险期间去抓去堵，那肯定老百姓要报复这个事。

问：您在中幼林培育过程中，有没有碰到一些育苗、技术类的问题？是怎么解决的?

答：技术类的问题，实际中幼林培育，根据林地、林相的问题，还涉及限额采伐的问题，还有中幼林培育过密的问题(**知识点：林木栽培**)。

问：您在培育树种时有没有遇到过什么新的技术难题?

答：技术难题也就是蓄积量不够，这个违规了。

问：当时是因为什么造成的违规?

答：怎么违规呢，就是规程。他设计的规程比方说：他让你消耗蓄积25%，实际这点儿要达到培育目的根本就不够，你动一点儿就超。中幼林培育的规程还是有不完善的地方。

问：您怎么解决？

答：这个只能是勤整。达到规程，达不到位，过几年再整。只能是这样，一次达不到培育的效果（**素质：灵活性**）。你要达到培育的效果，就违反规章。因为天然林几十年都没动过，林分太密了。

问：您做场长主要抓的是哪几方面的工作？

答：全场啥都有。所有这一个场，我们事业法人单位、独立核算啊，主要是森林经营这一块，再一个是产业这一块。你像我们搞点儿绿化苗木，靠这个多种经营每年有点儿绿化苗木产业，也就这些（**能力：森林资源经营能力、森林资源管护能力；知识点：森林经营管理、林木栽培**）。再一个就是由于我们场是××年建场，职工退休率就达到70%～80%，负担太重了。因为事业单位工资都比较高，这个负担更重。现在我们上养老保险了，是工资这块拿出社保，附加这块由林业自己承担。像我们这个只要上了班就缴纳社会养老保险，一个人大致一年3000元，平均4000元左右吧。退休以后，一个月800多元的附加费，林场给开的。人死了，一次性发20个月的工资，抚慰金划拉划拉算上3万多元，我们这么多的职工，这个负担也够重的。一年才4000多立方米采伐量，根本不好干啥。国家国有林场要改革，说是财政开支纳入公益性的事业单位。这个如果要解决了，就把养老保险的问题解决了，为林业企业解决一些包袱。特别是森林资源没有啥的，你们下去可能也了解到，有的次一点的林场，山上根本就采不下来木材。你给它采伐量，它都没处设计。就拎着锯子上林子里挑大的拿，不拿他没饭吃啊，你说那林子不越拿越完么？那我们这几年转得快，我要转得慢的话，也得是那样，上林子里挑大的拿，哪个够粗拿哪个，先拿相对大的、粗的，后拿这么大的，现在就这么粗了，那也得拿，你不拿没饭吃啊。

问：您的这个转变当时是通过哪几步措施来实现的？

答：当时就因为我们中幼林的试验区比较大，我们一年干1万多亩，以这个次材、枝桠采材，原来枝桠材都扔到山上，现在把枝桠材都捡回来当商品材卖了，这么就是变废为宝嘛。实际这几年我们抓住这么个机遇，把林子培育起来了（**素质：开拓性；能力：经营管理能力**）。再一个就是一年争取点国家项目，什么板径材培育、科技推广等，争取点儿项目。实际我们是自己养活自己，剩下其他部分靠国家，争取点儿国家项目，给点儿石油补贴、生态补助、造林补贴。最近几年，给点儿中幼林培育补助。这么着还能维持生活，否则维持不了（**能力：沟通协调能力**）。

再一个林业现在有一个特殊的问题，就是人才的问题。你像我们护林员将近30人，现在平均年龄在51岁左右，根本就没有人了。因为工资太低。我们林场工人工资在1100多元左右，你像大学生，林校毕业的不是大学生，就是大专生也进不来啊。现在就剩林场家属10个、8个人，7、8个男孩儿，这帮男孩儿都不愿意在林场干。一个月1000多元钱，上社会上打工，一个月2000多元。现在不是我们林场，我们周边的林场基本都这样。人才基本没有，说找个小技术员，根本就是太不好找了。说办公室找个文秘啊，有点儿文化程度的，能写材料的，后者找个出点儿外业的，这都根本没有，最年轻的都接近40岁了。最近我们进来几个转业兵，到这儿报道，到山上干两天半活儿，一看不行，一是挣得少，第二个他们也吃不了这个苦，因为成天上山。现在这个问题没有招儿，因为林场事业单位编制上社会去招，现在我们还没有实行上社会去招，现在进还进不来。我们只能暂时用林场家属，林场家属没有就上社会雇去。现在唯独上社会雇，林场有几个40~50岁的现场管理，要是没有下面的小技术员啥的，简直太难受了。林区的人才非常短缺，如果再不进人，以后我们这儿的林业人才就断档了，这肯定是咱们林业的一个问题。现在年轻人上山造林啊、护林啊、采伐啊、搞抚育啊，都不愿意干了。

问：这确实是个挺棘手的问题。您成功案例里面除了森林经营、抚育，其他方面还有没有觉得挺满意的？

答：我们林场的效益还算挺好的，前一年我搞了一个林场办的企业（**素质：开拓性**）。这个既有成功一面，也有不成功的一面。

问：当时基于什么考虑要办这个企业？

答：因为我们林场那时候修通了一条公路，我跟公路的人关系处理得不错。路修完以后呢，我跟他们沟通一下，我给他们搞绿化，搞了5年的绿化，还是比较成功的（**能力：沟通协调能力**）。因为咱们这个林业对造林绿化还是很有经验的，但是这个当时考虑得还可以，干的过程中也还不错。当时是国有林场搞，林场职工干了几年活儿，都挣了不少钱，还可以。但没考虑国有办企业还不合适。因为它没有啥生命力。

问：为什么这么说呢？

答：可能你们没当过法人，当过法人就知道。有些账，一些费用，特别是一些合情不合理的支出很难处理。这个不如私人办的生命力强。我们这工程当时1000多万元，搞了5年，整个林场效益也好，各方面都挺好。但我后期一看不行，这国有搞这个还不太合适。

问：当时出了什么问题？

答：你看，我搞了两个企业。第一个我搞了一个榨汁厂，搞了1年多，我挣了点儿钱，赶紧退了。我一看不行，这个国有搞还是不行。在社会上，它这一把成了，下一把没有竞争力，和市场竞争不了（**能力：经营管理能力、分析决策能力**）。主要是一些账目很难处理，个人搞怎么都行。这两个企业效益都很不错，实际挣了钱我就不干了，就是因为财务太困难了。国有企业的这个管理体制和私人办的它不是一回事。

问：您原来是军人，在林业方面干得特别出色，您是怎么做的？

答：我们在林业当中也有些探讨，我们县的场长也有大学毕业的、林校毕业的，我不是林校毕业的，但我有这一点，当企业的国有林场的场长，要深入实际、认真研究，干好本职工作，对这个本职工作一定要做进去（**素质：责任意识**）。实际我这么多年，对国家政策还挺关注的。这十几年，国家林业局的网站我几乎每天都看。没有网站的时候，当时是中国林业报、绿色时报，我很关注国家林业局关于咱们部门的一些政策（**能力：学习能力**）。实际呢，我在管林政的时候也是如此。我管林政的时候也很出色，但当场长来说，我不把林场看得那么悲观。原来我们在林业搞这个林业分类的时候，我不主张把国有林场划为公益型，我还想划成商品型。第一，你要考虑公益型对林场职工也很痛苦，好比说我200多名在职职工，不可能200多名职工都会拿到地方财政开支。咱们仨一个单位的，就保留一个，保留我，你俩就下岗了。保留你，我们俩就下岗了。那也很激烈，也很痛苦的。我认为不可能按照现在的编制，有一个算一个，不管上班没上班，在册的就有工资，不可能是那么的大锅饭了。公益性林场的话肯定是定编定的，分流下岗。如果说商品性林场，按照我们现在的经营思路的话，我们18000多公顷，养200多名职工，应该好养活。这么多的林地，这么多的资源，怎么都能养起来，何必靠国家。如果我继续当场长的话，我要年纪轻的话，我肯定不要公益型，肯定要商品型。你开2000，我给你开2500，那肯定能干（**素质：追求胜任取向**）。

问：您当时办了两个企业，还有一个大概是什么方面的企业？

答：基本上围绕的林业，一个是电动杆，再一个就是搞公路绿化。当时我看中市场不错，就是天然林里的绿化林木，这个市场非常好。最近有个4、5年我造了5000多亩的绿化种苗，这绿化种苗和社会那个苗圃是两回事。社会苗圃育小苗，我这是把起初的苗运到山上，在山上长大，然后让它进城。我寻思这个以后为城市园林绿化提供苗木还是必要的。我这探讨3、4年了，这城市大楼建得越来越高了，别说北京，就是说所有城市，省级市也好、地级市也好、县级城市也好。还有乡村，还是新农村建设，绿化发展多快，特别是前几年城市建设与城市绿化不同步，只盖大楼，不栽树。现在逐步的，大楼的图纸和绿化图纸它是一张图纸下来了，要不验收不了。现在我们哈尔滨也如此，基本上都是一张图纸下来，他们绿化的苗木都上山上天然林区抠去，但也把好多的林子抠坏了，该抠的抠了，不该抠的也抠了。我就寻思呢，不是说所有的树都能进场，如果说培育，等我这茬林子培育出来以后，可能效果更好。我跟他们算了一笔账，绿化苗木要比用材林来得快，你像我们的落叶松成材得25年到30年，实际呢，绿化苗木要培育好了10多年就可以进城了，就可以绿化了，要发展发展这个。以后作为林业来讲，也能实现由木材生产转向苗木生产这么一个过程。能代替一些木材生产，这也是林业以林为本这么一个思路。现在我们场基本上搞了，大致能够进城的苗木5000多亩，现在将将具备进城条件。当时我这个思路还是挺对的。要再过个5年、10年，我们的木材能代替40%~50%的木材生产。这就把木材生产，以木材为主转向多种经营。实际上，这么多年我对林业还是抱有很大的希望，18000公顷，200名职工，不养活得很好嘛（**素质：开拓性、追求胜任取向；能力：分析决策能力、经营管理能力、森林资源经营能力；知识点：经济学，林业经济管理**）！

问：您在工作过程中有没有处理起来觉得有一些遗憾的事情？

答：遗憾的啊，哎呀……

问：除了您刚才谈到的企业、人才方面的问题，还有没有其他的？

答：那就没有了。

问：我们觉得您森林经营这些方面做得很成功，但有没有做得力不从心的？

答：就是有些资金的问题，那就不用多说了。我们一个林场18000公顷，200多名职工。有些好的项目也不可能你想咋整就咋整，因为还有个资金的限制，还有一个森林的法律法规的限制。你干一件事，还得围绕着法律法规，不能破坏资源（**素质：法制意识**）。

按活力木推算的话，我认为林业造林还是挺划算、挺挣钱的，但就是周期长、见效慢。我前6、7年当场长，别的林场开荒地比较多，我宁可花钱去买，原来有一家说600多元一亩，我把钱都打到了，结果他突然说不卖了。我当时考虑造林600元一亩，一年最低增值200多元。林业以林为本，这个绝对是对的，但就是周期太长，不可能像老百姓种地，春种秋收，几个月就完事了。造林造得再好，一亩地投进200元，几十年能回来？得20~30年。就像我当了十七、八年的场长，现在采伐还没采到我栽树的那个林子。因为啥呢？因为他有周期的问题。现在我采的都是前几年的。我们场搞中幼林培育这个来得非常快，要是中幼林多的话，它的周期比造林的周期提前10多年，因为它本身的林木就达到这么粗了，马上就快成熟了，你再通过透光、抚育啊，加大它的目的树种生长啊，这么的它生长得快，受益也快，能提前10多年。

问：您现在场里职工培训工作是怎么开展的？

答：现在国有林场的职工在这个培训上基本上很少。当地政府、乡镇政府根本管不了老百姓，根本没啥管的，也管不住。你像我们这块，现在职工基本上说向钱看。没有钱，肯定是不行。什么这个教育那个教育都不行。

问：没有技术的话不是更难吗？

答：对。这就是逐步引导，我们搞一些科研，在林业方面搞一些小小的研究，带动一些职工。前15年左右，那会儿实行股份制造林，我们的职工每户都是100多亩地的私有林，这也是他的一部分资产。私有林这100多亩现在价值20万元左右，现在已经进入了中幼林培育期，基本他们的副业收入比较多。

问：对职工有没有开展培训方面的工作？

答：内部职工每年基本上各行各业搞点儿培训。林政部门、营林这块搞点儿培训，我们自身也搞了一些执法培训。再一个造林期间搞培训，特别是中幼林抚育。每年抚育期间，县林业局统一搞培训，林场要搞培训，如何抚育、把林的质量调整好、密度调整这些技术的问题，这都没问题。刚才我说的这些东西职工都比较认账。在植树造林在实施之前，要搞一些技术方面简单的培训。我们搞樟子松嫁接红松，这个刚开始的时候，职工有顾虑，不认账。我就自己在林场搞了个10多亩地的试验，搞了2、3年，大伙这一观测，认账不认账？现在看来职工都比较认账了。3、5年以后，也就见效果了（**素质：追求胜任取向**）。职工没有利的事他肯定不干。他们在这方面顾虑也比较多，没有成熟的经验，不把握的，他肯定是不会干的。这就得靠咱们去带动。我上外面去考察完了以后，回来实施，也算对职工提供一个科研和新的技术，这么一激励，我们有些职工现在逐步的也就干了（**能力：团队领导能力、调查研究能力**）。

问：您现在觉得国有林场场长最需要培训的是哪些方面的知识？

答：我认为第一个是素质上的。第二个是技术。比如企业管理，现在国有林场不一定都是法人单位，不一定都是独立核算的。第一就是企业管理这方面，特别是场长要单独核算的时候，要抓好项目管理、财务管理，千万不能违规违纪，这块要加强。比如给你个项目，你知道怎么实施吗？你知道资金怎么用吗？给你钱害怕违纪不花也不行。在这方面，我认为要好好培训。特别是财务管理，生产成本管理。这个按理说，应该看实际情况了。你看我的采伐，采1立方米木材可能10元，你们那儿可能10元下不来，可能得15～20元左右了。特别是项目管理这块，应该让场长好好去学，因为真正实施项目的人，项目法人、负责人应该是场长（**知识点：管理学、政策法律知识、林业政策法规、林业计划与项目管理**）。

再一个就是林业技术这一块，这回咱们××司××副司长，她给讲了一课。她今年4月份、5月份上我们那儿去搞森林培育调研去了，我看她讲的森林经营，实际培训培训森林经营对场长这是个正事。有好多林场场长光知道，那不就是采木材吗？采木材卖钱么？其实不是这样。再一个我认为林下经济方面的内容，这个给企业场长讲讲行，如何开发林下经济，在不破坏森林资源情况下开展林下经营，这确实是一篇大文章（**知识点：森林资源经营、森林资源管护、林下经济**）。

问：技术方面除了林下经济方面还需要哪些？

答：造林、中幼林培育、森林防火、行政执法，实际一个林场需要的知识是很全面的（**知识点：林木栽培、森林资源管护、林业政策法规**）。

问：您认为做好一个场长，需要具备哪些方面的素质？

答：按照林场职责去管理，尽心尽责地干（**素质：责任意识**）。

问：非常感谢您在百忙当中接受我们的访谈，给我们提供这么精彩的案例，谢谢！

案 例 二

受访者：山西省×××场长

问：×场长，请您简单介绍一下您的学习经历和工作经历。

答：我是高考制度恢复以后，××年考入××分校，××年毕业，从学校毕业一步跨到林场就再没有动过。从技术员做起，××年任办公室主任，××年局党组提拔成副场长，××年又提拔成党支部书记，当时林产品经销公司是××市林业系统唯一的一个企业单位，当时已经濒临破产，局里头没有办法，就把这个林产品经销公司挂靠到林场，由林场委派干部去任职。就在这种情况下，我任林场的书记，兼经销公司的经理。兼了7年，开始职工过年都开不了工资，通过几年的努力，职工收入、工资、精神面貌都发生了很大的变化。老场长退休的时候，我回来接了他的班，任场长到现在。我××年参加工作之后，××年又在××学校上了一个函授(大专)，后来又在×××学校上了一个经济管理本科班，现在从后期学历是本科生。另外在学中干、干中学(**基本信息**)。

问：林产品经销公司现在在不在了?

答：现在还在，因为是个企业，一开始林产品经销公司是以经销林产品为主的，后来随着改革，国有企业的竞争力跟民营企业相比很差，而且国有企业职工的思想和工作态度等与民营企业比较起来有很大的差距。现在这个企业还存在，但是经营很困难，仅仅是勉强维持。我回来之前的××年基本上和林场就脱开了。原来挂靠在林场，林场想方设法帮了他们一部分。原来林场也是差补性事业单位，所以，管理上、运作上有一大块是参照企业来运作。经销公司挂靠时候还能给经销公司一部分帮助，××年就彻底和林场脱钩了。现在这个企业还勉强维持他的生计吧。

问：您的主要岗位职责和工作内容是什么?

答：××年到××年底是场长、书记一人兼，全面负责场里头的党政工作。××年底，林场通过省编办从原来的科级单位提升为副处级，经过局党组和市委组织部考察，党政就分开了，我原来的副场长提升为书记，党务这块工作就分出去了。从××年到现在，主要是全面负责林场的行政工作(**基本信息**)。

问：请您把单位的基本情况介绍一下。

答：咱们这个林场正式挂牌是××年——××林场，但是它的前身是××。实际上从××开始就已经形成林场的雏形了。那个时候林场规模很小、很穷。××年我们搞了一个场庆，通过查阅历史资料，建场初期林场只有15个人、一辆马车、一头驴、一辆自行车，还有铁锹、锄头，就这么一个规模。从建场开始到今天，50 多年的发展，目前场里有 250 多号职工，其中正式的在编职工是 177 人，合同制职工现在有 40 ~ 50 个。还有一部分是借调人员。这部分合同的和借调人员是怎么形成的？是咱们 70 年代后期，由于管护工作需要，在林区招了一批长期临时工——不转户、粮关系的临时工。这批临时工当时在劳动局还备过案，另外每年都在对他们进行培训。目前来说这批临时工实际上和我们正式职工没有太大区别了。从 × × 年开始就全部纳入社会保险统筹了，参照企业来做。场里相关的福利待遇，他们和正式工一样的享受。他们基本上相当于我们的正式职工了。他们多少年来做的贡献是相当大的。

建场初期咱们林场是个全额预算事业单位，到 × × 年，× × 市林业局响应政府号召，减轻财政负担，变为差补性事业单位。那个时候因为我们还有一些抚育间伐任务，能弥补职工的一部分收入，到了 90 年代，一个咱们的林子基本上都是防护林，所以抚育间伐材就逐年减少了，天保工程实施之后就全面禁伐了，抚育材就几乎没有了。从 × × 年开始，财政每年只给我们 5000 元——全场的人头经费只有 5000 元。所以，当时整个林场就是按照国家的相关政策大搞多种经营，当时搞得是比较好的。职工收入不说能增加多少，但保证他们的生计是没有问题的（**能力：经营管理能力**）。万事有利就有弊，当时场班子的整体精力更多的是放到了创收上了，从资源管护、森林植补恢复这一块就精力投入很不够。从资源增长上面，那几年是比较弱的。天保工程实施之后，× × 市出台了一个《天然林保护条例》，依据这个条例，结合林场实际，通过局里和我们场班子的共同努力，× × 年，我们就正式通过编办、财政，转为全额事业单位，人员经费就全部由财政负担起来了。这样，到 × × 年多种经营这一块就全部关停并转了。全部的精力就放到资源管护、植被恢复上了。这几年，尤其是 2000 年启动了国家天保工程之后，通过这十几年天保工程的管护，确确实实我们的森林资源得到了有效的保护和恢复。这几年，这个林场来说，转成全额单位之后，我们投入了相当大的精力，基本上中心工作就在资源管护上。所以，在防火、防虫、防盗、植被恢复上，都下了很大的工夫，包括现在的村民，尽管现在有一些纠纷、争议，从地方政府、村民对资源保护是认可的。认为林场管得严、管得紧，确确实实是见了成效了，是有目共睹的（**素质：追求胜任取向；能力：森林资源管护能力**）。

从资源的发展上，建场初期，我们全场整个森林面积由于战争的破坏 × × 地区仅仅就是 4 万多亩林地，通过 50 年几代林业人的艰苦奋斗，在地方政府和省市领导的支持下，现在林场管的森林资源是 32 万亩，这都是有林权证的。× × 年由于整个植被恢复成效比较大，我们的森林景观也比较好，另外，国家的大形势，从保障林业权益上，从国家整体资源的管护上，× × 年原国家林业部在林场的基础上，批准建立了 × × 国家森林公园，× × 年又通过山西省人民政府批准建立了××自然保护区，在整个建设过程中，我们确确实实遇到了很多的困难和问题，也遇到了很大的阻力，但是总体来说他还是在往前走的。尤其是从××年在××年这个总体规划的基础上，结合现在国家生态建设的大思路，做了一个重点规划，通过省林业厅进行了审批，通过市发改委报到省发改委，把可行性研究报告也进行了立项，××年正式审批的。这几年省发改委也陆陆续续给了一些启动资金，市发改委也给了一些资金支持，这几年一个是国家级森林公园开发前期的准备工作都做得很充分。另外，××年在市委的牵头下我们在深圳农博会上和地方的一个民营企业签署了共同开发××国家森林公园的协议。这几年陆续在做。累计投资达到1亿多（**素质：开拓性；能力：向上争取支持能力，沟通协调能力**）。但这1个亿基本上是做了一些植被恢复和基础设施，另外还有一些外围建设，森林公园内部的景区建设现在基本上还没有启动。为什么呢？尽管说是市委牵头我们签订的协议，但是到目前为止，我们的一些实质性的一些开发建设还没有签署。因为就是想得到市委、市政府明确的认可，但是到目前为止，作为××市这一块，对林业方面，整体理念上有了，战略定位有了，但是实实在在把它落到实处，落地的具体举措和动作还不到位。作为自然保护区来说，国家一分投入也没有，但是我们慢慢地在做，根据我们的一些财力在做。国有林场从建场到现在的发展，我们最大的体会，因为作为林业的基层单位，我们没有更大的权利，我们只有责任，我们的责任就是把这片资源保护好（**素质：责任意识**）。但是怎么保护？我们有个最大的体会就是依法，法律就是我们的法宝，一系列的林业政策，包括《中华人民共和国森林法》《中华人民共和国森林法实施条例》，包括××省出台的《森林公园管理办法》。最近，我们感到欣慰的是国家的《森林公园管理办法》，还有一个《国有林场管理办法》，这个是让我们感觉到很欣慰的。最起码我们有具体的东西，尽管地方上运作起来还有一些具体的东西需要解决。但是国家一系列的林业政策、法律对维护国有森林资源安全、保障我们的合法权益，依法管护好我们的森林资源，我们唯一的法宝就是国家的法律。多少代林业人一直就是这样做的（**能力：行政执法能力；知识点：林业政策法规**）。

问：×场长，请您谈谈最近3年您负责过的最成功、最满意、或最有成就感的3个工作实例。

答：如果说最满意的，一个是我们内部的管理方面。从××年开始，我们根据林场的实际尝试走目标管理的路子。原来科室的工作，包括全场的工作都是在班子的指挥下去做，具体到每个部门、每个岗位他没有一个明确的目标，一年中的工作只是在听命，听命于领导的安排，听命于部门负责人的指导和安排，部门负责人听命于班子成员的安排，从××年开始我们就尝试走目标管理的路子。在场里中心工作和目标明确的提前下，我们场里的各项工作分解到每个部门，而且每年年初要签订目标管理责任状，到年底要进行考核。因为作为事业单位来说，每年有1个月的奖励，针对这一个月奖金的发放，我们在对目标管理责任进行考核的前提下进行兑现。从××年开始到今年，我们已经运行了××年时间了。一开始的考核我们是通过打分的方式，每个考核人员背靠背地打分，由部门汇报他全年的工作，打分，逐步过渡到我们面对面提问。每年年底考核，我们要把每个部门的负责同志叫过来，你汇报你全年的工作，考核的同志面对面地对你全年的工作进行质疑，哪项工作出了问题了，你来解释。通过这几年，基本上我们年初把任务、中心工作一定，全年每个部门、包括每个部门的成员，都有的放矢地，我们的目标管理也在逐步规范，逐步在科学化。所以全场上上下下的职工，都知道我今年要干什么，工作目标是什么，我要干到什么程度，工作动力非常强，而且整体场里的气氛是非常活跃的，工作积极性非常高，整个场里职工的精神面貌非常好。而且由于我们每年这个部门考核，拉的档次是非常大的。打比方，1000元，很可能工作效率上、质量上、工作量上，年底考核下来要相差80%。这么大的差距。尤其我们现在采取面对面的提问，把问题给部门讲清楚，考核组成员都毫不留情，非常公道，面对面地来说问题、讲问题，大家心服口服，对每年的考核结果大家基本上都没有异议。我比别人少拿1000、800元，我知道我错在哪儿，知道我差距在哪儿。包括我们的保护站。我们现在全场有22个职能部门，山上有7个保护站，山上对每个护林员也要进行年底的考核。这项工作做得非常成功，大家也觉得工作有劲头、有干头，因为我做不好了，我认。工作上，领导批评也好，接受经济处罚也好，证明你工作没有做好，整体场里现在非常和谐，职工们整体工作上一个是理解、一个是配合，至下而上我们这个团队战斗力非常强。现在场里有些什么思路呀，有些什么改革举措呀，基本上能得到大家的认可。目标管理这一块，我觉得是比较成功的**(素质：追求胜任取向；能力：团队领导能力)**。

第二项工作，这也是××年开始实施的，因为咱们林场是林业单位，解放初期是农林局，后来才变成林业局。那么作为林场来说，它是最基层的一个单位。原来我们的人员结构基本上都是农民招进来的，逐步把这个场子的框架搭起来。那么通过这几年的发展，原来的痕迹还都在呢，刚才我给你介绍的，因为我们有三、四十个合同制护林员，怎么形成的，就是在我们六、七十年代，那个时候都在山上、都在山区，基本上都是农民，到××年、××年我们每年也要招一部分大中专毕业生，这些学生说得难听点就是在渡金。咱这个林场比一些纯山区的林场还有点优越性，因为它位于××城区，它的场部在××城区，但是我们的管护面积都在山上，所以实际上林场的重点工作是在山上。他们来林场工作首先看中的是林场位于××城区这个优势，而且新招进来的不是面对的农民工，他们是城市人。当时林场尽管有一个制度，就是你来林场工作，必须先到山上锻炼。但锻炼仅仅是锻炼，说得不好听点，大家都是去渡金去了，去体验生活去了，一年、两年，顶多三年，就回来了。所以正式工一般都是上去溜一圈，渡上那么两三年金，全部回来了。都在场里头，我们一线的管护人员，基本上都是农民合同工。农民合同工尽管他享受国家的待遇，但毕竟对他的管理、对他的制约上没有根本性的手段。因为我假如不想在你这儿待了，我村里头有2亩地，我还有房子，我说脱开你就脱开你了，他法律上没有保障。而且从资源长期战略上来定位，这不是我们努力的方向。所以针对正式工没办法上山这个问题，我们从2006年开始就出了一个大胆的改革办法（**素质：开拓性**）。因为原来有一少部分正式职工在山上，有5、6年的，7、8年的，但说实在的，能到林场的，因为现在社会现象，原来又不是凡进必考，都是有一些关系的，或者是能力稍微强一些的孩子们进来了，但是能回来的，也是这一部分孩子们。实实在在的工人家庭的孩子们可能在山上一待就是7、8年。所以当时尽管是极少一部分人，但是这些人思想很不稳定。也觉得低人一等，作为正式工，他们就能下山，我们就下不了山。针对这种情况，我们把一线管护队伍用一个体制的东西，把他稳定下来。所以×年我们进行了一个大胆的改革，就是正式职工全部下山，下了山之后，一开始我们是山上有岗位，场部机关有岗位，每个科室把正式职工都安排下来，科室里头承包保护站，承包一线管护。但是试行了一段时间之后，觉得这个还是有问题，因为这样哪头工作都做不好。在这个情况下，我们又尝试了一些办法，机关的人确确实实根据工作量，根据工作需要，把他稳定下来，剩下的男同志，因为我们女同志上山条件还不太成熟，凡是50岁以下的男同志全部充实一线。一开始这个改革方案，也引起了很大的旋涡，大家意见很大。因为正式工上山，确实在当时来说基本上都是城市人，阻力很大。这个办法运行了几年，到目前出现了什么趋势呢，就是超过50岁的同志也乐意上山。为什么呢？因为50岁以下正式工全部补充到山上之后，我们制定了一个轮岗制度，就是半个月上山、半个月轮休，场里从福利上、奖金上尽可能倾斜一线，凡是在山上的同志基本上吃饭不用自己掏钱，而且每次轮班，场里派专车接送。另外，在保护站建设方面，我们也在加大力度投资，能筹到一些资金就改善保护站一线的条件，基本上保护站职工住房是按标间的标准房来。从伙食上、工作环境上、文化教育上，全部都在大力度地倾斜。现在基本上是正式职工到50岁也在山上吧，争先恐后地不愿意下来。因为从待遇上、工作环境上有了很大的改善（**能力：分析决策能力、团队领导能力、计划组织能力**）。

另外作为一线管护人员的结构上要有一个大的变化，基本上是我们的正式职工要全部占领管护阵地。毕竟他们与我们国家职工从思想上、观念上、责任心上、从法律保障上有差距，对他们的约束我们也确确实实做得不够。因为他们后期有保障，我不在这儿干了，我村里有地、有房，我回去照样能生活了。我们现在还有这个能力给这一部分人一个保障，基本上做到了老有所养。这件事情确实对我们压力很大，因为现在财政给我们只负担177个在编人员的工资，这部分人不给我们一分投资，全靠我们自己想方设法解决。最起码我们把这部分人能稳定住(**素质：追求胜任取向、责任意识；能力：团队领导能力**)。

第三件，作为我个人来说感到很欣慰，就是我们培养起一批优秀的中青年干部。这是上级领导给了一个机遇。××年咱们场通过编办升格为副县团单位，但内部的改革一直没有启动。××年我们班子的主要领导核定之后，××年我们就开展了科室的设置。原来我们林场就7、8个科室，包括保护站。保护站原来就等于是个小组，就是你工作就行了，没有什么政治待遇。××年我们想方设法和市编办沟通，最后设定了内设科室22个，都是副科待遇(**能力：沟通协调能力**)。××年我们进行了一次全场范围之内的竞争上岗，这项工作是由局人事科牵头。通过这次竞争上岗，选拔了22位优秀的中青年干部。通过这几年放开手地让他们做，给他们搭建平台。人才是事业成败的基础，所以班子整体思路就是要从人才培养的角度给他们搭建平台，让他们放开手脚去干。通过这几年的培养锻炼，这一批中青年干部非常非常优秀。刚才我讲了部门目标责任制，配合我们管理上的一些举措，给他们压担子，给他们放权，让他们有充分地施展才华的平台。所以这几年，在人才培养上我们感觉到是很成功的，这也是我们林场事业发展的一个希望所在。现在林业局其他的下属单位都非常羡慕我们这个团队，他们在一起的时候常说"×场长要是有个什么事，她能一抓一大把中青年干部给他干事"。尽管是在谈笑之间说这个事情，但是足以证明我们的人才培养是非常成功，孩子们都非常优秀。刚才你看到我们的职工在跑步，我们每到防火期，专业灭火队都是我们的正式职工。而且基本上我们的这部分中层骨干都在里头。现在说学雷锋，无私奉献，我不敢说他们没有任何私心，但是作为事业上头他们是敬业的，也是尽职的，也是非常热爱林业事业的(**素质：追求肯定取向；能力：团队领导能力，知人善任能力**)。

这几年我们班子很难。前年底局党组才给我们配了两个副职，一个副场长、1个工会主席。××年我的书记得了一场重病，当时我们班子成员只有3个，1个副场长、1个书记、1个场长。其中的1个副场长借调到局里了。我的书记那么年轻又得了那么一个病，从那以后我就不敢再用他了，基本上是处于休息状态。当时班子成员事实上只有我1个了，班子等于是个空架子，我的7个职数没有配，局里也没有启动这个东西，几乎是3、4年的时间就我1个人。这么大的一个摊子，几百号人，管的30多万亩林地，森林公园的工作、自然保护区的工作、林场的工作，就我1个。不是说我有多大能耐，是我有一大批优秀的中青年干部，所有的担子都是他们担，我只不过是给他们搞好服务、搞好协调，解决一些具体问题，所以所有的工作都是他们自觉地去担去(**素质：服务群众意识**)。而且有7、8个同志基本上就是代行我场长职能，我的所有的决策都是由这7、8个人参与的。我每次开场务会，我班子成员没有，我就把我的中层干部叫回来，和我来一起商量、一起研究、一起决策(**素质：民主意识**)。在这么一个班子成员严重缺失的前提下，林场的工作一年一个台阶、一年一个进步。在××年之前，林场有告状的、闹事的、相关职能部门来调查的事情，这几年我们林场发展非常稳定、非常和谐，有些矛盾科室可以在下面化解。这几年我们充分发挥工会组织，我们还有一个老干科，充分发挥他们的作用。老干科从他目标管理上，一年里必须按季度召开离退休老同志的座谈会，征求他们的意见，场里在决策上有什么问题，他们有什么想法，另外关心他们的生活。工会有一个工会办，工会办你要随时掌握职工的思想动态，职工有什么诉求、有什么想法，我们从××年开始就实行职工代表大会制，每年要开一次会，让职工有充分倾诉他们意见的一个平台。另外我们这些中层干部的工作也非常到位，从××年开始场里没有发生过一起告状的，没有发生过一起违法乱纪事件。原来还有一些有情绪的，通过这几年的工作，职工整体心态非常好、非常和谐。而且我们也在平时的工作中注意不断地化解，更主要的是给大家有一个发表意见的平台（**素质：民主意识**）。我这几年很庆幸，作为一个女同志，说实在的，何德何能，从能力上，因为我第一学历就是个中专生，后期学历就是在农大和党校拿到的。为什么林业系统对我们的评价还这么好？在我们场领导班子严重缺失的前提下我们的工作还能稳步发展？证明我们这个团队是一个和谐、有凝聚力的团队，这是我特别欣慰的。这一大批优秀的孩子成长起来，我真的感觉到，人是事业成功的第一因素。现在我们山上7个保护站的站长，全是我们的在编职工，原来都是农民合同制工人，我们人事制度改革、正式工上山，这是我们资源管护上的一个转折（**能力：团队领导能力**）。

问：请您谈谈最近这几年遇到困难比较大或者想做却没有做成的3件事。

答：这几年林场的发展，靠什么？就是靠我们一系列的法律法规政策，来维护我们的权益，出现了林权纠纷、出现了林地纠纷、出现了非法侵占林地的，我们拿什么来维护我们的权益，就是我们的林业法律。但是发展到今天，我们最感无奈的，也是最觉得不甘心的，还是我们的权益保障问题。别的不说，就说我们森林公园，我们国家级森林公园，××年国家林业部审批之后，××年我们就做了总体规划，当时林业厅也审批了，但是一直就迈不开步子。这个建设一直就启动不了。为什么呢？就是因为我们的法律还不够有力。因为从国家来说挖煤是第一位的，对农民的定位是：他们是弱势群体，他可以拿出任何的理由来阻止你、干扰你，而且地方政府又不配合，不支持你，地方政府是以农民情绪为主的。农民和你争地、和你争利，你要搞建设。为什么这么多年国家森林公园审批之后迈不开步子？就是因为我们的一系列林业法律法规在地方上、在政府层面上，他们对我们法律的认知度不够。

问：您能不能举一个具体的例子？

答：这是10年前的事情，咱们××地区××保护站是我的保护站之一，我们长期在那儿驻守的20多个人，现在的办公和生活条件是个什么样？就是3眼窑洞。70 年代的，当时建的时候就建在一个水沟上，一到夏天，外头不下雨了里头还在下，生活工作条件非常艰苦。××山，它整个地理位置非常重要，××地方稍有一点事情，各方面的媒体都能知道，所以一丁点事情都不敢出，它的管理任务非常繁重。为了改变这种面貌，10 年间在省厅领导的关怀支持下，给了我们××万，就是那个"××工程"，通过整体规划设计审批和评审，最后定了我们要建两个保护站。××地区的保护站，我们通过规划、设计、相关部门审批，林业厅资源处也给我们审批了。我们通过选址，就在咱们的林地里头选了一块地方，而且这块地方是××年××山着了一把火，××年我们通过厅里审批，把那个火烧木砍伐了，现在基本上都是灌木了。到目前为止，我们看到火烧那个桩子都在那儿放着。我们一系列的手续都办了，在那儿要建一个保护站，明明白白我们有林权证，而且是火烧迹地。我们前头所有的手续都办了，招投标手续也办了(**素质：规范性**)，工队也正式进驻了，启动一个月之后农民闹事。××区有个××村，他说这是他们村行政范围之内的地，村干部发动村民进行阻挠。这个事情发生之后，我们报过 110，派出所也上去过，我们一次、两次、三次的打报告，甚至通过××副市长给我们批示，要求××区政府协调解决。但是地方上的概念是，那老百姓你总得照顾照顾。我们也曾经跟人家协调，怎么想办法给老百姓一点补偿，但是要出天价来了，我们根本承受不了。仅仅 4 亩地，盖一个保护站，还有一个瞭望塔，不让动，多方奔走呼号，到目前为止，这个工程已经停止了将近一年多了。我们跟××区也协调过，相关领导也出面协调过，协调不下来，而且村里跟你要天价，要 60 万(**能力：沟通协调能力，社区关系处理能力**)。作为林场 32 万亩，不是在××行政范围之内，就是在××行政范围，要不就在××区行政范围之内，行政范围只能是作为一个村与村之间的界，不是说行政范围之内的地都是你的所有权。我们有林权证，你拿出你的证来，对方就说"我没证，但是就是我家的。"而且地方政府不给咱们做主，所以我们觉得很无奈，也很不甘心。明明白白就是我们的林地但就不行，而且我们也不是搞经营，就是盖个保护站，盖个防火瞭望塔，如果你再去说是搞旅游、搞开发建设，那会更难更难。

我们很欣慰地看到，目前国有林场管理办法、国家级森林公园管理办法出来了，有些条款比原来明确了，怎么能让地方政府真正认可这个东西，还需要时日。我们现在搞生态建设也好，山西省转型跨越发展也好，绿色山西、生态山西、青山绿水支撑、蓝天白云支撑，在生态建设上，我们林业是主力军呀。怎么能真正体现主力军的地位和他的作用，能保障主力军真真正正地依法开展工作，这个确确实实需要法律上进一步完善，可操作性强一点。我一直强调，我们最欣慰的就是我们有法律武器来维护我们的权益。现在处于冷战、僵持状态，因为他们没有任何法律手续，他们不敢动(**素质：法制意识**)。为什么他们闹？就是因为他们在林地里执意搞一些东西，我们依法阻止，所以你要干啥，他们也不让你干，连正常的一些林业基础设施建设他都不让你做。农民法律意识淡薄，他是弱势群体，但是我们地方政府怎么来教育农民、引导农民，支持我们正当的林业建设？这一块太缺失了。我们到土地部门咨询过这个事情，因为地方保护主义，人家土地部门一出示：我土地部门的台账上是土地，我们问他这个土地是谁的？台账上的土地总得落地了吧，这个土地是谁的？谁办过土地证？没有人办过，反正这土地就该是归我的，确实是很无奈很无奈。这个土地和林业部门怎么去更好地对接？这一次咱们国家启动这个林保规划，无缝对接，这个非常好。在配合这项工作过程中，我们专门成立了一个林保规划小组，我们要依法维护我们的权益，国有的就是国有的，我们要坚持我们这个东西。所以我们的工作也是在和县区沟通，有必要的话我们领导班子和人家县区对接，这一段时间，我们在这一项工作上倾注了很大的精力。一定把这个林保规划做好，至于后期是有争议也好，或者说是让给农民也好，最起码我们是把基础工作做好了（**能力：沟通协调能力**）。后期如果需要考虑农民利益，政府来决策，到时候人家要说把这块地划走，我们也就没有责任了。但是在现在政府还没有把他划走之前，我们就有责任依法保护它（**素质：责任意识**）。所以如果能真正把林保规划做好，对今后林业的发展是非常有益的，我们经营起来可能矛盾要小一些。这些事我们很无奈，也很不甘心。

这一类事情说起来太多太多了。好在近几年，××市委、市政府，××区委、区政府对咱们国家森林公园的建设让我们看到了希望。××区政府在上个月末召开了一个协调会议，要开发一个××景区，××区委、区政府对这项工作非常支持，××区委、区政府对我们林场的工作支持力度是最大的。出现问题的时候，××区委区政府高度关注，第一时间能给我们协调解决。另外，××市委、市政府也对这项工作非常支持，我们准备和××地区，××市委、市政府合作开发××、××景区，这是非常好的两个景区。现在就是××区这一块力度还不太大。因为这一块难度很大。但是我们也有一个想法，如果开发建设还启动不了的话，我们就先放一放，最起码把我们的资源保护好。在开发这一块上，我们坚持保护第一，开发利用第二，下一步就是引进民间资本（**素质：条理性**）。现在民间资本想投入的很多，急需要我们针对森林资源的有效利用、科学利用，出台一些相关的配套政策，因为光依靠国家资金根本不可能，所以必须引进民间资本。但是民间资本介入有一些什么政策依据，我们如何把握？这一块我们很困惑（**素质：规范性**）。在林业建设这个问题上，我们的思路很好，一个引进民间资本，我们把资源很好地盘活，但是我们最终的目的还是要保护和建设。把植被恢复好，把荒山绿化了，把我们的资源管得更好。但开发上你总得兼顾人家的利益。要达到共赢，（只有）达到共赢，整个事业才有一个发展的基础（**能力：森林资源管护能力、森林资源经营能力；知识点：森林资源经营、森林资源管护、生态旅游**）。但是怎么达到共赢？这个政策力度我们如何把握？有什么政策依据？这是下一步从国家政策层面上应该进一步研究和关注的，能给我们基层单位有一个可操作性的法律依据。

我觉得大家和小家是一样的，家家都有他的难，作为林场的生存和发展，尤其是发展，主要就是法律保障，我们现在所有的法律，包括《国有林场管理办法》和国家的《森林公园管理办法》，它提的比以前的一些东西更具体一些，但是如何更有效地保障我们国有林的合法权益，让它更有操作性，在发展上更有操作性？这个从发展角度来看是当务之急。如果真正我们的法律法规可操作性非常强的话、依据非常充分的话，政府也会认可的。现在一些原则性的、框架性的东西，因为不具体，所以他有缝隙可钻，他这样的解释也能解释过去，那样的解释也能解释过去（**素质：规范性**）。但是从国家层面上也有难度。国家各个地方的条件不一样。尤其是集体林权制度改革启动后，林地纠纷非常大。多少年他们已经放弃不管了，而且我们32万亩林地之内，有57个自然村，毗邻的××、××、××、××、××区，这里就有原来少量的一些耕地，多少年了，森林资源管护一直是咱们国有林单位在做，包括“三防”工作、植被恢复等等都是我们在管。农民根本不管这些，当时为什么他不管也不争？因为没有利益。集体林权制度改革启动以后，农民看到利益了，就开始争。但是他们没有任何法律依据，他的理由就是我家祖祖辈辈在这儿生活，如果所有的林地都是国有的，那么我们的在哪儿？他拿这块林地不是真的要干什么，二是他看到国家的补偿，有利益在里头。我们北方跟南方不一样，南方你把这块地承包了，比如南方种竹子，一年几茬，他有眼下的收益。而我们北方地区，不要说是农民自己去投入，国家投资年年要花费多大的精力，而且到底成功率有多大，还有待探讨。所以农民拿回这个荒山，不是以资源增长为目的的。地方政府出于安定的角度，保护农民利益，原来咱们保护了多少年的林地，有林权证，没有任何争议的，现在农民在那儿一倾诉，他就给你划成争议地了。我们去造林都不能造，工作干扰太大太大了。我也是农村长大的，也知道农民的苦，集体林权制度改革本身就是要带动农民富裕。但是要有法可依。现在我们感觉到农民是天，农民说啥，我们没有办法，政府也没有办法，可能这是全国的一个共性的问题。政府和我们的法律，如何去引导农民合法致富、依法致富，这才是正路（**素质：法制意识**）。据了解，仅××市范围之内，划为有争议的就有6、7万亩林地。作为××市林业局观点是明确的，界线是清的，但农民说是他的，所以就划为争议地了。所以在林保规划的过程中，我们就要和他们有效地对接起来，最起码要了解他们是要怎么干，了解清之后，我们就要给有关部门反映（**能力：分析决策能力；知识点：林业政策法规，政策法律知识**）。既然让我们管这一块，我们就守土有责。最后政府怎么判定，是给国有呀、还是给农民呀，由人家政府来裁判。但是作为我们来说，你既然拿的林权证，你就有责任去维护，所以现在非常紧张，不能在你手上把这一块给丢了（**素质：责任心**）。在林保规划这项工作上，包括××区，和我们配合得还是不错的。最起码从政府层面上认你这个林权证，承认我们提供的一些数字，这感觉到还是比较欣慰的。

至于其他的，工作上的一些困难也好、问题也好，因为作为一个单位，这么大的一个摊子，其他工作都是我们想方设法能够克服的，也是能解决的。关键就是现在社会的共性问题，需要各个层面的配合吧。总的来说，还是要在立法上面下点工夫，因为毕竟从林业发展这个角度，我们需要有点保障，另外和土地部门老打架，怎么能有效对接，也许林保出一张图之后要好很多。

我工作30多年了，和林场有情结了，其他人到了山里头看见树，呀！那么漂亮。我一上山，一看见郁郁葱葱的树，唉呀，我觉得我的责任太大了，就害怕受到点损失。第一件事就是感到责任（**素质：责任意识**），不是说我先浏览自然风光，这也是林业上的一种情结，对林场的这个团队也好、土地也好，对我们的树也好，30多年嘛，人生有几年呢，所以把自己的青春年华都奉献给林业啦，感觉到非常可亲（**素质：奉献精神**）。

我们现在有这样一个团队，这是最感欣慰的，曾经有中层干部给我说，他们现在是工作着、快乐着，快乐着、工作着，他们觉着心情很放松。我脾气不好，经常骂，但是骂归骂，他们什么话也敢在我跟前说，不同的意见、反对的意见都敢说。估计是我女同志相对善于沟通吧，任何人不计较，即使是和你闹过意见的，就觉得不能计较，大家都在努力工作（**素质：民主意识；能力：沟通协调能力**），你××有多大能耐，而且你坐在这儿，是大家对你的认可，你只是地位不同、身份不同，没有什么特权。而且大家不齐心协力工作，你个人再有天大的本事，光靠你一个人是做不好的。我经常说"孩子们、孩子们"的，他们说我们都不小了，我们都是快40多岁的人呀，还孩子们呢。咱总觉得是一种情结，老是拿这种心情去看他们（**能力：团队领导能力**）。

问：非常感谢您在百忙当中接受我们的访谈，给我们提供这么精彩的案例，谢谢！

案 例 三

受访者：福建省×××场长

问：××场长能介绍一下您的学习经历和工作经历吗？

答：我叫××，××年×月从××学院林业专业毕业，分配到××市××林场××科工作，××年在××林场××当主任，××年×月—××年×月任××林场副场长。××年×月—××年×月在××林场当场长，××年×月—××年×月到××林场任场长，××年×月至今在××林场任场长。我在林场工作二十多年了，对林场工作比较了解（**基本信息**）。

问：请谈谈您的岗位职责。

答：林场场长的第一个职责是民生问题，职工的工资要能发得出。林场是事业单位差额拨款，要靠主营收入和其他收入来补差额；第二个职责是森林防火，安全生产；第三是社会综合治理，计划生育，精神文明建设；第四职责是生产经营活动管理。

问：××场长你在林场工作20多年间，做了很多工作，工作中有没有您认为成功的事例？请举3个事例。

答：第一个例子是在××林场工作期间做过的事，××年××林场负债累累，工资都发不出来。林业局要找一个人去任场长，找了好几个人都不敢去，最后党组找到我，让我去，我也不愿意去。××林场交通不方便，管理乱，当时我小孩还小，有家庭方面的困难。林业局党组做我的思想工作，最后我还是服从组织决定去了（**素质：大局意识**）。我去了之后，短短两年时间，××林场扭亏为盈。3年林场的状况发生大变化（**素质：追求胜任取向**）。××林场木材资源是不错的，因为人为因素的影响，从采伐到销售整个环节的链断了，这是管理的问题，从伐区工艺设计开始到进出仓检尺都出了问题。我们从基础工作开始做，采取了检尺对账制度，10天一对账，30天一整理，也就是经销部门、财务部门、生产部门检尺对账，这样很多漏洞就堵住了（**素质：规范性，能力：计划组织能力**）。这个环节当时很多大厂都没有注意。这是前任场长在管理上出现严重的漏洞。我上任以后是下了很大的工夫，把这种状况扭转过来（**个性要素：追求胜任取向**）。当时有两个检尺员在工作中犯错误，我找他们谈话，提出警告，被停职半年，但后来上岗后，又犯同样的错误，因此被我开除了（**个性要素：原则性、果断性**）。通过这件事，我发现老是开除人也不是好的办法，我觉得是制度的制定有缺陷，因此采用了一些新办法，在采伐前进行立木检尺，计算出材量，根据行情按木材口径大小招投标（**能力：分析决策能力、严密性**）。从××年开始××市的3个大的林场场长都不约而同地想到这种方法，采用了这种木材招投标制度。近10年，××的13个林场都在用这种办法。这种木材招投标制度使木材成本不断下降，木材价格不断上升，整个林场系统的效益越来越好，一年上一个台阶，那些没有采取招投标的采育场都倒闭了。制度有缺陷，就会事半功倍，如果制度好，就是事倍功半。我们林场的管理，一个就是抓成本，第二就是抓销售，这两头一抓，中间就是利润。这是条主线，这个牛鼻子抓住了，我们厂的效益就上去了，职工就能加工资，很多问题都能解决（**能力：分析决策能力**）。我到××林场工作7年，3年扭亏后，后4年××林场在全市林场的综合评比中都是前三名（**素质：追求胜任取向**）。后来我从××林场调到××林场，我到××林场后，我们把这个招投标放到县政府指挥下的纪检、监查、公安组成的联合招投标平台，投标的人多了，这样串标的人少了，社会闲杂人员不敢来骚扰，木材的销售价格更高了，又上了一个台阶，效果更好（**能力：计划组织能力**）。整个××地区只有××林场有这种形式的招投标，××有这样的外部环境，而其他县要这样做有难度。××林场木材销售的收益是整个××市第一，而之前××林场的木材销售收益在全市林场中只是处于中等水平。木材放到县里招投标后，近年来，木头越砍越少，第一年砍2.5万立方米，第二年砍2万立方米，后来每年只砍1万立方米。砍的少而木材价格越来越高，林场收入也越来越高，目前××林场的资金积累达到5000多万（**素质：追求胜任取向**）。

还有一个让我有成就感的是，组织国有林场职工的文体活动。2002年以后，林场系统扭亏为盈，工资能发得出，厂里的资金有积累，我们就要考虑职工的业余文化生活，我2002年在厂××林场组织气排球比赛，门球比赛。在××林场组织腰鼓队，这些文体活动搞得很好，参加市里的比赛都有名，××林场二次获气排球第二名，××林场获气排球比赛第四名，我到××林场的第5天成立气排球队，到×× 林场的第3天组织气排球队。这些情况市领导都知道，他们说××场长到哪个单位哪个单位的文体活动就搞得好（**素质：追求胜任取向**）。我认为一个单位的“和谐”是领导和职工的相互促进，除了抓生产，出效益，还要为职工着想。通过开展活动，增强企业内部的凝聚力，加深了场长和职工的感情，场长为职工着想，职工也会支持场长的工作（**素质：服务群众意识；能力：团队领导能力**）。

再说一个在××林场工作期间做的事，作为一个林场场长要创新，不创新企业就没有生命。在七八十年代，××林场是一个科研、教学基地，后来领导不重视，这良种基地建设停滞了10年。××林场的良种基地的基础非常好，做了很多年，有一套人马，那些人后来改行当了护林员、检尺员。我到××林场后，重新召集这帮人，把一些旧的数据、资料找出来，重新成立了科技科（**素质：**开拓性；能力：计划组织能力**）。科研平台建起来后，××林业大学的科研人员又来到××林场，重新开始科研工作我们现在申请到了国家林木良种基地，目前良种基地全国仅有100多家（**能力：沟通协调能力**），每年国家拨给科研经费100多万。去年××林场获得省科技进步二等奖，在全市林场的年终综合评比中获第一名（**素质：追求胜任取向**）。

问：在您的工作经历中，有没有由于各种各样的原因，致使工作中留下遗憾的，有做得不满意的事例吗？

答：在××林场买山场这件事有点遗憾。当时遇到林改，山场已分到农民各家各户，我们到农民家买山场，买来后由职工来经营。到一个村去买，有100多户，但其中有6户不愿意，由于这6户共有人不愿签字，林权证办不下来。花半年的时间，花了很大的精力，还是买不下来，只好放弃，把收来的山场又转让给其他人。当时我们找了他们的亲戚，找了乡长，都没有效果，我估计他们是舍不得老祖宗留给他们的产业，就是让山荒着，不挣钱，农民也不愿意卖给我们经营，到现在那几户农民的山还是荒着。就像现在搞拆迁，都有些钉子户。当时我们的出发点是好的，村里的农民经营山场不挣钱，而国有林场经营会挣钱，职工参股也能增加收入，这是双赢的事，对国家也有利。我们在做这项工作之前也开了多次常务会和职工代表大会讨论，但还是对农民的想法估计不足，这件事最终没有办成[**（欠缺）能力：沟通协调能力**]。

我们场长的权利和权限也受到方方面面的影响，××县××林场曾在××县××开发区买了厂房，那是一家破产的食品加工的标准工厂的厂房，通过法院拍卖买下的，当时房产证办不下来，我到××林场后就打官司，官司打了2年，把房产证办下来了（**素质：法制意识**）。厂房出租每年有50万~100万收入。当时台湾老板看中这厂房，要买去做仓库，我们舍不得卖。市里领导考虑支持海峡西岸建设，考虑到统战，让我们把厂房卖了，当时卖出1000多万，扣除800万买厂房及打官司的钱，也没亏。这件事从大局考虑，市领导的决定是没有错的，对于林场来说，转让厂房后，林场扣除各种费用，保留一幢办公楼和6亩地，还是有获益的（**素质：大局意识**）。

问：现在您到××林场工作后有没有什么压力？

答：有压力。中国的农村很复杂，我们林场与行政村和自然村关系很难处理，给我这个场长工作带来很大压力。我们厂和行政村的关系一直不错，如果行政村与自然村关系好，对我们就没有压力。但是行政村与自然村关系不好，行政村就会拿林场当出气筒。比如林场采伐木头、运输木头要经过自然村的道路，自然村会要求林场留下买路钱。而行政村找自然村，自然村也不买账。行政村村长当选与姓氏有关，如果其他姓氏的没有当选村长，就会拿林场出气。我们林场的林价款是给行政村，如果行政村村长拿了林价款，这笔钱用得好，每个自然村能摆平就没问题。如帮助他们修路或饮水工程，那么自然村就不会给我们太多的阻力。有时摆不平，村民就会堵路，不让我们运输木材。还有一些农民把林场砍伐过的林地抢回去，××有个林场被抢去8000平方米的林地。

问：您怎么处理呢？

答：面对这种情况，高压政策是不行的。我们不能跟村民吵架，打架更是不允许的，我们解决这个问题的办法，就是要跟他们磨，跟村长要搞好关系，跟哥们一样。作为一个林场场长协调性要很强，跟村民讲话要注意把握分寸，有些村长脾气大，我们不敢跟他随便讲；有的村长性格是大大咧咧的，跟他说什么都行，他都不生气。在××林场工作时，有20几个自然村跟我们有关系，我有时一上班就来好几个村长，我就得花时间陪他们喝茶，没有时间也要挤时间陪他们（**素质：群众意识；能力：沟通协调能力、社区关系处理能力**）。和上面的关系也要搞好，我们也很希望领导下基层走走。我的性格有个特点，我当了20年场长很少向上级领导诉苦，我只是把情况跟领导汇报，有些问题领导也解决不了，我不爱向领导诉苦。领导也是人，有些问题领导也解决不了，作为林场的第一把手，没法推卸责任。当时老的林业局××局长说过一句话："这些问题解决不了，还要你场长干嘛？作为场长的一亩三分地，你门前雪要自己扫。"我对这句话印象很深，很多困难只有自己想办法解决（**素质：责任意识**）。在林木采伐前两年，就要提前跟自然村搞关系，到林木采伐的时候就比较顺，我们出一些钱资助他们公益事业，让自然村先修路，然后我们去验收，再给钱（**素质：原则性**）。现在的××村也主动跟我们协商，他们要地，要求我们砍林木，我们林场不砍，他们的地也不能收回去。

目前我在××林场工作7个月了，我来了以后上山调查3天，心里就有数了（**能力：调查研究能力**）。目前××林场林木资源有，但可利用资源断档，养职工困难，作为场长我的压力很大。林场要转型，作为一个场长要有责任心（**素质：责任意识**）。到了一个新的工作岗位，前任领导不足之处要改正，优点要发扬光大，在工作中要创新。市郊林场以生态公益林为主，准备两条腿走路。企业要转型，今年老厂部改造，准备盖5000平方米的办公楼，××城投公司已投标。1000平方米作为办公楼，可以出租4000平方米，有店面、有酒家、有单身公寓。投资1200万，预计出租一年收入200万。今年立项的另一个项目，就是××森林公园××中心，有3000平方米的面积，投资1000万，预计一年也有50的收入。原来市政府财政一年拨50万，争取市政府的支持，一年再增加拨款50万（**能力：经营管理能力**）。

再一个就是山上资源要利用好，组织职工集资，山角空地综合利用，搞绿化大苗基地，种绿化大苗比种杉木、马尾松效益好，已种2万多株，年底再种200多亩，明年再种300亩，争取800亩的绿化大苗基地（**能力：森林资源经营能力；知识点：森林资源经营**）。还想搞中药材基地，这个计划还没启动，还要先进行市场调查，不能盲目的上，这个项目怎么上还要考虑，还没做最后拍板

(素质：严密性)。再一个是我厂大面积的生态工益林怎么经营，是我在考虑的问题，生态工益林的管理要学习欧洲芬兰、德国等国家的净自然管理。国家不允许主伐，但允许10%择伐，今年育了100斤种子，准备种几百亩的闽粤栲。这种阔叶树林下更新好，不能像以前那样整片主伐，炼山，清杂**(能力：分析决策能力、森林资源经营能力、学习能力)**。

问：林场场长要具备哪些知识？

答：一是要具备专业知识，二是管理方面的知识，三是销售方面的知识，四是财务知识，五是社交礼仪、公关方面知识。学习公关知识有助于解决厂村关系，学习如何与政府打交道。各方面的知识都要懂一些，不要太精。我还有一点体会是要向同行学习，取经，学习他们在实践中成功的经验，我经常到各地出差，多跑、多看、多学、多问**(能力：学习能力、调查研究能力)**。

问：非常感谢您在百忙当中接受我们的访谈，谢谢您！

案　例　四

受访者：云南省×××场长

问：请谈谈您的学习经历和工作经历。

答：我是××年高中毕业，高中毕业后，当时昆明市××学校，在××学校上了×年，两年后直接分配到市林业局直属的林场，到今年×月底就××年工龄了，没有离开过林场，一直都在林场工作。所学专业就林业专业。曾经担任过护林员，过去工作并不需要专门的上岗资质，还从事过采伐林木设计、清理病腐木，包括销售、病虫害防治、森林防火（**基本信息**）。防火是当前最重要的工作，抚育间伐从1998年天然林禁伐后就没有了。市林业局任命我为场长是××年，××年×月×日起因按属地管理林场划归区政府管理，××年×月份区政府又任命一次。当时林场归市林业局直管，再以前我还未来单位工作时是属省林业厅直管，就连××林场（现属林业厅直属事业单位）都是××林场分出去的，只是林场的一个林区。从场史中反映，组林场当时有林地××万亩，现在只有×万多亩，主要是分离出去一些，定权发证减少了，划拨出去了一些。

问：您的岗位职责有哪些？平时主要做什么工作？

答：我们林场森林覆盖率还是比较高，达到91%，目前大面积的种树都不种了，抚育间伐每年有3000立方米，但是多年来一直都没有砍树，林子很密，森林防火还是很危险。目前最大的工作还是森林防火（**知识点：森林资源管护**），每年有7个月的时间都是防火，造林任务很少，没有成片的造林地。造林任务只是少量的栽些经济林木之类的，所以，防火是最大的工作。其次就是林地管理，防止违规采石、挖沙等，平时还要注意有无森林病虫害发生，发现要及时与市森防局联系，还有就是护林，过去是第一位工作，现在已经下降到第二位了。随着经济社会的全面发展，老百姓除了偶尔的、很少量的砍伐需要，大多数都是烧液化气，很少有人去找材烧了。以前是保护为主，保护与培育并重；现在是可持续性发展，要把资源用好（**知识点：森林资源管护**），林地与土地一样都比较敏感。去年、今年的棚户区改造，资金都到区政府了，但是市规划局不同意，林场就动不了，没有办法。现在涉及砍树又是一个高压线，我们只有林地了，除了极少有的低产林改造，地盘松林可以报批，剩下的就是好林子了，然后还有一半多一点是生态公益林，也不太好操作，只有做好保护与培育工作，我们甚至都不允许在山上搞养殖。下面有水库，养殖对水源有影响，虽然并不是水源林，只是我们的公益林。水库不是林场的，林下水淌下去汇到水库里，所以养殖也很不提倡，一般只是种植林下资源，前提是不能破坏植被。像目前在试种块菌，2000多亩林地，不能引进开垦太大的项目，主要还是以保护为主，像食用菌块菌、少量的种植中草药等林下种植。像块菌种植他们还规划了培训中心，打算做云南、甚至中国最大的块菌种植、生产、加工培训中心（**知识点：林下经济**）。目前所做的开发就是这些，因为我们林场所处的位置不同，林地处于敏感地段，像新机场旁边，森林防火压力相当相当的大，不允许起火。林场主要还是以保护为主，一旦放松一点，立马就乱了，在这一点我们还是比较注意的。以前，有人提出建房子（地产开发）我们都没有同意（**素质：责任意识、原则性**）。

问：×场长最近几年您工作过程中有没有感到做得比较成功的、有成就感的事？请给我举3件事例。具体谈一谈当时怎么想的，又是怎么做的，取得了什么样的效果？

答：要说最有成就感的就是森林防火，不出火情，平安无事，受到上级表彰，这是最有成就感的。特别是最近几年，有灾有害的时候，比如这几年的防旱等，这是最有成就感的。比如是森林防火等，小的比如块菌种植，如果它成功了我也会很有成就感，也是林场在保护好现有资源的情况下，开展的林下开发，产品对人体也有好处（**素质：追求肯定取向；能力：森林资源管护能力**）。

问：块菌项目只是启动了，还没有见效吧？

答：前期投入还是大的，这个月，我们刚刚修防火通道，把它们的道路也接通了，轿车、微型车都可以上到它们的基地，虽然不是硬化路面，但是修好后都可以上山了。要说有成就感，也说不上。有些时候，领导交办一桩事，时间紧、任务重，急事情完成了，受到领导的表扬也有成就感。说明做工作领导满意，就是我们的目的。或者说我们保护森林，将森林保护好，没有出问题，守土有责，国有资产没有流失就可以了（**素质：责任意识、追求肯定取向**）。

问：事例能否再具体一点，主要是谈一谈处理这件事儿的过程中涉及了哪些问题，当时您是怎么想的，怎么做的？

答：具体的事例太多，但是有些说起来又不具体。有一个，×××年开始大树移栽，当时是修昆明新机场占着的林地，如果树不移栽就砍掉，送加工厂，区上领导讲要将树移栽免得再花钱去买绿化用树，把树砍掉觉得可惜了，这些树都是长了几十年的大树。当时通知我到××地区去开会，下午就布置任务。当时林场没有钱，林场属财政拨款，没有做这方面的专项资金。当时任务分配给我们是100棵树用于搞绿化。第二天领导就亲自来，我带他们到山上去看修机场将要砍的树，只有一天多的时间，相当于今天中午说后天就开始挖树。当时时间紧，任务也紧，机场方也在催着尽快交土地，不然超过时间他们就推掉了。当天下午我们就找了人，从起土、挖苗、移栽需要多少钱，修路需要多少钱谈起，谈完了我们也不能决定，单位也没有权利决定这个价位。于是就由施工方提出个价，我们报到区创建办，由区创建办同意后才敢跟施工方签协议。当天做准备，找人、修路、买绳子等，第3天开始拉树。从××年×月×日开始，一直到××年×月份，这项工作才全部完工，其中春节休息。我们保证了时间，也没有窝工，派3人在山上负责登记，每棵树运到什么地方，栽在什么地方都有登记，很细心(**素质：规范性；能力：计划组织能力**)。所以，这件事受到区委、区政府的表彰，还以奖代补的形式给了林场10万元，我还亲自去领奖(**素质：追求肯定取向**)。这是一个比较具体的事，算是一个临时任务，它没有在工作计划中。一般砍树需要报批，纳入机场项目统一办理。现在他们怎么说我们就怎么配合，这毕竟是重大项目。但农民他就不按这执行，没有赔偿他就不答应，那就可能会拖延时间。由于时间紧，我们也是找省林业厅积极协调，特事特办，找到××厅长，找到行政受理中心，说明情况，他们还是给办了相关手续，这算是一个大一点的事(**能力：沟通协调能力**)。

问：类似的具体事例是否能再提供两个？

答：还有一个事，是4年前的，大约就是这个季节，区生态指挥部发了一个文件，叫我们在×月×日前要完成育苗15万株(滇朴10万株，银桦5万株)的任务，这个任务太紧了，因为滇朴是采取多种方法到处买的。当时是全昆明都在种树，过去是要都要不完，那时却买都买不着。还是跟林场职工自己育的苗买了一点，到××县买了一点，银桦实在是买不到。我还请省厅天保办的同志发函，打听一下全国哪里有银桦，只有广东有一点从澳大利亚引进的黄花银桦，但是价格太贵了，不敢买，先前问才是28元一株，才隔了一个星期，可能听说到处要种银桦，就变成58元一株。如果送苗过来，苗到就要收钱，那时根本没有钱，所以不敢要。后来我就到处打听，得知市种苗站根据市政府的任务要育30万株银桦，在禄丰村林场育苗，只是刚栽下的小苗，看了以后还可以，为了完成任务，就商量无论如何要了5万株的苗(**能力：沟通协调能力**)。滇朴是当年就种下了，银桦是第2年装袋移栽的，也是时间相当紧，后来验收的时候，区上还来了两位领导，亲自看了银桦栽植地点，领导看了说："搞得好，你们没有搞假"。任务算是完成了(**素质：追求肯定取向**)。

问：最后一个问题，也是3个事例，在最近几年工作过程中，您负责过的，认为完成得不太好的，或者是当时没有做好的留有遗憾的3个事例，越具体越好，当初怎么想的、采取什么措施、有什么样的结果？

答：一个是2009年，浙江姓×的投资商过来，我陪他到林场的小哨林区，他当时准备栽香料，栽玫瑰花，属木本玫瑰，可利用50年，还有薰衣草等。当时还是很惊喜，他准备在当地还建香料厂，建厂很好，起码税率交在本地，栽种面积大，还可以解决就业。后来因为次贷危机影响，他就没有再来了，以后没有说做和不做，就再也没有来了[(**欠缺)能力：经营管理能力**]。

还有一个是大前年的事，结合昆明市殡葬制度改革的项目，属于合作。由一个江苏的投资商来搞公墓开发，我都看见曝光了，属于公益性和经济性结合的项目，先做公益性的，当时由投资商出资把我们区内的河道、坝区的散坟全部搬迁到山上，这些是公益性的。所有前期工作，他们做了一年，我们陪着他们去看了多少次了，他们在昆明的公司我也去过，我们和民政局在一起，项目属于民政局和林业局招商引资，我感觉我们已经很用心了。最后一次是8月中旬，去林场还说所有准备工作要在9月16日前完成，意思是开工典礼仪式要在9月30日，这个都已经定好了。后来我打听到，说是××流域不准搞，这就没有做成。连时间都定好了，这个项目是最可惜的，投资商也好，我们也好，都花了不少精力，起码跑了好几圈。项目规划全都有了，包括解决多少就业都有了，所以感觉很遗憾[（欠缺）**能力：调查研究能力**]。

别的像炼锌、炼铁什么的，污染环境做不了（**素质：责任意识**）。小的就记不得那么多了，有肯定有，工作那么多年，时间久远。特别特别深刻的，要很大的才可以。

问：刚才讲的是项目上的，在职工内部管理等方面有没有一些事例？

答：有是有的，职工一家3、4个人在林场上班，就是从事同一工作，父母退休了子女还在上着班。工龄30年以上的职工还是多的，前不久省、市，包括区宣传部，他们来做森林防火的一个宣传。从森林防火的总体角度考虑，我们不建议做人物的单独宣传，只能针对哪一项工作单独宣传，因为宣传不好会起反作用，目前不宜做，待落定后再说。一般只是讲具体的工作。

以前在××年、××年的时候我们的条件是非常艰苦的，单位职工等于是没有工资。因为那时我们在市局管，属于差额拨款，上面只给专项经费，专项经费不可能用来发工资，给职工加工资都是空加的，只有到退休时才能拿到。以前还没有进行医改，职工的医药费也报不了。

问：在当时特别困难的时候，您作为场长是怎么做的？

答：我们总的原则是节约，然后积极向市林业局汇报（**能力：沟通协调能力**），实在没有钱的时候，一个月几万元还是会给的，以前工资也比较低，一个人每月300、400元左右，也还是好解决。那个时候这项工作也还是比较棘手，因为每个月都要钱来发，不然没有人干工作。单位职工知道情况，缓发一个月、两个月问题不大。但是防火季节请来的工人，拖延一个月、两个月就没有人给你干活。所以，在那个时候是最难的。现在已经过去了。

问：非常感谢您在百忙当中接受我们的访谈，谢谢！

案 例 五

受访者：河南省×××场长

问：请您先谈谈您的学习经历和工作经历。

答：我于××年从××学校毕业，毕业后分配到国有××林场工作，至今已有××年了。刚参加工作时在××林场担任技术员，后从技术员、生产科科长、一直到办公室主任。××年，经组织部考察任命，开始担任××林场副厂长，在这期间主要负责林业生产、经营管理等业务工作，××年，职务调整任林场场长兼书记(**基本信息**)。

问：您认为作为林场场长的主要岗位职责和工作内容有哪些?

答：一个是林木管护。在河南省的国有林场中，××林场按面积来说是比较大的一个，经营面积有15万7千亩，15万亩以上的国有林场全省不到10个。森林资源主要是次生林，有林地13万亩，其中12万亩是人工林，主要树种由刺槐、油松组成，其他的还有水杉和侧柏等。现在我们以管护为主。这些森林资源是近50年我们林区的工人辛苦栽培而成的，除了有不到5千亩的陡坡不宜造林外，其他宜林荒山都覆盖有林木，林木管护是我们林场的首要任务。其中首要的是做好森林防火，防火最关键。我们一年中有半年的时间在做森林防火工作。河南省从10月15号开始，到第二年的5月15号，有7个月的时间是森林防火期，(现在要求要做隔离带，原来没有考虑这么多)做好森林资源管护、保护森林资源安全是首要的任务(**知识点：森林资源管护**)。

第二个是搞好经济。×年通过国家林业局得批准，我们成立了××森林公园。主要靠森林资源来发展(生态)旅游(**知识点：生态旅游**)。这个森林公园由3个林区组成，这3个林区总面积是6万8千亩，森林覆盖率90%多，这个森林公园从×年设立之后，由于森林公园开发肯定需要很大资金投入。但是国有林场各种人头费也就是天保工程的一些费用，再加上国有林场是一个差额，是参公单位，地方财政上补贴一点，基本上能够维持职工的正常工资开支，所以从这里面再挤出一部分资金去搞森林旅游开发基本上是不可能的。所以从××年以后，说是森林公园，基本上是保持着原始状态。中间也请××设计院来进行总体规划，也请××勘察设计院，对占用林地也进行了可行性调研报告和规划设计，这样弄了以后，由于没有资金投入，一直处于停滞状态。但是由于财政资金拨款有限，我们进行招商引资吸引私企联合开发，但对于森林公园的建设上投资不够，基本上没有大的发展。××年以后，也通过各种途径，也算是引资，和××市林业局一起引资，后来是一家个企，他以前是搞金矿开发和房地产开发的，积累了一些资金。最后和他签了协议。在保护好现有森林资源的情况下，也是按照国家林业局批的那个规划。直到去年，我们才搞了些投资，建设还谈不上，就是先做了做路，要2~3年以后才大致可以开始营业(**能力：经营管理能力**)。这个首先考虑到是场里职工子女的安置问题，因为现在场里职工双职工的少，大部分职工家属都在农村，孩子也在农村，有的上学，有的初中、高中毕业以后就到外面给人家打工，这就考虑既然有这个条件，如果把这个森林旅游搞好以后，管理、卫生也需要很多人，可以安置一部分职工子女就业，就给职工解决点后顾之忧吧。然后就是每年给厂里职工搞点福利，直到去年我们通过各种渠道，进行了森林公园规划设计、开发建设，预计两年后效果会显现出来。这样一方面为林场经济发展打下基础，另一方面也为场里的家属子女就业提供方便(**能力：团队领导能力**)。

另外这几年城郊森林工作量很大，我们成立了绿化公司，每年承担一些造林绿化工程，也通过正常的招标公司，这5年效益还不错。在××年之前厂里边职工的工资基本上没有发全过，有时候发80%左右，从××年以后，通过各种途径：苗圃、森林公园、造林公司，还有通过承担一些工程，工资都是按全额发的。××市近几年城郊绿化需求增大，发展了园林绿化苗圃，成立了园林绿化公司，效益比较好。在××年以前，我们只能给职工发放部分工资，××年以后，我们已经是全额发给职工工资了(**能力：森林资源经营能力；经营管理能力**)。

另外就是我们现在场部在职人员是××人，退休的××人，全年工资需要×××万元左右，各种保险金每年需要××万左右，全部资金每年需×××多万元。作为厂里的领导来说，这些应该考虑到，这也是给厂里职工解决后顾之忧。另外也是国家一直要求的。厂里面不管怎么困难，在其他方面节约点，但是在职工福利待遇方面是不能节约的。该交的都要交的。另外，防火期过了以后，我们对职工进行一次体检，我们每年给职工体检一次。这两年每年组织职工外出考察一次，费用就是个人拿一部分，厂里拿一部分，也算让职工开开眼界吧。因为咱们的职工条件确实太艰苦了，长期居住在山区，和外边很少接触。有的条件好点儿的林区在村庄里面，和村民居住在一块，有两个林区离村庄还有2、3公里的地方，一个林区就这5、6个人，一直待在这里，这个就是很辛苦。出去看看，我觉得对职工来说也开眼界，也受教育，有利于回来安心本职工作，全身心投入工作。我觉得首先要关心职工，然后职工才能尽心于他的事业。费用由职工和场里分担，这样为职工提供福利，使职工开阔眼界，安心林场工作，以林场为家(**能力：团队建设能力**)。

我们职工也很不容易。你想想我们林场有十几万多亩地，这十几万多亩地，这些职工，一个人要管不少呢！他们一个人要管五千多亩。特别是现在这个季节，每天刮大风，晚上睡觉都睡不着，现在要求就是全天24小时手机不能关，所以晚上最怕10点以后接电话，就怕有什么情况。防火期过了以后，相对就轻松一点（**素质：责任意识**）。

问：请您谈谈自任场长以来处理过的比较成功的、比较有成就感的3个工作事例。

答：因为我本身就是农民的儿子，现在父兄还是农民，从担任副场长以来，有人认为应该和群众不一样。我从没有把自己看的比农民高贵多少，对我个人来说，对任何人都是以诚相待的。我很尊重周边村民。所以我们的很多工作都有附近村民的帮助。比如火灾，火灾是不可避免的，有时是防不胜防，和村民搞好关系后，他们也投入到了防火的队伍中。因为我们的护林员只有30个，不可能每天每处都能走到。所以，村民给我们防火工作提供了很多、很大的帮助，他们发现着火，及时对我们说或对村干部说。我们森林火灾不多，但是有，都是控制在很小的范围内，咱们场子里面的职工赶到之前，基本上都控制住了。这个必须让他们自己自觉承担一部分责任，这个不是说光靠一个场长就能做好的。有的我也看到，你不好好说，和村民关系不好，他们不吃这一套，这个必须要工作做到位。我们5个林区周边涉及4个乡镇，我们每年都主动和这些乡镇所属的一些村民联系，和村组干部开座谈会沟通，到一些学校进行宣传，印发一些防火小册子，以感情投入、拉近感情换取群众工作支持。与林场相邻的群众有几千人，有时过路人引起火灾，他们不仅及时直接或通过村、乡给我们通报火情，而且主动帮我们消除火患或消灭火灾，在火情还没有进入林区时就及时得到了控制，使得我们防火工作落实很好。与群众搞好关系，实现防火群防群治，这是我最大的一个工作感受（**能力：政策宣传能力、社会关系处理能力**）。

还有就是去年6月的一天，在我们场区维修道路时，一位职工在驾驶机动三轮车时因失速发生了事故，撞到了树上，腿被夹住。因事故地点离我们场区比较远，当时这个人意识都很清楚，在场的人觉得不是很严重，但是也给我打了电话，我就把××市区医院急救电话给他们，然后赶到现场（**素质：责任意识**）。因为我们地处山上，距××市区有20多公里的路，所以我组织了几个职工找车想抓紧时间先把他送到医院去，在路上我们和急救车相遇了。当时伤者身上有其他伤口，但是没有检查出来，一直在流血，在路上他就没有了血压。到了医院，发现伤者伤情比较严重，急需输血。因为是冬天，库存的血浆冻住了，我和几个职工轮流用体温把血浆暖化开。由于伤情严重，医院建议转到××医院治疗，我就马上和××医院联系，通过绿色通道及时输血抢救，想法把腿保住（**能力：突发事件应对能力**）。场部的几个职工和场部领导从晚上10点一直守到第二天上午9点，直到手术做完。刚开始情况还是挺好的，后来说还是要截肢，我要求先保命再保腿，尽量救治他。后来进行截肢手术，做手术时我也去了，也给家属一些精神安慰，其他的咱也做不了啥。尽管场里的条件不是很好，资金也不充足，这位职工几次发生了并发症，下了几次病危通知，但我们还是尽量帮助他。我专门派了场办公室主任和两个职工，一直陪护他两个月，配合医院护理，直到完全康复。从他抢救到最后治疗，前后两个多月共花了20多万元。这件事职工、社会上反映都比较好（**能力：团队领导能力**）。

问：前面谈了两件事情，挺好的，还有没有觉得挺满意的？

答：因林区内相邻、包含有群众的耕地、荒坡，是当初建场时遗留下来的问题。因农民进行耕作时很不方便，慢慢的他们就放弃了耕作，也萌生了一些林木，他们不定时进行采伐，与林场产生了很多纠纷。××年场里面和有关村民，在交界处进行了大面积土地置换×××多亩，但还有部分耕地没法交换，现在还在林区中。我到场部任场长后，及时解决了此类矛盾，只要村民有土地证且记述清楚，我不会难为他们尽量不要与群众纠纷，能说清的尽量好好解释，因为他们没有什么收入，生活也不容易。在会上我也号召全场职工，积极和村民和睦相处，这以后我们一直没发生什么纠纷事件。对村民办证我们尽量给予方便，该出证明的就一定给出证明，村民也给予我们工作上很大支持。前年，由于林场修路，毁了村民20多棵苹果树，损失经济价值不少，通过村里做工作，村民积极配合，也没有要求任何的赔偿。我们以心换心，是群众的就是群众的，村民群众也挺拥护我们的，有些事儿也能配合我们做，这样我们开展的许多工作都十分顺利（**能力：社区关系处理能力**）。

问：请您谈谈任职以来遇到的有遗憾或者处理得不理想的3个事例。

答：也说3个事例吧。一个是“天保工程”。××年我到××林场以后，国家政府对国有林场的拨款就没有了，主要靠采伐人工林给职工发工资，每年靠采伐几百亩维持职工生活。这种情况一直持续到××年，所以，林区所剩的可采林木已经不多了，采伐林木大多是为了维持职工工资的支付。“天保工程”开始后，我们又培育了很多的林木，包括工程造林和封山育林1万多亩，现已成林。最近需要造林的地方都是立地条件不好的地段。“天保工程”中有一些地方比较遗憾的，由于当时上级要检查成活率，我们也为了追求成活率，没有采取混交措施和及时采伐疏林间隙，对防火的要求考虑很不够。再加上林区有野兔与野鹿的危害，成活率也十分不好控制。为了考虑成活率，我们过多造侧柏、刺槐纯林，但对于防火带、隔离带考虑的不周全，所以村民在对荒坡进行耕种时，给森林防火方面造成了很大的隐患。我认为这是遗憾之处[**（欠缺）素质：规范性；严密性；（欠缺）能力：森林资源管护能力**]。

第二个是由于病虫害危害十分严重，我们也采取了很多手段，但防不胜防。危害很严重的就是松扁叶蜂和松针蚧，松毛虫不太厉害。松针蚧这个虫近3、4年很厉害，太小有外壳保护很难控制，我们采取各种方法防治效果很不好，这件事让我很头疼。前几年我们请湖北的专家，用飞机对尺蛾虫害进行防治，效果很好，但对松针蚧的效果不是很理想。我们今年也准备采取飞机防治这种方式，再尝试一下，现在正准备和上级部门联系，希望能得到解决**（能力：森林资源管护能力；知识点：森林资源管护）**。

问：谈得挺好的，还有吗？

答：还有就是森林资源经营方面，也是我们的困难之处。由于我们的造林树种油松一直没有抚育，有30多年的历史了，已经过了成熟期了，但是国家政策只让管理不能大面积采伐也不能间伐，一直没有抚育过。而当时油松种植过于密集，造成了通透性差，干枝、枯枝太多，不利于病虫害的防治和林分生长。去年国家投资了一些钱，但由于资金短缺、政策方面的各种原因，这项工作一直处于停滞状态，抚育间伐也没办法进行。政策太死板，只能修修枝，不能进行过多的抚育，不允许间伐，林子通透性不好，容易发生病虫害等问题，森林经营方面确有不足之处。

问：您认为对国有林场场长培训哪些内容合适？

答：根据我个人情况，我认为和社会上进行接触交流沟通的机会比较少，对林场管理方式不一样，经营理念上可能存在滞后的情况，相对比较封闭。希望加强和社会上的交流，提升经营管理理念，拓宽事业发展思路，充分利用自身资源，结合整个社会需求，寻求更好的发展空间。林场场长的基本经营管理技能应该具备，在林业新技术推广应用方面要有所了解、掌握技巧，森林防火方面需要加强培训，尤其是在火情的扑救方面，在组织、指挥、经验、能力等方面，也希望得到更加全面和专业的指导**（知识点：森林资源经营、林业经济管理、森林资源管护）**。

问：非常感谢您在百忙当中接受我们的访谈，谢谢！

二、乡镇林业工作站站长访谈文本案例分析[1]

案 例 一

受访者：甘肃省×××站长

问：首先请简要介绍一下您的履历：什么时候毕业，上的什么学校，什么时候进的林业局当上站长的？

答：我是××年×月份，算是×月份从××学校毕业，进这个单位是市××部，专门做集体育苗。××年×月份到××林业站当站长，到××有×年。从上班以后一直忙，毕业后上了个电大，拿了个大专的毕业证（**基本信息**）。

问：××林业站基本情况怎么样？

答：与××地区接壤，就在这上面。林地面积是109 400平方米，植育花园是26 700多平方米，整体接近15万平方米，承包林户是17家，1989年一直到现在，承包面积是64 300平方米，林地分配不均衡，多的一户能分1000多亩，少的可能一亩还不到（**基本信息**）。

问：作为站长，主要岗位职责是什么？

答：我具体做的是单位的统筹，具体分管的是党务、苗圃方面的事务，具体林业站的工作由副站长××负责，大的检查是我参与，我具体管。每周大家碰个头，就是总结一个礼拜的工作，与下面工作衔接上（**岗位职责信息**）。

问：请您列举工作过程中的3件成功事例，当时是什么情况，遇到什么困难，有什么想法，采取了哪些措施，成功之后的体会。

答：我感觉到这几年林业站最关键的就是林业方面的改变，原来咱们树栽下的成效不好，这是我认为的。××年我到××林业站去，××年就一直大力发展工程队造林，这两年去，亲身体会到这树栽下以后咱们的管护作用很重要（**能力：森林资源管护能力**）。一个很简单的例子，咱们林业站的职工一到下雨的时候就要上山，老百姓放牛和咱们不一样，这农民天晴了不放，下雨了就放，双休日放牛，咱们干工作的双休日休息的话，他们就放牛。不是害怕牛吃，是害怕牛蹄子，那一踏就把树苗踏坏了。最近5年来，咱们的管护工作抓得特别紧（**素质：责任意识**）。原来老百姓放牛放牧是正常的，为啥？你树栽在我们的山

① 本章节文本分析人：陈立俊

上，我的牛就在山上吃草那是应该的，农民有这个意识。要改变这个意识还是费时间，几次和农民发生矛盾，我们都通过解释、宣传、处罚教育等方式，让他们慢慢转变。这个过程特别漫长，也特别费精力（**能力：化解矛盾冲突能力**）。现在感觉最有成就的就是进入林子里去，你想2006年去林子里，林子都长得这么高了，领导去都看着爱。你说我们亲自栽下的一片森林，心里感到确实这就是个人的一点价值嘛（**素质：追求肯定取向**）。把那一片森林绿化了，咱们刚上来不是说为社会做什么，是为这个村做了一些事。现在农民也知道那儿有这么高的树了，也自觉地不放牧了，这是一个习惯问题，这样咱们也知道林业站的管理工作做到位了（**素质：服务社区意识、责任意识**）。

下雨的时候，当站长的要承担两个风险，第一个是咱们职工的人身安全，要是今天下雨了，职工用的是自己的两条腿上山，要不就是自己的摩托车上山，这人员安全要特别操心。你说去管护了，咱们的职工要有个啥事情，这个责任当然也就大了。咱们不能说为了抓管护而舍去一些东西（**素质：责任意识**）。另外一个是解决咱们职工和群众的矛盾。这个矛盾我举个很简单的例子，当时是我负责管护的××地区的一个老农，下雨天赶着牛上山吃草，被我们发现了扣下他的6头牛。第一次我们对他做了些教育工作，对他说你把牛要回去，他不要。没办法我们自己要，这老汉看见我们要，就给我们装病，要不就来闹，这就发生矛盾了。最后我们就解释、宣传政策，第一次就这样不能处罚，一处罚的话，这人的心理承受能力差，出现意外的话，咱们这个工作方式就有问题了（**能力：化解矛盾冲突能力、政策宣传能力、政策执行能力**）。你面对的是弱势群体，你访问的人都老弱病残，强壮的都去打工去了。咱们宣传工作特别难，那都是半个文盲，要做宣传工作，处罚不敢力度大，力度大了那农民心理承受不了，出现啥意外，这个责任咱们站长要担上（**素质：责任意识、服务群众意识、灵活性；能力：政策宣传能力、行政执法能力**）。虽然经过这么多的困难，我们付出了很多努力，但是这些年经过我们的宣传、检查，农民已经慢慢形成一定的自觉性了（**素质：追求胜任取向**）。咱们搞检查都是突击的，这样管护力度就上去了。森林资源的保护都说是3分栽7分管，其实我认为是1分栽9分管，你如果管不好，你再栽多少都没用（**能力：森林资源管护能力**）。

问：还有其他突出的事例吗？

答：就像我刚才说的那一段，就像管护过程中和群众发生矛盾，这就是突出的。因为咱们面对的都是弱势群体，现在咱们辖区的管护……

问：比如说有哪一户农民？

答：这名字我还没记下。举一个很简单的例子，咱们××村有一户农民，他有3头牛，那个庄里当时有60～70头牛，那就是放牛的一个钉子户，其他的农民放牛的时候都是避着我们林业上的人的，这是明打明的跟你放牧。这样的话，第一次去做宣传教育，第二次罚款，一个月罚了多少钱？一个月当时罚了

50元钱，那连5元钱都不想掏，这就形成一个对峙，产生矛盾了。我今天不让你拉我的牛，第二我也不给你交罚款，这样也起不到宣传教育作用。当时既要宣传教育又要农民接受，更重要的是以后是要教育全村人不要来放牧(**能力：行政执法能力、政策宣传能力**)。当时遇到一个啥事情，当时我们是这样的说，你把3头牛要回去，你给我交150元。当时把牛就要回去了，这个女的回去以后，两口子就骂仗了，这林业站罚下150元，这咋办咧？他现在还承受不住。两口子就产生矛盾了，这女的走了。走的那天雨下得大得很，这男主人给我打电话来了，说他们家里女人不见了，跟我要人咧，说是你们林业站封山禁牧产生的这一事情，要不怎么能出现这一回事？那当时是一个人来向我们要人，如果要是发动群众来要人的话，那性质就变了，你说咱们咋办？只有发动咱们站上的人给人找人(**能力：化解矛盾冲突能力**)。我到现在都记着那天下着雨，寻人嘛，寻了一晚上没寻着(**素质：责任心**)，最后说第二天人回去了，走亲戚家躲去了。就说这个事情对咱们来说是不幸中的万幸，人回去了。到最后咋办了？咱们赶紧去解释做工作，就劝呀。咱们秦州××区区长发下一个封山禁牧令，涉及这个林不能放牧，咱们只能做工作。罚钱的事一句都不敢提，一提咱们就有问题。这咱们就开始做工作解释，不断地解释不断地做工作，这就要感化人，通过好几次的努力，那一庄牛基本上要么就圈养，要么就处理掉(**能力：政策宣传能力**)。当时区上的区委书记上去专门看了一下，咱们那块的造林工作特别出色(**素质：追求肯定取向**)。

再举一个例子，就是搞退耕还林这一年，在××村一个姓×的，他家有3个孩子，2个女孩，1个男孩，有2个孩子在读书。当时读书没钱了，他自己本身身体有病，而且又受了外伤，这个大腿骨折了，在床上躺着。当时他孩子上学又没钱，他就砍了几个方的树。我们就带到林业站，那这个事要管，要没收他的树。当时是从下午搞到天黑，把树都拉上了车(**素质：原则性、责任心；能力：林政执法能力**)，当时我们不了解他们家里的情况，找当事人看了以后，孩子一个是上小学，一个是上初中，上学没钱。大人还坚强一点，就跟我们说好话，孩子就给我们眼泪汪汪地笑，我们那个心情啊真是不好受。我们本身是农村出身，确实不好受。老百姓砍树，你不管就全线崩溃了，就麻烦了，你管你罚又确实不好受。后来我记得这次树没拉，已经上了车我们又卸下来了，太痛心了，树我们就没有没收，罚款我们还是下了文书，后来这个事就不了了之了。太困难了，这样的事太多了[**素质：同情心；能力：(欠缺)原则性；化解矛盾与冲突能力**]。

这个森林的保护在咱们基层林业站来说是一个困难的职务。咱们林业部门是一个职能部门，像这森林的管护，政府也有责任。我一直给镇长汇报工作，咱们要让政府把森林资源的保护纳入到的议事日程上来，开会时要教育村上干部，让干部起到宣传作用，那个力度要比咱们林业力度大。咱们作为一个职能部门，要是政府会上必讲，然后村上干部回去以后多宣传，这样对咱们林业管护一块压力就小了（**能力：沟通协调能力、政策宣传能力**）。因为咱们面对的对象大多是文盲，作为基层林业站的每一位员工来说压力特别大，这个压力是有两种方面的压力，心理压力和体力疲劳。体力疲劳，那人员出去的时候，那人家的安全，上山那滑……那本身是山路；心理压力，作为站长来说，那个压力你想，不但要考虑职工的，还要考虑对方（农户）的感受，既要把事情处理了，还要和谐过渡。咱们自己谈得是这个事情做不好，领导会说咱们工作方法有问题，要把事情做到位，这是我比较感触森林管护这一块（**素质：责任心；能力：心理调适能力**）。另外一个我想谈的是咱们这几年造林成果为啥这么好，和咱们基层林业站的工作人员确实分不开。你想咱们基层造林期间，造林的职工，包括站长，给县上指定调苗，来了之后选苗，咱们原来不选苗，老百姓从来不会一斤苗二斤苗地选，他一块子给你，要不就不给，这样过来咱们就要修根再剪，再由技术人员把关。通过这一系列的细致努力，这几年造林比较成功，效果比较好（**能力：技术推广与技术服务能力；知识：苗木培育技术**）。这几年毕竟来说不是粗放型管理，林业站都是年轻人，都是高学历，造林方面都是按科学方法走，基本能达到技术规程，这是栽一片活一片，栽一棵活一棵，基本造林成果还是有的。说了这么多，后面我想提几点建议，咱们林业站的工作是非常辛苦的，林业站我感到有3个特点：第一是林业站的队伍要稳定，必须要提高工作环境和生活水平。因为林业站的工作水平比较艰苦，没有一个好的工作环境，职工积极工作那是不可能的。另外咱们这几年的造林水平不断提高，按技术层面来说现在都大专以上文凭，实践经验都比较高，但这仅仅适合于本地。我想这个培训常做也是好事，不管站长的培训、参观学习，还是职工的互相的培训学习，咱们不能就是把职工拉上到全国去学习，那也不是现实的。我想把咱们职工，或是组织××市的几个地方互相学习，让职工开阔眼界，这是一个技术提高的过程，也很关键（**能力：学习能力、团队领导能力**）。第三个也就是说咱们办公经费确实紧缺，站长还有一个职责是啥？要钱。你不但要搞好工作，还要能要到经费，局里不给办公经费，咱们基层站都有一个独立的办公场所、水暖电、职工的福利。举一个很简单的例子，下乡产生的慰问伤病之类的，你难道说站长不管吗？这都没办法，这个经费，这个要钱比干工作还吃力（**能力：沟通协调能力**）。咱们要科技项目，一个项目4000元的经费，我这4000元拿来，光材料就2000元，一个乡村产生的费用就到6000~8000元左右，谁还敢要这个项目了，没人敢要。咱们不做项目，咱们站上不能发展，要项目咱们就赔钱。要钱就产生笔墨纸砚，产生水暖电等方面的费用，这一块子站长的压力特别大。第一，我建议基层林业队伍要稳定，一个是解决职工的待遇问题，还有经费问题。咱们××区乡镇林业站来说编制也是好，它是一个独立的配属机构。咱们林业站的待遇还是要解决的，因为林业站站长的级别是股级干部，就是无级别的，乡镇的领导是正科级干部。咱们作为一个林业部门，职能部门代表的是林业，你给乡镇领导汇报工作，领导对你的重视程度就不一样，你给人家求下情说的话，人就接受你的工作，你当工作去汇报，领导不认你的事情（**能力：沟通协调能力**）。包括咱们职工待遇的问题，对咱们职工来说，从城里上班和在这儿上班是一个级别的水平，在基层上班没有比别人高一点。最早基层有待遇，原来有现在没了，这基层职工待遇还是要解决咧。这样的话人工作的积极性就激发了。护林防护就没经费，如果哪里有火情，第一个赶到的是站长，乡镇长可能是后面来，站长责任是最大的，这可能说得有点多了有点乱（**素质：责任心**）。

问：请您列举近年来3件成功事例，事情发生的过程，遇到的困难，当时的想法，您采取了什么措施，事情的结果怎样。

答：我从××年到××坝以后，那时候好像气候干旱，造林成活率非常低，当时是×局长，让我到农区学习了，那是××年×月份到×年开春。过去，我们单位租地育苗是100多万，因技术条件不太成熟，第一年的树苗成活率是不到20%左右，但是今年我们开设造林地以来，苗子上山以后，在非常差的地方现在有些苗长势非常好，生长量每年增加10%～15%。从××这个区域，已经形成气候育苗。从2010年开始，青海的、宁夏的、内蒙古的都从我们那里调苗，尤其今年。我们调苗做了已是7年了，去年最好的一个农户，经过我们的介绍，一次性用苗45万元，遇到一个实木的90万元。今年价位高，××园北边那一块有30多户人吧，育林面积达到了30～40亩。育苗最高的是××，20多亩，××这个区域育林面积是100多亩，其中有一个非常特别的人，名字叫××，是女的。以前我们造林时，她是一个农贩子，这几年看到育苗的，今年她育苗是14亩，去年育了8亩。通过林业站的引导，林业育苗气候形成（**素质：服务群众意识；能力：技术推广与技术服务能力；知识：苗木培育**）。外来户由局里带动苗木的市场，让苗木这块走向市场，农户来以后通过我们介绍，和老百姓一聚，价格一定，合同一签。这老板来找我们，我们提供服务，从中挣点服务费，对单位用费资金有点着落（**能力：经营管理能力**）。这几年育苗形势非常好，尤其每年开年三、四月份到五月份，这段时间，外来用户非常多，来以后我们感觉育苗成功非常舒服。另外上山看到2007年栽的××那儿，以前一直不好，现在有几年了，2007～2011年有5年，那树有2.4米左右，我去的时候已经40多公分（厘米）了，一年的生长量能达到80公分（厘米）（**素质：追求肯定取向**）。

这育苗的事，我还有搞得非常成功的一件事情，就是我们退耕还林。一开始政府采用的方法是政府统筹安排，政府统筹调苗，由农户自己栽植。从1999年开始一直到2001年，2002年这以后每年验收不过关。我们就想办法，这以后苗木自筹吧，农户自筹。原来有45元的农牧补助，把这个钱直接给农户了，我们一次性把这钱给到位，自己栽去，我们只管验收。这个政策从2003年开始以后，退耕那个区域大概一划一栽，沟土占道，有农户积极性非常高，导致那个时候产生了矛盾。是2006年，这个好像停了吧，结果农户再不堵了，现在只有7000多亩没有纳入。但是农户说没关系，只要占我们的地能种粮食没关系，退耕还林这块每年省、市验收基本上全是合格(**素质：灵活性；能力：计划组织能力**)。

第三个是我们的公益林。公益林是2004年开始，2005年起运作，通过林业部门和政府的配合，通过行片和GPS定位以后，对我们大的林区进行建设。公益林的建设过程中，我们有一个非常明确的封山禁牧政策。工业林是村上有补助，一亩地5元钱，现在涨到10元钱。近10年内，每家每户大的牲畜、牛上山放牧的现象基本没了，现在只是个别的农户养几只羊(上山)，我们的管护工作效率就提高了。像我们南山有46户人，平均每户有5头牛，那儿的林地面积非常大，它的自然村占地面积达到4000多亩，管护非常难。当时政府提出建个环林基地，可老百姓不圈养，就要杀牲，农户不行，那就封地，封地不发补助，农户就不养了，卖就卖了吧。前前后后不到3年时间，牛基本卖完了。大的国家政策，退耕还林、育林项目一旦实施了，把补助给老百姓真正实施到、给到，管护是不难做到的。一个是宣传层面，一个是经济资金。对山区来说，粮食也不多，基本不种粮食，主要是劳务输出，放牛放羊的都是老人家，家里没事干，成天把牛吆上山。要是给上钱，可以到屋里歇着，这对实施国家的退耕还林，林木管护政策还是起到了非常好的作用(**能力：森林资源管护能力、政策宣传能力**)。

问：刚才都是成功的，有没有不成功的？感觉自己处理不满意的？请您列举3件。

答：我最不满意的是，我们这儿有金矿，矿山队的管理不满意。大的矿山队一共是3个，××、××、××这最不好管。最难管的是散户，我们的老百姓打个狗、兔儿的，最难管理了，后果非常严重。人上去以后，你知道他今天在，但上去以后他就跑了，封也封不了炸也不能炸，这一块一直在努力。我们现在是通过市公安配合，可成绩还是不满意，还是因利益驱动，根本没治，非常糟糕。那天，有一个外面老板来了，人家组织的人，我们去的时候，在路上等着，我们知道你今天来了，人家设的路障根本不让我们上去，结果前前后后不到3个月时间，把整个山全面基建，再去也没人管。这以后直接报到省上，省上把这块所有机器全部到这放着，拿不出来处理意见，这对我们来说是个大案子。二一个不成功的，就是有一个合作模式，厂家合作这一块。前期我们考虑得少了，没有和林场签合同，当时只口头说了，森林林木的使用权和所有权是四六分，老百姓占四分，林场占六分，这以后事情就出来了。林场他们栽的就是他们的，不是农户的，这样的事情闹得非常糟糕，我们通过镇政府、区政府、林业局召开座谈会，我们在给农户办证过程中，在备注里面注出，我们分了10亩，有6亩林木的使用权和所有权是林场的，剩下4亩是农户的。这样下来，老百姓不服。我们林地呀，为什么你栽下以后就是你的？这种情况涉及4个村，到目前林子里面没有一个具体的尺度方案，牵扯面积是2万多亩。口头协议，根据使用方谁栽谁用，是我们的。当时他们是完成天保工程任务，他们没处栽呀[（欠缺）**素质：法制意识、规范性；（欠缺）能力：森林资源管护能力、沟通协调能力**]。

第三就是行政审批有一个人工林的采伐，到2008年还是2009年忘了，××村出了个事。当时他们做设计，采伐作业设计，没有叫我们的人，到最后现场分量的时候，现场量是他们自己做，我们发现的时候是有超限问题。我们给他们设计面积是146亩，我们下去以后把这范围内的留下，超量这一块我们就雇人全部收拾了。那个时候他们申请原因是搞那个上水工程，我们也没有再进行处罚。这个事我们汇报了一下，成立工作组，我认为那真有矛盾。当时是乡镇府，我们的林业局局长，区政府的办公室主任和×区长成立工作组，结果罚了13万多，上涨了7万多，通过工作组一个多礼拜钱全部追回来了。把钱存到卡里了，给乡政府了，你把这个卡拿上，给村里上水工程。修桥这方案出来以后，工作干到哪一块给人家付到哪一块。工作过程中有个程序，这程序脱节[（欠缺）**素质：规范性、严密性**]。这几年最难管理的就是矿山。

问：您认为做好站长需要掌握哪些林业专业和相关专业知识？

答：现在就是培育，林地的、森林的抚育管理，就是除草修枝、病虫防治和森林防护这3块。这几年来看，后续产业里有一个林业讲座，主业生产、花卉和药材，这3个产业在我们这儿慢慢地都开了，花卉还是我们引进来的，基本也形成规模，这在我们甘肃省内是最合适的一块地方了，那水质pH值是6点几。2005年我们引进了双孢菇，林区生产效果也好。要下去和老百姓搞好关系一定要多方面的支持，无论是农作物还是林业上的，大概都有所了解，最起码植物性别和芽虫，用什么药什么比例，这最起码要了解。其次药材这一块，去年我们这儿的党参生产也基本形成规模，具体的管理周期要了解。到村上去我们路过也会看一下有什么问题，村上也会问你们乡上在干啥，虽然不是我们的，但我们一说，他们也说无形中关系就拉进了。作为一个我们农村工作来说，作为林业来说是专业，但是不是最多的，想搞好农村工作，作为一个下去具体衔接的人，像我这样的人，林业知识不是最基本的，都是其他的知识。主要是要把握政策，在政策范围之内，最大限度给老百姓多使力，这样下去无形中这工作就好搞（**知识：苗木培育技术、森林资源管护、林业政策法规**）。

除过林业这一块，就是后续产业，产业里面我们尽大力气能做的就是林下检种。林里自然条件湿度比较大，野生菌非常多，菌类的培训是重要的。中药材的效益最近两年看比我们种植的小麦和冬菇，还是现在推广的架豆还是地膜洋芋，其经济效益要提高到200%。比如说1亩地种小麦，收回成本，不算人工，能挣500元，那种药材的话最少能挣2000元。现在种小麦这一块，在农村把人工算上就打死里面了。面对市场鼓励，怎样做好大型的就是上绿化市的，或者是今年试试，不全种，在地里把这3年的苗子栽里头，2.5米走的时间一块上车走。好比说国家给夏粮这一块，它的价格就高到200元，现在是我们国家今年批的2.5米的今年是120元，如果我们做整亩地的，那它价格就到500多元。多方位地想办法能让林区的老百姓能挣到钱的话，就没人破坏了，主要还是经济（**素质：服务群众意识；能力：技术推广与技术服务能力**）。

问：农户的培训情况怎么样？

答：农户的培训我们一般都是分区域，上门有对头作为重点，其他村作为辐射，由乡镇通知，到现场培训。好比说，有些项目组的人来，通过项目组的入户，现在培训人群基本都是女人家，男的基本上都出门了。是入户培训，入户培训最大的好处就是，资料发下去，给家里的娃交代下，给你妈念去，通过这个方式。我认为培训不是多么复杂的事情，也不要下硬性指标，把东西形象化，把数据形象化，这农民朋友能接受。现在农民培训在林业上应作为一个重点教育，培训一上去，意味着农民收入就上去了，森林资源管理就上去了。

问：您做站长最成功的经验是什么？值得给新站长推荐的经验？

答：我认为是我内部管理不同，内部管理是把一个单位能搞得和一个家庭一样，相互之间也不存在谁领导谁的事情，都能广泛交流。我的坏毛病是爱喝酒，我们单位的人就说少喝一点，我们单位的人是有啥事情当面就说，和一家人一样。和职工之间培养感情，最关键的事情是要能交流，一旦交流其他事情都好办。好比说年休假，你快些几天时间弄完，你给他说3天时间，他弄不好两天时间就回来了。就是这样，要是你给他脸绷下，那走了都不知道什么时候能来。我第一年来时，农户干活一天一个人要挖一亩些地，结果人下去（走了）再就没上来。我觉得这不成，这还是要成晚上哄着。再就是职工的差旅费要及时报，年底福利要搞好，逢年过节先适当弄些，职工的心要安下，把个单位让职工觉得这好着，和家一样的，要有这样的想法，这样内部就稳住了（**能力：团队领导能力**）。对于外部乡镇府，还不能太软。乡镇府去了把上面的精神拿上，放到桌上，有时间看一下。看完之后，问我有啥建议？给人建议一下，再一商量，平时工作就是这个样子的。就是乡镇干部、村上常打交道的一定要熟悉。从具体工作过程中，就是和老百姓，从我们层面来说，干公事，我们和他们要搞好关系，如果和他们不搞好关系，这工作也开展不开，另外你下去以后连饭都没了（**能力：沟通协调能力**）。

问：非常感谢您在百忙中接受我们的访谈，谢谢！

案 例 二

受访者：甘肃省×××站长

问：请您介绍一下您的学习经历和工作经历。

答：从最基层来说，林业站长是肩负林业发展最基层最前沿的一个管理岗位，人员管理、技术推广，各种专业推广，要求学历上、知识上应该高学历。高学历一定要结合农村的实际情况，我们面向的是农民，如果和农民结合不到一起，就会引起脱节(**岗位职责信息**)。我的情况是××年代从农校毕业，农校毕业后，学历相当于中专，所以做前沿工作，工作当时是技术人员，一年以后就是站长，××、××、××、××、××等5个乡镇是林区，工作量大，面宽(**基本信息**)。森林资源管理涉及很多专业，不懂专业，无法管理指导。园林设计、采伐设计等都要懂，带动底下的技术员工作，不断实践学习工作。特别是行政人员和乡镇政府工作，具体工作和乡镇接触，把具体的工作说清楚，政府不支持工作，工作就没法开展，人员技术贫乏，都是半脱产形式参加工作，业务管理不足，需要政府抽调人员干部配合我们的工作(**沟通协调能力**)。林业管护处罚、技术推广这其实是最重要的一环，抽调人员能否和群众打成一片，这是很关键的一块，如果抽调人员能力强，我们的工作就好开展。比如拉了5万苗子，晚上动员群众义务上工，早上栽苗。现在社会发展变革，采用工程机械、企业化管理、承包投标，这样接触面广了，这样比以前更轻松了，更有原则性，要懂政治、懂政策、懂技术，工作才好开展，和乡镇干部打成一片，有利于开展工作。20世纪80~90年代是最艰难的时期，2002~2003年工作比较得心应手，但是自己还是要有能力，懂管理、懂技术，不能让人小看。

问：您是什么时候当站长的？

答：××年(到)××地区，到现在××年。在××乡干了×年站长，后上调××局做技术员工程师，干了××年，现在×岁了，工作经验丰富，电脑相关的一些方面相对薄弱，有待提高，其他工作经验能力、适应能力都没问题(**基本信息**)。

问：请您列举工作中3件成功事例，并详细描述事件进行过程中遇到的困难、您的想法、采取的措施以及您当时的体会。

答：去年，秋季造林，××公路造林绿化工程，这条路沿线一直没种树，大山沟，土层极薄，采取工程承包形式。我负责技术指导，群众不懂技术，乱种，没有成活率，我们就做承包人的思想工作，让他自己认识到造林就在我们这一代人身上，思想通了，工作就好干了。采取了一定技术管理进行现场培训，再进行种植，限额种植，一天只种300～400株苗，保证了质量。山上无法浇水，采取技术措施，成功率高，今年国家局省验收，成活率达93%。关键是观念转变，认识到不足，我认为这是很成功的，自己负起责任、操起心，就能把工作做好（**素质：开拓性、追求胜任取向；能力：技术推广与技术服务能力、沟通协调能力、政策宣传能力、计划组织能力**）。

今年春季后的××生态园区，特别是生态林的建设，国家采取的力度大。但是我们在招标的过程中出现问题，因为我们的设计规划不是十分的细致，因为比较仓促的情况下要搞出设计，时间紧迫，那在投资预算上就有了出入，差距比较大。我们对这个事情采取的措施是：动员我们的技术人员在相应的规划设计之上，在现场抓紧时间调查搞清楚，才能更准确地预算投资。但是尽管这样搞，预算还是与市场行情有变化，市场行情特别就是苗木的价格。这几年，苗木的价格在不经意当中变化比较大，比如今天一个价，明天一个价，这就对工程承包人造成很大的难度。比如一棵2.5～3米的雪松，我们规划的80元一棵，但是市场行情就是200元一棵，价格在变化，各地都在用苗，造成苗木紧缺。现在我们就采取措施，只能在这个价格的浮动范围之内，派上我们的技术人员到苗木供应地和工程技术人员提前预定。但是我们资金不足，采用投标的这种方式，国家的资金不到位，现在就只能眼睁睁地等着，出现的问题就是栽不上苗子，这就造成苗木在栽植过程中延误工期，影响工程。出现这种情况，我们就找工程承包人，做思想工作，尽量让他贷款，先垫资，把苗子先确定下来，承包人自己就贷款50多万。先把苗木定下来，这就把最大的问题解决了，只要有苗木，在其他不受影响的情况下，我们的工程就不受任何影响。和这些人打交道，既要有行政的手段，还有私人感情，还要从思想上做工作。栽的生态林的树木都是5年生、8年生，最低的是3年的，藤本植物都是2年生的。这些大树在栽植的过程中，就包括它的运输环节，起苗的环节，栽植环节，定坑、浇水、喷灌，这些都需要先进的技术配套才能完成。有的承包人认识不够，还需要有经验、有资历、有技术的人去做通他们的思想工作、指导工作，保证苗木的成活率（**素质：灵活性、果断性；能力：沟通协调能力、技术推广与技术服务能力**）。

问：这个工程现在完成得怎么样？

答：现在这个工程完成得很好，基本完成了80%，等秋季一完善基本上就好了。我们的局长给我们的补助比较大，生活费补助，衣服、帽子、鞋，每天坚持和民工同吃同住同劳动。在这过程中，要负起责任才能把这个事搞好，单位上面的领导支持这很重要。比如我们出去，能给安排个交通运输工具就很重要（**素质：亲和力、责任心；能力：沟通协调能力**）。

建园的事情，发展核桃。首先要调查群众，搞清楚群众的想法，群众要是认为对自己有利的东西就会积极支持，大力推广。核桃这几年市场行情带动了他们，他们认为发展经济为自己赚钱，核桃是室外生长，见效快，我们真正要想到群众所想，那在技术和项目的推广过程中，群众就会大力支持（**素质：服务群众意识**）。原来我们的村上和镇上下达3000亩任务，都超额2000亩，到现在达到5000亩以上的种植，超额完成了。为什么能超额完成呢？这苗木款项主要是政府补贴，一棵补助10元，一亩地补助近200元，这就解决了苗木的来源问题，他们自己只是投工，投劳，这也是给他们节省了一笔支出，但出现了抢苗子的情况。原来以为是我们欺骗他们，现在证实不是，村民看到能挣钱，就开始抢苗，造成混乱。原来登记的人没苗子，我们就重新调苗子，这就造成原来的预计面积和种植面积有大的差别，这个任务就是这样完成的，完成了200%。但是我们的设计目标已经报上去了，预计是2000亩，现在是3000亩，这就是我们工作上需要协调，他们只能积极尽快地上报。今年完成了5000亩，尽快追加这2000亩，才能保持群众的公正性和稳定性（**能力：沟通协调能力**）。

问：核桃总体面积有多大？

答：种植面积现在是几万亩。

问：您在这些年的工作中，感觉有没有什么问题解决不了或者解决得不理想的？

答：几乎没有，从领导岗位，管理岗位，许多事情都是能迎刃而解（**素质：自信心**）。

问：您觉得您能做到这些最重要的经验是什么？

答：主要是这方面我们是内行，从技术上懂，下去的时候就技术指导、传授、推广，他们认为我们就像老师一样，在生产的过程中能给他们具体指导一下（**能力：技术推广与技术服务能力**）。但是这个事情就是牵扯到时间上调配不开，这就造成困难。我曾经也是疏忽了一件事，就是技术上管理不好，他们种白杨的时候，区上出现了一件小事情，影响栽植时间。但是我认为杨树和柳树的成活率特别高。结果过时间以后，区上局里因延误时间，要求在短时间内必须完成任务，这也算是政治任务。当时正是全国的花牛苹果节，树必须种上，不管成活与否，如果道路不绿化，影响我们的形象。任务下达之后，2公里路上全种上了树，树是种上了，但是成活率不高，都死了，造成经济损失，这我们也无能为力，无法抗拒的[（**欠缺）素质：原则性**]。领导岗位是前沿最基础岗位，必须自身身先士卒，如果你不干，其他职工就不干，你不带头，底下就没有积极性。要知人善用，技术过硬，要有专业技术，因人而异，不然一件小事就会出现很大的问题（**能力：团队领导能力**）。

问：您认为做好站长需要哪些经验？

答：像我们这几年就换，职工素质相对较高，面对20～30人左右的职工要想好多办法，要想办法给他们创造一种很舒服、很快乐的工作环境。领导很不好当，领导管理很重要，领导不好连村上的干部都管不住。领导要对具体工作进行指导，比如林改，自身要先吃透，进行学习，再一步一步给职工培训学习，自己吃透了就可以开展工作（**能力：团队领导能力、学习能力**）。

问：您认为作为站长，应该掌握哪些专业知识呢？

答：作为基层干部，首先要懂林业大政策，比如为什么要林改，群众不接受，我们自己必须要吃透政策才能讲解给群众听，如何对山体50弧划分，我们必须要懂业务，才能给群众解释，做好群众工作，防止以后群众遇到问题激化矛盾，业务水平要高，政治觉悟要高（**能力：政策宣传能力；知识：林业政策法规**）。

问：有没有其他的林业知识？

答：造林计划、园林设计，这些都是学过的，轻车熟路。

问：还需要了解哪些相关专业知识？

答：从发展趋势来说要发展经济，现在就是要和企业法人、商人相处，涉及谈判等具体过程，需要我们经常掌握经济动态，打好专业知识的基础，掌握经济手段方法，就能够在发展经济上进行很好地发展。

问：如果开展培训，你们需要培训那些方面的内容？

答：几个方面，栽培技术、林业管理常识、森林资源管理、党的政策法规，我们基本掌握，但做工作中，必须侧重掌握。比如林区的必选首先要懂森林资源管理，我们现在的农业区、林园区的果品基地，还有产业区的开发、管理都需要这些知识。除了搞好林业资源以外，还必须要懂果树技术管理，在村里还需要知道村民果树栽培技术。这样在基层就好开展工作，群众很欢迎，大家都支持，干部也喜欢，容易拉近距离。

问：您平时学习渠道有哪些？

答：平时掌握具体工作是临时抱佛脚，把所学巩固一下，下去主要是管理，把人管好，再就是网上学习，调出来看一下相关知识。其次向群众学习，比如麦积核桃树，周围的都是果皮厚，果实小，而哪一棵树皮薄、果实大、品质好，群众打果实记录下来，明年育苗种植进行推广。和群众打成一片，农村有些东西很实惠，一些群众不懂珍惜，经过我们的技术人员的整合，推广运用，才能增加效益。一棵树带动不了多少效益，几百年以后就没了，经过我们推广运用，就带来了很大的经济效益，这是无法衡量的（**能力：团队领导能力、学习能力、技术推广与技术服务能力**）。

问：非常感谢您在百忙当中接受我们的访谈，谢谢！

案 例 三

受访者：福建省×××站长

问：××站长，请介绍一下您的学习经历和工作经历。

答：我是××年毕业于××林业学校，××年参加××学院的函授大专的学习，取得大专文凭。2000年参加××大学的函授本科学习，2002年毕业，当年评为高级工程师。

××年××林业学校毕业后在××林业站工作，××年在××林业站当站长，××年调到××林业站任副站长主持工作，××年到××林业站任书记兼任副站长，××年任××林业站站长（**基本信息**）。

问：您在林业站工作多年，能谈谈作为一个林业站站长的岗位职责吗？

答：林业站长的岗位职责主要有管理、执法、服务三大工作。管理包括林政管理、林权管理、林地管理。执法包括林业行政执法、种苗执法。服务主要是林改后的服务，包括设办证点、办林权证、林权变更等服务（**岗位职责信息**）。

问：您工作这么多年，做了许许多多的工作，能不能列举3件比较满意的事例？

答：第一件满意的事是在林木采伐工作中采用"林木采伐排序"的工作方法，这个方法是我们林业站在工作中想出来的，在全省林业站工作中率先采用这种方法，也就是按照林木年龄的大小决定林木采伐的顺序。先查看各林分档案的资料，将各林分年龄公示，如果没有疑义，就按照年龄大小排序。比如说一个林分的年龄是35年，另一个林分的年龄是30年，就先砍年龄大的。××林业站2005年在全省率先做，后来在其他两个乡镇推广开了，2009年福建××区也开始用这办法。2010年全省开始推广并开发了相应的软件。当时木材价格放开，取消税费，可采伐的林木多，林木的价格很高，但砍伐的指标少，大家都想先砍林木。过去很多农民为了先砍林木半夜三更找领导，我们也很头疼，这种矛盾一直困惑着我们，在当时的大环境下，我们采取这种措施。用了这种办法后，农民看完公示栏林木年龄大小排序后，就自觉自愿排队等。之前我和我们局长探讨过，用这种办法后，领导工作轻松，我们工作也轻松，农民也轻松。领导也肯定了我们这种做法，我们也得到了领导的支持。第一年采取这种措施后，我们也遇到些困难，有些农民的林分的年龄是一样的，怎么办呢？我们就把这些农民请到办公室来，公平、公正、公开地抽签。这样谁都没有意见。农民说："我们采伐木头，也不用去找人求情，排到我们了，自然就可以砍。"（**素质：追**

求肯定取向；能力：创新能力、沟通协调能力）现在虽然每年砍伐1万～1.5万亩林木，但这项工作很轻松。我们一般在砍伐前提前做工作，先让要砍伐的农民先报名，确定明年要砍的树，今年下半年把需砍伐的资料从电脑中调出来，然后按年龄大小人工排序，这样做的效果非常好。后来市领导说你们这种方法很好，但当时为什么没在全省宣传呢？我们当时只是从工作的角度出发，觉得能在××区推广就不错了，在基层工作，我们工作做了，但不善于总结，这是我们的不足之处[（**欠缺**）**能力：技术推广与技术服务能力**]。

第二件事是生态公益林的改革，生态公益林大部分是村集体的，少部分是个人和承包商的。过去补偿金大部分是发给村集体，村里用这些钱做公益事业，村民得到的很少。林改后，省里有文件，用一卡通，利用了过去农民粮食补偿一卡通，补偿金的60%给村民，25%给护林员，15%留给村里面，这几年都发放到个人，农民也很高兴。如××村生态公益林多，一个人口一年发70～80元钱。这比粮食补偿更多，这生态公益林的补偿金会越来越高，从农民反馈回来信息看，农民对补偿金发放的改革非常满意，对于护林员来说，一年拿到4000～5000元，有了钱护林员会更负责任，更认真。这笔钱是由国家出，我们来发放，整个测算的过程非常复杂。我们根据上级的精神，先出一个方案，然后到村里公示，开村民代表大会通过方案，公示补偿金、自留山面积、整个村生态工艺林面积，最后定出方案，这样做直接见到钱，农民很满意。补偿金发放我们正规地去做，一个村有时600多个账户，工作量也是很大的（**素质：规范性、责任心；能力：计划组织能力**）。

第三件事是森林保险的事。去年开始对村民宣传，成功地让××村所有村民的林子都参加保险，个人出20%，出得少，其余由各级财政贴补。保费每亩1.2元，农民只要出0.24元。如果发生泥石流、病虫害、森林火灾、龙卷风等自然灾害，保险公司现场勘察，情况属实，保险公司一亩补偿500元钱，农民的收益很大。开始时我们宣传的力度很大，每家每户发宣传单，晚上给农民讲解知识。当时村民不理解，认为自己的林子好好的，为什么还要保险，还要出钱。我跟他们说保费一个月只要交几十元钱，这些钱买只鸭子买几斤排骨就没了。而现在如果林子很好，一亩就值1万多元。我让农民要看远，不要只看到眼前的利益。一提到保险，农民就会问，会不会有保障，我会不会拿到保险金，农民很怀疑。我们让农民放心，这种保险是我们林业部门和保险公司一起做的，我们林业部门一定会保护农民的利益。我们做工作做了好几个月，他们才接受。去年有个村有两户受龙卷风造成损失，保险公司礼赔了，农民就受益了。有了这两个事例，我们对农民的宣传就好做了。我想今年保险一到期，农民还会续签。对农民的工作要先抓大头，农民爱跟风，大头的工作做好了，整个工作就做下来了（**素质：追求肯定取向、责任心；能力：政策宣传能力、沟通协调能力、灵活处理问题能力**）。

问：您工作那么多年了，有没有做得不太满意的事？

答：林改后，农民的纠纷多，实际上有些是过去留下的后遗症，通过林权改革、发证后，激化了过去的矛盾。如有些是邻居或是兄弟一起种的林子，是同一年种的林子，一样大小。特别是毛竹林，没有地貌的界线，没有明确的界线，办证的时候没有办法划出界线，只是按照名字来办证。做证的时候没争议，但在实际栽培管理的时候难划分，造成纠纷。最后很多是采取协商办法，经过几上几下的讨论，有些问题拖得时间太久了，农民自己都觉得不好意思，这种矛盾很难处理。2006 年，我向镇领导提议，××镇成立调解处理办公室，我是调处办的成员之一。出现纠纷后，先让他们打报告上来，附上证据，即是林权证或协议书。我们和调处办一起处理这个问题，调处办采取文件的形式，把他们的报告给我们看，我们写答复件，然后调处办批示，我们带着文件去参加现场调解，有了调处办后，工作好做了，减轻了压力。没有调处办之前，有时候出了矛盾，老百姓来了好多人，围着我们，我们也难受。他们来了，我们会接待，但我们讲的道理他们听不进。老百姓的矛盾有各种原因，有家族问题、村长选举问题或受某人刺激以后心理不平衡的，我们给他们讲很多道理，他们听不进去，这种纠纷每年都有十几起。调解纠纷的人要业务水平好，懂得政策导向，这样在做工作的时候不容易说错话，被农民抓住把柄（**素质：灵活性、规范性；能力：沟通协调能力、化解矛盾冲突能力；知识：林业政策法规**）。

林改后，造林后管护的难度大了，林改完，山分下去，一个人一块地，木头砍完后，有些人出去打工，不造林。还有些农民比较懒，山上只留下了些萌芽条，他们认为林子分给他了，没人能管他。这样有些农民会造林，有些人不造林，整片山林像瘌痢头。我们林业过去规模经营，林改后，林分分散开，分到每家每户。比如说有些人砍完树后，要把木材运出来，要开路，途中经过他人的林子，要把林木砍掉，就得出高价买林木，不高价补偿砍林木的损失，就不让开路。农民的管理水平参差不齐，大部分人是把林分经营得很好，因为他们看到林木的利润很高，大部分人知道前 3 年要抚育好，后几年就不用管。这些造林的农民每年对林分抚育 2 次。管理得好还是不好林子的林分质量会差很多。我们也去给不经营的农民宣传，他们反映的问题是没钱，工人的工资很高，现在工人一天如果没有 200 元不愿意干，农民雇不起工人。我的想法是，要解决这个问题，最好的办法是林木集约化经营，农民以股份的形式入股，统一经营，就像“造林合作社”，要有一份协议书，然后每一个人签字。我们给农民出主意，现在有些农民听取我们的意见，有好几个村已经这样做了。以后这种方法也许会更行得通。还有一种方法可以将山林在本村投标，不让外村的人投标，外投标怕投标投得高了，再一个是怕利益给外人了。中标的人把承包期内的地租一次性交掉，然后经营 20 年，一般出了地租的承包者，舍不得让土地荒掉，会自觉去经营（**能力：灵活处理问题能力、创新能力**）。

2004年××区发生松材线虫病。这种病年年治，年年砍发病小班，但与发病小班邻近的小班没砍，到现在还是没法根治。真正按照松材线虫病防治要求是发生地要建立5公里的隔离带，隔离带的树要全部砍掉，砍完后把这些木头清除掉，但现在要做到这一步难度很大。现在我们每年只是把发生病虫害的的小半区域清除。现在松木林有集体的，也有个人的，林子已分到村集体了，村长说了还不算，有些事要村民副代表来定，这就很难办。处置这些林木要花很大的精力，每亩还要花500元来处置。这样农民得到的利润少了，不愿意。涉及个人的林木更难办，有些发病树是农民的风水树、坟头树，村民不让砍，真正枯死木农民愿意砍，但农民要求一株树要补偿给他们1万~2万元。补偿价太高，这种事很难办[**（欠缺）能力：沟通协调能力、行政执法能力**]。

问：您认为作为一个林业站站长需要掌握哪些知识?

答：林业站站长是最难做的工作，是林业部门最基层的工作，林业部门遇到的所有问题我们林业站的工作中都会遇到，林业站是麻雀虽小五脏俱全，专业知识要精通，还要熟悉国家的法律法规，还要有协调能力，上下协调的能力。在工作中把农民要当朋友，农民到办公室，先泡茶，农民提出问题，我们要先答应帮农民解决，不能马上对农民说做不到，我会尽力去帮他们做。农民对我评价很高，比如做“林木采伐排序”做这个工作压力很大，每个人都有亲戚朋友，我把问题摆在桌面上，而不是暗箱操作。当然也要靠领导支持。我在本省，我经常到省内同行处学习，去学习同行好的工作方法（**素质：责任心、原则性；能力：沟通协调能力、学习能力、森林资源管护能力；知识：政策法律知识、林业政策法规、苗木培育技术**）。

案 例 四

受访者：湖北省×××站长

问：×站长，请介绍一下您的学习和工作经历。

答：我是高中毕业，当时一个是高考录取率很低，另一个读到高中也没有钱了，成立林业工作站我就去上班了。我到这个乡14年了，原来是在其他林业站工作的，以前不是学林的，是林业站招工来的，工作22年了，当了20年站长了。我是×年当副站长，×年当了站长。家里人都在老家，都是分开的，常年分居，这个乡离我们老家81公里。现在政策还好一点，过去20天、1个月都不带回家的（**基本信息**）。

我们是×县××乡林业站，这儿离县城和县城的公安机关很远，将近88公里。我们这儿和××地区交接。我们这儿要管将近57万亩的林业面积。现在工作站10个人，并不算大的工作站。我们这里学历最高中专，都是40岁左右(35以上，45以下)。实行天然林保护工程以来，去年拨了点钱，工作条件有改善，林业站现在有电脑能上网。我们这个电脑是搞林权证的时候才有的，每个站都发了。我现在上网很少，我技术搞得太慢。我们工程师也很少上网，上网比较多的是我们两个乡亲，还有两个比较年轻的同事，这么多年也没有进什么年轻人。我们又没有参加过什么大的培训，就是靠自己搞一个电脑慢慢摸索起来的（**基本信息**）。

我的工作主要是搞林业政策宣传（就是国家森林法、国家法律法规的宣传）；第一个是资源林政管理，这一块主要是实行天然林保护工程（天保工程），划分区域做一些巡山日记，第二方面就是营林生产，每年做一些荒山荒林的造林计划；第三个是加强林政管理这方面，就是搞林业行政执法，宣传法律、执行法律；第四个就是林业科技推广，我们这个地方主要是嫁接板栗、核桃的推广，还有向林农进行新品种的推广；第五个是加强野生动物管理，但是这个方面做得少，主要是以宣传为主，真正办案很少，主要是协助林业公安，但小的行政案例是我们做（**岗位职责信息**）。

问：请列举3件近年来的成功事例。

答：我们没有很大的成功，也没有什么很大的成绩。我们毕竟在基层林业站，我们这儿主要是和××交界，最主要的就是第一不能发生火灾，第二不能发生大的滥砍滥伐、盗砍盗伐现象，把这两个问题管住我的任务就算是基本完成了。第三个在惠农政策上，比如把退耕还林等政策兑现到位了（**岗位职责信

息)。我们的工作也就是这几个，没有什么特殊的。

我们的核心工作首先是以森林保护为主，以平安为主。我们这么大的林业站，没有什么交通工具，只有靠一辆摩托车，一旦有火灾出现，就要及时向领导汇报，组织人员到现场去，只要一看到林子里面冒烟了，就要去查明原因。如果真有火情发生了，我们就要想办法控制住它。我们那个地方基本上没有火情发生，因为我们控制得比较严。特别是到冬季了，我们宣传力度非常大，每年光请会写字的老师到我们这儿来刷标语，就要花上2000～3000元钱，还有就是买涂料，主要是在醒目的地方刷标语，搞宣传，这个工作现在做得非常到位**(素质：责任心、追求胜任取向；能力：森林资源管护能力、政策宣传能力、政策执行能力)**。但是我们现在最大的问题还是缺乏交通工具。现在要是出现火灾了主要还是靠当地派出所参加，由政府组织，我们上前线。

第二个就是林政管理这一块。我们这里属于比较大的山，原来是烧白木炭，这个是出口的，前一段时间火得很。实行天保工程以后这个是不被允许的，但是还有少量的人偷偷地干。只要有人举报，不管山高路远，我们一定要制止到位。这个是非法的，把这个地方管住了就教育了很大很大范围的人。我们就是力尽我们的全心，把这个林政管理和防火放到首要位置**(素质：责任心；能力：森林资源管护能力)**。惠农政策这一块，农民的利益我们不贪他们一分钱，一就是一，二就是二，按政策来**(素质：自律意识、原则性)**。现在的问题是，我们这个林业机构还处于弱势地位，我们现在做得活多，承担的风险大，责任大，报酬少。我现在的工资就是1000元，没有额外的钱。还有罚没款，林业站是授权的林业行政处罚，但是这个罚没款，比如我们罚了100元，财政要拿50元，我们林业局意思是说工作站不准搞，他是授权给你的，你的(罚款)要给他20%的，这个钱连我们下去办案的交通费都不够。所以在林政管理罚没款的这一块没有经费。我们属于林业局主管，我们的工作经费是林业局按人头，实行报账制，除了工资以外，每人每月给100元，10个人是1000元的工作经费，确实很紧张。整个工作站交通工具就是一辆摩托车，真正出事了只能到外面借车。我们普通的工作站工作人员是700～800元，有的还是高级工程师了，就再高100～200元，按照技术等级发。现在国家在搞事业单位改革，但是没有我们的份，我们曾经都想起义了，但是领导说慢慢都会改革的，所以这个事情就放下了。我们和县里面的事业单位比差异很大，我们和县里的林业局公务员比，工资要低一半。我现在就只有把什么工作都做好，到年底了找乡政府，他们给我拨几万块钱**(素质：奉献精神)**。我们现在是双重领导，但是乡镇府给的任务少，我们主要工作还是以管护、发展、造林为主。

我们那个地方山的植被很好，造林的计划下来，主要组织农民搞橡子，生产木耳、香菌。我们那儿的森林覆盖率很好，达到96%。我们全县有50万亩香菇、木耳基地，人工的木耳、香菌基地有5万～7万亩。老百姓独家独户搞，自己生产，没有老板投资。我们主要是帮助他们把采伐申请提交到林业局，然后给他办采伐证，监督他们采伐不能超方，必须是林木采伐的季节才能让他们采，采伐回来我们去验收，验收之后就是监督他们没事儿了不能多砍树，这个工作就完成了（**能力：监督检查能力**）。因为这个是传统的项目，历史上就有的，老百姓在生产这方面很内行。我们也引进一些培养做基质的技术，推广了两户左右。推广的时候，不能完全用原来的，原来的技术是搞大树，我们现在做废料枝桠，把它搞碎了这样的引进它（**能力：技术推广与技术服务能力**）。我们现在那么大个乡镇，里面人都不到10000人，都走完了，去打工了。搞技术推广很多人都不接受这个事情，他们一年在外面赚个几万元回去就算了，所以都不太愿意做这个事情，搞发展很难［**（欠缺）能力：政策宣传能力、沟通协调能力**］。现在香菇、木耳市价行情很好，这几年一直都在涨。

现在大部分老百姓出去了，地闲置了，要有人来组织。成片成片地发展，但目前还没有这个可能，现在的政策还不是很好。主要是我的地，我放着不种，国家植补要给我。我地给人家了，人家搞植补，我这个地就是不种，但是国家划给我的，植补还是要给我。山没有植补，没有人管，只有巡山护林。但是林下经济没有人来发展，基本荒的，一点效益都没有［**（欠缺）素质：开拓性；（欠缺）能力：森林资源经营能力**］。我们那儿山的海拔最低380米，最高的是2846米，坡度很陡，基本上机械化设备是上不去的，人工基本也很难，成本很高。这儿大部分是田，人工栽种基本上是平的，剩下是耕地栽一下。

刚刚才引进一些新的技术发展产业，我们县其他乡镇发展得很不错，在我们那个乡还不行。××年我被县里面派到武汉培训了一个月，回去试验了几次，很多技术不到位。我们现在林业站面积大，一天跑回来基本上没有精力来自己搞投资。再一个，我现在是从一个乡调到另一个乡，在其他乡，不是我的东西，你到人家山上也不可能来搞自己的东西，这个不是我老家，要是我在自己家还能自己弄点时间搞点东西［**（欠缺）素质：责任心；（欠缺）能力：森林资源经营能力**］。现在主要是天保项目，别的没有。做什么项目都是县林业局统一安排，他说什么你就是什么。

问：有没有到上面去争取什么经费、项目之类的？

答：没有，那都是定了的。你就是找局长，局长这都是统一政策搞的，你找我也没用的。就是到年底非要找他，那就是翻下脸也要找他搞一下，那能搞一两万块钱呢［**（欠缺）能力：沟通协调能力**］。

在防火、林政管理过程中，也因为管理和老百姓发生过一些矛盾。这类事情不多，但是一般他们都知道达不到标准我们怎么处理。现在我们毕竟有森林公安的，我们要抓他，他们都怕。我们宣传力度到位，没有采伐证是不能采伐的，这个他们都知道。我们每一年春、冬两季都要下到地方组织所有的老百姓来参加重要的林业防火会、林政管理会，我们来组织，村干部要听我们的。我们都要下去，一村一村的开大会、写标语、宣传政策。我们给他讲什么是木材，什么是枝桠材，你搞什么违法，搞什么不违法，为什么这样搞比较好（**能力：政策宣传能力、技术推广与技术服务能力**）。

虽然矛盾不是很多，但是仍然有，你要管他，这不就发生对立了，他也要想办法对付你啊。这个矛盾主要是滥伐或者是盗伐林木，你没有采伐证就不能砍伐，我们就要管他，管狠了或者没收了，他就直接和我们发生冲突了。比如说写信啊，用其他方式恐吓啊，什么方式都来了，我们都遇到多少次了。实行天保工程之前的过渡期，一方面要砍另一方面还要经营，几乎是天天发生口角。近几年没有了，天保工程后不能砍，老百姓很听话，不让砍就不砍了。他也知道现在不让砍过几年也会让砍的，等树长大了也是钱嘛，现在不砍也没事，他就这个认识（**能力：森林资源管护能力、政策宣传能力**）。我现在看报纸老说要搞生态补偿啊，要经济补足啊，现在都没有到啊。我听说搞了一部分，主要是国有林场，乡镇这一块都还没有实施。退耕还林乡镇这一块有补偿了，4 年 5000 亩不是很多，这个直接到老百姓。

栽树的时候我们主要有个规划设计，这个地方能不能栽，首先搞地划，有个设计，然后苗子发给他，他就栽起来。然后我们验收，兑现。我们只负责这几个程序（**能力：计划组织能力**）。现在钱都打到一卡通上，我们不管钱，我们只管把这些表格交到林业局，林业局退耕办交到财政局，财政局把钱打到卡上。

问：你们工作过程中，最主要的难处是什么？

答：最难的就是没有经费，没有交通工具，有交通工具基本上有什么情况我们还能到达现场。还有一个我们在山区里面报酬很少，比如说，过去林业还搞统一标志，原来还发执法证，搞一身服装，现在都不搞了，能不能再搞一下，执法人员至少要配个装，也是个形象。以前每人出 300 元，剩下都是国家出，现在好多年都没有搞了，林业确实处于弱势地位。

问：您当林业站站长这么多年，您认为最需要哪些方面的经验？

答：说这个不大好，能力不大、水平不高，就是扎扎实实干工作，把本分的工作做好（**素质：责任心**）。上面规定和要求的，我们严格去执行（政策执行能力）。创新什么的，也没有什么可以创新的东西，一是没有经费，二是没有什么项目，你也搞不成，没有什么条件能力[（欠缺）**素质：开拓性**；（欠缺）**能力：创新能力**]。

问：您认为哪些方面的知识，您是掌握比较多的？

答：营林方面我掌握稍微差些。主要是林政管理比较多，我一开始就是搞林政的，就是国家法律法规一块，基本上这个事情怎么干，有多少方面，我们怎么处理、什么程序我都知道。这个工作我接触比较多，也很熟悉（**知识：森林营造、林业政策法规**）。营林这方面我们任务不重，接触不是很多。营林栽树这方面，我们都是山里人，我们下去指导，几句话一说大家都知道。传统的方式他们都知道，比较高级的、大规模的工业化的也用不上。我们这个是基层的不行，不像你们中原的，我们这儿是山区，还是不行。

考试没有多大压力，我就是认真地看，我也考不过。听课能听懂，我们是天天搞这个的，虽然用标准化的文字表达不那么清楚，但是具体哪一个环节怎么做我都很清楚，都知道[**（欠缺）能力：学习能力**]。

案 例 五

受访者：湖南省×××站长

问：×站长，首先请您介绍一下自己的学习经历和工作经历。

答：我上的是职业高中，职高搞了一个培训班，3年就是学林业专业。毕业以后有几个人参加林业工作，其他的干别的行业了。我××年参加工作，一直在局里，当时参加的有荒山普查，这是以前的经历。××年调到××当站长，后来在学习过程中参加××大学取得毕业证。××年到××地区当站长5年，××年到××地区工作。3年前，湖北省100名先进个人评选，其中就有我，呵呵（**基本信息**）。

问：请您简单介绍一下站长的主要岗位职责。

答：林业站站长啊，一个林业工作站相当于一个小林业局，我们工作非常杂：森林资源管理、林政执法、森林防火、天保管护、退耕还林工程的工作、农职务管理都在基层，包括乡镇林业小组党建，队伍建设，内容相当多。像森林防火这块，我们林业工作站是政府的一个防火职能办公室。森林防火，特别是像我们一个林区，森林资源比较多，任务比较重。再一个林政执法这块是源头管理，关系到千家万户。林业发展主要就是经济林，我们的根艺盆景在全国是有名的，这一块政府高度重视，扶持农户的发展根艺盆景，我们产值每年都是几千万。再就是木本油料，近几年发展的木本油料，这个发展的有油茶、核桃，这是林业发展这一块。资源管护这块，山区基本上80%是森林，我们一个乡镇有6000多户，国土面积30多万，林地面积就有24万多亩，这就是一大块。再就是林权制度改革，主要工作是我们林业工作站在做。虽然从2003年开始到现在还有些收尾的，处理遗留的工作，当然越到后面就越麻烦了（**岗位职责信息**）。

问：您主要负责的工作是哪些？

答：全面负责，包括木本这块技术啊，发展啊，因为我们站只有5个人，这一块都要懂，包括我们经常给老百姓组织技术培训，有时候我们技术员不在了，我们下乡去，跟老百姓组织技术培训，木本油料也好，苗木栽培也好啊，这几块都要懂。

问：咱们站里边基本情况怎么样？

答：基本情况是住房还可以，办公条件还可以，有3间办公室。就是交通工具，基本就是自己买车或者租车。

问：个人的收入怎么样？

答：个人收入一年大概2万元，普通工作人员也是1万多接近2万元。站长和职工没有多大区别，都是给你发工资，像我们那边没有另外的津贴。

问：工作经费情况怎么样？

答：项目经费这块比较紧。像我们退耕还林，2001年开始，这8年有的结束了有的没结束，这个里面像管护、核对，每年的核查，这些工作每年都要搞，包括林内补植、管护这个都要搞，这都没有经费。像过去天保管护还有一定的工作经费，今年开始，天保管护这块也是没经费了，所以经费这一块还是比较紧张。

问：下面请您介绍近来年工作中个人认为处理得比较满意的、比较好的3件工作事例。

答：一个是退耕还林。2002年我在××地区干的时候，退耕还林对林业工作站来说工作压力大，但是对老百姓那一块确实还是非常好的。因为我们那里主要是山区，25°以上的坡耕地非常多，有一部劳动力都要出去，林农收入低，我们当时积极争取向乡镇府的领导汇报，向局里争取到很多指标。我们5个人，一年完成了7000亩退耕还林的任务（**能力：沟通协调能力**）。有3年在××地区工作，平均每户都有退耕还林，当时发的部分生态林可以借用经济林，增加老百姓收入，这个工程做了以后，当地老百姓觉得我们这事做得还是让他们有受益的，虽然我们当时吃好大苦。退耕还林我们丈量都是用皮尺、测尺，都是自己亲自去搞，一块一块地丈量、丈土、苗木供应到田地组织他们栽植。很多地方现在树很粗了（**素质：服务群众意识、责任心**）。所以就是看着，还能够造一片林，虽然现在我们不在那一地方了，老百姓还是非常感谢我们的（**素质：追求肯定取向**）。

再一个觉得自己满意的就是在××地区的时候搞林业站建设。当时我们××是个老站，是20世纪80年代初建的，当时交通、环境都非常差。后来通过多方努力，林业局里的支持，从2005开始，到2006年建设完成，基本上是一个标准化林业站，职工住宿，办公条件都还是做得非常好。

问：这件事里您主要做了哪些工作？

答：当时主要是项目的争取，再一个是维修（**能力：沟通协调能力**）。

第三个是木本油料的发展。××县现在发展百万亩油料。从2009年开始，县委县政府提出发展100万亩木本油料。县委县政府确定了要发展100万亩这个决定以后，率先在我们那里搞试点，我们最开始是在2009年下半年，要找1个示范户。这个示范户，我们从最开始的选地到整地，到苗木供应，到技术指导。技术指导是从2009年下半年到今年，我基本上是每个月到他家里1次。核桃他现在发展了1200株了，有50多亩，现在开始有部分挂果，带动了当地老百姓的发展。这一块去年、今年2年，光我们一个乡已经发展到5000多亩。这一块从示范到技术培训，从苗木供应到协助组织，当然苗木组织不是我们自己的，是我们有专门的苗木供应商，县政府的统一组织来。主要是技术这块，到田间地头告诉他们怎么栽培、怎么挖地、怎么施肥，病虫害防治，整枝修剪啊这一块手把手教他们，老百姓现在积极性也很高，5000多亩地接近1000多家农户。我们基本上1年中每个月或者每半个月到田间指导，春季、夏季病虫防治，包括秋季修剪，我们组织大家在一起统一讲，到田间地头讲，把他们的事当做自己的事做，也是得到老百姓的认可（**素质：服务群众意识、责任心；能力：技术推广与技术服务能力；知识：苗木培育技术**）。

问：您说的这些技术培训他们普遍都参与吗？

答：都参与。我们也建立了信息网络，这个信息网络每个人的电话都有，到时候给他们发技术措施的短信，我这手机里还有一条。我们不到田间地头的时候，就会按时给他们发短信，像这条："8月上旬核桃种子成熟，主要防治核桃65的第二代，9月的时候是核桃的成熟期。"就这样给他们发短信。我们建立的这个信息网，也包括森林防火技术（**素质：开拓性；能力：创新能力；知识：林业科技推广与社会化服务**）。

问：每户农民信息都有？

答：嗯。还有就是花木盆景。我们通过组织，有一部分是提供信息或部分信息措施来培训，组织老百姓搞。我们那块过去是叫根艺盆景，用树根、树桩来雕工艺件和发展盆景，那时在××地区有很多盆景，小树根挖回来做盆景。现在我们加强资源管护，在山上采的也不多了，由自己从山上采到自己培育，现在我们有花木绿化苗木的盆景已经达到3000多亩。

问：产值多少？

答："十二五"我们计划是达到5个亿，到目前为止，我们的销售额大概是2000万。我们那有个小地方叫白果坪，有根艺盆景一条街，那里我们准备建一个根艺盆景私家园艺旅游景点，县政府准备把它建成一个国家参观点，这块主要是为领导服务，做一些技术培训。我们成立了2个专业合作社，以专业合作社来带动，苗木培育方面有时候协助做扦插、培育，不仅给他们讲技术，我们自己也搞小实验，让他们看得到，摸得着。

问：你能给我举几个例子吗？

答：像我们那××地区，××地区，××地区啊，现在产值都非常高。

问：这过程中您主要做了哪些工作？

答：主要就是技术这块：病虫害防治、苗木栽培，主要是指导他们技术。主要是发展产业，山区的林农产业发展始终做不好，现在我们那里在发展盆景啊，绿化苗木啊，木本油料啊，再是做森林旅游（**素质：开拓性；能力：技术推广与技术服务能力、创新能力**）。

问：最大的就是盆景了？

答：目前是盆景，盆景这个产业已经做了20几年了，从最开始发展。我们现在需要指导的就是引导他们由过去到山上采转为现在在田间培育，要实现这个转型，大力扶持他们发展苗木，培育盆景栽，培育绿化苗。

问：您搞这个盆景栽培中遇到什么困难了吗?

答：那也有，我们搞不清楚的、不懂的也多，这一块像我们做的比较欠缺的是盆景艺术造型这块我们不怎么懂，是比较欠缺的，当然我们那从开始到现在20多年了，有很多老专家、土专家。

问：近年来工作中有没有碰到自己不满意?

答：不满意主要是现在林政执法，没有强制力。现在社会环境太复杂，像我们也在源头管理，运输木材的，虽然我们那资源不是特别好也有运出去的。去年我们管理的时候也出现过这种情况，一车木料来，你在检查阻止运输过程中，人家都是3~5个人，或者是开2~3个车的，你正在拦车检查、追赶的过程中，他就用车把你包住了，他把你堵住，这种情况也很多，行政执法这块也没有什么强制措施，现在的人有的也非常野蛮的。

问：碰到过这种情况吗?

答：也碰到过。

问：当时什么情况?

答：我们押车时，他们在跑，逃的过程中把你推下去或者把你带到另外一个区，这都搞过。现在这个执法环境确实是……

问：这种情况您是怎么处理的?

答：那有时候没办法，像我们就碰到过。去年，我们站3个人一起去执法，拦住以后检查，他没有手续，押车的时候他跑进高速口，把我们站的一个职工推下来他跑了，林政科科长和我们一起追了很远也没追到，这种情况你说怎么办?执法这一块特别是我们乡镇，有时候觉得很痛苦[**(欠缺)能力：行政执法能力**]。

问：公安不参与这种事吗?

答：森林公安也参与。管乡镇的人员很少，就那么几个人，我们现在执法没有着装，没有很明显的车辆，确实很难搞。老百姓这块处罚有时候也很恼火。我们现在年轻人都出去了，特别是我们站上这种情况比较多，年轻人成家以后就搬出去了，剩下几个老人，你说60~70岁的，他说把这块山出多少钱卖掉，你最后去处罚，你说是把他弄来处罚，60~70岁的有的走都走不动，有的长期病的，这种情况蛮恼火，你说你不处罚他吧他造成的影响非常不好，你说你处罚他吧他没有这个能力。

问：碰到这种情况怎么办?

答：那就教育。有这种情况但是不多。去年我们就查到这么一个人，70岁了，一个老人，就一个人在屋里，儿子出车祸死了，媳妇嫁人了，就一个残疾老人，没有办手续，作为乱伐林木去查他。有村干部和我们一起到现场去，最后要罚款，写检讨啊，教育啊，他说我六、七十岁又是残疾人，你说我怎么办?这种情况确实难搞[**(欠缺)能力：行政执法能力**]。

首先要有个责任感，这是首要的。专业知识就相关的，法律法规要非常明确，这是用得非常多，法律法规啊包括法律程序，这个现在很多诉讼很多程序不到位。

问：需要哪些知识？

答：首先要把法律法规学好，再就是有些技术生产技术、森林防火，还有和林权制度相关的知识你都要有的，最重要的就是法律法规和技术技术这块（**知识：林业政策法规、苗木培育技术、森林防火**）。我们接触都是老百姓，都是林农。比如说，他说你给我看一下板栗是得了什么病了，它已经死了，我的核桃，我的樱桃是怎么回事。他都觉得你是林业专家，你都要懂。专业技术这块包括什么地方栽什么树木，特别是林农经济林这块必须懂，当然还有公益林管理，天保林管护。这些知识都要非常全面，不一定要精，但是要全面。

问：还有其他方面吗？

答：其他方面，那纵向横向很多啊。像我们经常打交道的：电力，森林防火通道的电力法相关的，土管，相关的很多。我们一个部门在那里不像上面的领导，我们横向的交流也比较多（**能力：沟通协调能力**）。

问：最后一个问题，您认为作好一个站长最重要的经验是什么？

答：最重要的就是心态和责任的问题。我觉得作为一个林业干部，基础知识一般还是具备的，责任感是非常重要的。因为我是一个林业站基层站的站长，他不是一个官，就是一个小班组长，很多事情要负很多责任。你要带上一班同志，为这么多老百姓去服务，那你没有这个强烈的责任感是做不好。还要有一个好的心态，要把老百姓的事当自己的事来做，才能把服务这块做好。我们现在主要就是管理和服务，管理不是通过法律法规来管，是要通过服务来管，这是一个辩证的东西。我们这个管理，是通过法律法规的宣传，这是做好工作的基础，让老百姓知道，和他们建立感情，跟他们说明白哪些事可以做哪些不可以做。只有通过服务手段跟老百姓达成共识，你这个管理才能做得好。纯粹用现在的观念，你应该怎么做我需要怎么处罚你啊，怎么教育你啊，那现在很多事情不是这样的，必须通过服务来加强管理。

问：还有其他吗？

答：主要就是心态、责任、服务意识，再就是专业基础知识。基础知识也很重要，比如说我下乡去了，老百姓问我病虫害怎么防治，苗木怎么栽培，这些相关知识。林政案件怎么查处？你去给老百姓开群众会，你要给他讲，宣传森林法、森林防火，你都必须具备这些知识。你不具备这些知识，比如今天上午说我们到哪个村去开个群众会给他们讲点什么，那不能说我带这么大一堆资料去给他讲啊，那你必须了解他想要你讲什么，你要用老百姓听得懂的话去给他讲，所以你没有个知识储备是不行的（**素质：服务群众意识；能力：政策宣传能力、沟通协调能力**）。

三、木材检查站站长访谈文本案例分析[①]

案例一

受访者：黑龙江省×××站长

问：请您先谈一下您的学习经历和工作经历。

答：我是××年在××公安警校在职培训两年半时间，后期又报名学习法律专业，学习形式是面授和函授，学习时间是3年，获得本科学历，通过学习进一步丰富了自己的法律知识。因为木材检查站是一项执法较强的专业工作单位，我又多次参加省、市、县的岗位业务培训，均通过测试达标。我是××年从××县林业局××林场调到××木材检查站工作的，担任站长职务(**基本信息**)。

问：请您谈一谈您的岗位职责和工作内容。

答：我们的检查站的检查权限是林政防火，主要负责检查木材运输，还有春、秋两季防火，对入山的车辆和人员进行检查，严禁携带火种入山，发放防火宣传单，广泛宣传森林防火条例，增强入山人员的森林防火意识。我作为站长，可以说是兵头将尾，既是指挥员又是战斗员，主要职责是对上级的政策和指示精神进行上传下达，并根据工作实际情况按照上级的指示精神和工作权限去创新开展工作，全面完成各项工作目标和任务。对工作人员则承担着部署、协调、检查指导、落实实施的职责。路检工作中对日常工作高标准、严要求，开展经常性的岗位练兵活动，努力提高全体站员的综合素质和业务工作能力，以适应新形势下工作需要。作为站长帅先士卒和站员工作、生活在一起，对他们的工作和生活经常过问，产生一种亲和力。在实际工作中，有过往运输木材的车辆，要带领站员靠前检查，查验运输证件与所承运木材是否货证相符，对出现的问题依照法律程序及时上报林业局主管部门进行处理，努力创造愉悦的工作环境，使我们的工作能够按照上级要求、按路检条例规定有条不紊地开展工作(**岗位职责信息**)。

在这几年的工作当中没有出现公路“三乱”现象，而且我们一边工作一边学习，理论和实践相结合，对工作当中专业性较强的，例如木材检尺等，进行重点培训。去林场看专业检尺员是如何检验木材的，回来后搞模拟岗位培训，所以从业务上和法律知识上都能适应新形势下工作需要，工作进入正规化法制化

① 本章节文本分析人：赵珊

轨道，开创了工作新局面(**知识：木材检量检测，政策法律知识**)。

问：请您谈一谈最近几年工作中，您负责过的感觉比较成功的，有成就感的3个工作事例。

答：在我这几年工作当中体会最深的是这几个事例。一个是我刚到检查站工作时，当时的工作环境是脏、乱、差，没有一个很好的执法环境。由于当时资金比较困难，我去了以后就拿出自己的工资率领站员自力更生，自己动手维修站房、修杖栏、栽绿化树、粉刷墙壁，使站容站貌焕然一新(**素质：奉献意识**)。在基础建设方面，制作了标准站牌3个，在力所能及情况下，不花钱或少花钱多办事，完成了以上这些应该具备的标志性的站牌，既改善了工作环境，又调动了大家的工作积极性(**素质：规范性；能力：团队领导能力**)。

第二个事例是现实社会中一些不法之徒为了盗取林木资源，绞尽脑汁，以各种更加隐蔽的方式企图蒙混过关。2011年冬季，一次路检工作中，发现3台运输木材的车辆车厢板下边的一侧安装有长约2米、高约60厘米的铁箱，而且上锁，这引起了我的警觉(**素质：敏锐性**)，当即责令司机打开铁箱检查。结果发现3台车每个铁箱里面藏有珍贵树种水曲柳，材长1.5米，径级18厘米以上4段，共计12段，原木材积约1立方米。被发现后当时司机脸色都变了，非常紧张，往我兜里揣钱。当时我说："你拿一边去"。被我拒绝了(**素质：自律意识，原则性**)。我严厉批评他："你这种隐蔽的方式也逃不过我们的眼睛。"当时，依法没收了铁箱里面的木材并上报了林业局主管部门(**能力：木材检查执法能力**)。我对这起案例的印象非常深刻，通过查处这起案例我们采取了相应的检查措施，堵塞了漏洞。从此以后，凡是通过木材检查站，运送木材车辆，我们在检查时对车上、车下、工具箱都进行严格检查，使一些以木谋利的不法之徒没有可趁之机(**素质：严密性**)。通过该起案例我们不断研究新形势下一些不法之徒作案的新手段和特点，从而采取科学有效的管理办法，更好地把好木材检查这一关(**能力：调查研究能力**)。

第三个工作事例，因为我从小生长在林区，对林区的一山一水、一草一木特别有感情，养成对森林资源的保护意识，现在又从事木材检查工作，所以对这项工作比较热爱，对变相以木谋利的人深恶痛绝。在路检工作中发现一些新情况，农村一些林区的农户，他们在冬闲的时候上山拉烧材，锯成火柴绊子，每绳火柴卖价300余元，从中进行非法交易，破坏了森林资源，那么要想制止这种破坏森林资源的行为就必须从源头上抓起。发现问题以后我深入事件，到村屯进行走访调查、排查摸底，发现一些农户家中还存有火柴绊子并急于出售，因这起案件我开展了专题调研并查清了事情真相(**能力：调查研究能力，木材检查执法能力**)，将发现的新问题及时上报林业局局党委。局党委领导对此类事件非常重视，召开了专题研究会议，制定了相应的森林保护措施，下发了16号文件。文件中严格规定，禁止林区农户打火柴绊子，从而杜绝了类似非法交易的现象，有效地保护了森林资源，增强林区居民的法制观念和保护森林资源的保护意识(**能力：分析决策能力，沟通协调能力，宣传发动能力**)。我对上面三个工作事例印象非常深刻，并启发了我今后工作的新思路。

问：下面请您谈一谈最近几年工作中，您负责过的认为困难比较大或感觉比较遗憾的3件事例。

答：在几年工作当中确实存在一些遗憾。一件是我们的基础设施建设这一方面，我们的站房是过去的老房子，有近十余年，房屋比较简陋，屋内木制门窗经多年风吹、雨淋、日晒早已腐朽松动，那真是冬不保暖，夏季闷热。夏季窗户打不开如果打开就散掉了，是因为资金不足所致。我们检查站是面向社会的一个服务窗口，我们这些基础设施建设如果跟不上势必影响工作。我们要求24小时在岗值班，所以检查站就是我们的家。面临资金不足这一实际问题，如何加强基础设施建设改善工作环境，是一项亟待解决的问题。面对新情况新问题，我到局里进行了汇报。局里在资金紧张的情况下拨付维修资金，对门窗进行了更换，粉刷了墙壁，重新制作了公示图板，通过我的努力，工作环境得到了一定的改善，从而保障了正常的工作运行(**能力：沟通协调能力**)。

第二件事是我们在工作中没有统一标志性服装，在检查运输木材车辆工作时，示意停车检查，司机不认为我是检查人员，以为是搭车的，造成很多误解；另一方面没有标志服装，工作没有威慑力，为了减少误会我们挂牌服务，佩戴检查员袖标，保障了正常的工作进行。

第三件事是站内没有交通工具，存在检查工作盲区，因为现在道路发展非常快。原来通往林区道路只有一条，现在是道路四通八达，一些货主或有一些运输木材有问题的车辆为了逃避检查走其他道路不通过检查站，如果有交通工具我们可以到道路交叉口处去制止纠正类似这样的情况。再一个现在都实行内部局域网，遗憾的是我们没有电脑，我们想咨询一些法律法规或者是工作中遇到的一些新问题，想通过网络进行咨询都无法进行，如果有网络平台我们可以鉴别运输证件的真伪，也可以向兄弟县标准化检查站学习交流。

问：以上问题您有没有想过怎么加强、改进，把工作做得更好？

答：我认为如果是靠某个人是无法改变的。应该是从上级主管部门地方财政引起重视，给予资金投入，加强基础设施设备建设，强化窗口单位的服务意识，经常开展内强素质、外塑形象活动，才能更好地维护木材流通秩序，进一步发挥检查站的作用，只有这样才能真正提高检查站林业窗口形象(**素质：规范性，服务群众意识；能力：宣传发动能力**)。

问：非常感谢您在百忙当中接受我们的访谈，给我们提供了这些精彩的案例，谢谢！

案 例 二

受访者：辽宁省×××站长

问：×站长，请谈谈您的工作经历吧。

答：对于工作经历吧，我在这个岗位工作了20年了，其实咱们的谈话就像唠家常似的，其实检查站这个工作吧也挺辛苦的，24小时轮流值班。基本都是上一天24小时，歇一天，一般都是这个形式检查违章车辆。

问：请您谈谈您的工作职责。

答：工作职责呀，检查木材正常的流通，检查木材车辆违章违法，保护森林资源，维护正常流通领域，主要是执行森林法实施条例。一个是辽宁省森林法实施办法和森林植物检疫条例（**岗位职责信息**）。检查站的工作很苦，劳动法规定夜班费得20元，最低也得18元，国家规定加班费应该是一年600～700元，我们一个月才100元钱，局里死规定，一个月就给补助200多元。国家政策好，包括省里的政策也好，但地方上不一定都去执行，而且吧，还是定额工资，不是开档案工资，每人平均在1800～1900元左右，可想而知这工资待遇多么低。在这么苦的情况下，检查站工作人员的素质整体都比较高，从来没上访过。可以说，是任劳任怨的，而且各方面做得都很到位（**素质：奉献意识**）。

问：您工作20年了，是老站长了，谈谈您的事迹，就请谈谈您认为最成功的事，举3个例子。

答：我们破获了许多盗伐木材的案子。

问：你参加了这么多案子的侦破，举一个具体的您组织的案例，讲一讲这个事件发生的过程。

您就描述一下整个事件是怎样发生的，遇到哪些困难，当时你怎么想的就那么做，采取了哪些措施？成功以后的体会。

答：在基层做木材检查的工作呢，平时就是检查木材的流通，还有违章，这种情况不是太多。做检查主要是靠充分发挥群众的作用，群众向我们举报案情，要是离开群众举报，要抓住木材盗伐、乱伐，那就太不容易了。平常就是正常检查木材运输，盗伐林木每年都发生多起，得和配合公安部门。有一个比较大的盗伐林木案件，是接到群众举报的。我们在通往后弯子有个岔道，下午2点一直蹲到第二天早晨，这个时间也不短了，抓住了。一般来说，盗伐林木和滥伐林木数额较大的，0.5立方米以下的，咱可以处理。0.5立方米以上的，咱得移交到林业部门，和林业公安联合处理。这个案件处理得比较好，有一个在逃，其余的被抓获(**素质：责任意识；能力：木材检查执法能力**)。咱们每年都会遇到一些案件，立案的都在50~60起以上，检案的平常一年都达到70~100起。

问：在这过程当中有没有遇到什么困难?

答：困难太多了，咱们执法第一没有解决服装的问题。我们上去堵车，遇到不都是素质高的人。就比如说，司机张嘴就会说脏话，你堵车没有任何标志，你说你是检查站的，谁相信呀，这是最大的困难，没有标识，没有统一的制服。原来国家统一发了一批国家检查站的制服，辽宁林业厅也发过，弄得是挺好，效果也不错。后来，咱这个被取缔了，省厅下去调研两次。我们也不要求太多，就是要有统一的制服、车辆，统一的标识，本身你看着也比较正规呀。你说现在检查站这单位像什么单位呀，国家还挺重视，到检查站一看就知道，站房不像站房，要靠林业局养活着，林业局给拨一部分钱，不拨钱都活不了。因为这个单位你不是靠罚款生存，现在都提倡人性执法，以教育为主，以罚款为辅，不能说犯了错误就往死罚款，要求比较严。但到地方吧，举个例子：搬12立方米的木材，但装车装到14立方米，超运2立方米，这就得把整个车都扒下来，这就不属于人性化执法。那怎么处理呢?那就按木材作价，所以每年执法过程中遇到的问题太多太多啦(**素质：灵活性；能力：木材检查执法能力**)。

问：他超的这部分怎么处罚?

答：这种情况下就按照超的那部分进行处罚，但原则上是不允许这么处罚的，超运的应该给他卸掉，那就太不人性化了(**素质：灵活性；能力：木材检查执法能力**)。我们这没有统一标识、没有统一的车辆，确实在执法过程中带来难度。像公安的车，一过来老百姓就能认出来，咱这执法单位让人看不出是执法单位，车辆五花八门，一看那标志根本看不出是检查站的。特别到了夜间，大部分木材运输车辆都是在夜间，和后半夜的时间，这是在道上值班，这车辆怎么去堵?这是没发生什么交通事故，发生交通事故，后果不堪设想，你得负百分之百的责任。你在道上堵人家车，你没有标志，人家骂你，说你什么，你也没有什么话说。你堵住以后把执法证拿出来了人车主也挺讲道理的，只是不知道是干什么的，人家还以为是抢劫的，所以执法还存在很大的困难。如果说能通过调研像工商局、工商所那样弄一个统一的标志，检查站站房前都有统一标识，就好办多了。

问：您认为您办得挺成功的工作是什么?

答：作为我个人来说我挺热爱这个工作的，特别每年到年底总结的时候，把这个单位的账都总计出来，很有成就感。罚款其实并不是目的，但是通过罚款能看出工作的效率，平均每年的处罚都是上百起，罚款额都在几十万以上，所以说干了这么多年有一定的成就感(**素质：追求肯定取向**)。

问：您谈谈个人的成就，就是个人。您可能做的事情太多的，一时想不起来，咱慢慢想。可以是这些年来案件处理方面比较成功的，也可以是解决职工困难方面您认为做得比较好的。

答：我自己认为作为站长，同事之间团结是首位。因为检查站的工作人员不是太多，就在4~6个人，比较大的是7个人，小点的是4个人。我认为比较自豪的是，这么多年到任何一个站抓工作，第一件事情就是必须搞好团结工作，在基层如果不团结就什么工作也干不了。因为是2~3个人值班，如果之间不搞好团结、不同心协力去干这个工作，那怎么干都很难，作为站长来说也不好干，底下也是如此(**能力：团队领导能力**)。

问：那你怎么能做到团结呀？每个人都有自己的个性和特点。

答：每个人都是有感情的，动之以情。平常事不多，大家坐在一起没事唠唠嗑，说说家常，说说工作。有意见，我的性格属于外向主义，有什么话说在明处，你不对就是不对，错在哪里就直来直去说，过后大家了解你，都会正确去理解，干工作和处人是一个道理，你用心去处，他也会用心去对你的(**能力：沟通协调能力，团队领导能力**)。

问：在职工有困难的时候您怎么处理呢？

答：有困难的时候责无旁贷。作为一个站长、一个单位、一个部门来说，你是一个单位，包括单位家属，家里有什么事情的时候，你必须第一个冲在前面，如果做不到这一点还怎么领导大家，怎么当这个站长。同事之间有困难，你看笑话，那当这个站长有什么意义(**素质：责任意识**)。这么多年的工作当中，我认为同事之间的感情是最真的，在一起没有利用与被利用的关系，同事之间是谁也不用谁，在这种情况下大家团结在一起，感情就特别真。

问：还有没有什么案件处理得比较好的？

答：作为站长必须把握住案卷，不论发生哪一起案件，最后到站长签字的时候(案卷有个签字一栏)不能拿起笔就签，现在老百姓懂法，随时都可以上诉，这个是有法律效益的。作为基层站长容易也不容易，是有责任在跟着的，没有责任心，那这个活也干不了。每一个案卷都要从头看到尾看清楚，这样你才能签字，包括引用一些法律条文对不对，错了就是犯错误(**素质：责任意识，法制意识**)。

问：那么这些法律条文你都要熟知？

答：这些法律条文别说站长，就是检察员都要熟知，包括基层工作人员，这些年都差点。头几年各县区搞法律培训公开讲，检查员、站长你法律都不懂，你怎么工作？如果货主进屋，如果违反哪条哪条你不说出来，人家心里也不服气，如果货主进屋以后，把你检查出的毛病，所有的法律都说到，不是所有的老百姓都不讲理的，把条款运用准确，老百姓也会理解(**素质：法制意识**)。

问：您有没有遇见过不讲理的？

答：在基层工作遇到这样的人太多了，检查站这基层工作不好干在哪？老百姓是软，但是你不能因为人家软，大伙就捏他，是老实人就往死里罚人家，横的人就得过且过，所以这个东西怎么掌握分寸有时候也很难。我们在基层，所谓的人性化执法，检查站的行政执法和刑事执法是不一样的，区分特别大。公安的权利大，你不老实，你跟我们横，骂我们，包括你动手就属于袭警。我可以给你铐上，我给你带走，我给你拘留。检查站你有这个权利吗？没有啊。有时候和公安配合，他们不能及时赶到，遇到这种情况怎么办？只能靠你自己解决。我们只能针对什么人用什么办法，不人性执法你的工作就没有办法开展了。软对软、硬对硬，但总有一条原则：不要怕，你是执法部门，属于工作。我在基层干的年头多，你硬上来他自然就软下来了（**素质：原则性，责任意识；能力：木材检查执法能力**）。说句实话，有些不讲理的，动刀动枪，检查站这种事情举不胜举，一年得发生几起，包括检查站挨打的都是经常事。住院的都多少起了，不是一次两次了。这才几天的事，在公路运输一车树苗，这不要进行森林植物检疫吗？这也是工作之内的事情。我们要认清一点，我们是执法部门，这是我们的工作。

咱们检查木材运输得有证书，正常森林病虫害防疫这个是森保站管的，咱们有森林植物防疫证书，森林检疫必须得有检疫证，没有检疫证，森保站扣押，以后依旧到森保站处理。前几天发生一起案件，咱这有案卷跟着，这车是沈阳这边的车到检查站没堵住，后来追上它以后堵住了。

问：堵他他不停？

答：不停咱理解，咱没有什么标志性的东西，后来追上以后咱把工作证也给他看了，这是父子俩，开车，很不讲理。下车之后，说话就很不文明，后来往回带的时候，我们开他的车，让这父子俩坐我们的车。这父子俩不服从咱检查人员的安排，我们好心告诉他们怎么走，这父子俩还不领情。后来这父亲倚老卖老就不服从，把我们站的工作人员一顿打。你打了以后还得商量往回带这车，后来总算把车带回去了。打还能还手吗？只能吃点哑巴亏，回来以后也是一肚子怨言，当时都气哭了（**素质：原则性，法制意识；能力：沟通协调能力，应对突发事件能力**）。

问：那你怎么处理呀？

答：只能正常处理，按条例，只能处罚50～2000元的罚金。

问：跨度这么大，你取上限吗？

答：取上限？有时候执法，不像你想像中那样，你懂法，他也懂法，他就会认为你在报复，这边事很多。

问：后来怎么处理呢？

答：根据检查条例，最后取中间，罚了1000元，但是对于他殴打我们执法的同志，应该赔礼道歉，但是我们就连句道歉的话都很难得到（**能力：木材检查执法能力**）。

问：最后说了吗？

答：说？不可能。下车就走了，执法太难了。你要到基层去调研，把案卷都拿出来看看，有些事情太突然，不能想起那么多。

问：我们只想了解作为站长您这职位的成功经验，或者不太成功的事例。如果将来要选拔考核干部来您这个岗位应该做哪些工作？

答：经济条件决定这个站的建设，不能光凭空想像这个站长得有多高的素质，很多事情检查站站长决定不了，比如工作站的一些配置设施、服装什么的。对于自身来说，站长必须严格要求自己。如果一个站长自己素质都特别低的话，检察员得什么素质？你的想法，就会带动一个站的想法。包括平时唠嗑，在一起闲谈，如果站长尽是怨言、牢骚，那下边的人就更没法工作了。所以我个人认为，在检察站这样的条件下，大伙做得还这么好，真的很不容易了，包括外界也是这么说的，你们检查站很不容易了，条件特别困难。

问：不了解的人一说是检查站，多霸气呀，多好的工作呀，谁不怕呀，都是这个想法呢。

答：退到20年以前法律也不健全，那个时候执法来横的来硬的，你现在行吗？不行。说话太冲了都不行，他就不听你的。打不能还手，你看他打你行，你不能打他，打他就不好使，那他就得告你，检查员容易把饭碗丢了。你说这工作难不难？让他道歉，他不道歉，挨打的那个检查员吧，还感到特别委屈。这种情况能怎么办呢？只能正常处理业务，处理完以后，把这个检查员叫到你办公室里，你用心和他多聊一会。受这委屈我也能理解，要是换作是我，我也接受不了，就是再老实，你动手把我们打了，我们也不能挺着吧。但咱们的工作性质就这样（**能力：木材检查执法能力**）。当初发生这件事那天，多亏是我在场，如果当时我不在的话，很容易发生更激烈的冲突。就像被打那个年轻人也受不了，当时我就把他叫到一边商量很长时间，我说你受点委屈就受点委屈，咱回站里再解决，别在这公共场合，对咱检查站影响也不好。你有没有理，老百姓讲你是执法部门，如果与他争吵，他们都认为你是没理的，你说难不难？你不能忍也得忍，年龄大了，就能忍了（**能力：团队建设能力**）。

问：作为站长还需要做什么工作呢？

答：处理群众举报。因为群众举报都是登记式的，群众举报了你必须得给人家答复。只要站长在班就必须得亲自抓，群众举报的事必须不能懈怠，必须一抓到底，作为站长一般地都能做到这点，我比较了解这些站长。凡是得到举报的必须亲自去，包括堵车，回来处理出结果直到案件归档。你必须一查到底，中间哪个环节出现错误，站长就没法交代。老百姓举报，你得到举报了不认真对待，处理不好，举报人很容易往上告。你处理的结果不满意都不可以，你必须按原则处理，事后还得向举报人解释，这样双方都比较理解，这东西处理得合理合法才行（**素质：责任心、原则性**）。

这几年林业治安不像头几年，现在盗伐滥伐的林木案件少多了。林改以后，大部分林子归到个人就好多了，盗木的现象就很少，都是当地的老百姓，谁砍谁的都不让。偶尔只能有点轻微滥伐案件，或者超采了。这种案件有时也有点。最难就是现在道路四通八达，而检查站站房是固定站房，你不能在这儿守株待兔地等着。过去就一条必经之路，现在周围四通八达，所以对站长来说，你就得充分利用线人。线人很难找，哪个沟沟岔岔都得找线人（**能力：宣传发动能力**）。

问：那线人工资怎么给呢？

答：不给工资，举报有奖励。现在这几年无线电发达了，科技比较先进，自我们县林业所有关键的路口和林区出来的岔道都安装了监控，这比较好，各乡林业站都有监控室。这种情况下就需要站长协调与护林员的关系，这个关系协调好对咱们的工作帮助很大（**能力：沟通协调能力**）。他这个监控是 24 小时，还有专职人员负责，发现情况告诉我们，我们及时出去，包括发现一些可疑的车辆，咱们及时处理。对举报人员的保密工作也是很重要的。大约 20 年前在××地区有一个案件，有一村民连续举报，被当地人发现，后来被举报的人持刀到检查站来，作为站长及其他工作人员是绝对不会泄密的。但我非常遗憾的是，最后举报的那一家人没法在当地住下去了，把房子卖掉不声不响地就走了。感觉挺对不起人家的，人家支持了我们的工作，我们还没机会感谢。

问：这责任应该不在你。

答：咱们检查站是绝不会泄密的，包括举报电话进来后都会马上销掉，举报这个工作吧也挺危险的。是被举报人自己“诈”出来的。检查站这个工作只要想抓就有活儿，如果不想干，成天坐着也没有事，就是得找事干（**个性：责任意识**）。

问：还有没有其他的？

答：现在全国上下都提倡人性化执法，咱们站每个月都开两次会。有的人可能说会议只是走走形式，但是基层开会，作为站长来说绝对不会走形式，有什么就说什么，有问题就当时解决，不能拖着，因为基层直接接触当事人（**能力：分析决策能力**）。

问：您在处理案件或工作的时候有没有感觉某件事做得有点失败的？

答：这种情况不多，咱们在基层干这么多年，一般处理事情从上到下，我自己认为都比较满意。我当站长的时间比较久，接触这种事情也比较多，所以说不会。

问：您刚当站长的时候有没有处理得不太好，觉得挺遗憾的事？

答：这个暂时还没有发现，我自己认为我做什么事情还是比较要强的，要么就不做，要做就做好，包括在众多站长里也是，我要是想做就做出个样来，要不我就不干这个站长（**个性：责任意识**）。

问：作为站长需要哪些专业知识？

答：作为站长来说必须把法律条文背得滚瓜烂熟，这是作为站长必须做到的。在工作中准确运用法律条文，才能更好地开展工作。作为站长来说，在工作当中如果要现去看那些条文，那些基层人员也不会佩服你。所以遇到什么情况，就根据哪条刑罚去处罚，我认为这是比较重要的东西（**知识：政策法律知识、林业政策法规**）。

问：还有其他相关的知识吗？

答：平时用到的就是林业的法律法规，但涉及其他的就多了，诉讼法、行政处罚法，这些东西你多少都得掌握点。你没有一定的法律知识，你想从事执法部门的工作就很难。其实还有很多，不是一两句话就能说完的。

问：您认为当好站长最成功的经验是什么呢？

答：我认为就是要以身作则，大伙向你看齐，一个单位有没有一个好的风气，一切都取决于站长，站长做得比较好，大家看都看得到，站长的一举一动都牵涉到底下的人。所以我就是一句话，什么事情都要以身作则，不能总去说别人，反过来要看看自己，你有没有缺点，有缺点及时把它纠正过来，你做好了单位自然就好。站长决定单位的好坏，所以就是要以身作则，既然选择了这个工作就要让领导满意，让下面的人满意，这样才能做一个合格的站长。如果你手下的这几个人都不拥护你，这样工作就没法干了（**素质：自律意识；能力：团队建设能力**）。

问：您工作了这么多年做事情都已经很从容了。

答：是呀！当站长已经都17、18年了，我已经工作这么久了，肯定不会像刚参加工作一样。现在遇到什么事情早就习以为常了，能够很容易地解决了，咱们这么短的时间也说不了太多。

问：说得非常好！谢谢您！

案 例 三

受访者：陕西省×××站长

问：×站长，您好，请先做个自我介绍。

答：我叫×××，现在是××市××木材检查站站长。我是××年参加工作，工作之前是在××学校，林学专业。工作后是在××林场。××年的时候，调到局林政科林政股任股长。××年年底到木材检查站任站长至今（**基本信息**）。

问：你能不能把单位的情况说一下？

答：我们的木材检查站是××年成立的。××年经省人民政府批准并予以公布。检查站属于××市林业局下属的财政差额补助事业单位。一共是47人，但执法岗位上是26人，其中持省级检查证的23人，国家级执法证有13人，两证均持有的一共是15人，平均年龄在36岁，中专以上文化。值班房是轮流值班，24小时全天候（**基本信息**）。

问：请问你们这儿差额的经费怎么解决？

答：我们现在还担负着一部分天保工程的任务。47人在执法中是这么几个人，剩下的就是根据林业局的业务工作开展。每年经费不足，人员工资主要靠财政拨付，没有工作经费。工作经费是靠天保工程来弥补。现在天保都和单位挂着号呢，主要是弥补经费的不足。

问：人员工资这方面应该没啥问题吧？

答：工作经费就是靠天保工程这块，现在基本上是不够用。

问：那工资、福利、养老保险啊，这些都有吗？

答：这些都谈不上，没有养老保险。

问：你们没有给职工缴？

答：我们是职工四险。

问：请您回忆一下这两个月做了些什么工作？

答：除了日常工作外，拉杆检查以外，开展天保工程巡查巡护。在执法中开展"公路三乱"治理方案，以提高执法水平为主，加强业务知识为主。各方面工作都开展。天保、森林防火，最近天气也不好。

问：森林防火也属于你们管吗？

答：我们有天保区域，执法的25~26人，其他的都是巡护。

问：您的工作职责是什么？

答：根据国家的有关规定和木材检查站站长岗位职责，认真宣传贯彻落实林业法规，熟悉林政管理的各项规章制度。负责木材检查站的各项业务和行政管理，严格按照木材检查制度，依法开展木材检查工作。以身作则，清正廉明，依法办事。负责职工思想政治工作，定期组织政治学习和业务技能培训。提高职工素质，做好文明检查，维护木材流通的正常秩序。建立健全职工岗位职责，加强学习财务管理制度，包括财务票据保管制度并组织实施监督、检查工作。定期向上级部门报告工作，遇到重大问题，要向主管部门请示汇报并总结经验，提高管理水平。处理好与当地群众关系(**岗位职责信息**)。

问：在处理这些工作中有没有什么难度？

答：有，主要是执法这方面。检查站一般都设在林区出口不是设在城市里面。但是，因为文化差异，农民的受教育程度偏低，对林业执法有些不懂。所以在执法方面容易出些问题，发生误会。举一个很简单的例子，我们这上边有一个××木业公司，也是一个大企业了。他的职工搬出去以后，要拉废旧木料、柜子。我们检查的主要内容包括，群众的搬迁，废旧木料的拉运。需要当地开一个搬迁证，证明你这不是做生意的，不发生利益上的问题就行了，但是他们嫌回去开证明麻烦。因为这个问题，我给群众讲道理、讲法，采取一些人情法，像这种群众，你只要能写出来东西以便我们以后随时查，备个案就可以过。因为群众搬家，几十公里从山里开出来了，再让你挡住，开回去，有点不太现实。咱只要把法律宣讲到位，还有就是积极地与企业的后勤部门联系。像职工搬迁这一方面，你可以不开证明，只要不是违法的就行了。这就是我说的人情法(**素质：服务群众意识，灵活性；能力：沟通协调能力、政策宣传能力**)。

问：他们拉的无非就是些破椅子、破家具，这些你们也要查吗？

答：是的，都在我们检查的范围之内。还有一个典型的例子，像××这地方地质灾害性的移民，群众屋里的烂家具、一些废旧木料啥的，咱都放了。人家自己用又不是卖。我们就根据他留下的联系方式定期派人追踪，看你是不是自己用了，还是做其他用途(**能力：木材检查执法能力**)。

问：搬迁这么多人你们都能监督到吗？

答：户数不多，只有100来户人。再说现在一般盖房也不需要木料了，有些贫困的群众要用。

问：你们的冲突一般能达到什么程度？

答：群众有时候不理解，跟一线执法人员发生冲突，有时候电话都打到纠风办。(我们就)通过纠风办跟当地政府协调，只要不发生木材的增值，就是不是贩卖，都要让着群众，使群众方便。

问：您在检查过程中有没有遇到这种事？

答：嗯，遇到过。上次我还遇到了一件被我们上级部门误解的事。我们接到一个举报，有个拉麦草的车，有人举报说车上拉的是大的材料，就是原木。咱后来把这车挡住以后，把麦草垛拉下来，最后是冤枉人家了。当时我们扣他了，最后他跑到市委纠风办去，市委就派人下来核查了，认为我们执法有偏执。我们就跟纠风办解释，我们对伪装车辆都检查，因为得到群众举报了。但是纠风办就认为我们给群众造成困难了，然后我们就搬出木材检查站管理办法，最后取得了市里的谅解。又做群众工作，叫他们配合我们执法，最后这件事就解决了(**素质：法制意识，原则性；能力：木材检查执法能力，沟通协调能力**)。

问：这件事您这么处理有什么体会？

答：我有两方面的体会。一是必须加强法律法规的宣传。任何拉运必须有正常的运输途径。二是我们检查人员必须提高业务技能，能有效控制违法拉运，保护国家资源。

问：对群众做法律法规方面的宣传，有没有什么具体的措施？

答：在我们有限的地区内，我们把执法条例、适用的条款、检查的内容都在外张贴着。我们检查的监督举报电话也都在外张贴，叫群众知道，你只要能认得字，你就能看懂这些案例，他这次违法拉运了，下次他就注意了。我们能做的也就这些(**素质：服务群众意识；能力：宣传发动能力**)。

问：在提高检查人员的业务技能方面有什么办法？

答：我们每年都开展各项学习活动，每年都有作风整顿。今年有个主题活动，还有个净化公路执法、严防“公路三乱”的主题活动。主题活动的核心内容有两点，一个是个人素质的提高。业务知识学习，分班次领导带，然后是自学，讨论学习，每个班是5~6个人。每个班要进行考核。还有要不定期地参加执法培训，以提高执法水平。二是我们通过执法环境建设，加大了执法力度，对各个路口筹措资金，安监控，实行电子化监控，存档录像。三是为了执法人员心里的安定，在执法岗位上，我们还是要通过长期教育，软环境的教育，解决执法人员的上班、住宿问题，使职工在执法岗位上能安心的工作。核心的目的就是为了达到文明执法、公正执法。再一个是有一个超前规划，想在站上营造一种执法文化。它的氛围就大了，就是对执法对象的关爱关心、文明用语、对重大执法事件的后续保障，后续安慰问题、说教问题。不仅仅是执法，一切都要纳进去，要达到我看见车，我就知道怎样执法。执法后，就能知道是啥程度。叫执法对象能接受。达到一个和谐执法的效果，让群众心服口服。叫群众最后也要达到知法、懂法，能运用法(**素质：规范性，责任意识，服务群众意识；能力：宣传发动能力，团队领导能力，计划组织能力，分析决策能力**)。

问：您担任站长期间，您认为做得最成功的事是什么？就是您担任站长之后，处理得很成功，群众很满意，上级领导也满意的具体事例。

答：我认为处理比较好的有一件事情。在2010年的时候，我被我们局领导叫去谈话了。有人举报我收受贿赂，数额比较大。局长就说，如果你收受贿赂了，你及时给人家退。我当时想，这伤害了我的工作名誉。我就把局里的领导和站上相关的执法岗位上的人员叫过来了。用电话把举报人叫了过来。什么时候给我行贿了？什么时候让我受贿了？你给我行贿能够得到多少利益？那人说没有这事情。举报人说是给我行贿的人是为了保关。把木料保运。我说你一年从检查站保关能得到多钱？他说，我不保关。这是原来在天保工程实施前，有过不了的农民。有点熟人叫过个关，给个面子。现在这些木料都没有用途了也没人去拉，谁保呀？你行贿，人家能收回这么多钱就不错了。所以这件事情，我认为我处理得比较光明。最后说这是一个诬陷举报。我在这个事情上很坦荡。所以过后我觉得我处理的手法很阳光**（素质：自律意识，追求胜任取向；能力：调查研究能力）**。也给我个人证明了，对广大干部职工和我们站上的职工也是个教育。站长就要以身作则。更不会乱执法的。这是一件事。

问：这件事情之后，您是怎样想的？有什么感受？

答：我的想法就是"手莫伸，伸手必被抓。"我就不伸手，你谁也别想抓。我想国家给发工资了，你只要过得去，在这些问题上就不要去想。

问：这个诬陷的目的是什么呢？

答：一个群众，我是××年担任站长的。还有9个站的站长没有竞争上。我们这是竞争上岗。他们可能对我就有意见。

问：你当时知道是谁给你使绊子吗？

答：我也没问。到这步以后，局长都已经给我澄清了。我也不想问了。

问：有没有想过挽回自己的名誉啊？

答：不想问那么多，我只要把我的名誉挣回来就行了。我也觉得这样局里是相信我的。通过这件事，我觉得我很坦然。局里也觉得我不会搞歪门邪道就对了。取得上级信任这就是我的目的。

问：还有吗？

答：还有一件事情，发生在我们站上。当时是2009年，我局里当时林政股的时候，国家有个政策——林改。林改当时放在林政股。我当时业务没有脱完，参与局里的林改之后，有一个下雨天，××城一个私家小轿车碰到我们站上电杆，车掉到河道里去了。事情发生以后，我首先向上边作了汇报，然后到医院去看望了受伤人员。看他们都没有多大的伤势问题。我就给他们谈了我们的损失问题。后来他说他受伤了，你还落井下石。我说你受伤了，有保险公司给你赔，那我们的损失呢？我站上3天没电。后来他就认为我落井下石。我说你这样吧，看待问题要辩证看待。我是来看你来的，你作为受伤人员是轻伤，没有多大问题。他对这个问题就不理解。我当时说这个事情，对杆子被撞这个事故，应该有个处理办法。我说这样吧，不说了，你把这个杆子、线路给我们恢复了就对了。他不给我们恢复，我就不放他的车。这件事情完了后，他又到我们局里纪检部门来举报我。说我们检查站的人，见死不救。说站长没有人道主义，落井下石，不具备一个共产党员和站长的品质。为这件事情，我最后通过局里，通过法律来解决。我们搞执法的就要懂法。不仅仅是森林法，行政法等法律法规我们都了解(**素质：原则性**)。这个事情，不是我不理解你，我去看你了，你损坏了我的杆子你给我赔偿就行了。我也不要求你给我拿多钱。当时这个人就是一个劲地上访。我把这件事情解释清楚了，局里认为我没有啥。当时出事后，我们值班室的人打电话通知了交警。这怎么说我们检查站的人见死不救呢？你说我××落井下石，不具备检查站站长资格，我第一时间就去看你了，我也问你了伤势怎么样？需要我帮啥忙不？再说了，我也不为了让你拿一千，出一万的，你就把这个杆子给我立起来就行了。我说你如果站在我的位置上，你会怎么做？你把你的想法拿出来？他不说了，他觉得我做得很到位，最后他主动到局里来把事情说清。这个事对我的启发是，作为一个站长，做事情要有一个楷模的代表性。必须要有良好的素质，必须要有为人民服务的心，必须要有不计小利的心，以人为本，这才是你要做到的。这样大家才会尊敬你。在工作之中，我现在一直也是这样做的(**素质：自律意识，追求胜任取向；能力：应对突发事件能力，分析决策能力，沟通协调能力**)。

问：您觉得作为一个站长应该具备哪些素质？

答：个人素质方面，我就欣赏一句话，我一直也是这样做的，我也一直收藏着这句话："人要有八气，善读书可以长才气，讲诚信可以增人气，淡名利可以蓄浩气，不媚俗可以显骨气，乐助人可以添豪气，做表率可以鼓士气，少计较可以养和气，不徇私可以树正气。"我觉得这写得很好。在网上看到我摘抄出来的。

问：在您的工作中，您有没有觉得没有处理好的、比较遗憾的事情？比方说受到阻力和困难的。

答：我们现在是1个领导，1个正职还有1个书记，3个副站长。一般执法有专门管执法的副站长。所以，小事情，我就让值班班长和负责的站长去做。关于原则问题，由我来负责。我处理的事情一般还没有什么失败的。

问：也不是说失败，就是遗憾的，这个事处理的结果和初衷有点差距的。

答：受教育不同，素质就不同。打交道的都是山里人。有些胡搅蛮缠的群众，那就是不懂，素质就在这。农村人各种各样的人都有，包罗万象。

问：有些什么具体的事例吗？想想看？

答：我们目前感到比较遗憾的是，执法标志不是很明确，在林政执法中也就取消了。在这种过程中，晚上值班，你没有标志服，就容易起冲突，以为你车匪路霸呢。那么有执法标志，远了黑了就能看见你。这是我的一个遗憾。不过国家取消了就应该有他取消的道理。二是作为我们检查站来说，遗憾的是执法受到了范围的影响。一直都是在站上周围路过的车。现在国家开展定点执法和流动执法，现在试点，希望范围能尽快扩大，使我们的执法范围更广。

问：你们这没有流动执法吗？

答：我们没有。

问：您觉得增加了流动执法，会使执法就会更灵活一点？

答：是的。

问：您在执法过程中除了遇到农民不懂法外，还有没有其他的困难呢？

答：没了。

问：您回顾一下，任职以来最大的感受是什么？

答：我觉得检查站不容易！在天保工程以前，以伐木收入为主。天保工程以后，木材的流通领域少了，我们路卡治理就更少了。二是我们的经费不足，好多工作都开展不开了。你没钱怎么开展？检查站的地理位置和环境也不是多好的。与群众脱节着。困难也很大。待遇还低。

问：待遇低有没有想到通过罚没款给大家解决点呢？

答：罚款要全额上缴。

问：有没有想其他办法弥补呢？

答：政策要对口，政策很小很小。检查站基本上没有什么对口政策。

问：这个天保收入也是按政策给的，没有多余的。你还有什么其他的困难吗？

答：基本上也没啥了。

问：在个人方面有什么困难没？表现得不是很得心应手的？

答：目前还没有啥。都做得比较到位。

问：作为站长你觉得怎样才能更好地履行站长职责？

答：我觉得，学习很重要。站长不学习，对法律法规你就不知道。你就平衡不了。第二个，执法要灵活。

问：你觉得应该学习哪些方面的知识？

答：各项法律法规都要学习。现在是法治社会，要应对各类问题出现，必须要有诉讼法，经济法也必须学。学好森林法肯定对你的专业有利，学好其他法肯定对你的业务有利。再一个执法必须灵，不能死板硬套，否则容易和群众发生误会。执法透明度要高。所以作为一个站长必须要学会学懂，要以身作则。最后一个要做好沟通，与上级监督管理部门，和上级机关，和群众都要沟通。不沟通，这工作就做不好。就会出现偏差，存在误解。只有沟通好了，你才能顺利（**知识：政策法律知识，林业政策法规，经济学，管理学**）。

问：今天就谈到这里吧，谢谢！

案 例 四

受访者：辽宁省××站长

问：您好，请先介绍一下您的学习经历和工作经历。

答：我是大专文化，××年在××市××学校毕业的。后期经过培训，开始工作。在这学了4年。当时属于林场临时代培。我首先经过3个站，第一个站××县的一个××木材检查站，到那任站长。后期到的××地区、××地区，我们站里5个人，后期不断地充实，已经有8个人（**基本信息**）。

问：每天也是起早贪黑的吧？

答：是，我们这个工作是属于不定时工作，正常是站里有正常值班，检查木材运输，再就是我们休息人员与组织人员下去各个道口巡查，因为咱这个工作属于没有时间限制，不定性的，不一定几点就有举报。或者在各个道口如果你不下去监查，有人就会钻这个时间的空子走。××地区××县应该属于最好的县了，资源比较好。每年运木材车辆也不少。

问：您能不能列举一下您当检查站站长工作以来，3件成功的事？

答：那是在5年前，有一辆车是伪装逃避的，在车上蒙的苫布，拉的板材。因为当时这个车顶摆放的非常明显，车的上面摆放了其他的东西，不是说光蒙的苫布。像这种就是投机取巧，当时晚上天也黑。他什么搬运证、什么都没有，是吉林的车。从吉林往沈阳这边走。当时高速还没有开通，所以当时他走便道，因为他这个木材不太多，上面还装着其他东西，要不注意看，他就蒙蔽过去了，这种情况是要全部没收的，正常要按木材的30%罚款。这个罚款当时抓的时候他就认了，因为这种情况他心里都有准备，抓到了就点背，当时他并不太认可，你不能全给我没收了，少罚点。咱把这个政策给他说一下，咱干这份工作的，而且你这是有意逃避木材检查，躲避国家税收，所以咱对你必须处罚（**素质：原则性，法制意识；能力：木材检查执法能力**）。这种情况这两年很多，没有搬运证的，想蒙蔽过关的这种，这些年都有，因为他在利益驱使下，总存在侥幸心理想去闯一下。

问：群众存在的这种侥幸心理，是因为他们想趁咱们困了的时候或者换岗的时候混过去？

答：这存在什么原因呢？一是因为咱们各个道口的出口非常多，进往的出口特别多，不是每个路都设，咱们设不过来，现在的交通出口太多了，网状化，四通八达。所以咱们在这设了，他们可能事先掌握了或者说他们有了解情况的探路车，可能就绕着你这个道走。现在手机人人都有，花样百出，所以说我们这块执法是相当难的。他这属于是躲着你，因为他在暗处我们在明处，光靠一个卡根本是堵不住的。

问：出现过什么困难吗?

答：现在就出在这个问题上，一是下乡的时候堵截路口，因为道口网状化，你不可能放在一个站死守，这就造成很多不便。所以我们就得下乡，到各个路口，周边的小路口，或者说高速路口，现在高速路口已经开通了，路口还比较多，而且高速路口只要你上去咱就无权上去检查，它是封闭式的。而且咱们××县5个出口，所以对咱们工作非常不利。而且开这个车，有时候你拦截车辆的时候，它没有明显的标志。因为咱们有工作证、执法证，再有就是着装。着装这一块也是一大弊病。特别是晚上的时候，因为你不着装，人家一下下来两三个人，根本分不清你是干什么的，他也有这个软硬心里，因为不知道这个社会上你是干什么的，服装也是个问题。

问：还有其他案例吗?

答：有个案例，比较典型。他也是从吉林过来的，也是伪装车辆，但他是集装箱，在里面装了木材。其实装不了多少，但是在利益的驱使下，就是费用少了，减少了很多麻烦。一般都是板材，所以利益比较大。我们事先接到了举报，但它是用集装箱运的，我们无权打开。这个时候因为我们心里有底，这个车里一定是装的木材。毕竟他有同行和冤家，得罪人了还有其他的，都有这个因素。那堵到他了他还不服，说什么都不给开。那就给扣着呗，所以说我们当时也请示了领导。最后我们把他堵住之后，要检查车厢，他说我没有这个钥匙，我打不开。但是我说我们接到举报了，你这个车里装的是木材，没有手续。他说那我不太清楚，最后我们也僵持了好几个小时，这个司机服软了，把这个给打开了，经过我们耐心地劝说，后来他也是服了，终于卸下来了**（素质：原则性，法制意识；能力：木材检查执法能力，沟通协调能力）**。假如没有举报的，你强要人打开，要是没有木材呢，或者给人造成损失呢，这就是咱们执法人员的责任了。这种情况其实还没有发生，但是咱们这种情况可以说是有可能发生，因为咱不敢跟你较真。再一个就是咱们这个检查站检查这一块比较落后。你比如说来车木材，后来到什么地步了，这是第3个案例，我想起来了。到站之后检查，他就说没超，用我们的大尺和皮尺量完之后，就认为超了，但超多少？他这个违法是怎么做的呢？是吉林的木材，在每个木材后面都写上了，不用量了。但他在里面给你做手脚了，明明是24立方米的木材，他给你打上22立方米或20立方米的，给你单子说这个相符。但是我们有的检查员比较细心，有个××同志，他比较细心，他拿大尺一量，一看不对，你给缩尺了，我们就开始检查了，这个是比较典型的。他超了能有2立方米多，超了的当场没收，因为虽然这个你有证件，但是这属于超运。当时他没服，认为他们的木材都打号了，他们是后期知道是他们内部人员做的手脚(**素质：原则性，严密性,；能力：木材检查执法能力，调查研究能力**)。检查站对这种检查方法还是比较落后的，没有什么先进的，比如说泡秤，速度比较快的。因为咱们晚上，特别是晚上就得拿个手电筒，真要量木材就得拿大尺量。你说称上下多少，咱们用眼睛去评估根本没办法去跟人计算。相差无几咱就得给人家放了。这几个案例都是吉林那边来的，本地也有。本地这边存在什么问题呢？比如现在各个林场招标，他现在都实行招标制，这样林场所有的木材运输证都给你开出来了，税费这个林业局就收取了。

问：超载呢？对本地的放宽么？

答：不能，采伐林木这一块层层把关。山上有护林员、护林队，他们兼职作业，现在就是你不到位你下岗。每采伐一片，护林员都跟到山上去，打上号印，这是护林员的职责。砍伐的时候超不超界他管，运输时超不超他就不管了。所以说我们是层层把关，到了运输就是我们的责任了，我们就得凭证，到了局里或是某个林场，运输多少立方米，多少证，一车一证。短途运输，这个我们无法计量，因为他都是给你一车或者给你一个证，打个小票短途运输。比如说我在山上作业，我准备倒到哪个林场去，外面卖，必须办证，一车一证。这个都是凭经验，比如说你办个15立方米的证，我们看一眼，相差无几(**素质：严密性，规范性；能力：木材检查执法能力**)。

问：互相之间关系网太多了，找这找那的，太多了。

答：这块执法的对上下的尺度都一样(**素质：原则性**)。历年来检查都是凭着一证一车木材运输，他这个办15立方米，这一车拉过来是13立方米或者16立方米，因为我们上下这一块可能说无法看得太清了，只能说经过举报或者特别细心或特别悬殊能看出来。这种情况，上下差别不是特别大的话用我们老一套的检查方法是无法确认的。运输中车太多，也量不过来，可能是你量这一车，你前面后面车都排满了，上午的车，下午都走不了，对后面是有影响的。运输木材没有证件的情况也有，因为有些木材贩子通过非法渠道收到的木材，无法办理证件，他就从小道或者不正规的不在主道的道路去跑，或者伪装，偷偷跑掉这种情况也有。

问：如果接到群众举报的车辆没往主道上走还去撵吗？

答：那一定，因为咱们不但站里有值班的，也经常在各个小路口，比如各个县，交通岗下去巡查，以防止这些地方的疏漏。

问：您这个工作有什么危险性吗？

答：这个工作有危险性是一定的。

问：你们这儿都是正式职工吗？

答：对，正式职工。尤其是夜间值班，有的是一些刁蛮的货主，一是不停车。那年是在××，也是接到举报，是咱们县内的一辆车。我们追到了××地区了，这车跑掉了，他就不给让道，超他了都不给让道。因为当时是夜间，他不让你超车，后来就是跑掉了（**素质：责任意识；能力：木材检查执法能力**）。

问：您刚才的成功案例最后处理完体会是什么？

答：感觉像打了场胜仗似的，毕竟咱首先得到了重视，欣慰、高兴（**素质：追求胜任取向**）。

问：再想想，还有没有了，您工作5年了吧。

答：对。还有个案例，是本地的，所在地××的。他拉的木材超出限定量了，说是烧火用的。看着他是夫妻俩，小车不大，被我们堵住了。当时要没收，这人脾气非常暴躁，跟我们撕撕巴巴的，但是我们不能跟他动手。后期他们村长出现了，说这人有病，这一旦出现“有病”的情况，就把一切都抹消了。但是看他们夫妻俩也特别可怜，后来把这个男的的证明材料拿来了，精神病诊断也拿来了，确实是这种情况。在自己家的山场拉点木材，确实是回家烧火用，当时快近冬天了。他有这个病，村长也到场证实了，我觉得很难处理。最后就是村长出面，我们就把木材给没收了。他们的家庭条件确实非常困难，他刚从医院出来。但出于人道主义的话，你关他还关不了，因为他有病；罚他还罚不了，因为他没有钱，最后对于我们来说这种情况必须采取措施，还得没收，再就是教育（**素质：原则性，服务群众意识；能力：应对突发事件能力**）。但是当时处罚办法一出，那家男的不接受，跟我们要玩命，要打我们。最后把他村长找来了，告诉村长跟他解释，他这么做这是违法的，他要采伐木头可以申请，但是私自上山采伐绝对是不对的（**能力：宣传发动能力**）。

问：你刚才说的都是成功案例的，有没有失败的？

答：遗憾的刚才我说了有一个，有个闯站的，没堵到他，这个是比较遗憾的。再就是在××地区，当时他是吉林木材要通过咱们这个过道，进入咱们这个地界，也是有群众举报。但是他们有探路车在前面汇报，所以这个我们几次都没有抓获他。因为探路车我们抓不了，他这个车探路的在前面走，他在后面尾随。他发现我们的时候，一个电话过去，后面的车就不动了，藏起来了，你根本就发现不了他，咱就无法去抓人家，我们经常遇到这样的问题［**（欠缺）能力：应对突发事件能力**］。

问：他往哪藏啊？这是必经之路啊。

答：是必经之路，但现在这是可以村村相通。他可以说我掉个头，你这边有人堵了，就不那么大胆地去跑了，掉个头跑了或藏起来了。这个我们案例还是比较多的。现在就是交通太发达了，各个路口村村相通，包括咱们县内都好几个出口，你光几个检查站根本不够用。可能你在这个路口堵了，人家往那面的路口跑了。现在是他盯着你，你上哪他就躲着哪，总有出口，总有出去的地方。

问：下边的工作人员在这里工作得怎么样？

答：我认为我们的工作任务虽然比较艰巨但是大伙都比较认真、尽责。咱林政这一块，对我们执法这方面要求非常严，一是咱们需要不断地学习法律法规，经常搞一些学习、培训。二是请一些纪检委、检察院的对我们进行教育，让我们时刻保持冷静、清醒的头脑，防止渎职，所以我们每年都要开一两次学习会，督促大伙把握好（**能力：团队领导能力**）。

问：你们的工作经常起早贪黑的吧。

答：对，我们的工作时间尽是在半夜、晚间的时候，可能大伙都是熟睡的时候我们就出去了。咱们站上有配车，车都是晚上行驶多，因为白天违法的比较少，不会那么明目张胆，都在夜深人静的时候（**素质：奉献意识**）。

问：拿证一比他不停车呢？

答：他不停这种情况也很多。不停的话可以打电话设卡，在后面紧追。追太紧还不行，因为毕竟有个安全问题。再就是标志不明显，你堵了他的车，人家就问你干什么的，所以说这个人家也不是说不停，那我不知道你是干什么的，我还以为你是堵截的呢，那我能停吗？就是堵人家不服，随便堵我车，不服就走了，再继续赶。这个除非跑掉了，确实没追上，再就是我们一直跟着他，他一看甩不掉了，就停了（**素质：责任意识**）。

问：吉林这边来的容易处理，因为他关系网少，本地的问题处理起来容易吗？

答：本地这边找这人找那人太多了。刚才讲失败那个，堵车堵不到，跑掉了这种情况，心里很憋屈，很难受。我们一接到举报，大伙都有这个责任心，都想把这个事做好，可能我们堵了几个小时之后了，却让他跑掉了，这大伙都非常沮丧（**素质：责任意识**）。现在这些木材贩子的违法行为花样百出，他针对检查都有很多办法逃脱。前面我也提到了，一个是因为现在交通方面，二是信息特别快，他们这边发现我们了，一个电话打出去，我们车肯定没人家的车跑得快，他可能就近从别的地方就走了。再一个是高速，就咱们××县内就5个出口。这5个出口你在这个出口堵，他就在那个出口上，因为他可以绕着你、躲着你。吉林那边过来了，也不是咱的木材，在这路过一下，这种情况查得也很严，一样对待。堵这车，处理的时候都得在场吧。咱们有这个规定，偷木材以后必须诚实上报，我们直接报到林业局、林政部，大型的案件都是归他们处理。罚款这一块就是上缴财政。

问：这么些职工，你们那些奖金都是上面统一发还是你们自己处理啊？

答：我们都是上面统一发，工资这一块都是局里的。

问：这一天这么辛苦，起早贪黑的，你们都一样？

答：都一样，啥特殊的都没有。

问：下面就请您谈一谈您的岗位职责和相关知识。

答：首先从事这个工作必须对法律条文掌握清楚，法律法规、规章制度必须掌握，因为你面对当事人的时候如果法律条文讲不出来人家根本不服(**知识：政策法律知识，林业政策法规**)。在学校没学这东西，都是后期学的(**能力：学习能力**)。执法这一块你要不懂是绝对不行的。所以我们也经常考试，经常组织站员学习。专业知识不懂的话绝对不行，因为每年都要考执法证上岗，首先得具备这个执法证。这个执法证每年都是经过培训学习，合格了之后给你发，你够这个资格才能去执法。第二你得熟练地掌握法律法规，因为你得跟老百姓或违法人员讲清楚他们违反了哪条哪款。要我说现在这个专业知识还是老一套，太老式了，就拿个大尺去量，这个也得凭经验。所以你多年从事这个工作了，那这一车拉了10立方米还是12立方米，你看一眼能有感觉。不能说你每辆车都去量，你这工作也干不过来，这就需要相应的专业知识，长期在岗位上的坚守练就的职业敏感度，有时候一看就差不多心里有数了(**知识：木材检量检测**)。

问：你们的工作人员有没有学这个专业的，像林校毕业的或哪儿毕业的？

答：林校毕业的咱们也有，但是专门学木材检查这个专业，林校毕业，我们站里基本没有，都是后期我们专业培训学习的。去年考试了，今年我们马上又要组织法律法规考试了。因为现在咱们林业新的政策不断变化，所以你必须得掌握这些。从事检查站的工作首先你得有素质，第二你得掌握这个法律法规，另外必须得有责任心才行。

问：介绍介绍做好这项工作最重要的因素是什么？

答：责任心必须有。因为你从事这个工作，丝毫不能马虎。你马虎了可能就造成失误了，国家的财产就流失了，这是一。第二就是说必须掌握知识，现在这个社会发展，法律知识不到位，你没法跟人对话，没法跟人讲解，人家不服。我们县总共建立5个检查站，咱们县是5个。每个月的5号，就是今天，上面都给我们开会，传达一些新的政策和有关要求，布置这个月的工作任务。我们再把工作对底下的检查员传达，一是把政策啊、业务啊学习好，二是提一些新的工作思路或者想法。

问：谈得很好，非常感谢您！谢谢！

案 例 五

受访者：江西省×××站长

问：请您介绍一下您的学习经历。

答：我是××年××林校毕业，中专，学的是林学。在我们××党校参加了3年函授班。从××年毕业就分在××林场，××年进××林业工作站，××年搞营林，到××年我就到××林业工作站工作。当时我们只有1个站长，没有正副之分，现在才有副站长，现在××林业工作站有2个副站长。后来就到××林业工作站当站长，××林业工作站是我们最西北端跟××交界的地方，是××县最大的林场区。当时是我们××县最年轻的站长，才26岁，到现在已经几十年了（**基本信息**）。我中途参加了好多学习，1991年，参加了××地区林业局组织的林业调查实训，1997年参加省林业工作总站组织的林业工作站站长岗位培训，2003年参加了××市林业局举办的林业工作站培训，2011年也培训了一次，最近市林业局还培训了一次。现在我们站有5个人，1个站长，2个副站长，还有2个站员。我们××县这个林业站的工作人员都比较少，像我们站也算比较大的站了，有些人到了年纪就要退下来了，上面没有新的血液补充过来，所以说现在确实面临人员越来越少的问题。

问：你们这个站里人员的年龄结构是怎么样的？

答：现在我们站里有两位同志上了50岁，1位副站长，1位站员，这位站员业务能力非常强。我今年45岁，都没什么年轻的工作人员了。还有一个站员40岁，林校毕业的。我们××林业站急需一些新员工，人员确实不够。现在大部分林业工作站平均每个站4个人，还有一些3个人的：一个站长，一个副站长，一个站员。

问：请您介绍一下您的工作职责。

答：这个我们林业工作站的职责：一是宣传国家林业防治政策，林业法律法规；二是组织指导林业生产，做好林业“三防”工作，就是防涝、防旱、防森林病虫害，协助处理林权纠纷，建立森林资源档案；三是为林民提供产前、产中、产后服务，代收林业各项收费，林业行政事业收费、林业育林检阅费，主要是这两块。另外还有处理好各级各类的关系，比如说与当地政府、村委会、林农的关系，还有处理好站员内部关系。我们的工作主要要注意做到财务公开，要做到一次性告知制、处分信任制。我还要和县主管局思想上、行动上保持一致（**岗位职责信息**）。

问：请您列举3件近年来您觉得做得比较成功的事，描述一下事件的经过，比方说当时遇上了哪些困难，采取了哪些措施等。

答：这个当时有一件事让我引以为豪。我在××林业工作站。我是××年调过去的，当年我们就被评为“全省30强林业工作站”，当时我们××地区共有4个林业工作站，我们工作站是唯一一个被评上的(**素质：追求胜任取向**)。

问：能谈一谈是怎么评上的吗？

答：我到那里任站长当年，工作站就评上优秀了，时间也比较短。主要是在硬件、软件两方面都达到了评选标准。硬件指标的话，我们××林业站有一个新房子，里面还有一个好大的院子，里面绿化得也比较好，我去的时候就带领大家把站里院子弄整洁，还有把墙上一些宣传镜框美化亮化，把每个办公室功能都规划了一下。软件来讲，当时我到那里去工作积极性相当高，做了一个资源档案，把以前的各方面的档案都整理好。另外，我记得我还亲自做了一个95规划图，一个辖区资源分布图，不知道现在还有没有，我调过来时图都有好大的镜框。检查组过来主要是看看站里的办公条件，一来看什么都有，什么规章制度啊，档案整理啊都很齐全、很清楚(**素质：规范性**)。

问：你们这个工作站刚开始是几个人？

答：我当时工作的××林业工作站也是一个大站，刚好那时并站，调整，我就在那里当站长，那时站里好像有7、8个人。我的大部分时间放在协调内部工作人员关系上。当时我来的时候人员很散，而且又是两个站的工作人员合并在一起，当时两个站的工作人员有拉帮结派的现象，所以我就要协调好这些人，内部的站员要服从我这个站长(**能力：团队领导能力**)。

问：您日常怎样管理他们呢？

答：先传达会议精神，包括大会小会，包括平时主管去局里开的会。再做好任务分工，大家既有分工又有合作。现在我们工作站每个月都开两次会，会上除了传达主管局的工作安排、规划等，还会和大家谈谈当前的工作怎样做。平时有问题我们也会随时开会，比如中途有什么工作，包括乡里的任务、主管局的任务，具体时间段由哪些人负责去做都要跟他们讲(**能力：计划组织能力**)。

问：你们这个工作站副站长具体做什么工作？

答：副站长也有分管的任务，具体的比如站里有些重大的事情可能跟副站长讲，起码站里的大小事都应该让副站长知道，现在许多工作副站长也是当站员用。没办法，站里人太少了。他也要挂几个证，现在站里面有5个人，我管全局。另外，一个年轻副站长搞电脑操作，还管内勤，包括院子绿化、食堂管理这些，还有邮件收发人登记、来信来访都是有副站长管。我们××乡就有9个村，他们一个人就挂了3个村。

问：就是要有事向他汇报，他最后要向你汇报？

答：这个事是这样，也有站员直接和我说，另外我觉得这是要跟大家说的，我也会和大家说，比如现在有一个什么事，站里什么情况，怎么运作，这都要让大家心知肚明（**能力：团队领导能力**）。

问：你们工作站的经费是怎么做的？

答：我们局里去年的经费是按人头算，今年的经费还没具体说，一年一个人2100元，我们站里5个人一年就是10500元，全部包括在这里，包括办公费、招待费、电话、水电费这样七七八八都算在里面。这肯定是不够的，这一年12个月除下来，每个月875元是绝对不够的。像站里的炊事员工资是局里给的，550元一个月。但这个都是预算外工，这个没有办法，现在炊事员很难请，工资太低确实不愿来，我现在给他补100元每个月，一个月还有其他的，将近200块钱。但这个钱哪里来呢？我们就是靠招收返回，我们要靠罚没款，上交了罚没款，招收了就要返回，这也算一大块（**素质：服务群众意识；能力：沟通协调能力**）。

问：你们这个站里正常运转的费用是多少？

答：我们站里去年罚木款是82500元，我是50500元左右，我招收了30000多元有60%的返还，有18000元加上局里10500元，大约是30000元，基本工资是林业局统一打到工资卡上。我们的工资很低，每月1500左右，我今年才刚刚评上工程师，我没有去读农大函授，没有办法，后来想想年纪又大了。去年我的经费是3万块钱，处理工资打卡上支配的就是这30000元钱。这确实是紧张，说句心里话，站里面如果有人来检查，站里要招待，我就要他们去乡里面。因为我跟乡里面关系处得相当好，我们隔壁一个林场，有时候能够开支的就开支一点（**能力：沟通协调能力**）。

问：看来你压力还比较大。刚讲了一件事，能不能再回忆一件？

答：第二件事就是我在××林业工作站的时候。那是2003年的时候我们全县搞林业产权自主改革，我就到了我们××乡××城。以前是几个站合并起来的，跟外乡的关系都比较复杂，比较零星。我在这搞林改，当时又是这个乡的工作站站长，要处理这些森林纠纷，所以那一年是我参加工作以来最辛苦的一年，我觉得我做的最大的一件事就是这个，印象真是太深了。整个我们××县的由我负责的这林改工作首发仪式就在××乡××城，在村里的村委会院子的操场上（也是一个小学，现在荒废了，是当时村委会的所在地），县委书记、县长都来了，摄像机什么都有。我们这里是搞了林改以后，第一个发林业证的村。我搞得最早，我们那时××县是高专业技术人员求了108将，我是第一个发林业证，老表都非常肯定，现在发的都达到了要求。当时有8家新闻媒体来这里采访，而且从国家林业局工作总站，省林业局工作总站，市林业局工作总站，县林业局工作总站包括我们最基层的林业工作总站的同志一共5家都过来了，当时车子坐了好多人。这个林改确实好辛苦，现在想起来辛苦也值（**素质：追求胜任取向**）。遇到有些老表又不讲道理，一户人家100亩、50亩。像我们××乡一个小山通过去，两级一通，一进去有20多户人家，我必须要进去。我也不想去沟通，就是发一块证，给他几户人家。弄一个代表说一下备注就写王二麻子哪个权力共有。只要能够分，能分清楚我就给钱。但这时你必须要进去，有些地方进人都进不了，好辛苦的。后面跟着一群老表，都跟着我们走(**素质：责任意识；能力：沟通协调能力**)。所以我觉得很光荣。我们××乡里的党委书记，现在是我们××县林业局局长，都到省里去领奖。××乡作为林改的先进乡镇。我们××县是全县第二，××县是全省第一！这也是一件我心里觉得比较骄傲的一件事。我们在里面做了很多细致的工作，通过这件事我又得到了好多体会。

还有就是划公益林。我记得2006年也是在我负责林改的××村。这个村所在地××县有一个××水库九曲十八弯，上下应该有十八里路。这里一个风景点改造全部要划作省级公益林，这难度相当大。这老表有的是小块小块的，因为搞林改就是我一个人在负责，还涉及国营林场和个人的。老表对这座山确实不想划成公益林，但最终我是天天晚归做工作。白天人家要做事，晚上跟着村委会的干部。当时我们林业局管旧林的有一个××站长，后来是林业局派他过来。说实话，这个工作难度是相当大。但是最终划了公益林。只有一家到现在还没签字。没有办法。他不签字，有补助。这是省级公益林有补助呀。省级财政会补助。这些全部到位了。说实话做这些工作没有实践经历的话，是县委书记他也不买你的账的。做这块特别难。我体会到工作要做到细致再细致。要有方式方法。做老表的工作不像我们做办公室里人的工作。到下面做特别难。要抓住一个典型做通了这个老表的工作，这几户就通了。他们是一环一环的，这是2006年开始的，2007年结束(**能力：沟通协调能力，分析决策能力**)。

问：你这工作体会还是相当深的呀！

答：是呀！我就觉得这工作要做得相当细，做老表的工作一定要细，要跟他们讲道理，要把道理讲通了。前提是要经得起磨练，别说一次两次碰壁了，你就不去了，别说1次、2次，10次、20次你都要去。说实话局里面有时也有人来，但主要是我去。我天天都和村里的干部一起去，有时我一个人去村里一些钉子户家里。那里面有一个失败的事，就是那个九曲十八弯一个钉子户，现在也在我们××林业派出所开车子。他造了300多亩杉木林，死不放，他现在看到我还有一点敌对情绪。他的家就在这里，我当时就跟他说："划公益林国家有补助，而且森林资源有一个再生资源问题，不是说不让你采伐，只不过要晚一些。它有一个自然的衰弱过程。"他以前是种田的，他不单在这里造了林，还去了别的地方，他是林业大户呀！所以我们也很照顾他到林场工作。上面也有这样的政策嘛！他被安排在林业部门，现在在××林业派出所开车，解决工作问题。说实话当时给他做工作很失败，对我们又产生了敌对情绪，很失败，就算工作没有做好，也不要产生私人之间的恩怨。说实话这人也有脾气的，当时我也对他发了一点脾气。那时基层工作站，就和隔壁派出所隔着一墙壁，现在他看到我，我看到他。

问：心里不舒服？

答：不是不舒服，有时我还主动和他讲话，有时同桌一起吃饭，我都主动敬他酒呀！一般我都不喝酒的，但是他在这里我还是会喝一些酒，他每次都是这个态度。这也是我工作没有成功的事。

问：你当时有没有想过采用其他办法解决这个事？

答：我想了，也找了好多法子，但是他这个软硬不吃，没有办法弄通，换做现在还是不通，就他一个人没有签字。其他老表有好多杉木，有几百亩的杉木林，我们××县不敢要你的。现在国家公益林要区划，这是林业发展的一个大趋势，我把县里面土管局的一些林业措施、规章，都跟他说了，还找了好多人说，还找了他的亲戚，都没有办法。后来局里说他的不划就算了，其他就这样(**素质：原则性；能力：宣传发动能力**)。

问：作为林业工作站站长，要具备哪些专业知识和相关知识？

答：我们要熟悉和林业的相关政策法律法规，森林法实施条例，包括野生动物保护等，这些经常用的，肯定要扎实。林业的法律法规专业知识这一块，一个造林，一个采伐，一个生态工业林保护，这些都肯定要。我们林业的生产采伐，生态工业林保护的法律法规，退耕还林，这些必不可少(**知识：政策法律知识，林业政策法规**)。

相关的知识就是林业工作站的管理，作为一个工作站站长林业工作站管理一定要有技巧。我的工作主要是负责基层林业工作站的外部协调，包括主管局的协调，与当地政府的协调，与林农的协调，与木材经营者的协调，第一个是与外部的协调。作为一个站长要把外部协调得相当好，不然林业工作站发展就举步维艰。再一个就是内部协调，就是跟站员同事之间的协调。不同的岗位有营林员、林政员、资源档案员、内勤员等。这些人员内部怎样处理好他们与站长之间的关系。这也是要协调的，要把关系处理好(**能力：团队领导能力，沟通协调能力**)。

再说的话，就是要有一些工作的方式方法，不好就事倍功半。首先事情拿过来不要一开始就盲目去做，要分析一下，方方面面分析一下。有哪几件事从哪个角度来看，怎样去搞好，然后再去实施。你别一拿来就立刻去实施，有些事情可能就不行了。有些事情要先小范围试验一下，比如说上面有什么东西来了，要林农做的一个事，你先找几个人问一下，看一下林农的想法，想一想要完成这项工作可能需要采取的各种办法，先得到一个初步的信息，然后再做决定，这也是工作方式方法的问题(**能力：分析决策能力**)。

问：您认为怎样才能履行好站长这一岗位职责？

答：一个是要有很强的协调能力，内部协调、外部协调，处理好关系。作为一个站长，一些具体工作你可以放手让副站长、站员去做，站长要把握全局。

要管好一个站，工作开展要想得心应手，一个是要跟林业局、当地政府、兄弟单位、林农、村委会以及木材经营者的关系都要处理好，还有处理好站里内部的关系。第二个来讲，我觉得作为一个站长你要有一定的专业能力，否则站员的工作做好做坏你也不知道。第三个要有一些工作的方式方法，你做得不好还力争在做，搞不好花了好大的精力，反而适得其反，林农也不受保护，上面主管局也不认可。

问：经费是从林业局支还是其他部门？

答：林业局。乡里面也要单独领导的，和乡里面关系没处理好的话，也很难搞。乡里也可以管得你死死的，像我们也是一个大乡，对林业这一块也特别重视，包括林木材的分配、生产指导、林政的森林防火。我们是一个重点林区乡，主要以林业为主，有些林农种粮食就种一季水稻，够自己吃就可以，有些人还要买粮食吃。现在主要收入就是林业这一块，老表主要是卖些木材。

在我们××这一带林木森林覆盖率达到了87.9%，林木绿化率88.7%，都是林区。老表的收入主要靠林区，另外就是到外面去打工，挣点劳务费。矿产也没有什么矿产，以前有一个石头厂是几个人在搞，2010年就倒闭了，到年底就没有搞。

问：你这样没有其他产业贴补一些在你们生活费里？

答：没有没有，都没有。主要靠林业案件、林业处罚，老表搞林业生产，种上树。我们的财政确实好紧张。我们也有3个加工企业，监管这3个企业的单位好多，林业派出所、林业公安，不单单是我们，有时候发现问题林业公安局里面也会处罚的，一个治安科他们也会来处罚，我们只是协助。林业执法大队返还了5000元，林业公安是一分也不会返还的。林业公安也有单独处罚的案例，有时就是叫我们帮助鉴定一下。

问：这个工作你们需要花多少时间？

答：我们工作站花的时间很多，一年365天，也要投入差不多1/3的时间。包括我去处理这个加工产业。像去年涉及林业采伐的案子，林业公安和林业执法大队他们都到伐区去处理，这案子涉及我们村最大的一个林业区，2005年以前也是我们××县最大的林业区。林业公安和林业执法大队来了以后，他们也没办法，我们就要协助他们。有时候不单单是监管加工企业出现的问题，还有一些山头地段的开发问题，这些我还是要花好大精力。具体的比如说划区捐款，伐区验收，造林验收这一块我不去管，他们去做。我主要负责协调这一块，检查也特别多，各种检查伐区检查，像林业厅抽查，一年抽查两次。上半年一次，下半年一次，采伐山上的检查，局里面就要核查是否适合采伐，我们站里要有人陪同他们上山核查，但是这个关系我要协调。局里的人来了，我要招呼他们，怎么安排、走什么线路，是回去还是到哪里住？因为××县城有60公里路，有时候他们要到这里住的。退耕还林，我们××县不搞了，但是我调过××来。

这个也是要花好大精力的事，我们这里有一个××村，这些老表搞退耕还林，后来搞了一个水坝。××工程被淹掉了，要移到另一个地方，这些老表天天上县里告状，淹掉了要置换土地，但是他又没有土地置换。他讲种在山上，但山上又不是土地。他讲我前面8年，218元一亩我又要等，讲诸如此类的好繁琐的事情。我到××花了好大精力去做这个事，到××才1年半，两年不到。每年巩固退耕还林的成果，不是像其他乡镇林业工作站搞两天就完了，我们这里，一个星期半个月，要安排他们的住呀，走哪条线路，这些都是我们站在协调。我不协调，这些工作就开展不了。要副站长协调这些事就不见得有我协调那么好**（能力：计划组织能力）**。所以我到××去没有休过带薪休假，但自从有特殊情况，我都一直在这里。没有办法每天都有这样那样的一些事情，没有大事也有小事**（素质：责任意识）**。

一个协调，一个稳定，具体的一些事情也没有管，比如哪个山头哪个地块去看，伐区监管，伐木验收，什么指导之类的确实没有。但大会小会我都会跟站里说，如果这个事情你觉得不懂或者这个事情你觉得应付不了，一定要立即向我汇报，我再去处理，再去看怎么应酬。但是没有人汇报，基本上事情都是他们在做，没有什么应付不了的。

问：谈得很好，非常感谢您！谢谢！

四、县级林木种苗管理站站长访谈文本案例分析①

案 例 一

受访者：福建省×××站长

问：请您说说你的学习经历和工作经历。

答：××年毕业于××林学院××专业。毕业后分配到基层采育场，工作了×年。××年通过考试进入林业局种苗管理站工作。××年担任种苗管理站站长职务（**基本信息**）。

问：请您谈谈作为一个种苗站站长的岗位职责？

答：我们的主要工作是种苗、花卉、绿化苗等。种苗工作主要是：经营许可证的发放、种苗质量监督、种苗生产管理。林花卉绿化苗木工作是：项目规划、项目的申报、项目实施（**岗位职责信息**）。

问：××站长工作多年，做了许多的工作，能不能谈谈工作中做得比较成功的3个事例？

答：第一件事是我们县是福建省××单位中连续实施现代农业花卉项目的，这个项目连续实施了3年。前两年在省林业厅评比中获得第一名，奖励10万元奖金（**素质：追求肯定取向**）。省种苗站每年补助200万，连续3年我们获得省种苗站资金610万，这些资金往往用于补助规模大、资金足的大型企业（**能力：沟通协调能力**）。

问：你们参与了哪些工作？

答：从项目文本的策划，项目文本拟稿、申报，还具体到田间指导。

问：能不能简单介绍下这个项目的内容？

答：这个项目主要是硬件设施建设，主要有乡下大棚建设、机耕路、机井、管理房、滴灌喷灌设施。这个项目目前在宁泽、松溪两个乡镇实施。这些公司主要是外商私企。这些企业和本地的农民企业有区别，国家有资金补助。

问：在这项工作中，遇到了哪些困难？

答：困难也有，比如在征地时，因价格问题，要做说服工作，要协调。我们让村里面帮助我们协调工作。有些农民不愿意，有些农民要求补偿高些，还

① 本章节文本分析人：皑妍

有的农民怕地被征收了，没田种，闲着没事做，有后顾之忧。

问：这个问题解决了吗？

答：到现在这个事还晾在那，我们放弃了[（欠缺）**能力：沟通协调能力**]。

问：这项目做好几年了，效果好吗？

答：效果不错，这有利于规模化，产业化经营。这个项目对企业就是个推动力，提升企业的影响力。

第二件事是我们申报了中国绿化苗木之乡项目，“中国油茶之乡”“中国桂花之乡”“中国罗汉松之乡”。××县有4.2万苗木，苗木花卉产业是农民增收的主要产业，县领导说一定要打造品牌，推向全国，扩大知名度。经过我们努力，2008年把中国经济林协会的这个品牌评下来，现在正在打造“中国花木之乡”和“中国兰花之乡”这两个品牌，这两个品牌是向国家林业局下属的中国花卉协会申请，申请下来后，我们实打实地要把面积做大，把品种补齐，让它上档次，让××成为名副其实的花卉之乡，把××打造成东南最大的花卉基地（**能力：沟通协调能力**）。

问：当时是哪个部门提议这么做的？

答：这是我们林业部门提出来的，当然跟我们种苗站是有关系的，我们种苗站长期做这些业务。今年相应配套的措施，最近引进云南××花卉有限公司，是以电子商务平台为主的花卉贸易公司，让它落户在我们××地区，目前已经在××花卉市场入驻，还准备在县城给50亩地，建一个××公司大楼。还建一个海峡两岸的花卉交流中心，建成后，我们××的花卉在全国知名度更大了。××公司跟我们××早有渊源，把这个知名的公司引进××，提升了××的知名度。目前周边省份及台湾对我们××的花卉也有所了解，台商来我们这边投资，引进台湾的新品种——非洲菊，今年销售的行情非常好。目前××花卉是供不应求。花农种非洲菊一亩地能收入1.5万~2万元（**能力：经营管理能力**）。

问：你们做了很多工作，农民怎么评价你们？

答：花农刚开始起步的时候是政府扶持他们，政府以每亩5000元钱补贴花农，花农感激在心。技术方面都是由我们指导，我们还帮他们聘请了技术员，争取补助资金，现在走上了正轨，很多花农成为养花专家（**素质：服务群众意识；能力：技术推广与技术服务能力**）。

第三件事种苗生产。××种苗要追溯到第一轮林改，当时老百姓分到自留山，在××镇立××村自己育苗，慢慢的，一户带一户，形成了一定的规模。现在全县有××村、××村、××村3个专业育苗村，育苗户有230户，全县育苗面积为1000亩，品种有杉木、马尾松、枫香、木荷常规树种外，还有楠木、红豆杉、松柏、福建山樱花珍贵树种，约30个品种，每年育苗量5000万，销往周边几个省，如安徽、江西、浙江、广东、湖南。

问：育苗户刚开始育苗的时候，你们种苗站有没有帮助、扶持他们？

答：有。一个是到省站、市站去调拨良种，这是我们的业务范围，做良种监督，要求他们使用良种（**能力：种苗质量监管能力**）。第二个是在田间做技术指导，种子怎么播，播多少，怎么防治病虫害等工作（**能力：技术推广与技术服务能力**）。在今年全省大造林工作中，种苗工作突出，为大造林工作作出了贡献。××林业局被评为全省种苗生产先进单位。基层育苗合作社也被评为大造林先进单位（**素质：追求肯定取向**）。

问：大造林期间，你们有没有帮助育苗户销售苗木？

答：××育苗的历史比较久，他们思想开放，会自己跑业务，已经形成了自己的销售网络。大造林期间，我们主要是帮助调配苗木。

问：育苗户有没有违规行为？

答：我们育苗户比较多，育苗的收入成为某些乡镇，某些村民的主要收入。真正200多户育苗户中，有办证的只有100多户，有些没有办证，没办证农民跟着有办证育苗户或者合作社一起做[（**欠缺**）**能力：种苗质量监管与执法能力**]。接下来的工作，我们要加强监管。对那些真正好的育苗户，我们可以到现场帮他们办证。

问：在您多年的工作中，有没有做得不太满意的事例？能说3个事例吗？

答：第一件事我们在基层科研方面的工作做得很少，比较薄弱。我们策划了很多项目，比如××县生态型万亩绿化苗木建设总体规划，××县产业规划，我们挂靠林业规划设计院（**能力：种苗研发管护能力**）。我们没有资质只能挂靠他们。现代农业油茶项目，连续实施了3年，主要内容是建设了一个临时采穗圃15亩，新建采穗圃15亩，新建育苗基地15亩。今年全县8000亩的油菜造林建设，其中存在新品种的选育问题，包括临时采穗圃的选育品种认定问题，这项工作已做得比较成熟，今年要进行品种认定的申报（**知识：苗木培育技术**）。科研方面，与福建林业科技实验中心合作，我们进行了野外兰花的驯化选育工作，还包括兰花的杂交工作，我们参与数据的收集，我们配合做（**能力：种苗研发管护能力**）。

问：福建林业科技实验中心为什么会把试验的点选在你们这个地方？

答：是我们争取的，我们把企业介绍给有资质的单位，让他们结对子，把项目放到我们企业来，可以双盈（**素质：服务群众意识**）。

问：这个项目农民有没有配合做？农民种植花卉的水平有没有提高？

答：我们引导花农正确选育品种，技术方面提高，经济效益提高了。

问：做的过程是一个复杂细致的过程，你们有没有监督？

答：由企业的技术员和我们来完成，我们安排花农做日常的工作，技术要点由我们来把握的。比如今年施肥，施什么肥是我们技术人员来决定，这么做有利于提高他们的经济效益（**能力：技术推广与技术服务能力**）。这个课题做了3年了，目前新品种花叶双叶已经提交省里鉴定。

问：这种活动对你们种苗站的工作有没有影响？

答：应该说有所帮助。

问：这个过程没有遇到困难？

答：这个工作没遇到困难，只是一个日常工作的范畴。

问：除了这个课题外，还有没有其他课题？

答：目前我们在加强林木种苗质量检测能力建设。今年全省安排了5个市和2个县级单位来做，我们县和××县也是第一批。目前我们实验室已经装修好，仪器也搬进去，这个项目将提高我们对种苗检测的能力，基础的检测工作在自己的种苗站就能完成，不要到外地去检测。还要做花卉种苗的检测能力建设。要建一个花卉种苗检测中心。通过项目的支撑，跟高校和科研单位合作来提升我们的水平和能力建设。

第二件事是围绕××花卉苗木产业的发展，打造海峡西岸最大的信息化种植基地，在现有基础上，进一步采取措施。力争到2015年，全县花卉种植面积达到10000亩，实现产值3.7个亿，建成以玫瑰、香水百合、非洲菊、郁金香、杓兰为主的海峡西岸最大的信息化种植基地，打造"中国兰花之乡"和"花木之乡"，重点打造玫瑰产业。2015年种植4000亩树型玫瑰及实用玫瑰等新品种，主要分布在××镇、××乡、××镇3个地方，分别建立3个千亩玫瑰园。还要建玫瑰精油及玫瑰制品加工企业。以福建春武技花卉有限公司为主，来打造3个企业。

问：目前这个项目实施有遇到困难吗？

答：征地有困难，征地补偿的标准是按照高速公路征占用林地的标准，这个是有依据的，大多数老百姓是满意的。遇上征用坟地比较麻烦，我们能帮他们保留的尽量保留，我们分管领导、站里面的工作人员及乡镇的工作人员联合起来，排除困难（**能力：沟通协调能力**）。民营企业自己种，自己加工，自己销售，不成问题。我们还要打造福建最大的苗木培育基地。目前××大的龙头企业有福建××园林有限公司、××园艺场、××苗木有限公司。依托20家企业，充分利用基地造林，突出种植桂花、罗汉松、竹柏、红枫、紫薇等珍贵绿化苗木，进一步提升产业发展水平，主要打造千亩红枫基地、中国桂花博览园、罗汉松精品展示园。进一步培育壮大苗木的专业村和专业户。力争2015年全县苗木种植60000亩，实现产值6.3亿。

问：你们在这件事中做了什么？

答：我们与林业规划设计院一起做万亩苗木的远景规划，行业管理，帮他们做项目申报（**能力：种苗研发管护能力**）。

问：大企业有没有违规行为？

答：目前没有发现，他们都是从正规渠道调苗，培育乡土珍贵树种。

问：办理种子苗木生产许可证过程中有没有遇到什么难题？

答：要办证的育苗户比较多，我们要求他们有办公地点，有生产基地，种源要可靠，是从正规渠道进来的，对育苗户的信息要登记。外来物种苗进入本县要检疫（**素质：规范性，能力：种苗质量监管能力**）。

第三件事是花卉产业的结构在不断的优化，品种主要是非洲菊、玫瑰为主打，百合、郁金香少，进一步引导大型的公司，侧重一些高品质高端的产品。种这些高端产品的难度是种苗贵，技术不成熟。老百姓喜欢安稳，愿意常规的耕作。技术创新主要是靠公司做，公司也怕担风险，我们在争取资金，对企业补助，降低企业的风险（**素质：服务群众意识**）。

问：有没有育苗管理方面的问题？

答：全县有那么多育苗户，育苗户的素质参差不齐，有些育苗户认为把苗卖出去就算数。去年大造林的过程中，我们发现一起违规的事件，育苗户把火炬松当作马尾松卖出去，长大后才知道是火炬松。育苗户没有找我们调种子，质量没法保障，而从外地调进来的种子。业主找我们反映情况，我们进行协调，我们让他把火炬松苗拔掉，让育苗户给农民的苗补足并给农民误工补偿。协调后，双方都比较满意。这是我们工作的不足，我们今后要加强监管（**能力：行政执法能力、欠缺种苗质量监管能力**）。有些育苗户不懂法，个别育苗户认为育苗与法律没关系。育苗户认为自己不需要办证，也不要税收，他自己卖种子不关种苗站的事[**（欠缺）能力：宣传发动能力**]。我们下一步的工作要加大宣传力度，一定要让农民办证才能从事种苗生产。加大执法力度，对伪劣种要打击、处罚。处罚涉及农民有难度，我们以协调为主。目前没有出现过大的假种、劣种事件。外地的劣种也有流进来的，不通过正常渠道。外地流进的种子有些发芽率没那么高，差的种子卖高价，以次充好。日常生产中，有些育苗户是新手，经验不足，没按技术人员的指导来做，每亩播种量过大，过密，苗木质量偏差。病虫害发生，也没有按技术指导喷药，苗木病害死亡，农民收入减少。

问：针对这种情况，你们采取什么措施？

答：我们把农民集中起来上培训课，请高校、科研所的老师做讲座，通过幻灯的形式来教学，提高他们的技术水平（**能力：技术应用与推广能力**）。

问：作为一个种苗站站长，你觉得要掌握哪些知识？

答：专业技术很重要，还要实践。育种、种苗知识很重要，在基层工作遗传学知识还欠缺。申报项目过程中，通过同学、校友的关系来申报，一些细节问题处理不好，很多项目就不能做得那么好。沟通协调能力很重要，我们对下除了和花农联系，对上还与中央的一些部门有联系。我们的工作还有行业管理这一部分，所以政策要把握好，理论水平要提高（**知识：林业政策法规、苗木培育技术、遗传育种、林业规划设计、种苗计划与项目管理、园林植物栽培、管理学**）。

问：谈得挺好的，非常感谢您！谢谢！

案 例 二

受访者：福建省×××站长

问：××站长能不能谈谈你的学习经历和工作经历？

答：我是全国恢复高考制度后第1年考上福建林业学校。××年毕业于福建林业学校林业专业。××年又参加了××地方的函授学习，取得结业证书。为了破格评工程师，××年参加了2个月的学历培训班。××年参加工作后在××县林业局××部门工作4年，后调到××林业站工作8年，在××林业站任站长4年，在××林业站任站长4年，在××市林业中心苗圃任主任12年，××年到××林业局任种苗站站长，种苗站挂靠营林站，有关营林的竹业、科技的工作我都要做，目前种苗站只有我一个人（**基本信息**）。

问：能谈谈作为一个种苗站站长的岗位职责吗？

答：首先要做好种子调拨、苗木的培育和调度。因为××区种子需求量少，主要依托市种苗站和市郊林场调拨。如果造林工作量大，年初安排自己培育或委托培育，不足部分向市郊林场和××国有林场调拨，一般从专业的育苗点调苗。执法方面的工作，农民赶墟（集）也会少量卖些苗，我们也有到墟场去看看，一般农民卖苗也有发票，违法的少（**岗位职责信息**）。

问：能不能谈谈你在种苗工作中做得比较成功的事例，谈谈你在工作中所起的作用和工作体会？

答：第一件事是××区造林一般都实现了良种壮苗，我们一般年初根据造林工作量和采伐量，向育苗点、市中心苗圃、市郊林场育苗调苗，国有采育场和林场造林用二代苗，造林已实现了良种壮苗（**能力：种苗研发管护能力**）。经济条件好的社队我们也用好的良种苗。农民也会用我们调的苗嘛，农民要用苗先到林业站登记，我们帮助他们联系，先到育苗点看，然后我们统一用车去调，运到每家每户，我们做好对农民的服务工作（**素质：服务群众意识**）。我们也对外宣传，让农民用良种壮苗。普通苗与良种苗造林第一年长势看不出区别，第二年以后区别就越来越明显，我们曾给农民做过示范对比，国有采育场良种苗造的林子与社队普遍苗造林后长出来的林木邻近，以它们做对比示范。开现场会，让造林合作社，各派一个代表去看，老百姓看完后就知道良种壮苗好。现在像××经济条件好的乡镇，都一定要求用好的苗。良种壮苗和普通种的价格是有差别的，良种1斤280元，普通种1斤60元，普通苗1株才0.15元，良种壮苗1株0.25元，但在过去，农民宁愿要0.15元的苗，也不用0.25元的苗。

比如××村有一些农户，用普通苗后，被霜冻死了一半，从我那儿调了好的苗去补植，结果在同一片山场，我那儿调的良种苗的长势比原来种的普通苗长势好。从此以后，农民就知道良种苗确实和普通苗不一样，我就这样有意识地去做引导工作，现在大家对良种苗的认识比较到位(**能力：技术推广与技术服务能力**)。

第二件事是育苗户一定要求办育苗许可证，每年都要年审。大造林期间，省里面下达了1.7万亩的造林任务。当时育苗期过了，为了检查，年初就委托市中心苗圃育袋装苗。因为天气原因，要补植，事先就要把种苗准备好。大造林工作领导很重视，抓得紧，苗木的准备工作做得早，否则到时就来不及。另一个感受就是种苗站管理和服务要相结合，服务的过程也是管理的过程，老百姓需要苗时，我们主动帮他们调，调的苗是良种壮苗，也就好管理，如果不帮他们调苗，他们到别处买苗，如果用的苗差，我们也不好管理(**素质：服务群众意识**)。我们一般情况下立足本地育苗，今晚起苗，明早就上山造林，不超过24小时，苗调回来卸下后，第一件做的事情是选苗。把合格的苗选出来后，立即醮黄泥土，醮完泥浆后，在沟边排整齐，盖稻草，第二天上山造林，这样造林成活率高。我认为提高造林成活率最关键的一步就是要醮黄泥土，醮黄泥土后，不脱水，成活率就高。我们××区要求林业站搞营林业务的技术人员，苗木调过来一定要醮泥浆，他们也习惯这么做了(**素质：规范性；能力：种苗研发管护能力**)。大造林的期间，造林面积大的我们肯定要派技术员下去。前几年我们就搞责任制，林业站施工员工作(技术员)与经济挂钩，造林验收后，每亩成活率达到95%，给施工员1元钱的施工费。

问：这个管理方法是你们想出来的?

答：这个管理方法是我向局长提建议的。我跟局长说，这个造林工作很辛苦，给一点奖金，可以调动工作人员的积极性，其实很多人不是为了那一点钱，主要是为了面子。我对局长说，1000亩林地，施工费要花1000元，看起来花的钱多，但如果成活率不高，成活率只有80%，一亩地如果200株，损失40株苗，每株0.15元，每亩就损失了60元钱。苗木死了，还得花工钱和苗木的钱去补植，第二年补的跟第一年种的生长不一样，没有办法比(**能力：沟通协调能力、团队领导能力**)。多年来，××区一直用我说的这种技术方法和管理方法，造林的成活率都很高。过去我当施工员的11年间，施工造林7万亩，自己一个人测量，做档案，施工雇用的是工程队。第一天整地我就到山上，根据合同整地，中期再抽查，用我以上说的那种技术方法，在我手上施工的林子，没有一片林子重造的，成活率都很高(**素质：追求肯定取向**)。

第三件事是那年消灭荒山大造林的工作，那年我在××林业站工作，当业务员。在××村，有一大片芦苇荒山，××年刚来的×局长下乡看过后问我："这么多荒山怎么办，有没有办法啊?"局长又问我××乡荒山面积有多大，造林需要多少钱？我告诉局长××村荒山面积最大，把××村这片荒山消灭了，××基本就没有荒山了。局长问我怎么办？我说有资金就没有问题。我根据当时的荒山面积，测算出造林所需的资金。但村里没有钱造林，怎么办呢？我给局长出了一个主意：我们和村里面签订合同，联合造林，钱由林业局出，造出来的林子村里和林业局对半分。按照我提出的方案，资金下拨后，我们劈山，炼山，把芦苇头拨掉，很快在3个月内完成造林任务(**能力：沟通协调能力**)。

问：当年在消灭荒山的造林过程中，有关种苗的工作您做了哪些？

答：印象最深的是，当时我跟局里面讲，大造林需要的苗木量大，但我们区供苗的伐木场供苗量也不多，我们的苗木肯定不够，我提前在××订了一批苗。可领导说："外面调苗有饭吃？"认为我们去外地调苗有回扣，本区的苗不用，还到外面调苗。领导对我这种做法有看法，我就把××县订的苗退掉，在元旦前尽早测完造林面积，地也整好。我知道了各种苗的需要量，就提前到××伐木场把苗全部都调出来了，保证了我们站的苗木需求。而××区其他单位没有苗了，只好到外地去调，到外地临时调的苗质量不好，只有十几公分(厘米)大。苗木市场上，苗木不够的时候就是宝，过剩的时候就是草，绿化苗如卖不出去，年年会增值，而杉木、马尾松苗放第2年就没用了。调苗量的大小与可造林面积、造林规划设计和上级要求都有关系，要全盘考虑(**素质：灵活性；能力：分析决策能力**)。经过大造林的工作，领导很欣赏我，把我调到××林业站当站长，当时从一个普通业务员直接升到站长职位还是很少的(**素质：追求肯定取向**)。

问：在你近几年种苗站工作中有没有比较难做的事、做得不太满意的事？

答：现在种苗站难做的工作就是林子分下去，帮农民订苗工作量太大了。如果在过去，村里要多少苗，跟我们碰个头说一下就可以了。但现在每个人想法不一样，有钱的人想订好的苗。我们年初就下乡去，帮他们订苗，当时他们不订，等到要造林了才要来买良种壮苗，我临时也难调苗，也没办法满足他们，我只能给他们普通苗。这些人就上访，领导以为我们工作做得不好。这些农民预订种苗不积极，可是抢占山林的积极性很高。他们看到采育场采伐木头，就把采伐完的山场抢回去。林改完后，有能力的人经营得好，尝到甜头，营林工作会做得更好。另外一些人，去外地打工或经营小吃店，对林木生产无所谓。对这种情况，目前没有好的方法，只能让林业站多对农民做宣传工作，提前登记，做到大部分人没意见就行了，想面面俱到很难。现在林业站的经费少，哪怕为了给农民做宣传工作，车子开下乡一趟也要多花不少费用[**(欠缺)素质：责任意识；(欠缺)能力：宣传发动能力**]。

第二件难的事是资金严重缺口，林改完后，后续工作要跟上，如果没跟上，不主动下去对农民做解释工作，我们的工作就很被动，以后的工作很难做。比如造林后，苗种下去后，后续资金缺乏，高质量抚育很难及时做到，因为现在劳力工资非常高。去年大造林期间，因造林面积不够，挖掘出来的零星的造林地，如旧果园改造、荒田等，造林完后，抚育资金没有，后续的工作很难继续开展了。省政府、省林业厅花了那么大的力量去做这件事，抚育资金一定要跟上。今年我们××市，××和××区小面积的造林都没有得抚育资金，其他县都有资金，因为省里面规定，大造林面积要达到3万亩以上，才下发抚育资金。这些地是农民的，是为了完成去年大造林任务才造的林，立地条件都很不好，荒山、芦苇山造林工作量非常大，抚育工作量也很大，芦苇头很难挖，一个工人一天挖不了几个芦苇头。资金缺口大是目前头疼的问题。

问：能不能再谈谈种苗站工作中难做的事？

答：难做的事是××区林业局依托森林苗圃搞了一个育苗基地，除了国有林场、国有采育场的需苗量能定下来，其他农民造林需苗量很难定，要做好育苗生产计划难。苗育多了没人要就浪费了。过去林业局有钱，报废的苗，损失几万元是小事，可以从育林基金中出。现在几万元的钱算是大事，林业局缺资金，在各行业中的排名是倒数几位了，连吃饭的钱都成问题。

问：能不能把过剩的苗拿到外地去卖？

答：我们这个地方很少向外供应苗。比如今年木荷苗种子收成多，育苗会多些，苗卖不掉；今年木荷种子收成少，育苗少，供不应求，会有这样的一个效应。还有就是有大造林任务的时候，需要种子量多，我们就有可能供应不过来。我觉得这项工作要做好得靠上级部门来做，地区与地区之间的沟通问题很重要。要做这项工作，就靠我们自己很难做好，在省内大部分地区苗木比较紧张而个别地区苗木还比较充裕的情况下，省里面要出面帮助各地区沟通、调度。

问：你们在省里开会的时候有没有向上级有关部门提建议？

答：我们哪有到省里面开会的机会啊，过去还有一年两次去学习的机会，现在很少去。这跟领导的工作方式方法有关，搞绿化的到外面去走走，去交流，取长补短，对工作都会促进。苗木的调配还是要由上级部门来统一调度会更好，其实上级部门要做这件事并不难，把资料分析一下，需苗的数量和种类就能确定下来[**（欠缺）素质：责任意识；（欠缺）能力：种苗研发管护能力**]。

问：作为一个种苗站站长你认为要掌握哪些知识？

答：基础的专业知识很重要，扎实的知识再加上工作经验就行。比如现在育苗的趋势是袋装苗，这是省种子、省育苗的方法，但还没办法大面积推广，主要原因是袋装苗1株0.5～0.6元，大田苗1株0.2元，价格有差距。最新的知识能不能在生产中推广，最重要的是降低成本（**知识：苗木培育技术**）。我们这个工作还需要多跟老百姓沟通，一些生产技术的示范片多给他们看就行，讲很多都没有用。

问：好的，谈得挺好的，非常感谢您！谢谢！

案 例 三

受访者：广西壮族自治区×××站长

问：×站长，您好！请您先谈一谈您的学习经历和工作经历。

答：××年广西林校毕业，分配到老家××工作，××年×月到××年×月在××市××林业站工作，当站长。后来调到××市林业局，负责育苗工作，后来进这个林木种苗站，××市林木种苗站是在局里面的，种苗工作是从2008年开始的，任种苗站站长是从××年开始的，做这个工作有4~5年的经历了**（基本信息）**。

问：工作后参加过什么培训吗？与业务结合比较紧密的有哪些呢？

答：基本上每年都有，都是林业厅组织的。比如育苗技术、森林资源调查等很多，我们单位每年送我去南宁都有1~2次甚至3次，去柳州培训过苗木培植和大树移植技术，去南宁每年都1~2次，今年去了3次。

问：您认为这个岗位的职责和工作内容是什么？

答：我们林木种苗这个职责主要是管好林木种苗。我们县一级机构因为是合并在市林业局里面，种苗站的工作不是单纯的，不是专职的。我们工作站是独立的，县级种苗站有5个人，编制也是5人，但都是我自己负责，其他4人都抽到其他办公室、其他部门去工作，不能像我这样比较多时间来搞种苗。平时我又是站长又是工作人员。主要的职责是完成种苗的宣传、种苗审核发证、查处违法案件，这都是我们的工作。查处这个工作是我与其他人员一起做的，自己不能做那么多，局里从去年抽了其他执法人员和我一起做。种苗执法搞了2~3年了**（岗位职责信息）**。

我们这个执法工作，有国家林业局统一发的林业执法证。执法的时候需要两个人一起工作，我一个人做不了。我们种苗站有女同志2名，男同志3名。女的不能去，在其他办公室整理材料，另外2个男的安排在其他办公室干别的事，所以我就和其他林政执法人员，比如木材检查站、林政股的他们都有证的，我就和他们一起去做这个工作。有时候工作忙不过来，只能申请局领导，一是多给点时间，另外就是再多抽一个人来帮忙，只能是这样了。

问：请您谈一谈近几年来由您负责的感觉比较有成就感的3个事例。

答：第一个事例是育苗的。1998年培育速丰桉苗，我刚从乡镇调到县一级来，开始专门负责育苗，一直到2000年。这3年时间，我们花了比较多的时间搞培育桉树苗，虽然数量不大，但是我们很成功。当时扦插苗、组培苗很少很少，价格也比较高，我们自己去××林场要一些比较好的种苗回来，自己培育，那3年都是这样做。这个种苗培育出来长势比较好，每年培育几十万，都是搞那个公路绿化、植树造林，每年3月12日植树节用的苗，当时都是我们培育的。

问：你们具体是怎么做的呢？

答：我们自己请农民工来做具体的工作，比如装营养袋、淋水、除草等都是请他们。经费是局里拨出来的，育苗经费也不是很多，当时培育1株苗也是1角多，几十万株的苗木也就几万元，不是很多。这个苗我们培育出来以后，局领导、市领导都满意，种出来的桉树很漂亮。贵港公路局看了我们的苗那么漂亮，连续要了2~3年，种在公路旁，现在这二级路很多苗是我们种的（**素质：追求肯定取向**）。我们当时做的时候，主要是注意把好营养土和病虫害防治这两关。营养土搞得不好桉树长得不快，现在营养土是我们自己配制的，桉树长得特别好。有病虫害防治，桉树苗很容易感染病，特别是种苗小的时候，30公分（厘米）高的时候，不注意防疫就很容易得病，如果不搞好一大片都死掉。一般我们都是提前做好预防工作，到有病的时候才防是来不及的。平时其他地方如果有桉树苗培育技术，我们就去参观，回来慢慢实践，慢慢搞，连续3年都搞得很成功（**素质：追求胜任取向；能力：种苗研发管护能力**）。

第二个是种苗调运。2001~2005年，调运种苗非常多，我们去××地区调桉树苗多，××地方也调过。当时当地不够，因为2001~2005年我们当地培育桉树苗很少，我们自己搞是从1998~2000年开始，后来就不搞了。因为我们搞的是种子苗，不适合。到2001年用扦插苗，长得很好，长相很整齐，种子苗如果一株大一株小，就不整齐了，林相不好。所以当时就去××地区调扦插苗。当时扦插苗应用很广泛，组培苗很少，组培苗当时只能当作扦插苗的母株用，它不能大量用来造林。所以当时每年去××地区调几百万苗，发展我们这个地区的桉树。我们现在可以砍的桉树主要是那几年调的苗，到现在已砍了一批了，调得早的已经砍二批了，所以我认为调这个苗是很成功的。

问：在调的过程中你认为要注意哪些问题？

答：我们去调当然是注意品种和数量了，质量要好的。我们要提前一天去装苗，第二天一早就回来，有时候晚上回来。当时都是营养杯苗，我们现在种的都是营养袋苗，没有棵根苗。桉树不能用裸根苗，裸根苗没有营养土，一晒太阳就会死。因为路程不是很远，所以调运过程要注意车上面要用篷布盖住，种苗不要被风吹干、吹断就行。我们装车装得很好，调运回来就很顺利，没有什么损失。种苗基本上是调到大车能到的地方，然后再转到其他种的地方，保存率应该有90%以上。因为营养袋是一株一株的，用麻袋也好、竹筐也好，装得很好的，特别是后来发展到用竹子来编成四方形、长方形的筐，一筐能装200、300、400株，就叠起来，一筐一筐叠很方便，保护得比较好（**能力：种苗研发管护能力**）。

第三个是种苗执法。去年我们在局里面统一安排，局领导很重视这个执法，安排了5个人(包括我在内)成立了执法队伍，去执法一年查处了十几个案件。种苗的违法生产、违法运输，就是这两个比较多，处理的有10多件，罚款达到14万多元。当时没有证的一个典型是××镇的，他没有办林木种苗生产许可证，就开了苗圃，卖苗木。发现以后，我们就向县一级种苗机构申请，我们去复查。因为绿化苗这方面的证是我们县级发的，不用到××地区、到自治区。他可能不太知道种苗证办起来这么简单，原来我们种苗执法这个环节也抓得不太好。我们去一查，你这个人没有证，搞这么大的苗圃，卖了这么多苗，我们就按照种苗法、种子法来罚款。罚款后他认识到错误了，在处罚过程中我们发了一个证给他，就这样了。他原来应该知道自己没有证是不可以做苗圃的，就是东拖西拖嫌麻烦，不愿意办。他旁边就有一个苗圃是有证的，人家都知道办证，那你为什么不办？他可能是对这个工作不重视。你说没有时间那不可能，从××到林业局10分钟就到了。这个不是没有时间的问题，你自己做的事情你不了解？工商那个营业执照他又懂得去办。你懂得去办工商营业执照，就不懂得去办种苗证，我们是主管部门，工商不是主管部门，不是主管的你都去办，我这个主管的你不来办，不分清主次。我说你肯定是懂的，以为可以拖得过去，没有人来管你。最后按照处罚条款，罚了他5000元，也不多。因为我们那个处罚是1000~20000元，他这个苗圃不是很大，刚开始销售也不是很多，罚他20000元他就会很难受(**能力：行政执法能力**)。

问：从这个案例来看你们在宣传方面做了哪些工作？

答：我们经常叫林农上来开会，成立执法队后经常下去查检，或者说听说哪里有问题，我们就去找他。平时通过电视台或者刷标语搞宣传，去广播电台阳光热线那里广播。因为群众搞育苗不是很多，大概20~30个。苗圃也不是很多，因为育苗涉及技术，要求比较高，一般人不敢搞，不懂行情不懂技术，不敢做的(**能力：宣传发动能力**)。我们做苗木这个工作，平时的服务项目就是提供一些信息给林农，问一问他们需要什么苗，鼓励他们上网查信息，或者我们有什么资料，有什么需求的资料我们都提供给他，这是无偿的。如市里有什么绿化项目，你们哪个愿意做，就与哪个部门联系，能不能够推销得出去那就是你的本事了(**素质：服务群众意识**)。

问：苗圃病虫害防治这块是你们管还是森防管呢？

答：这个病虫害呢，造林苗病虫害多些，绿化苗的树种很多，它一般不用喷什么农药，没什么虫害的，桉树苗、马尾松、杉树有一点。造林苗的病虫害出现时，我们只能是技术指导，主要是林农自己负责。或者是哪个苗圃有什么病虫害他不懂的，到我们这里反映，我们就下去看，指导他怎么做就行了。这个也是无偿的，不会收他什么钱。

问：接下来请您再谈一谈近年来由你负责过的，做得不是很理想，不是太好的3个工作事例。

答：我原来想成立一个叫××市花卉协会，这个专门是种苗行业的协会。我们从前年都想成立了，但是到现在还没有成立。这也是搞花卉、搞苗木的这些老板的要求，因为他们认为成立一个协会很多事都好办，××也成立了这个协会，××市叫花木协会吧，种苗这方面的。我们原来本以为很容易成立的，但是后来到现在还没有成立。一个原因是选这个会长，很难选得出。我们现在有证的苗圃老板有25个，他们的意见不是很统一，开了2~3次会，有的要推选这个，有的要推选那个，会长都选不出。因为××地区范围比较广，分东南西北这几片，你选北区的吧，东区、西区又觉得帮那边办的事多，我们这边怎么行，所以这个很难。还有选出来了，你要找个办公的地方怎么弄？最后一个是经费问题，平时运行、办事之类的需要经费呀。但最主要的是选会长的问题。所以办不成这个协会，现在有的老板埋怨我们，为什么两三年都搞不起来？我说搞不起来主要是你们内部的问题[(欠缺)素质：责任意识]。没有协会，向上面报什么项目，争取什么资金扶持都很难，几十个人你给谁？有协会的话，统一由协会向上上报，想搞什么种苗工程，搞什么项目都好上报一点，以单个苗圃或苗场上报他也不给你，所以这两三年老板都埋怨我们，得不到什么扶持资金，其他县都得到了[(欠缺)能力：沟通协调能力]。

问：现在××市已经有了，这个可以参照，他们怎么做的呀？

答：我们本以为可以参考他的，但是我们的问题主要是会长难选。

问：这个会长能不能由你们站的人来当？

答：不能。

问：为什么？

答：我们站执法人员不能参与，因为他本身带有经营目的，我们不能又执法又经营，一定要那些老板自己来做会长。苗圃的老板他们有些愿当，但很多人反对他；有些人不想当，但一部分人又支持他当，这个就很难。现在有能力的，私心又重一点，我们也提议让他干，但是经过我们调查、走访，发现他不能当。他一当就是搞自己的，他会用我们的名义拿到钱自己吃掉，所以就定不下来。可能我们局里面对这个也不够重视，如果重视，与××的领导交流一下，应该能够办，现在很多县都已经办了。

问：这个搞起来应该对你们工作有帮助的。其他还有什么？

答：其他还有执法方面的。这个种苗执法，你说上面不重视吗？他又总是开会、发文件呀，年年都有检查。但是上面喊下面好像不太重视。比如××地区从前年开始重视，也碰到很多问题，自己搞自己的，很多老板都不买我们的账。有一个苗圃很大的，他的种苗证过期了，通知他很多次来重新填表、重新发证，他都说很忙，不来。后来我们想按最高的条件罚他20000元或者18000元，反正20000元以下都符合。他一个电话到××领导那，××领导一个电话下去给我们局领导，又罚不了，你说这样你怎么搞，这是种苗执法里面的问题**[（欠缺）素质：原则性；（欠缺）能力：执法能力]**。他与上层领导关系好，叫上面领导照顾他。像这样的情况我们有什么办法？领导出声了我们只有默许了，领导一发话了，我们敢怎么样？没办法的。你要想解决，只有靠上一级，上一级派人来查他，他就没有办法，××查不了，区上面来查你，看你还打电话给谁。

问：像这种处理不下的情况有没有责任往上报告呢？

答：这个领导一出声我们就不敢往上汇报了，这个大家知道如果上报了就不好处理了，领导都已经出现了，谁敢上报？不敢。运输方面也是，特别是运输大的树苗，很值钱，几万元、几十万元一棵。有一次我们去查到了一棵樟树，值几万元，因他没证，市领导一个电话下来。樟树是国家二级保护树种，不给弄的。是活体的，想拉到另外一个地方去种或做其他用途，他是挖本地的。国家保护的树种要挖须经过自治区批准才行，就是要经过我们林业厅批准才行。他什么都没办就挖了装车。就有人举报到这里，我们就去查，如果达到立案标准的要追究刑事责任，领导一个电话来。他这个如果要处罚可能是行政处罚，那棵樟树胸径达到40多公分（厘米）。这棵樟树我们当时去看不太像活体，他就说是遭遇雷击过的，你说它不死，也看到有一半有点干，我们当时发现他是在公路上。我们还是没跟他谈什么处理，想回到局里再说。他就不拉，说我是某某领导的熟人的，你们放我一马。我说不管你什么领导，拉回去再说，到时候你叫领导给我们电话再说。他说不行，拉回××那么远。我们在××镇，与××交界的地方检查到他，他说我不拉的。过了一会儿果然市领导给我们局领导一个电话，放他了，他说那棵樟树是死的，不理他了，就是这种情况了，你怎么说**[（欠缺）素质：原则性；（欠缺）能力：行政执法能力]**。其实就是死的也要运输证。当时很难判断是死还是活，砍了很多根，你拿去种也有可能是活的。这个是人情方面的，不单是我们，其他地方也有这种人情关系。

问：这些问题看来都比较难处理，执法的谈了两个，还有病虫害方面的吗？

答：病虫害方面没有，我说一个质量方面的，上一级很重视这个种苗质量，但是办不到。

问：什么原因呢？

答：这个种苗质量检查我们也培训过，也开过2～3次会，每年年初自治区林业厅都下达文件要搞好种苗质量检查、质量抽查。这个抽查，我认为查是查了，有点走过场，随便检查过了就行。按要求是很严的，质量不合格不能出售的，有些品种不能推广。我们××地区有三个苗圃，3个都有证，但有时候他搞那苗不知道是什么品种。我们有一次查到他，那时候是2010年，他搞那个是柳州2号的桉树苗，这个品种第一年种上去长得很好，第2、3年就不行了，树干弯呀、分杈，很不好。后来，我说你这个苗圃不能再生产了，再生产我就怎么怎么样。当时林业厅的也有人在，后来也没有处理[**(欠缺)能力：种苗质量监管能力**]。不过这个苗圃过1~2个月就关闭了，不干了。为什么？那苗没人要。其他专业户想去要，我说不能去要了，柳州2号不适宜在我们这里推广，不能推广这个树。现在我们在山上发现2号苗，非常差。

问：是这个老板自己经营失误造成的吗？

答：不是。按道理讲，培育这个苗木一定要允许推广的才行，因为我发这个证你有这个义务。苗木证上面也规定了品种，超过这个范围，就是违法经营了。当时这个苗圃引进了一个什么品种，好像是福建还是哪里搞过来的。所以我说你这个苗圃问题太多了，怎么能推销这个东西呢？2010年当时种这个2号苗长得很好，2、3年后感觉不行了。我们原来推广的是26、27、29号，还有广林9号。××林场大概种了6000亩2号苗，他是自己培育的，全部亏本，几千亩的桉树亏本啊，很惨重，损失很大。

问：出现这种情况你们采取什么措施？

答：就是马上制止他，不能要这个苗，必须马上处理掉，不能卖。因为有些群众不懂啊，还有凡是和我们联系要苗的，我们都说你不能要这个苗，不能种这个苗。还有一个品种叫U-6，这个品种也不行，我们都说不能要U-6和2号这个苗，U-6种下去也是弯弯曲曲，材质很差的，以后我们下去检查，只要发现这个品种都不允许卖，让他们马上要处理掉，只能这样了。

问：感谢您谈了那么多精彩的案例，非常感谢您的配合，谢谢！

案 例 四

受访者：辽宁省×××站长

问：谈一下自己的学习经历还有工作经历。

答：我××年×月份，就是咱××林校××专业毕业，毕业之后我就在林业职高当老师。当时学校缺老师，暑期毕业之后，我12月份开始就教课，备课、学习、听课。然后讲的第一门课就是我的专业。年末12月份讲到最后一个阶段，就是实习部分。自己也没想到会当老师，讲台对我是一个很大的锻炼。和学生打交道也给了我一个锻炼的机会，我的同学都觉得我变化很大，觉得我成熟了。我们学校专业课老师比较缺，我给学生讲病虫害、树木学，一边讲一边学，讲课之前得把这门课吃透了，晚上都得备课、学习，然后我还得自己画挂图。那时候把绘画的能力都提高了。还讲过气象学、生态学，这都一边学一边卖，就是第一轮非常难，讲下一轮就容易多了。但是我在职高待到××年，××年以后生源就越来越少了，因为上我们职高的大部分是林业系统子女，他们上学3年毕业之后还能安排工作。后来上职高的逐渐地多了，工作也不能安排了，生源就越来越少了，最后到××年的时候就停办了。停办之后我就被调到林业局，到设计室搞设计，在设计室待到××年。××年之后就从事森林病虫害防治这项专业了，待了一年，我提了副站长，主要是管检疫和测报。这一年我感觉自己终于干到自己所学的专业了，如鱼得水，干得很来劲。然后森保这工作从国家，从省里到市里非常系统，每年检疫的、测报的、防治的会都是定期开，工作上下也都是一条线，我感到这一年的工作收获挺大的。因为工作需要，××年之后我就调到林业种苗站当站长，开始因为对种苗工作不太熟悉，但还是和林业相关，和自己学的专业有关，干起来还行，从头开始。就是一步一步的步入种苗行业，种苗工作它和基层关系很密切，得经常下乡看苗圃，每年春季、秋季，必须得跑两次，几乎是全县重点的苗圃都要跑到**（基本信息）**。春季搞一次苗木调查，同时还要搞检验，在造林之前苗木都要把质量关，检验合格的苗木才能出圃。现在咱们国有林场几乎都有苗圃，咱们苗圃重点就是国有苗圃，当时几乎领着检验人员到重点苗圃区全部都看一遍。对苗圃的检查包括检疫和检验，检疫由森保站完成，检验属于我们种苗部门负责，主要就是看苗木存不存在什么弊病、高度是否合适。咱们地方有个标准，按照标准来测量，达到标准的一二级苗能出圃，三级苗就不能出圃。然后发证，合格的发苗木种苗合格证，有证的在春季造林、造苗的时候就可以出圃，无证的三级苗就不可以出圃，这是我们种苗行业管理的一项内容。

问：×站长，种苗站岗位职责是什么？

答：我们种苗站从2007年开始就是参公单位，一是具有行政执法职能，主要是种子执法、苗木执法。种子执法主要是我们每年都要在种子成熟之前发布采种期，不同的树种有不同的采种期，这项工作一般从7月份开始进行。种子不到采种期就采会出现掠青的现象，这属于违法采种，是我们执法范围之一。就像油松种子到9月10日以后才可以采种，因为种子头几年价位比较好，油松种子掠青情况就比较严重，老百姓没等种子成熟就采，这个我们就要监管。我们和公安联合执法，从8月份开始到9月10日之前控制采种，发现强采的就立案，然后按照法律规定，协同公安处理。执法内容还有一项就是检查生产经营许可证，你要是进行种子和苗木的生产或者是经营销售必须有许可证。一般来说，老百姓想做苗木生产经营的首先得提出申请，然后到我们种苗管理部门办许可证，我们去现场查看苗木情况，具备条件的我们就给办证。法律规定，必须有种苗生产许可证之后才可以办工商执照，它俩属于连带的，办苗圃的单位和个人都非常重视这个许可证。没有这个证他想办注册公司，办工商执照是办不了的，这也是我们管理种苗生产经营的一项主要内容。超过10亩以上你没有证，就属于无证生产经营，育苗属于生产过程，卖苗属于销售过程，没有证可以查封。许可证每3年一换，不换证可以吊销你的营业执照。

另外，执法这一块我们这项工作最主要的还是要懂得一些业务、林业知识，要懂得一些法律，比如《中华人民共和国种子法》《辽宁省林木种子管理条例》，这一个法一个条例是咱们种苗生产者、经营者、使用者必须遵循。我们每年县以上的都要进行培训，培训的内容就是法律法规。还有一些就是我们地方制定的一些规章制度，就像我们造林应该使用哪些苗，我们造林用苗应该具备三证一签：种苗生产经营许可证、苗木质量合格证、检疫证、苗木标签。具备三证一签条件的苗子才可以出土，用于造林。

二是种苗行业管理，主要就是对苗木培育进行管理和提供相应的服务。我们每年都要对苗木、苗圃开展普查活动，掌握哪些苗圃具备培育条件、它整个生产经营状况的好坏。每年生产季比如春季都要进行春灌，入冬之前都要进行冬灌，这些技术指导我们都要做到位，提前下发通知，做好生产管理工作，这个是我们应该提供的服务。现在有很多苗圃把经营范围扩大了，除了培育造林苗以外还培育一些绿化苗。绿化苗的培育期长一点，但利润比较大。所以现在培育绿化苗的越来越多，培育造林苗的少了（**岗位职责信息**）。

问：请您列举一下你工作以来做得比较成功的事例。

答：从2009年开始我们地区重点抓种苗执法，种苗执法这个工作取得的成绩还是比较大的。我们对种子这块管得比较好，特别是咱们地区特产的种子油松、侧柏，质量特别好，销量也特别好。我们有几点做得和其他地区不一样的地方，也算是我们工作的特色。我们这儿的种苗往前推5年，市场特别好，价位也高，利润也特别大。有很多老百姓和行业以外的人都加入了，这样一来就是把种子价格给炒起来了，比如樟子松种子过去最高价格是100～150元一斤，到去年和前年的时候就出现了高价，800～1000元一斤。油松种子最早是5元一斤，最后是50～70元一斤。到这么高的价格以后，老百姓采种就疯抢一样。我们从行政执法这块入手管理种子，首先是制定一些方案，每年下去宣传、组成执法队执法。执法队由种苗和公安人员联合组成，在财力非常紧张的情况下拨钱买了执法车。执法人员佩戴执法标志，下去进行执法。执法过程中遇到很多问题，主要是通过管理把强采掠青现象杜绝了，保证了种子质量；另外通过严查三证一签，管理好种苗市场，避免哄抬物价。我们对外边来收购种子的，需要查看三证一签，这样，外面无法偷着来这边买种子或者是收种子。用这个办法，把外边来收购种子的给控制住了，哄抬物价的现象也杜绝了。执法这块，这几年做得比较好，在全省也树立了典型，2010年还在国家林业局开的种苗执法会上做了个典型发言，咱们也刻了盘了。那一年，县站的站长被评为“全国生态建设突出贡献奖先进个人”，县站被评为“全国生态贡献奖先进单位”（**素质：追求肯定取向；行政执法能力**）。

但是我们现在在工作中也遇到很多问题。一个是基层单位的人员不足，比较缺乏有专业知识的人员。我们这个工作专业要求不是特别严格，懂林业就行。最基本的专业知识要求就是学过林业，每棵树的树种能识别，从种苗行业管理能够有学育种的是最好的。但是现在学育种的到种苗行业工作的很少，一般不能干自己的专业。其实我们这儿只要是大学林业专业的，工作一段时间都能进入角色，基层工作多接触接触，也能悟上道。还有就是有执法证的、正式编制的执法人员特别少，根本不够用，也就是1～2个。其他一些工作安排7～8个人，竟然还是不够用，因为需要全县跑，工作范围比较大。另外一个是资金不足，这是个大问题。执法需要安排车辆，需要开展宣传活动，这些都需要经费。但是我们没有专项资金，只能挪用资金，向单位、局里要钱，这个钱是有限的，这就影响工作的开展了。我们没有专门的交通工具，只能借用局里的车下去执法。人员、车辆和资金的不足是我们工作中遇到的主要问题。如果要是提建议的话，国家对种苗、行政执法能设一个固定的专用资金是最好的了，或者是资金、或者是物资，给我们配有专门的车辆啊、专门的执法队之类的。如果国家有系统的政策出台，到下面我们就好做了，我们工作开展起来就顺畅了。比如，我们在执法当中没有执法证，有执法证的人员只是那么1～2个人。编制不可能增加，工作还得干，只能临时聘用没有证的人员执法，但是我们心里没有底，这个问题不知道怎么解决。我们8月初就得下去执法，一两个人员指定不够用，女同志根本不行，晚上在外边蹲坑抓违法的，还需要男同志，就只能借用人员，这涉及无证执法，也属于违规的，但是没有办法。现在基层单位就是这个问题比较严重。县站在编的是2个人，具体工作得10个人才能开展，其他8个人都是借调的，有的是临时工。

咱们种苗管理部门一个主要职能是为基层服务。服务对象是苗圃，像国有苗圃、集体苗圃和个体苗圃。这些苗圃通过育苗、销售实现盈利。我们专门搭建了一个信息平台，通过网络给苗圃经营者提供种苗培育、销售等方面的信息。每年咱们省里都要组织一次展会，我们种苗管理部门只要有这个展会的信息就及时在网上发布，通知大家在什么时间、什么地点参加展会。苗圃经营者大多都是积极参加，有的自己订展位，有的是派技术人员去参加。带上自己的种子和苗木，拿着宣传单和宣传板，到展会上宣传。同时也在展会上获得一些苗木种子的新信息，回来可以培育一些新品种（**能力：信息服务能力**）。

2006年，我们成立了种苗花卉协会。这个协会、合作社也是为苗农、林农服务的一个大的平台。种苗花卉协会发挥了很大的作用，通过这个协会联系全市所有的苗圃经营者，参加全国各地各种大小型的展会，获得各种信息，了解一些销售渠道，通过销售更多的苗木，获得了很大的利益。个体苗圃在参会这方面积极性比较差些，国有苗圃在这方面非常积极，因为他有一些实力，几乎每年都参加。他们主要是了解苗圃将来的发展方向，自身怎么发展，怎么通过展会获得一些新的果苗信息，了解一些新的树种。比如彩叶树，他们不知道从哪来的、怎么育呀，就通过展会去了解，回来之后我们本地的苗圃都增加一些新的树种。现在彩叶树啥的各种苗圃，以绿化苗为主的苗圃都有，这些都是通过展会获得信息的。他了解育苗信息后回来之后自己增加信心，积极性还比较高，有的主动联系，哪儿有展会、哪儿有这些信息，他都主动要求，基本都能参加。还是国有苗圃参加比较多。国有苗圃每年都自己订展位，把自己的苗子或种子放到展位上展销。像我们××林场，××林场是以育苗为主的一个林场，主要的经济来源就是苗木销售，他们每年都要参加全国各地的，比如沈阳、黑龙江、吉林和内蒙古，只要有那方面的展会都参加。他们把苗圃办到外地，办到内蒙古，每年的销售收入比较高。每个农户都育苗，林场负责统一价格、统一销售。另外，造林苗也是非常受益的。杨树是我们造林范围内的一个主要树种，我们当地有两个老品种的杨树苗，多年造林用这两个。2006~2007年又发现一个新品种‘化石葛杨’，这个品种的生长量非常大、抗性特别强，超过了原来我们本地两个主要品种。另外，还引进了一些新品种，像‘欧美杨系列107’‘欧美杨系列108’‘荷兰64’，这些品种都可以。引进这些都是育苗试验，也整造林。经过杨树的对比实验，发现这些品种比较好，就在苗圃地里大量培育（**能力：种苗研发管护能力**）。杨树品种育苗面积比较大，本地造林用不完，剩余的部分就往外发布信息，往外卖，销售量很大，这也是通过这个信息平台（**能力：整段描述为信息服务能力**）。

问：您在工作中有没有遇到困难，当时是怎么解决的？解决之后效果怎样？

答：难题比较多，咱们遇到问题还得依靠组织。咱们在执法过程当中，我体会最深的就是人员不够用，经费不足。咱们就经常向领导汇报，让领导认可。在工作上多想、多干，这样才能赢得领导的信任和支持，把自己应该干的工作都想在前头。咱们种苗的工作除了常规工作和行政执法还涉及一些种苗工程，这个就得靠种苗管理部门的一把手多去想。我们每年都要做一个种苗工程项目的科研报告，然后找机会向上申报，争取立项，立项之后就有投资，也为本地争取了项目资金，做起来之后也提高了本地区林业种苗的科技含量。这就是说在工作当中得多想多做，才能得到领导的认可。领导把工作想在前头，做在前头，遇到困难及时跟领导汇报，像人员不足，我们就争取，跟领导汇报之后，领导就能给协调人员，也都是借调。在资金不足没有车辆的情况下，也跟领导汇报，能够在关键的时候争取领导支持。把工作想在前头，把工作干好了，有为才能有位。像我们就摸爬滚打呗，总得往下跑，干的时间长了，刚开始干劲特别足，回过头来看 2004～2012 年，8 年感觉就是一转眼的事，经常像省里、局里领导汇报。自己总想着工作，种苗工程项目每年都做一个项目科研，然后找机会往上向领导汇报，领导感兴趣了也就往上申报。

我们有良种基地项目，这个项目我感觉这也是我的一个工作亮点。良种基地就是培育良种，咱们种苗研究的最终目的也是培育良种，这要经过省级以上认定、发证。良种有很多优势，从质量和产量上都是要比普通的种子好，育苗之后苗子也是壮苗，壮苗才可以用于造林，造林之后成林块，这都是属于连带的关系。从××年开始我到种苗管理部门工作之后，当时是 2003 年批的一个转型，良亩基地项目批的是 433 万，这是国家投资。我接手之后就开始干这个项目。当时工程都落到林场，有 4 个林场，开始搞良亩基地建设，有种育苗和良亩树林，这是第一个项目。接着到 2006 年，我们成型的项目“优良树种良种基地”，我做的科研报告往省里报，省长特别感兴趣，接着往国家报，2007 年项目最后批了。当时这个项目国家投资 208 万，到 2010 年验收，这就是第二个项目。后来我们又做了一个“主体资源保存库”的项目，这也是我起草的科研报告，科研报告做完之后也是一层层申报。争取项目特别困难，也是我把前期工作都做了，该领导做的就领导做，也是一步一步的，自己把材料做完以后往省里报。省里涉及省林业厅、省发改委，通过省里往国家报。这个项目是 2009 年国家林业局批准立项。今年春天咱们又通过省发改委报道，国家基本就批准立项了，这在辽宁省也是比较少的，是唯一的一个。这个批下立项还没下投资呢，估计投资明年能下，也就是 288 万，国家投资。我在任期间这是第三个种苗工程项目，这个种苗工程项目在我们××地区，之前很少有，这也是种苗工作上的一个突破，这都是为本地区争取项目工作做了贡献，我感觉这也是我工作在任期间的一个工作成绩**（素质：追求胜任取向；能力：沟通协调能力）**。

另外，我们××地区树种五角枫、油松、丁香，当时做这个项目选取了 3 个优良树种作为主要树种，建立良种基地。这个项目建设单位是我们林科所。还有一个是化石葛杨，化石葛杨是林科所选育出来的，进行良种培育，咱们这个良种基地是属于种苗工程的一个主要工程。现在国家和省委批的还是以良种基地为主。这几年我们做的第一个项目是××市良亩基地，当时做的两个项目增加了阔叶树、杨树。整体资源保存库也是国家各个省和其他省都在做，把一些濒危的、数量特别少的、马上就要灭绝的优良种质资源保护起来。我们也是通过这个项目，以相同树种为主选取了一些珍贵的、濒危的树种加以保护，建原地保存库和异地保存库加以保存，接着就扩繁，这样使树种不至于流失（**能力：种苗研发管护能力**）。做这个资源保存库的项目非常有必要，从种子到苗，咱得建一个原地保存库，就是建一个苗圃，把这些珍贵资源和稀有资源都归圃，都收集进来。收集进来之后就逐渐地扩繁，增加它的数量，使它不至于流失灭绝。这个工程刚开始建，建设单位的资金还是有限的，国家投资今年春天刚开始，在我们园区那儿有个实习基地。在归圃有一些像五角枫那样的好树种，有一些树种数量比较少的，在我们那儿有个××丁香就我们保护区里有，还有一些杜鹃花如果不扩繁它就只在这个范围有。通过咱们建立的这个保存库在土里先扩繁，接着再扩大繁殖往其他的苗圃里，然后再扩繁，这样就增加数量也可以推广。有一些树种你扩繁之后还得造林，通过造林再扩大范围（**能力：种苗研发管护能力**）。良种基地还可以提升当地的主要树种、优良的相同树种的苗壮度，让它的种子更加优良。种子适应性强，造林之后年生长量大，林分质量就高，这也是为造林服务的。将来发展到一定程度的时候我们××地区用的都是良种，比如五角枫整个西北都可以用，周边地区也可以用我们培育出来的良种。树种的良种使用率要经过省认定，发了良种使用证了才可以。没经过省认定的就不是良种，就是普通的种子。咱们育苗的最后目的提高良种的使用率。因为目前全国良种使用率特别低，从辽宁省来看就40%～60%的良种使用率，如果将来把种子都培育成良种，像有些苗木，比如说刺槐，都变成良种了，达到70%～90%，这就达到一定程度了。

我从种苗管理这几年来看，造林和育苗衔接不好，这问题不是很好解决。一个是造林计划下达的比较晚，导致我们苗木育苗没有计划性，这是我工作当中遇到的问题。我还是和工作相联系，工作遇到的实际问题也是大家反映出来的问题。比如说我们××地区从去年开始，省长要倡导200万亩荒山造林，200万亩果树为主的荒山造林，他提出来之后我们就得干，造林部门就得干。去年秋天提出来的今年春天就得干，这样果树苗子准备肯定不足，就得缺苗。出现这个问题就是造林和育苗衔接得不好，造林计划得提前2～3年下达，2～3年才可以育出来这苗，这样造林的时候就可以用了。有的时候没有计划育苗，导致造林缺苗，或者是突然不用这个苗子了，出现苗子大面积剩余，这种现象是我们在工作多年来一直遇到的问题。这事儿后来还得做，到处寻找苗子，最后的苗子肯定不能满足造林。比如说我们造林需要用2年生长的苗子造林，这是属于比较好的、成活率比较高的，但是你找不到2年生长的，只有1年生长的苗子，就这样量还不够，满足不了造林面积的需求。最后就得调整，就得用其他苗，所有这200万××果造林也有其他的原因。××果是属于千花一果，就是坐果率特别低，咱们还想把它作为经济林业树种造林，坐果率低，经济效益就低，最后调整，以××果为主，因为苗木不足用其他苗木来补充。

我们每到一年开始的时候，都要进行苗木调查，把我们掌握的苗圃地里都有哪些苗子、有哪些树种、都是什么苗林的苗子等方面的信息和造林部门衔接。这项工作我们每年要搞两次调查，春季1次，秋季1次。春季这次就是在造林之前提前调查出来数据，数据出来了，我们这边××果稀少。如果造林用油松苗子，不但可以满足，而且还有剩余；如果造林用五角枫3年成的，我这只有1年成的，就这样，造林计划就得调整。要解决这个问题，国家就得提前2~3年下达造林计划，然后给育苗单位准备苗木的时间。果树苗子每年都缺，为什么缺呢，育果树苗得先育砧木，然后嫁接，第3年才可以用来造林，至少得3年。育果树苗成本还高，你要卖不出去，老百姓肯定就不整了。果树苗造林如果事先没有计划，你不知道要准备什么苗子，这属于经济林，不能突然地想要造大枣、造梨，没有准备，苗还没有。但你像樟子松苗子，我们当地遍地都是，造林用，但用量不大。我们去年就产了40多个亿，每年全省正常产苗总量在20多个亿，就一个樟木松苗子就产了49个亿，市场经济没有办法，我们种苗行业部门也没有办法，有时候突然这个苗子剩得就不行了。老百姓育苗吧，一看到挣钱就育，一窝蜂地育。最后太多了，苗子扔了，1年生的播种苗都卖不出去，卖出去也特别贱，成本都不够，就得扔。你要不扔这些苗子明年就得移植，移植还没有地。头3年我们也给老百姓下去宣传，说樟子松苗不能再育了，你再育的话量就过大了，过大之后肯定是剩，就得赔。因为当时3年前人家一亩地可以挣20万，他看着眼红，有很多人都去投资去了，一亩地出20万，整100亩得出多少万啊，咱劝也不听。我当时就跟省站的×院长汇报，我当时建议引导引导，通过媒体说说，但还不敢太深地介入，说多了老百姓找你，当时就是挺犹豫的。就像我们局里有几个，去年我就说不能再播种了，现在土地里有的苗你可以移植、可以装杯，那他说我都买种子了我还得育，还得播出来，根本就挡不住。他就像赌徒似的，光想着要整好了还能挣好几十万呢。我现在调查苗圃地里都有哪些苗子、都有多少苗子这个我们都有数，但市场都需要啥苗子，比如说别人问我，×站长你看育点啥苗子市场比较好呢？我说这个我还真不敢说，我凭我自己的想法，说完了之后，明年市场不知道啥样，就是市场不可预测，不知道啥苗子能卖出去，就是市场很难把握[**（欠缺）能力：信息服务能力**]。

问；请您介绍一下您的岗位职责和所需要的专业知识。

答；我们这个岗位大范围大林业就可以，小要求也应该有一些本行业的具体专业知识，比如良种基地这块就要求种苗知识比较专业的知识。良种基地是属于各类知识都涉及的。从我当站长之后，就把良种这块当成一件大事，主要抓良种选育和良种基地建设。2006年开始，每年都要往省里申报良种，通过申报良种来提高、增加本地区良种的数量，提高育苗和造林的良种使用率，像这些东西都是种苗行业里比较专业的东西，这些知识都应该有，作为管理人员都应该具备的，如果是学良种选育（**知识：良种选育**）的专业人员就特别好了，属于科班出身。要不你不知道什么是良种，良种怎么选育啊，良种基地怎么建设（**知识：良种基地建设**）。这个东西你光有大林业，比如说学造林的，或者单纯学森保的就不一定知道了。良种选育的过程也是很复杂的，也是属于多年的经验积累。作为我来说，我感觉这方面经验还是比较欠缺的，这都是现学现用，涉及啥问题就向专家请教。我们这儿良种这块××就是专家，有啥问题经常向他请教，省站的××他管良种基地，经常向人家请教。虽然干这些年，我觉得悟点了，但还是欠缺。假如说我要是学良种选育这个专业的，这样我干起来可能更顺手一些。每当我干良种和总体资源保存库这块（**知识：种质资源管护**），遇到问题了，我都得向省里专家请教，明白应该怎么做怎么建设，然后再从干的过程中摸索出一些做法，这样开展工作。如果我是学这个专业的，那直接干起来就很顺手了。要是能够懂得一些法律知识能更好了，因为咱们这个部门是属于行政执法部门，涉及一些法律知识，有一些树木的案件，得懂得一些相关的法律知识（**知识：政策法律知识**），这也是我个人欠缺的。

从工作这些年来看，学法律的也不可能到这个行业来，学育种的不一定干咱种苗这个活。我们单位分了一个学育种的上林保站了，也不算专业。这些年要说成功也不算成功，但在全省的种苗行业里我还算走在前面的。主要的因素一个是我个人认真，无论做什么事，把认真放在前面，干一行爱一行，做什么悟什么，就是认真踏实工作，有很多工作和事想在前面，每一年的开始都要做一个1年的销售计划，按照工作阅历进行工作，这个是我有一点工作成绩的主要原因（**素质：责任意识**）。我有相关知识，我要不是学林业的，学其他行业的，这个干起来就比较陌生，上道比较慢。我有干林业的相关知识，从事的工作也比较多，在林业行业里面当过老师、讲过专业课，在林业设计部门搞过设计，在森保站工作过、搞过森保的技术，接下来走到种苗，对整个林业这块比较熟悉。种苗行业具体的工作业务在工作中不断悟，向专家、老师请教、学习，干得还行，比较顺手。

种苗站的这个工作男同志比较适合，女同志做这个工作得受很多苦，我这些年还好已经习惯了，顺理成章了，没有什么苦的感觉。就是头几年开种苗大会的时候，我无意中诉诉苦，真不容易，上山下乡。说的时候是在我们搞春季下乡调查的时候，我们起早贪黑，7点开始。当时我属于典型发言，挺苦，这些苦不是说工作上的，是家、孩子都得考虑到的。家里还得管家，外头还得上山下乡，挺难的。但这些年习惯了，感觉很平常了（**素质：奉献意识**）。

问：说得挺好的，非常感谢您，谢谢！

案 例 五

受访者：广西壮族自治区×××站长

问：请您简要介绍一下您的学习经历和工作经历。

答：我原来是当兵的，××年入伍，××年×月复员回来，××年×月安置到林业局，现在是营林股长兼推广站工作。当兵的时候是高中毕业，后来参加了函授学习，法学大专，是电大的。工作期间，培训参加得比较多，种苗呀、营林这些每年都参加2~3次，到自治区参加各种培训，自己自学一些林业方面的知识(**基本信息**)。

问：您认为这个岗位的职责和工作内容是什么？

答：因为我们营林股是大营林，种苗也兼，推广站也兼。我在这个工作岗位，大道理我不会说，就是一条，我是从农民出身当兵回来，还是毛主席说的那句话“全心全意为人民服务”。我们当兵回来了没有什么专业知识，不是林业的，但我胆子大，放得开，多学多问，在这个岗位上多为林农着想，对上面要多负责，多争取一些项目呀、资金呀。在种苗这方面，我们亲自定期、不定期到苗圃、园林绿化公司检查，看看管理范围内的那些村那些镇的手续合不合法，办证没有。调苗情况，不合法的我们取消或者没收。每年多鼓励林农参加培训，叫他们多学点知识，还有园林绿化方面都会给他们服务，只要他们一句话，推广站也是。做服务工作虽然说是二层机构，但是我们对自己的角色定位是，不管你是站长或是职工，不管是公务员，参公、普通工也好，你坐这个位置就要为林农着想，全心全意为他们提供便利、服务。

问：您负责的种苗工作分为哪几大块？

答：我们造林苗就是小苗和城镇绿化苗两大块，我们不是分得很细。××地区只有25个苗圃，重点工作是检疫工作，还有检查他们调苗那些手续是否齐全，还有城镇绿化苗，主要是这两大块。苗圃里的桉树苗上山造林，必须要严格检验，不让苗木带着病虫害上山造林，绿化苗也是，主要是这两大块(**岗位职责信息**)。

问：检查病虫害方面工作你们是怎么开展的？

答：我们首先检查他的手续，这个苗圃哪地方拿的苗，二签一证拿给我们看。检疫证、种苗标签、植物检疫验收标签。调苗要二签一证，比如从广东调苗，苗是从哪里拿来的？你说广东，广东哪里调来？你要把证签准备齐全给我，如果不齐全我们不让他们上山造林，苗木会被没收掉。绿化苗木比较正规，我们种苗的手续都是一样，我们重点是定期或不定期下去检查造林苗小苗（**素质：原则性；能力：种苗质量监管能力**）。一般我们这个定期每个月至少两次。有时候我们下乡，经过那里顺便进去看看。我们营林制定了一个制度，没有文件规定，因为以前有林农反映有的外地的苗进到××地区，广东、钦州那些青枯病、叶蛾病，由于把关不严，有些种上去死了，害了农民。我们是自己把关，只要我们做得好，那些老板、林农不会自己去要苗了，都向我们了解哪里苗圃的苗好一点，手续齐全的、正规的，他们都自觉地来问我们。我们也怕，因为农民80、100亩种上去，有的东西搞不好，死苗，就倾家荡产了。我们没有规定，我们局上包括我们营林股自己规定，大家都成了一个惯例，下乡的时候经过停下车看看咨询一下，种苗推广这方面都这样，也属于正常工作这方面（**素质：责任意识；能力：技术推广与技术服务能力**）。我们也会把握一下市场信息，为农民提供这方面的服务，也就是说多想点办法为他们服务（**素质：服务群众意识；能力：信息服务能力**）。

我们单位也有一些合同工一进来有1500元工资，他们说工资那么低，我说可以了，慢慢做吧。你说要多高工资，没有，我当时工资780元，他们一句话都不吭声了（**素质：奉献意识**）。因为我们不是专业技术职称，工作压力和挑战肯定很大的，加班加点。我们的工作还是需要多主动一点。在工作岗位上我是理解农民凶或怎么样，不会因为他们说什么心里就产生抵触情绪。就是一个思想：要服务好人家，不合规定我们坚决不办，如果合法的我们坚决要办的，苗圃证也好，调苗也好，不可能说和哪个老板关系好，哪个给点回扣就拨给他，不存在这种事情（**素质：原则性**）。

问：你们站里面现在有多少个人？

答：有5个人，是营林站5个人，因为营林里面有种苗站、推广站不分出来的，大家是合在一起干。人手确实有些不够，林业系统尤其在县一级营林、林政的技术员一定要成熟，但是我们推广站那边不是林学专业，没有一个是专业的。现在5个人里面有1个是专业出身，但他是合同工，也是刚刚聘来的，你不给编人家迟早要考走的。他是大学毕业学林学的。营林、林政一定要技术人才，我们××地区没有几个，要重组，我们现在是青黄不接。股长上来最老就是我了，那些都是非常年轻刚出来的。这些年轻人有些是学林业专业的，有些不是，股长上来没有一个是这个专业。

问：您不是这个专业出身，作为股长或站长对你工作有影响吗？

答：没影响，人都有可逆性和可塑性，只要你肯学，什么东西你都学得来。但是说领导方面他要考虑这个问题，比如说你是公务员，不是这个专业，你安排他做专门打字，你是因材而用吗？一个研究生你放在那打字，这不合理。我们在用人方面希望多安排点技术人员来干。我们不是没有怨言，人都是有一点自私的，包括我、×股长。但是我们心是平衡心，因为政策、工资你改变不了，要看得过去，我们的技术员几百元钱一个月，叫我乡下种田拿不了780元。知足者长乐，为人民服务。哪个不想领几千元一月，哪个不想做领导，但是我们心态保持很好。那些年轻人我都愿意和他们沟通，平时不说什么话，但是说话我都当作聊天那种，思想放开，年轻人路很长。

问：请您描述一下，近几年来，由您负责过的干得比较成功的事例举3个事例。

答：大的方面，尤其是今年。2004年我们××地区经营苗圃的只有几家，今年发展到13还是15家，还没统计，都是大型的造林绿化公司。这些苗圃发展起来以后，我们跑前跑后的，帮他们联系业务、对接自治区种苗站、办理一些证件等。尤其是油茶那个把关很严，县级、市级没有权利审批的，在我们帮助下办理了3家，还有营林股的同志帮他们出了力，他们都很感谢我们局领导（**素质：服务群众意识、追求肯定取向；能力：沟通协调能力**）。去年12月，有人从钦州那边调了10多万桉树苗，后来发现是带有病毒的，我们是有案记录的。我们帮他全部毁掉了，防止带到我们××地区，我们这边山上全部都是桉树了，数量很大，一旦被感染了，后果不堪设想（**素质：责任意识；能力：种苗质量监管能力**）。种苗方面就是这些，平平淡淡没有什么好的成绩。因为我们工作是大的方面，公益林啊、退耕还林啊。

问：刚才您讲提到为老板跑前跑后办证，办下来他们也非常高兴。您认为做成这件事的关键是什么？有什么体会？

答：给老板办证给我深切的体会是：首先我们办事人员没有私心，帮老板办个证想从中拿多少烟酒钱或者回扣，有这个想法就不好办，如果正正规规来办是很容易的。我记得有一个老板他是我们省某个领导的外甥，因为他2年前已经交了申请书了，但是一直没办。那个领导很低调，一直不告诉身份。他几兄弟不打招呼，当时我们是因为其他工作到人家那村子里问那家老板的名字，人家说是我们省某个领导的外甥我才知道。但当时我也没跟我们单位的领导打招呼，就按照正常程序把证给人办好了。因为官场上个别领导他帮你办一件事情，多少都有点利益才帮你办。但是我办好以后，我跟我们领导说了，领导不吭声。我到现在也把他当朋友，不是说办成了要怎么样。我这个人有个特点，一个人要有正气、讲正气，人正不怕影子歪。有的人会说我帮那个领导的外甥办了证，人家给了你多少钱。我说我不怕的，我都是公开的。我在站长这位置，同事也好，领导也好，你们可以下乡去调查我有没有开口问人家要饭钱、烟钱，我今下乡不要老板请我吃饭什么的，我不怕得罪人的，人正不怕影子歪（**素质：廉洁性**）。

问：您刚才说那位领导的外甥报告递了2年没有办下来，是什么原因？

答：因为他说场地合同没提供给他们。因为你要征200～300亩地不是每个农民全部给你的，我们林业局一定要签那个合同，但是老板拿出来有一部分签了。他因为这个来找过××林业局，他挺懂事的，不用家里这层关系，过后我们也非常尊重他。

问：后来你来经手这件事，手续齐全没有呢？

答：全部齐全了。因为那时他调苗2000次，我还是不能办给你，你不提供齐全手续给我是不可能办的，工作上我是正正规规(**素质：原则性**)。我这个位置压力太重，领导重用我也是因为我老实、正直点。

问：还有没有其他案例？

答：还有就是涉及营林、公益林方面。2009年开始二类调查，退耕还林的小班、林班发生变动了，我们××区有国家拨下来的1100多万元发不下去。当时我下乡，买烟带水和农民交谈，独家独户地签合同，现在还有10多户没有签的，压力很大。2010、2011、2012年的钱都全部发下去了，从2008年到现在的都全部理顺，工作压力很大，农民也很辛苦。领导说那么多年的事情积累下来，现在你带领这帮年轻人都理顺了(**素质：追求肯定取向；能力：沟通协调能力**)。

问：具体您是怎么做的？

答：我们其实也没什么，就两个字：勤快。你叫农民签合同，那钱不是他想要的，他不可能找林业局来签字，你肯定要来勾好我的位置，林班小班，你搞好合同，农民负责签字。我们只要勤快，心里要装有林农，就能办成事。你不能老在办公室，不下乡。林农不焦急，领导不焦急，我干吗那么主动？这样想就完了。我们作为年轻人，也想做出点成绩给领导看看，我们是想做事情的人，不是想谋利益的人。因为农民反映那么多老的事情都给你理顺了，很多工作都理顺了，他们都很感激。我们下乡都不要人家一包烟，吃饭都在农户家，如果是在饭店都是我们自己带钱下去，不要增加农民负担。我们××林业局的口碑在××区政府这一两年都非常好，包括区人大表扬那个风气正。现在一般林业部门对林农来说都令人讨厌的，但我们××是很受欢迎的。一般部门下乡农民不理你的，但说是林业局的他们就很热情(**素质：廉洁性、追求肯定取向**)。我们为他们提供技术服务、提供项目，还有种树、种苗、要什么树种啊、怎么种、怎么施肥一般我们都免费服务，平时也主动与他们接触，林业局不和农民打成一片，肯定很难开展工作(**素质：服务群众意识**)。

问：您认为和农民打成一片最有效的方法是什么？

答：方法是很多，主要要以心换心。同龄的要把他们当做兄弟姐妹，比我们老的当长辈、父母，和他们坐下来谈谈心，要交心、交流思想。政策方面要宣传到位，好好解释，不能朝令夕改，事事而非。我对农民来说是个中间人，这点我倒是很注意的(**能力：宣传发动能力**)。反而对上面工作我这个人不太会，我不会说反话，不拍马屁，不会言谈，倒是很喜欢与农民打交道。不能高高在上，农民拿个桌子你要拿毛巾擦几遍才坐，农民拿的碗筷你又重新拿水来洗几次，农民看了很反感，这把距离拉开了。我去的时候，不管多脏我们先坐一会，拿什么我们就吃什么，要与农民贴心（**素质：服务群众意识**）。中国没有刁民，干不好工作是我们的问题，农民哪里想到要和政府作对，不可能有这样的人。要反思我们的工作做得好不好，不要一味去追究农民。

问：您认为讲农民是刁民的主要想法是什么？

答：有时他们也是无心说出来的，我认为是不讲政治，思想不成熟。什么叫政治他们不懂，我怎么理解政治，我是股长到下面不可能乱说话，你说的话要负责任。农民换为你父母，还说是刁民吗？觉得与农民打交道没什么难的，就是要注意与农民接触的方式、谈话的方式。比如说，农民有100亩地，种了90亩桉树，而我们勾图是有林就勾。但农民本来就不清楚啊，我明明是100亩怎么勾90亩出来。要慢慢跟人家说清楚，你地是100亩，但有林面积是90亩。对我来说，我喜欢与农民打交道。

问：这是第2个案例，再说一个吧。比如种苗在运输过程中有没有成功的案例？管理方面有没有？

答：种苗运输不管我们去外面调也好，送下乡也好都比较安全，包括珍贵树种，去××、××地区把种苗拉回来。

问：这个安全是指什么？

答：首先是验苗，苗的安全、人员的安全等各方面。

问：要保证这个安全，您具体是怎么做的呢？

答：保证安全，首先从思想上，要对××区的形象负责，要对家庭负责，因为验苗要签字，有的苗不合规格，对方不签字的，但我们要他签。因为有一种激素，对着不合格的苗一喷，一晚长10多公分（厘米），很嫩啊，看着像是很好的苗，不懂的人看不出来。这种激素喷出来的苗木，成活率很低，种下去看着很漂亮，但是过1～2天就会慢慢死掉。还有检疫证的问题，我们去有的单位调苗，但是他们不提供检疫证明，觉得你们县一级自己来拉，给苗你们拉走就可以了，国家送的又不要你们的钱，但是我们还是坚持认认真真地检。包括我自己亲自去的××林木种苗基地拉过降香黄檀，当时他们没签字，我叫他们签字，把手续办齐全了给我。最后发个确认函给我，他们也怕出事情啊。说就给写一个："你在当地什么地方拿多少苗，有证进材。"让林业厅确认盖章，说明厅里面很重视。这个环节漏洞很大的，一般不负责任的，但是我在这位置上都是我承担责任。后来我打电话上去说不能这么笼统的，他盖有单位章，经手人还是要签字。这个工作上我不会马虎的。那边调出的苗，要他办完手续。手续不齐全不行，经办人是谁？检疫证提供给没有？我开玩笑说林木种苗基地你还好意思干这事，影响区种苗站的形象，出事儿了不就害了农民了嘛。负责那个人我当面批评他的，当时他说安排我们住宿，我说我们自理，这个我们××区做得到。他说明天再运苗，我说不行。当时已经是晚上8点钟，我们打手电去验苗，我说你这苗是不合格的，他一句话不敢说，手续我叫他拿出来给我们看，因为很多都是拉走就完事了。林业局这个种苗要严格把关，你这种苗子，我们拉回去种就会死掉，你要对我们负责。虽然说是国家免费送的，你这样做会影响区局上面的形象，我们县下面会说你们招标这个基地做生意，乱七八糟的老板集中到我这里来。种苗送给我们，我们起码要检查一下，送给县级最终还是给老百姓，所以说有利益的事情我是把得很严的。我就是要履行好我们的职责，要大公无私，如果私了就是我的问题，我从来不会那种事(**素质：责任意识，廉洁性；能力：种苗质量监管能力**)。

问：刚才您谈的是比较顺当的事情，能不能再谈谈近几年做得不太理想的或者是带有遗憾的事？请给我们举一下这方面的事例。

答：在种苗方面，绿满八桂用在村屯绿化这方面的，也有我非常遗憾的事情。这件事发生在我们某个领导的老家××镇××屯。因为是领导的老家，领导打招呼："这是我那个村的，要绿化。"村屯绿化有两个条件：面积要达5亩以上，5公分(厘米)以上大苗要达300苗以上。这是自治区下的文件里关于村屯绿化的规定。每个屯5亩或者能种植300棵大树的才能安排进去。它面积也没达到5亩以上，绿化大苗也没达到300苗以上，甚至可以说不到100苗，这样安排进去，人家背后说没绿化。现在也有人说林业局或营林股拍领导马屁，种了几十棵树也算绿化了。有人跟领导说你看那个施工单位、中标单位种不了20000、30000元的，那个村都安排了，每个屯8万元啊，不知道林业局的领导和营林股的×股长拿了多少回扣。这样的话肯定有人说，但是我人正不怕影子歪。以前我和领导说了，这事儿肯定是做错了。干活不要说这个屯是哪位领导的老家，这实际给了我一种无形的压力。

问：遇到这种问题你认为怎么处理会更好一点？

答：我认为直接书面和那位领导说，可以复印一份自治区的文件里的规定给领导看。他绝对不会为难手下，他会说，你们看适合条件就搞，不合条件就不搞，我想是这样。就是不知道我们局领导有没有及时和上面沟通，也不知道复印文件有没有给人家看。因为绿化必须要同时符合两个条件：5亩以上，或300棵5公分(厘米)以上大苗。如果两个条例只达到其中之一。太小了，全部绿化完了没有场地了。这么做以后，我们的工作不好开展了。我尽我的能力不去搞那一套。但是这事儿肯定是做错了。对我来说最好是合条件，我不说有100%符合，起码有70%～80%符合，那我们去做解释工作，本来种300株的现在种了200多株，人家也能理解。你种了40～50株，株数是小事，但每个屯8万元，你用不完怎么办？难道拨给种苗公司？人家区林业局怎么想？你们种不了那么多苗，是不是想要回扣？往这方面想，我们工作就不好开展了。当时要建村屯绿化，市局上面叫我们报，呈文上去，先报上去再说，后面再去搞设计。等批复下来哪个屯，我们下去设计的时候，发现不符合要求，我们说要变更，上面老是说我们工作不踏实啊、不细致啊。但我们要采个点，要有充足的时间才行。

正常的应该是我选了几个点，合条件了，设计好，呈报上去，一批复下来就可以去干。但这事情太急了，上面又不给我们缓冲。做方案要下乡啊，要了解啊，看看那个村屯面积够不够，部署怎么样？要多方面考虑好了，才能做方案。还有我们上山路况不好，下乡的路非常难走，不是说一个小时一个村这么简单的，这非常不好的。领导打招呼的最不好干活，这种活我们是很被动，在营林、种苗方面干得最不好的[**素质：(欠缺)原则性**]。

还有一个也是涉及种苗补助的，包括油茶。我们××地区现在发展油茶种苗势头比较猛，油茶在我们整个××地区盛产。以前区厅发宣传资料下来，理论上是4~5年、5~6年结果、丰产。当时可以试验种，它不是很高，农民蠢蠢欲动。我一般提倡松树、湿地松，从长远考虑我不提倡种桉树。农民种我不提倡，因为树种太单一，病虫害太难治理。还有农民说桉树有毒，这点还没有论证，但多少影响有一点。桉树确实是抽水机，生态影响非常大，这是我个人观点，不敢与科学家、专家这么说。桉树枯枝落叶流到水库，水是吃不得的，发涩，还有点苦。第二，山沟也不会流水了，对立地影响很大，所以我们提倡种松树。还有刚才说的油茶，因为在高度峰搞试验林我去看了，4年多1棵树才结1~2朵花，树冠也不大，试验林都这样，那老百姓种呢(**能力：调查研究能力**)？理论上说4~5年结果，我看7~8年都结不了，没干，冠幅不大。我不敢想，如果我们××地区大面积推广会是什么样子。我们去年搞宣传，很厉害的油茶方面，宣传资料说如何高产、有经济效益啊。那时候发行量大，不是我一个人想，他们开玩笑说区厅为了推广种苗，不结合实际是不行的。我们整个广西没参观过盛产期油茶源，只是理论上设想而已。我们广西没有成片的，怎么丰产？去鼓动农民做这事儿我们是很怕的，我也跟领导说了，不能提倡了，由农民自己决定种什么(**素质：求实性；能力：分析决策能力**)。我拍回来的相片也给领导看了，如果冠幅大还没结果，农民就得安慰了。那时说我们是持续发展，不管哪级国家、区厅、市局，都要为农民着想，种苗是基础，如果种上去，比如桉树种上2号苗，完蛋了，弯弯曲曲的。优良推广要经过实践，尤其产果那些，我们要对农民负责任，不能为了推广而推广。农民会说你们推广油茶说4、5年结果，1株产量达到80斤或100斤，但是现在才结了几个，完蛋了，我们是害农民，我在这个位置很怕出现这种情况，别人不在这个位置上体会不到这个位置的重要性。有人会说这有什么，上山看人家种树、防火关你什么事。但是，我想这些细小的工作如果不去动脑，为农民着想是不应该的。工作没做到位，要说失败确实谈不上有多失败，但是工作做得不够好，我会觉得很遗憾。我们把关叫农民种，7、8年不结果(**素质：责任意识**)。

问：这个你们没有叫农民做吧？

答：我们宣传推广。

问：种了没有？

答：种了，去年种了4000多亩，今年种了有5000～6000亩。

问：这种情况你怎么补救？种了4、5年不挂果，对农民造成的损害，农民不反过来骂你们了？

答：骂也没办法，我们只能照做啊，不可能是我们自己。因为我们很怕很怕，一点冠幅都没有。国家是越来越重视生态各方面，我们林业搞不好，我们害了林农，也害了我们。补救措施现在还没想出来，我是和农民讲清楚，你们认为值得种就种，我们林业局不推广，去年种了就种了。补救措施我们只能在用肥、科技这方面想办法。我上去就问××林场那位博士，他负责这个，4年油茶才长这么高，冠幅都没有，还说速生丰产，万一不成功你叫我们怎么跟林农交代。他不吭声了，他说我们也是在搞试验、推广，还有两个副场长也在。那博士他是与美国一起搞试验林。

问：××地区每年种植油茶上面有没有任务下来呢？

答：由我们报，还有发改委报，但是他们提倡。农民为什么那么踊跃，因为现在户门造林，他给荒山啊，我们××地区都一个特色，都答应给种桉树的。但他有一个要求桉树10年内不给砍伐，是防护林的不能种桉树，他宁可不要这些了。国家补助油茶每亩300元，补助高了。农民搞这些想要补助，没想长远，你们验收给我那笔钱啊。但是我们很担心，因为是油茶它不像桉树，油茶产量是要有真凭实据的。当时他们也没考虑过成本，我们整个××地区没有油茶加工企业的，农民拉去哪里他们也没有考虑过。

问：这两年你们大概种了多少？

答：我们去年种了4000亩，都是公司造林，种上去以后现在都还可以，一株苗可能长了70公分(厘米)，冠幅开得不是很大，都是直直上去，分杈很少，它不像土油茶开得冠幅很大，侧芽很少。一般来说我们肯定是先执行省厅上面，你推广是理论归理论，多少年丰产期，达到多少百斤，30～40斤，50～60斤，搞得农民蠢蠢欲动，我们怕害了农民啊。他有什么，我们县级遭殃了，挨骂是我们了，你们省厅那些油茶苗也卖了，什么苗也卖了，钱也到你们口袋了，我们背责任。

问：类似的问题你们局领导有什么考虑呢？

答：我们领导考虑的是说上面下来的我们宣传，但是我们不提倡，你们认为信得过就种。我们去学习了，下去农民会问你，你推广肯定就是信林业部门啊，不然信谁啊？专家、工程师啊，我们就把去参观学习的情况跟他们说让他们选择。但是说油茶我们也想发展，我们解释是说丰产期是4～5年，但我们去的4年才长这么高，可能要7～8年的时间，要跟人家解释清楚，让农民不要想这些事情。真的太长了，7～8年我都砍了2轮桉树了，栽油茶人工大，卖、运费等各方面的人工成本就高了。各树种的经济利益你自己选择，资金不会压，政治任务由我们报。

问：现在农民还有积极性吗？

答：农民肯定是有，但人家老板看长远，7～8 年就达到丰产期，我就看到我们没有油茶深加工企业。我习惯大公司，造林就是想做强做大，我独家经营了几家，油茶深加工企业大型的没有几家，从长远眼光看发展油茶还是好的。农民认为7～8 年就达到丰产期还是愿做。去年种的都接受了。

问：今年情况怎么样？今年报上来的有多少？

答：报上来的有7000～8000 亩，但我们报到区厅要4000(亩)就够了，我们要跟他说清楚。

问：您谈的这些案例挺好的，非常感谢您的配合，谢谢！

五、县级林业有害生物防治检疫站站长访谈文本案例分析[1]

案 例 一

受访者：福建省×××站长

问：×站长请您介绍一下您的学习经历、工作经历。

答：我叫×××，××年从××林业学校毕业后在基层林业站工作，××年调到××区林业局工作，担任森防站站长（**基本信息**）。

问：请您谈谈森防站站长的岗位职责。

答：森防站站长的主要职责是：做好××区森林病虫害的预测、预报，发布病虫害的发生趋势；根据调查数据，对林农下达病虫害防治通知书；做好森林植物检疫工作，检疫执法，规范木材市场；对测报人员培训；科技推广等工作（**岗位职责信息**）。

问：你当森防站站长7年了，在工作中有没有一些让您觉得做得很成功，有成就感的事例？

答：2007年××区发生了松材线虫病，松材线虫病有几个特点：松木线虫病寄主植物多，主要危害松树；其分布广，从南到北都有；致死快，发病了，防治难；传播速度快，靠天牛来传播。这种病目前这是世界上大难题。××区的这个疫点很特殊，山坡陡，碎石往下滚，每年雨季有些泥石流滑坡，这个小班离居民点很近，不敢砍树，怕把居民区掩埋造成损失。这么多年过去了，这个小班的线虫病一直没有扩散。我看了很多资料，请教过很多专家，一个偶然的机会听到一个专家说过，对于松材线虫病，把松枯死木清理干净，减少天牛的寄主，就能减少松木天牛的发生，松木线虫也不容易传播。我一直想办法灭天牛，跟福建农林大学的教授这方面的专家聊过，他搞了天牛的引诱剂。我就在××区划了一块地给教授做实验，诱杀天牛的效果非常好，一天可以杀死十几头天牛，一头天牛携带上万头的松木线虫，杀死天牛就能减少传播。我一直要想办法，找专家，上网查资料（**素质：责任意识；能力：学习能力**）。这么多

① 本章节文本分析人：高力力

年来我们一直把松木线虫病控制在一个小班内，我觉得这是件值得自豪的事(**素质：追求胜任取向**)。

××地区其他县都有发生，扩散蔓延很快，××区蔓延到了4个乡。在这项工作中我也得到森防站专项资金的扶持，还有福建农林大学的技术支持，××区的领导也很支持(**能力：沟通协调能力**)。我很想拔除疫区，但靠我们的力量难做到。疫情发生，我作为站长心里不是滋味。如果我们不能控制疫情，再扩散到其他乡镇就会造成更大的损失(**素质：责任意识**)。

毛竹是××区林农的主要收入，到目前为止，没有大面积的病虫害发生。主要的几种虫害都没有大面积发生过。首先重视病虫害越冬带调查，我让那些测报员认真地做这项工作。一年之计在于春，病虫害防治也是如此，如果不做好越冬带调查，到7、8月份，甚至国庆节都不能好好休息。越冬带调查好了，就能掌握好虫孔密度，就事先知道哪些地方可能发生虫害，就可以采取防治措施(**能力：林业有害生物调查监测能力**)。另一个方面，重视春季防治，药剂贮备工作提前做，白僵菌要提前培养，12月份就通知农民订粉孢，农民不积极地去订，等到病情发生了，农民才急着买药，那时候再买药就来不及了。我一般事先替农民多订，到病虫害发生了再卖给农民，我们没有办法一家一户通知农民订药剂，有开护林员会的时候我们就下去宣传(**能力：计划组织能力、宣传发动能力**)。有些护林员回去后不宣传，没有把我们的通知传达。有些农民还是想让国家掏钱帮他们防治病虫害。有一天，××村有个村民到办公室找我，问国家有没有对农民的病虫害防治补贴资金。我耐心地给他算了一笔账，如果今年遇到病虫害，今年笋产量低，留竹就少。现在一根毛竹十几元，一亩地如果少十几根毛竹就减少几百元钱。10亩地损失就是上万元。如果一年一亩地花20元钱就能防治病虫害，获得的经济效益是很大的。农民听了后便不好意思再向我要补贴资金，农民就问我有无有效的防治药剂，我就向他推荐有效的生物防治药剂。农民有时候不会算经济账，我们必须慢慢跟他算，慢慢跟他讲。我们现在没法挨家挨户去走，只能跟护林员说，护林员没帮我们宣传。所以我们的宣传工作还做得不够好(**能力：沟通协调能力**)。

第三件让我感到自豪的事是我们的测报队伍的水平有提高。我们站只有3个人，××区100多万亩林木要调查，靠我们几个人做不行，原先我们站只有2位女同志。靠我们少数几个人力量太单薄的，××区的森防工作要依托我们的基层测报人员。测报队伍建设好很重要。经常在调查之前，让他们培训。如果有不熟悉业务的新手，我让新手到做得比较好的部门去学习、交流。如果测报队伍不好，就无法搞调查，也不会教农民如何防治，整个工作就运转不起来，测报工作就做不完整。这么多年下来，我们每年都对测报队伍进行2~3次的培训。原先测报员的工作就是在应付，报表交上来就是都画零。经过这几年的培训，测报员的水平有所提高，不像以往那样一问三不知(**能力：团队领导能力**)。

去年市里培训测报员，我让××区的测报员参加学习，市里面没那么多学习名额，我就说吃住不在培训处。食宿费用由原单位报销，我们站有测报经费也会给一些补贴。测报队伍搞好了，对我们森防工作是一个保障。2010 年有一天，××村有个农民到省森防站投诉，说××村病虫害发生没人管，省站长打电话给我，我向他解释：当时我要出差去考察，星期六我就和林业站站长、测报员去实地查看，护林员带我们到山上查看，上告的村民却没有到场。村民有两个意图，一是想让我们给点补贴，给点药；另一个想让村里面组织防治。后一个想法是好的，病虫害防治就是要群防群治。我告诉村干部要有应对措施。分管领导说晚上要开村民小组长会，采取措施。我解释完后，省站长说："我也相信你会去做的，但有人打电话来我就要询问下。"**（能力：沟通协调能力）**省站领导对我还是很信任的，对我的工作还是认可的。我们××区森防工作在每年全市各县评比中都是名列前茅。我在 2007 年刚到森防站工作就获得"全省森防先进个人奖"，2010 年获得"全国林业有害生物防治先进个人奖"。今年我获得"福建省优秀共产党员称号"**（素质：追求胜任取向、追求肯定取向）**。

问；在您这么多年的工作中，有没有哪些不太成功的事例？

答：我们的病虫防治工作还是比较被动的。毛竹是××区林农的主要收入，毛竹病虫害应该是以预防为主，在虫孔密度比较小的时候就介入防治。每年 12 月订白僵菌粉孢很少人来订。整个三元区订粉孢的数量不超过 1000 个。农民要等到毛竹病虫害大面积发生了，看到叶子被虫子吃了，才会急。我刚来森防站的时候，要先预先收钱才敢订，怕没人要，也不敢多订，到病虫害发生时药不够用了。到了 2008 年订了 5000 个，我向厂家订 10000 个，今年农民订 8000 个，我向厂家订了 30000 个，结果还是不够，最后调了 80000 个**（能力：欠缺计划组织能力）**。国家有毛竹丰产培育资金，有补贴竹农购买肥料和做水池的款项。农民很乐意做，但病虫害防治的钱就是不愿意出，等发生的时候就来不及了。毛竹林栽培有个特点，冬笋挖了，春笋清明前后也挖完了，而病虫害往往等清明过后才开始大发生，这时候村民上山少，不容易发现虫害。等到发现病虫害，往往已经来不及。这挺被动的。农民没有主动预防病虫害的意识。我们的宣传农民还是听不进去**[（欠缺）能力：宣传发动能力]**。

还有件不成功的事例是有关马尾松病虫害。××区在前年发生松树虫害，2010 年国庆开始就出现虫害，我与村民们说要治理，却没有引起村民重视。到国庆节后虫害变得严重，到了 2011 年搞越冬调查发现病虫害已经很严重了**[（欠缺）能力：宣传发动能力]**。我让林业站测报员下发防治通知书，村民也觉得问题严重。去年订了 20000 个粉孢去放，今年检查整个松林的状况就很好。今年乌龙村村里统一组织，买了 40000 个粉孢，但有的地方效果好，有些地方效果不好。××村今年的防治效果不太好，原因有很多，人的力量有限，粉孢放的不够高；也可能是受温度、湿度的影响。比如今年的雨季时间长，没有合适的时间来放药，这种条件不好把握。对防治的效果有影响[(欠缺)能力：林业有害生物防治管理能力]。

目前林农的防治意识很差，不重视。不是小病先治，而是拖到大病才紧张，才去想办法。我们不可能每家每户去宣传。我们的宣传也不是很到位[(欠缺)能力：宣传发动能力]。

农民在林改之后，受益也不少，他们总是想政府能不能给补贴，不愿意自己掏钱来防治病虫害。我们的林农喜欢立竿见影，喷了药马上就能让虫子掉下来。只有化学药剂才有这些效果。但化学药剂不仅杀死害虫，也杀死了天敌，还造成了环境严重污染。农民的这种意识让我们很头疼。这可能是我们的宣传力度不够而造成的[(欠缺)能力：宣传发动能力]。有一天××村村书记电话问我买的农药有什么成分，说是有个村民今天喷药中毒去医院挂瓶了。我对他说那个村民买的药肯定不是我这儿买的，我让他回去问药是哪儿买的。结果证实那个村民买的药不是我这儿买的。村民喷药的时候我也常下去看看。听说很多喷药中毒去挂瓶的事件。我们开始都是向林农宣传生物药剂，只有病虫大爆发的时候才推荐他们用化学药剂。生物药剂效果慢。现在还有很多的村民在用化学药剂。生物药剂的推广这个问题我有很多的遗憾[(欠缺)能力：技术推广与技术服务能力]。

第三个事例，我们××区防治森林病虫害的科技水平这么多年了都没有提高，这是很遗憾的事。十几年了防治还是用粉孢，还是人工去投洒，没有多少科技含量。松材线虫病我们只能砍枯死木，预防措施也没有。毛竹虫害只能用粉孢，或阿维菌素去治。我有时很单纯地想，能不能根据虫害发生的时间，涂些药在毛竹上，粘住虫，不让虫爬上去。我有很多想法，但现实中做不到，科研方面较欠缺。现在我认识的专家专攻松木线虫病，做毛竹病虫害研究的比较少，我上网查，或看书，也没找到新的办法。也有可能是我认识的专家少，知识面窄，我们行业防治水平低，这对我们的森防水平影响很大[(欠缺)能力：学习能力、调查研究能力]。我们在基层面对的就是林农，在做好预测预报、掌握数据的基础上，我会告诉农民什么时候会发生病虫害，但没法帮他们找出好的防治方法。也有可能是我们林区没有水、没有电，诱虫灯、测报灯没电不能用，虽然有太阳能做能源，但也怕失窃。我曾用过铁皮做的诱捕器，也被捡破烂的偷了。山林偏远高科技的防治手段在我们这个行业上的应用受到局限。整个行业的防治水平还一直没法提高。当前的森防手段少，给农民造成的损失也大[能力：林业有害生物调查监测能力；(欠缺)能力：林业有害生物防治管理能力]。

问：作为一个森防站站长需要学习哪些知识？

答：学习新的防治病虫害的方法，需要掌握新的测报手段(知识：林业有害生物防治、林业有害生物测报)。

问：谈得挺好的，非常感谢您的配合，谢谢！

案 例 二

受访者：广西壮族自治区×××站长

问：请你简要谈一下你学习经历和工作经历。

答：我经历比较复杂，高中毕业后回生产队劳动几年，××年去当兵，××年考上大学，毕业后分配到××地区2年，后来回到××市(县级)××林场做了几年，××年回到××市林业局，一直搞森防到现在，曾经做过副站长、站长，直到××年成立地级市，做站长到现在，一直没动过，站长做了20多年。工作以后参加的培训就多了，主要是森防方面的，是区森防站组织的都去过，后来参加了国家森防总站在辽宁举办的环境保护培训，还有检疫员培训(**基本信息**)。

问：你认为这个岗位的职责和工作内容是什么？

答：森防站主要是两大项工作：一个是森林植物检疫，一个是森林病虫害防治。防治包括其他预测预报、病虫害调查，不调查就没有预报了，还包括了解、发布长期、中期、短期的预报，比如我们今年的松毛虫或者其他什么主要害虫，做个预测、发生量、发生期这种。检疫方面包含森林植物检疫，国家检疫条例里面规定有的，凡是调运过县一级的都要检疫。我们森防机构是一个执法部门，执行国家的法律，包括森林法我们也要贯彻执行，病虫害防治条例、检疫条例、植物检疫条例等，我们自治区一级是根据这种法律条文、法规来开展工作。平时我们也去调运检疫、产地检疫(**岗位职责信息**)。最主要是材料，森林植物比如果树，它规定干果是我们林业部门检疫的，鲜果是农业部门检疫的。检疫主要是针对那种危险性的病虫害，国家公布的有29种检疫对象，原来我们××地区有板栗疫病，是比较古老的检疫对象，现在新的有桉树姬瘿赤小蜂，这个前2年才进广西的。

问：你们平时这工作是怎么开展的？

答：平时工作我们主要按照这个，因为从“八五”期间吧，一个五年计划，每年都以市林业局的名义和林业厅签订森林病虫害防治年度目标管理，相当于检疫证一样。他规定几个例，原来是9个，现在国家林业局压缩到5个例，检疫例、防治例、病虫害发生例、产地检疫例、成灾例。他这样规定是按照林地面积占多少，你的发生率超过这个就不达标。还有防治率，比如说发生100亩，你的防治率达到85%，你就要防治85亩。所以每年我们开展工作都要根据这个年度目标管理来开展。

问：现在森防站有多少人？

答：我们市一级森防站就是3个人编制。都到位。因为是新成立的地级市，编制压得很紧，人都不够用。像××市他们独立出来，有20几个人，××地区都有10个人，像我们××区森防站是今年刚批的，现在编制都有4个人。我们市局里只有3个人，1996年到现在一直是3个人。现在去办证大厅的2个是借用人家其他部门的，市局统一调配。

问：在人不够用的情况下你们要开展工作怎么做？

答：那只能是联合了。比如3个区以前几年都没成立，最近这2~3年才成立这个机构，原来都是派1~2个人在那里兼顾，比如种苗站的在那里兼顾这个工作，他不是专职。所以说我们的工作开展很被动，干了二十几年森防工作体会到这个。你说国家不重视嘛他又出了几个条例，原来我们国家搞了那么多病虫害检疫对象，就是我们不太重视这个检疫也是一个问题。你说那个美国白蛾是杂食性，什么东西都吃，不是我们国家的，是从外地传进来的。这几年广东湿地松粉蚧前几年也传到我们这里来，有人在美国看到人家湿地松长得那么好，就偷偷拿了一个芽回来，好像原来它有煤烟病，偷偷经过海关没有检疫，带到广东台山那个种子园嫁接就传来了，后来就得了这个病。后来广东搞这个湿地松粉蚧、松突圆蚧、松材线虫3个病虫治理，国家林业局搞了十几个亿给他。前几年湿地松粉蚧传到我们这里来了，先到玉林，然后就到我们这里，这个湿地松后来陆陆续续也砍掉了，它就没有寄主了。不过湿地松粉蚧是影响一点生长期速度，不是毁灭性的，一阵子就过去了。全部搞过了如果说有益虫就是寄生蜂，那个小蜂，它也自己控制。××县现在是松材线虫，松材线虫我国最早是在江苏南京中山陵那里有，从日本那里搞过来的，后来搞来搞去又到香港，好像是圣诞节用松树来扎那个圣诞花环，过了圣诞不要就丢掉了，搞得20世纪90年代香港一棵松树都没有了。按照我们森防部门讲松材线虫是松树癌症，传到广东，搞得广东松树现在也没有了。后来传到我们这里，我们××地区这2年也有（**知识：森林病虫害防治、植物检疫**）。

问：作为站长，在最近工作的这几年里，有没有什么让您感觉到比较满意、成功的事例？请给我们详细地描述一下经过，举3个事例。

答：比较成功的事例是我们的业务了。第一个，前5、6年自治区森防站布置搞林业有害生物调查，这是我们业务。我们技术员一般搞业务积极性都比较好、比较高，叫我去搞那个行政工作我是不太乐意。那一年开展这项工作以后，我把工作布置得井井有条，也抓得比较紧。首先我们就如何培训、培训以后怎么开展等制定了一套方案，成立了一套包括领导机构、检验员在内的普查队，技术员抽调，那时候都是我主持的，后来的工作就按部就班照这个模式来做（**素质：条理性；能力：计划组织能力**）。我们××市辖区不大，2个市县3区，说老实话就是3个县森林面积，不多也就几百万亩。我就针对几个重大的顽疾，比如马尾松毛虫的分布，当时就成立3个专业队伍，十几个人分成3组，当时技术也是我负责，普查以后搞出一整套东西。起码松毛虫我就摸清了它的分布规律，从海拔高度地域分布，划分成灾区、后发区、没有发生区，包括其他项目虫类动态情况，包括全市内有多少种病虫，我们也基本摸清了，做了这个基础工作对以后我们搞防治搞森防确实是有很大的好处（**能力：计划组织能力、林业有害生物调查监测能力**）。

问：当时你们是如何布点调查的？

答：当时是按1:10000的地形图上直接布点，按1公里范围布点，一下去就直奔那地方，拿1:10000的地形图去调查。比如去桂平西山布一个点，调查一份样地，按技术规程方案要求多少面积、多少棵树等。

问：你们在调查过程当中没有发现一些病虫害你们都不认识的？

答：有啊。当时不认识就采集标本回来，1个种类采10份，送到区森防站，森防站委托广西大学林学院进行鉴定，有些我们认识的就把标签贴上去，我们自己弄，搞了很多标本，这个工作提高了我们技术人员的技术水平（**能力：林业有害生物防治管理能力**）。关键就是当时感觉这个工作量比较大，还有我们林业方面包括这个技术、科技方面不太先进，比不上人家利用高科技的电脑什么的比较先进。我们都是靠两条腿，现在交通只能到山脚，爬山上去，海拔高的像平南海拔有800多米，平天山林场也有700多米，海拔200米、300米、500米各层次分布的虫，这个虫的种类，加上这个界于品种的虫，它的分布在哪个高度都有讲究的。比如松毛虫超过500米以后就很难有，不过这个松树它也长不好（**素质：奉献精神；能力：林业有害生物调查监测能力；知识：森林病虫害防治**）。

问：你们调查用什么仪器？

答：有功能比较简单的显微镜，像松材线虫病我们都可以搞，高倍显微镜我们有1台，但如果模糊看不清楚，就得到上级部门专家那里去鉴定，其他常见的那种虫害我们认得的（**能力：林业有害生物防治管理能力**）。

问：您认为您抓住了哪几个环节才确保了这项工作取得了成功？

答：我个人体会，第一个是全局考虑，整体规划，不留死角，起码我们的目的达到了。就是说你调查林业有害生物这个品种、数量在我们全市的分布，几百万亩啊，不说100%检完起码得做到70%~80%。了解了我们全市病虫害分布的现状，这对我们以后工作有针对性的（**能力：林业有害生物调查监测能力**）。这个市哪种虫比较多，进什么药物，以后就都可以有防治重点了。这锻炼了一批技术人员，提高了他们的业务水平。通过调查以后，发现××地区有这个虫害，也可以为领导提供信息吧，起码他对这个森防工作也比较重视了。说老实话，领导不重视哪一项工作都难开展，我深深体会了这个，不论哪项工作，加上你要有经费。当时我们局里也拿了一点钱出来，所以才能开展工作（**能力：沟**

通协调能力）。

第二个，我比较深刻的也就是这个松毛虫吧。我们老一辈都说那个白僵菌防治松毛虫比较好，20 世纪 50 年代直到 60 年代，现在还用，这个是比较经济有效的措施。但是白僵菌它一个是在比较低一点的温度繁殖，空气潮湿，空气中含水量 70% ~80% 的时候，它的孢子、菌丝繁殖比较好，所以当时这个结论大家公认。但有一年 5 月份在 ××林场，原来那个种子园采穗，××林场有一个国家级马尾松嫁接湿地松，采那个种子，后来叫做马苗优势。这个确实生长速度也比较快的，现在还在那里，每年我们国家林业局都有一点补助保护这个基因库。有一年到了 5 月份，刚好我们调查那个虫口密度，当时没放药之前，原来自治区森防站那个老站长他们说，4 月份以后就不太提倡用白僵菌灭虫啦。我就搞了一个试验，经过检验发现白僵菌质量不错，含孢量不错。当时到了 5 月份没放药之前，我们就调查几十个样木，买了个塑料盆装那个虫，记录笺、登记表都有，调查以后有了虫口密度，我们就喷白僵菌，用喷粉机超微量来喷的。刚好当时下过雨以后林地空气比较潮湿，我就抓紧时间喷完后，好几天都没下雨，下的话也是毛毛雨，不下大雨。再过二十几天后我们去调查，基本上 90% 多的马尾松松毛虫都掉地上了，它感染这个白僵菌后全身僵硬掉下来了。从这个现象中，我总结出一条：在工作中也不一定要墨守成规，但要根据具体情况具体分析，敢于创新。这个白僵菌是生物农药，对这个毛毛虫有专性的寄生性，对人畜无害的，所以这个比较经济，50 年代用到现在，推广使用这个确实有它的长处。当时的温度也不过是 20 ~30℃吧。通过这个试验，我们发现 4 月份以后，只要抓紧时间，用白僵菌灭虫也是可以的。可以说是我们的大胆尝试吧，对以后工作有一个指导性作用**（素质：敢为性；能力：调查研究能力、有害生物防治管理能力；知识：森林病虫害防治）**。

问：如果高温的时候有没有松毛虫危害？

答：有，更多呢。现在高温的时候基本上用 PT 粉，如果确实很严重，只能控制它不成害，只能补充用一点化学农药。但是我们上级森防部门，还有国家森防总站都不提倡。我们历来都不提倡使用化学农药，因为化学农药弊端很多，对这个树有毒。第二个影响就是那个鸟啊什么生物，闻到那气味鸟就飞走了。比如在大山 1 只鸟 1 天吃十几条松毛虫，用这个化学农药只能控制一时，马尾松毛虫在 ××地区 1 年发生 4 个次代，你防 1 个次代，时间长一点，5 ~7 月份又来 1 个次代，所以 1 年搞 4 个次代。我们搞森防都懂的，你搞 1 次化学防治只能得 1 个次代，如果搞得不彻底，1 条虫成熟化蛹变成蛾产卵，起码平均有 800 个卵，成活 50% 得有 400 条，这样由 1 条虫发展到下一代的 400 条，一旦这样很容易成灾**（能力：林业有害生物防治管理能力；知识：森林病虫害防治）**。马尾松毛虫在我们国家南方老一辈把它列为头号的，确实有他的道理。它繁殖量快，次代时间短，交替性、暴发性快，3 ~5 年大暴发一次。现在周期性还提前，如果你搞不好，2～3 年又发生一次。原来×××没去生态学院之前，他是厅森防站站长，1996 年我们市在××地区××水库那里差不多 10000 亩湿地松。那个厉害啊，地上掉下来的全是那个虫，树叶差不多全部被吃光了。有一年我们在××地区这边也发生过一次比较严重的，是局部不是全部林地，到 7、8 月树叶全部吃光，到 9 月份太阳又厉害，气温高，树容易枯死。大西有一年那地方松树一般都长在石头地，土壤比较浅薄，又没有下雨，得了这个虫害之后，树全部都死了。不过我们现在森防部门提出综合治理，提倡有效控制，就是不把虫全部消灭掉，这在生态上也不提倡。我们现在主要是控制低虫口水平，不让它大暴发泛滥成灾就可以了。松毛虫有时候可以人为控制它，总结出周期性，你可以预测到大概什么时候，它会积累到一定虫口密度就要暴发了，我们就可以通过施药等方法人为控制，加上我们营林处搞这个混交林也可以控制一下。

问：这个虫口密度你们是怎样调查的？

答：我们去现场林地里面随机抽样，拿样地、样本，四方的，或者是样带。要划分这一片林分基本是同一个林龄的，按照面积来，达到 35% 的样板这样的调查，所以我们一次调查的工作量也很大的，一边走一边调查到 30 棵样木(**能力：林业有害生物调查监测能力**)。虫口密度是按照调查的样木数算。是根据调查的样木数再推算，有计算公式的。还要按树龄，比如 10 年以下树龄，每棵树平均有 10 条虫，等级属于中等。每棵树有 10 条或多少条就振动它，摇它下来。掉下来有声响，它不会死的，掉下来它也爬。所以选样地不要选在草太高的地方，要选在草比较矮平、最好在有点光的地方。比如有松针枯枝落叶那种就可以了，那要是比较大的树，因为松树采伐年龄 20～30 多年那种比较大的，有 20～30 米高，就难搞了，你要有一定的力量才振得动。一般调查 10 年左右树龄比较小，一动它就掉下来。

第三个案例，最近 2～3 年调查桉树姬瘿赤小蜂，这个调查比较简单一点，不同那个种类比较多。桉树姬瘿赤小蜂只能寄生在桉树上，这个是补充检疫对象，国务院也公布了。广西被列为检疫对象，上面也布置了这个调查。我们先在地图上大概描述一下，点了一下大致区域，比如××地区有 8 个乡镇，哪个乡镇种有桉树的在哪个地方标注，面积有多少一定，要到那个地方抽样，抽样面积最低要达到 3%。进行调查时要看看有没有姬瘿赤小蜂，再查样，包括桉树其他病虫一起调查，采标本，回来后总结。我们在全市范围内进行了调查，成立有机构检疫队，后来我们就发现，当时调查的时候我们××市这个虫害还没有传进来。当时是××县最早发生，××林场也有，后来到××国家森林公园那里，其他地方没公布有。调查以后我们说我们市没有，报了材料，后来他们说你们去看看那窿缘桉(俗话称小叶桉)。我就去看，它这个比较明显，调查之前我就组织了人员，联系了林业厅××同志、3 个区加上几个林场的骨干 10 人去现场看。如果不看清楚、不认识它这个东西，回来你怎么查？当时没有交通工具，通过打报告审批。当时看了样板，姬瘿赤小蜂在树叶上结了一个疱疱的，所以说这个防治很难防。××集团1亩地搞了200多元那个药，都搞不清楚那虫。因为姬瘿赤小蜂一钻进那叶有一个疱药进不去。这棵树一有了以后，就变成松枝状，特别是树小的时候，没有高生长，切枝。一枝大概有十几株这样出来，小小的像钓鱼竿这样，大的树就是叶子那里有一个疱疱。我们看准这个病状以后，回来就调查，发现我们这边没有，这个窿缘桉有，应该是最早的寄主，我们去查了一下。因为能力有限，没有全市看完这个小叶桉，它分布不太多了，后来发展都是速丰桉多。过了2~3年，姬瘿赤小蜂就传进我们这里，我第一个发现在××地区，后来又到××区，再后来到××区。我就向省厅报告，××同志他也来了，到工作站以后我带他去，××林场承包的树感染了被砍了，大树它不成灾。通过调查以后总结有点体会，当时没进来我们就下了一个结论报给区森防站："××市备了案，××市没发生。"结果2~3年后就进来了，所以这个也不能掉以轻心(**素质：责任意识；能力：林业有害生物调查监测能力、林业植物检疫能力、林业有害生物预测预报能力**)。

问：您认为是怎么进来的?

答：这个不太懂了，一个有可能通过台风传播：风媒；二个是运输，因为前几年××地区厂多，卖得价格高，四面八方从外地运回来，这又出现了一个问题，我们检疫方面没做到家。这个毕竟当时××区机构没有成立，3个区都没有，我们市里面只有2、3个人，能力有限。广西政府批准的木材检查站我们××市没有，广西批准的在路上可以检疫那种植物检疫站我们这儿基本上也没有，你上去就违法了。我们检疫员在木材厂、飞机场、火车站执行检疫任务可以，但不能在路上，所以这个带进来，这个方面也是一个吸取教训。就是说从其他方面尽量杜绝危险病虫传进我们市保证森林资源安全。

问：请您谈谈您的工作经历中做得不太理想的或者有一点遗憾的事例。

答：这个也有，因为我们这里的松材线虫病是我感到比较遗憾的。为什么?当时我们也做这个工作，包括每年布置2次普查。调查这个松材线虫4月1次、10月1次，上山采样回来，1棵树木顶、中间、树根三个圆盘是标准采的，调查死了多少棵松树都有。但是我们每年都做这个工作，最终松材线虫病还是出现，现在××、××这些地方有这个，早2年在××地区比较多，××也有，我们××地区基本上控制住了。自治区领导也比较重视，区森防站给了点钱加上市里面的，现在我们承包给林科院那个森保所检验，一有材料我们就报给他。当时我们每年都开展这方面的调查，比如去加工木厂、电力部门、电信部门、商店等，查那些包装材料、玻璃、电线的木心等等。专门通知电力、电信通信部门来我们这里开会，专程说这些东西进来都要报给我们林业部门，包括包装材料，比如捆电线的木盘这些，都要报给我们，但最终还是控制不了。工作我们是做了，查不出原因，后来不知道哪个部门、哪个地方、哪个环节出了问题，我们最怕这个虫进来，偏偏它就进来(**能力：林业有害生物调查监测能力、植物检疫能力**)。我们国家现在确实对这个松材线虫束手无策，因为虫进去以后搞坏树的导管，破坏树木输送养分、水分，按照适保水来讲输送渠道被破坏以后树才死的。现在防治只能采用打针，松材线虫是通过天牛传播的，这个天牛它可以飞，补充一次养分可以飞到100公里以外，也有可能当时带进来，或者其他材料上带着这个线虫的卵，比如松科植物。天牛本身就有线虫，因为松墨天牛钻进树等木质部里面，天牛也是钻这个洞在里面，特别是腐朽于1~2年的，有的生的也钻，钻后就附在它身上，它就靠这个传播。这个线虫得靠400倍的显微镜才能看见，肉眼是看不见的，非常细小。所以这个东西我感觉到防不胜防，这方面的防治我感觉失败了[**(欠缺)能力：林业有害生物防治管理能力**]。这个松材线虫是松树的癌症的，一传播开这个松树全完了。最早从日本传过来的，前几年在北京机场包装机械过来时检出来了，全部烧掉了，这个检验不严格。它本身就钻在木材里面。所以这个东西我工作也干得辛苦，花费了不少人力、财力，最终也没防住。

问：您认为是哪个环节出了问题呢?

答：环节方面就不太好说，有自然因素，风啊，天牛飞来，再有一个方面是检疫执法力度还不够吧。也很难说，有的半夜三更运进来你也没办法卡到他(**能力：行政执法能力**)。有的进那种建筑材料或者是其他，前2年重庆从浙江进那种电缆也检出松材线虫，国家都通报了。

松材线虫经过高温以后还检出有活的，生命力非常强，有的经过喷青、高温、覆盖处理1个小时都不死。室外处理有很多种方法的。松材线虫危害松科植物，罗汉松也会，没有这种就搞其他的，像人一样好吃的先吃，不好吃的后吃，饿了就吃。原来那个松毛虫只吃马尾松，后来湿地松它也吃，吃湿地松那个虫更大。当时我做站长，市里面拨了10000元给我做防治松毛虫的，我发动群众人工捉，捉到那虫收购8角钱一斤(**能力：宣传发动能力**)。后来在湿地松上，那湿地松2米高，那虫个又大，因为那松针粗壮它吃得多，如果有马尾松它首先吃马尾松。后来原区森防站站长庞正轰总结出黄色松毛虫对药物比较敏感，黑色的松毛虫生命力特强。他写了一篇文章，我也有同感，他也来这里，××林场10000亩在××那里，我带他去看群众捡回来的。那时刚好是插田的时候，群众光着脚板踩到松毛虫脚都肿，影响群众生活，这也是一个失败吧。松毛虫虫灾大暴发时，给的措施不太好。

问：这是一个事例，还有其他的吗?

答：其他方面，我感觉到开展工作人员太少，政府应该多多支持我们的工作吧。毕竟是现在搞绿满八桂，保持生态，森林是生态系统的主体，森防是植物的医生，新塘那里10000亩都给松毛虫吃光了，叶子吃光了虫掉下来，群众踩松毛虫脚都肿，影响群众生活，吃完它就死了，它要等老虫化蛹变成蛾才迁过去。如果是幼虫爬不了多远，没得吃了它就死，这个是自然控制。松毛虫发生有个周期性，大发生后把叶吃光了，它就死掉，就自然控制它的数量。死了一部分，到12月中你不注意防治就容易大发生（**能力：林业有害生物防治管理能力**）。现在我们编制少，经费投入也是不太大。我们市局森防这块经费经统计都有几十万，三七廉政制，起码保证我们3个人的工资每年都要18万。几十万包括招个工在里面，包括野外调查、生活补贴等，但是远远不够。不过我们的检疫费是不错的。

问：检疫费是按什么标准收？

答：国家有规定的，1987年的文件规定按物价总值的千分之二。

问：1987年文件那么老了还没调？

答：是呀，没有调，没有新的出来。没有办法，其他费用取消了，说明国家还是比较重视检疫，就是能增加多点编制，工作好开展点。

问：在市局里面您认为要配多少个编比较合适？

答：我认为7~8个比较好，像人家桂林二十几个，玉林10个。如果独立出来7~8个还不够。办证大厅起码要2个，正、副站长搞了2个，森防部门报表很多要1个。月报、季度报、半年报、年报，包括年度目标管理检查一大堆，还有中途专项调查，只要有一个新病种都要调查。平时正常的这个松材线虫一年要开展2次调查，加上调查的、搞预测预报的，加上检疫的，包括种苗的方面我们也要到产地检疫，有病虫的不能上山造林，影响群众积极性。所以说很多工作要开展的。包括调运检疫，那个木材检查站它主要搞运输证，但林业厅原来有规定，没有办检疫证之前不给开运输证，具体操作的人不管这个。我是说森防部门是一个技术比较专业的部门，要有一定专业知识背景的人才能干这个工作。你调查这个虫，首先要认得这个虫。第二，松毛虫看它是多少龄，虫口密度：轻、中、重要分得出来，加上你要讲得出一套理论还有模式，再到防治，什么时候防治最好，就是一龄、二龄的时候幼小你要控制这个，结合这个气候条件（**知识：森林病虫害防治、植物检疫**），很多知识面，我认为专业性比较强。现在林业局的工作哪项我都可以搞，不是吹牛（**素质：自信心**），但是这个森防工作随便进你就搞不了。现在搞那个显微镜镜检一大套，真正做起来很多工作的。这是国务院部门做得比较好的。

经费方面，每一项专项调查，比如每年的姬瘿赤小蜂普查，给我们8万~10万，我们再出一点十几万搞一个调查，保证这个交通、人员伙食补助、野外补助。野外补助我们现在都不按林业厅那个，林业厅那个比较高，我们财政不给，我们下3区的只能按每天20元的标准来给，××、××地区是每天40元。如果上面来了一个项目配套资金基本到位，我们一样配套，因为上面有钱就可以了，上面有配套我们就有配套。

问：是财政配过来的吗，还是从你们几十万里面？

答：应该也是从我们这个里面出的。你要用要打报告批准后才能拿回来这个意思，保证人员经费是比较重要的。还有时间的保证，去年我去当1年农村工作指导员，到村里面去指导工作，那个村离××镇20公里，没有班车通的，以前都是开摩托车去的，现在搞了那路才开了汽车进去。我去当农村工作指导员后，自己手头的这块工作有时间就回来做，抽空回来接一下，时间就没有那么多了。现在搞清理资产，又抽我去，我们林业是成员单位，纪检、组织部、财政局、审计局、土地局、水利局、农业局、民政局等10个部门，10个部门每个单位抽1个，纪委抽2个，农业局抽4个。计划搞到明年4月，明天又要下乡，今天下午溜回来，上午还在那里上班。

问：谈得挺好的，非常感谢您的配合，谢谢！

案 例 三

受访者：辽宁省×××站长

问：请您简要介绍一下您的学习经历和工作经历。

答：我是××年入××林校，学森保专业4年。××年参加工作，分配到××县林业局，在××县工作了大半年，然后，借调到县林业局，在××又工作了1年，然后就是恢复到本专业到森保站。当时全县选拔32名后备干部，我就到乡镇挂职当了1年副书记。回来之后，县里要求在底下基层待着，继续当书记。但是我比较内向，就是乡镇那个东西，搞行政不太适合我，我就是要求回来了，还回到本局。我受×老师影响比较大吧，这位老师不希望我改行，老一直让我干森保，我也就把这一行当事业干了。你要是说事业心吧，这方面也有，我是学这个的，一直不想放弃。然后，应该在2000年左右提了个副站长，一直抓业务，一直到2006年我当了站长。我爱好森保，另外自己也比较敬业，尤其是在业务这方面，宁可辛苦点，但干活都是踏踏实实的，这一点省里比较认可**（基本信息）**。

问：您参加过函授学习吗？

答：当时参加成人高考，报考××林业大学，当年没够上本科班的分数线，老师给我推荐，上了××农业大学，函授3年。××年毕业，学的还是林学**（基本信息）**。我的老师特别敬业，影响了很多学生。我从事森保这个专业能坚持这么多年，跟老师也有很大的关系。我当时想调动，他甚至会来局里来告诉你，你不许走噢，老师不乐意让你走，你得干这个。我干这一行这么多年，也积累了一定的经验，应付这个工作还是可以的。对这一行我也挺感兴趣，你像我搞分类时，那夏天那么热，就在屋里、身上闷热，我能坐住。

问：您的主要工作职责有哪些？

答：我是一把手，主要职责就是抓全面，主要业务一个是测报、预测、预报、检疫，每年还有防治任务，还有外来林业生物的监测。现在这几年，外来物种在国内一个新物种出现多，另外是传播速度也快。我们现在就是重点检测松杉线虫病**（岗位职责信息）**。现在重点的工作转移到检测上，搞预测预报，这个方面比较重要。细致工作也不少，比如每年开春了我就搞个检测，这几年的杨树，去年忙2个多月。这几年造林部门大力发展纯林，追求树的增长，追求经济效益。这个后果可能不光××县，其他的县区也是，从2006年、2009年到去年，这3年都是病虫大暴发，树苗砍不少。去年经我手20500立方米，今年开春这也是个重点工作，它直接涉及老百姓的经济利益。现在我一上班，走廊里呼一下，都是老百姓等着你解决问题，要求我们搞鉴定。但是这个东西不是我们一个部门能完成的。我们局这2年处理得都非常好，林政管理部门牵头，甚至都变成我牵头了，组织林政、设计、经营几个部门共同去勘察，然后作出鉴定，给老百姓做解释（**能力：计划组织能力**），要不老百姓不理解，他有病他来找你，过10天半个月那个人又来找你，你不能不给解决（**素质：责任意识、群众意识**）。当时追求速生杨，他们就栽了那种杨树，其实应该是适地适树，现在没做到那点。有些品种比如07、108，长得是挺大，一年的生长量挺高，但是它的抗病抗寒能力比较差，经过几年之后，病虫害问题凸现出来了。

当时大量的营造纯林，还密植，老百姓认为能多得，实际它的概念都不对。单位面积上这个合理的株数应该是差不多的，2(m)×2(m)，2(m)×1.5(m)的我都看见过。我要求最低达到1(m)×4(m)，我说你要大径材达到6(m)×6(m)，他那更达不到，4(m)×5(m)都不错了，一般的正常能达到4(m)×4(m)。他都不知道密植了到最后出不来这么多材，我都搞过专门的调研。老百姓这几年也逐渐接受了，我们跟他们接触多了逐渐就改变他们的想法了，基本也就是按4×4的标准做（**素质：群众意识；能力：技术推广与技术服务能力**）。

问：还有没有其他的成功案例？

答：另外检疫这方面有执法车，我个人认为主要还是为了老百姓。我们的工作主要是服务性的、公益性的，这方面占的比重比较大。从造林这方面来说，我们森防的科研性质比较强。其他部门你看征收、园林就按政策执行，批或者不批你就完事了。森保这一块，从苗木栽植一直到成材，很多都要涉及我们森防这一领域，就像一个孩子长大今天感冒了，明天得肺炎了，你得给他治病。其他造林，我就只管造林就完事了，人家砍伐我就只管砍伐，中间这个环节扔给我们了。从我们的职能来说，不能说上面要求，毕竟老百姓来找你了，咱也得做（**素质：责任意识**）。咱说老百姓，也考虑造林户，得把他们的经济利益放第一位，管好大户小户都不太容易。本身一涉及病虫害之后，第一个损失的就是经济利益，所以说我们这几年工作，遇到问题能在我们能力范围内解决的都给解决（**素质：服务群众意识**）。

问：您刚才说这几年追求纯林，出现了病虫害问题，上班有一堆人找您，遇到这个问题你是怎么做的？

答：老百姓都急着盼着把树砍了，另外随着病情的发展，他的树逐渐枯萎直到死亡，树干原来可能值100万（元）的，就不那么值钱了。

问：那怎么不治呢？

答：有些治不了了，已经是不行了。咱们举个不恰当的例子，就想癌症晚期，它已经不行了，老百姓自己也意识到了。但我们从鉴定这一角度来说，也就是能挽救的就尽量挽救，就是通过打药等措施，能扭转的尽量扭转（**能力：林业有害生物防治管理能力**)。现在的杨树品种，比较难的一点就是有些东西很难保留下来，这就涉及砍伐，砍伐就涉及砍伐指标的问题，非常麻烦。有的可能你的砍伐年龄够了，但是受指标限制不能动，有的呢是虽然你想砍它但是它没够年头，不够那个审批条件，这就需要我们出面了。

问：遇到这种情况你们怎么处理？

答：这就需要我们去协调。我们把这个经过，调查各项因子，他的胸径、树高、生长年龄、属不属于林等基本概况掌握清楚之后，对他的病虫害现状进行分析。有几种情况，一种是需要治的，能保留的，告诉老百姓用什么药；第二种是不行的，需要砍伐的，做一个设计方案给他，这就得分析感病的株立有多少立了，分析发病程度。调查完事之后进行汇总，然后经市里、省里讨论，争取砍伐指标；第三种是把重的清理了，把好的保留。就是分几种情况，尽量采取最恰当的处理方法，尽最大努力减少老百姓的经济损失，保留我们的造林成果**(能力：沟通协调能力、林业有害生物调查监测能力、林业有害生物防治管理能力)**。这样做完之后，老百姓挺满意，这几年就我们局长也非常高兴。老百姓最开始都上访找到局长、到县政府闹，最后经过我们做工作妥善处理了，我们局长、主管局长、县里都非常高兴。我们有时候开会都特意点森保站的工作。这几年我们没有造成群访事件，有问题就地处理，即使有时老百姓去找也说不清到底怎么回事，经过我们的工作，都处理得很好，把矛盾化解了**(素质：追求胜任取向；能力：化解矛盾冲突能力)**。

问：这样处理后您有什么体会？

答：我们这个森保站的工作比较累，就是特别要求，老百姓种的林子发生少量的虫害还行，要是大面积，数量太多的时候我们就都得加班。我呢，晚上有时候在站里，整夜整宿地做那些材料，就是希望快点给他报上去，给老百姓解决这个问题**(素质：责任意识、服务群众意识、奉献精神)**。从我的认识来说，咱们造林这方面原则上引进的品种应该不唯一，说老实话，应该遵循适地适树原则。有的造林造完了不管了，但我们的工作有跟踪检疫这一项任务，出现问题老百姓找我们，有的甚至是一些其他方面的，不一定是我们业务范畴内的事儿，他们也来找我们。从俺们森林病虫害保护来讲，我们也尽量想办法解决。所以说每年我们都下乡，能帮助老百姓解决的问题我们都给解决了，能回答了的就回答，回答不了的也帮着问问其他专家什么的。有时候老百姓会给我打电话，他们生产的过程中遇到很多事情都想要问你**(素质：服务群众意识)**。

问：这件事儿谈得挺好的，再想两个成功事例，具体讲一讲您在里边怎么做的、怎么想的。

答：我大致说说防治，像我们××县每年的主要防治任务就是美国白蛾、日本松干蚧，省里每年也给我一定的经济投入，比如防治费什么的，也包括中央财政，我自己在县里呢也能争取一部分**(能力：沟通协调能力)**。但是美国白蛾、日本松干蚧这类虫害防治难度比较大。美国白蛾属于外来物种，它的繁殖率特别高，它的栖息环境是边角旮旯、脏的地方。另外从组织上来说，也不太容易，这个我一直挺头痛的，每年我都找到局长、县长。县上我们每年都参加县政府组织召开的会议讨论。以前县政府成立过美国白蛾防治指挥部，现在叫防治危险性危害森林生物指挥部，以指挥部的名义下文件、下通知。但是我们就是再努力，消灭虫害这个问题涉及每个乡镇、相关的单位，甚至企业，真正把这个事落实去做的很少。到乡镇那块的时候像山区还比较好点，山区有林业站还有护林员、监管员，还有点秩序，我们每年给他发放一些药，他们自己有时也能组织，要不开展这个工作非常难。比如我们每年跟交通局打交道，都得三番五次地去协调（**能力：沟通协调能力、林业有害生物预防管理能力**）。

问：都遇到了哪些困难？

答：我每年都会和我们的主管局长、办案局长保持联系，我这儿电话、联系方式都有，有时能聚到一块沟通沟通感情，无论是与公与私吧都加强联系，中心思想也就是为了加强工作，和他们协商怎么灭除虫害的问题（**能力：沟通协调能力**）。比如说交通这一块，我每年都督促他们，他们也大致防，但是他们用的方法和打药方式和我的要求就是有差距，因为不专业，所以具体实施的时候不太到位，有时候甚至达不到我的要求。我这边就组织人补救一下，我都不敢告诉他们。为什么呢？你要告诉他们，他们就有依赖性了，他们就不防了。他们会觉得反正你也会帮我打，所以我这边组织完，帮人把活干了，不敢跟人说（**素质：责任意识；能力：林业有害生物防治管理能力、沟通协调能力**）。也有好的，我跟园林处的处长，关系都是不错的，他基本就是按照我的要求，我们每年都去指导，他们干得就不错。但是这毕竟是少有的个例，多数还不行。到乡镇，镇长一把手、党委书记，他根本就不把你那个工作放在他那个重要事上。比如今年，我们那个县长下个文件，其中有一条是加强领导。我也强调了一下乡镇长在没虫害这件事上是第一责任，对这项工作要引起重视。但实际上也达不到那个程度，到时候他们一推。如果我们这边抓得紧了，好，他们也就去防一防。

另外1994年大灾害发生，要想把病虫害从大面积上消除是非常麻烦的。现在我也知道，客观规律根本就是消灭不了的，所以灭虫害要从源头上抓起。我开现场会的时候也会给他们说，县长亲自参加，但现在这种意识也逐渐淡了，他们也不是特别重视，不像以前了对工作热情那么高了。

问：但是您还是希望做些什么来推动这项工作，是吗？您看您还组织人手偷偷帮他们干活，或者是好好处理关系让他们能配合工作等等。

答：对对对，因为对我来说，这事儿就像自家事似的，像是给自己干似的。我总觉得这项工作必须得做好，本身现这个林业大环境就是强调生态建设，另外我负责这块，必须得做好（**素质：责任意识**）。加上省里每年考核也挺严的，这项工作也是一项考核指标，也检查。谁都要个脸面，这工作做得不好，自己也觉得不得劲。对病虫害的监控那个其实也把有效生物控制到一个经济允许范围就行，你不可能给把它从地球消灭了，那个违反客观规律，这个东西其实我挺头痛的。我每天头痛，因为防治病虫害涉及大量的人力物力，经济投入相当大，还涉及很多部门，比如高速公路，有些领域他们治不到位，你还得帮他。所以说每年我都跟政府工作室的主任，那几个小伙，加强联系，搞熟关系。我都是为了让他们在这个方面引起重视，做好工作。我当时申请政府工作室派的俩小兵跟我去乡镇去检查，实际我也是希望通过这一举措，让政府对这项工作引起重视。我采取的措施也不少，但是，这工作也不算特理想，就是尽量吧，尽最大可能去做吧（**素质：责任意识；能力：沟通协调能力**）。我这项工作从交差上来说是可以了。每年经过大伙这么费劲地去奔走、努力，我们的病虫害按照省市下的那个要求，基本已经达到目标了，任务基本完成了，但是从我那个心理预设的目标，还是有差距。

问：您是不是对自己标准高了？

答：不说追求完美吧，谁做工作都想漂亮地把工作做好，都希望自己干的这摊工作谁来检查都能肯定、赞誉，谁都不希望自己负责的工作别人来一看，提好多批评意见，说这事儿怎么干成这样了，应该怎么怎么的（**素质：追求胜任取向**）。

问：再想一想还有其他的成功案例吗？尤其是那些经过您个人努力，把事儿办成了，您感到挺骄傲的。

答：我觉着我在林校学习4年，刚毕业那会儿事业心特别强，怎么说呢？就是年轻气盛吧，上哪个单位都想做出一番事业来。但当时刚毕业，挺年轻的，思想上还比较幼稚，有些想法在实际工作中做不现实，和社会有点不接轨似的，后来也是磨合了一阵。比如当时表现在言语上来说，老爱发表自己的观点，甚至很多事不知道社会那个复杂性，这里边为什么人家领导或者是其他同事他们要绕着走？这都有他们的道理，但是我一开始不明白，有点挫败感，但是经过了5~6年之后，逐渐就明白了。但我这个人的性格以前有点内向，不是那么太善于表达。另外一个，从思想上来说，当时年轻人也比较单纯，不考虑那些方面，只考虑工作，从工作角度考虑问题。当时我的领导也比较欣赏我这点吧，就像给他当秘书似的，不光做森保工作，下乡就把我带着，所以造林呀这些方面我全都跟着人家跑过。那时候我底子还行，工作还能应付。我的工作作风比较踏实，没有虚浮那个东西，所以说领导挺喜欢我的（**素质：追求胜任取向**）。局里一直叫我到森保站，当时我们领导都不希望我来，一直就想让我干点什么。另外我当时学这个专业，受老师影响比较大，一直就想做这个专业，像一般人谁能爱，在局里办公室甚至派出所，谁能乐意出来呀。但我一直就想干这行，就想争取做自己的专业。老局长一直不放我，后来我上他家去，就是晚上磨去。

我就说我还想回森保站，他就说我一顿。他说你信大哥话，这是一次机会，你要是回去了，这次机会就没了。我这个人不会喝酒，官场上那些言谈也不太会，我不太喜好搞行政，本身林校出来的，也谈不上遗憾。憋一年，后来他放我了**（素质：事业心；能力：沟通协调能力）**。原来那个站长姓×也是我们林校毕业的，他也一直要我，在局里也老说。原来站里人也不少，10多个人呢，但是没有搞森保专业的，他也想选拔一个，有个帮手。我接下森保站的任务之后，基本就是自己干。这些年虽然我们站里人也不少，但是学林出身的少，综合素质不太理想，这个问题省里也知道。现在的毕业生就是简单让写个材料他都不会，所以说有些工作你就累。你看我们毕业的时候，领导让做一些事都诚惶诚恐的，就怕做不好，甚至说白天怕做不好晚上再加班什么的。现在这个年轻人没有这个主动劲，也没有这个心理。在办公室，你去看，他一天打开电脑看新闻看点什么的，也不说先把这个办公环境打扫得利利整整的，把这环境处理好，没有。再有，真正干活的人，坐下来研究工作的人1/3都不到。另外现在这个社会风气也不好，有很多年轻人，他不能像我们似的，踏踏实实地先把工作做好，让领导从工作上、从做人上认可我，把我选拔上去。现在可不是，现在都想着旁门左道把自己弄上去。另外追求也不同，不是把这个行业当成是爱好，而是糊弄一天是一天。你看我今年40多岁，我有时候闲的时候还能看一些书呢，没有事自己看一看，研究点什么，看点东西**（能力：学习能力）**，现在的年轻人哪有看这个东西的。

现在这个社会吧就是，多元化也复杂，作为一个部门的负责人得考虑很多事情，不光是自己工作上的，其他的都得考虑，主要问题是造林、管病、协调关系，都得搞好，有些时候有时也挺乏的，也挺累的。能把工作正常开展了，把工作维持稳定了，不出其他问题，我觉得已经很不错了。就说我们县森保站，在区里局长为什么对我们的评价那么高？因为我们工作上从来没出现过漏洞，没有让局长难堪，替我们操过心，从来没有**（素质：追求胜任取向、责任心）**。另外从我这个部门，从来没有乱过套，就是让人家在背后说这说那的，没有大家都挺团结的**（能力：团队领导能力）**。所以说我这几年，最近这1~2年，有时也觉着干着累了，甚至局里有人事调整时，也一直没调整过来，也合计这个部门我走就很难有合适的人了，我们局里没有森保专业的。我们县里有要求，你正职满6年了就交流，但是局里学林业少，一直没有合适的人选。

问：你们搞检疫涉及执法问题，尤其是苗圃每年搞产地检疫涉及收费，有没有不愿意交的？这个问题怎么处理？

答：对是这样。最开始他也不配合，那怎么办呀？不配合咱也想招呀。就是跟他们把这个利害关系给他说明白，你要出现问题或者你需要开证的时候我们肯定不给你开。每年他们搞工程绿化的时候，也需要我们出检疫证明**（能力：行政执法能力）**。另外一个，他搞育苗的肯定得遇到病虫害方面的问题，他还真不太懂，是不得找我们？我这几年基本还能应付了，一些常见的问题就那些(**能力：植物检疫能力**)。再有，我平常就经常和他们在一块儿，沟通沟通，你查完病虫害之后，忙了大半天，在哪找个地方吃点饭聊聊，这样一来二去的感情不也加深了嘛。这个过程也得持续个2、3年以后，彼此都熟了。他那边有事了打个电话，我这边就过去了，这不感情也加深了嘛。还有，他这个苗木转型，现在绿化搞得特别多，所以要从原来搞造林苗木转为搞绿化苗木，这进进出出涉及很多证，也想和我们搞好关系。最开始我或者是检疫员去，去一趟白跑一趟，不搭理你，找各种理由搪塞你。但是这几年这个矛盾基本上淡化下来了，现在有点感情了，过年过节我们之间还走动走动呢，所以说我们现在检疫工作就没有什么难度了(**能力：沟通协调能力**)。但是也得说关系好归关系好，如果发现违反了检疫方面的规定，有些时候你也得拉下脸来，法律这东西我说的也不好使，咱们必须执行，因为本身我们就要遵守检疫权执行检疫条例呀，也有不配合的。总体来说，这几年还行(**能力：行政执法能力**)。

问：遇到不配合的怎么办?

答：那我们就采取措施嘛。我先告诉执法同志不能急眼，咱们一个白脸一个红脸，他们唱红脸，我就配合。有时我就吓唬他们，我说那能行吗？能好使吗？最低也得5000元。他一听，我这头告诉收5000元，最后检疫员收他2000元，他一看领导要收5000，检疫员对他不错了，还挺体谅他，就乖乖把钱交了，这个检疫工作做好了(**能力：行政执法能力**)。这2年我基本上不用怎么亲自下去，这几个检疫员能把工作开展了。有些东西得自己琢磨，你要是光按照书本上教的，按照法律条文，现在这个社会很难捋顺，人家也不配合你。中国这个国情就是得把人情啊各个方面的问题都考虑到。现在就挺好的，我们每年去检疫就很正常。我们上他们那也抽查苗木有没有染病的，检验看看苗木质量怎么样，不能说棵棵到，但基本上都得看一遍。我们最大的苗圃有2500多亩，那你也得自己带着检疫员去，把各项都做到(**素质：责任心；能力：植物检疫能力**)。这个每年春季检疫都是有要求的，必须要做的。主要是掌握苗木，知道咱们县里当年苗木的种类、产量、质量，把握大体的流向，查看一下有没有害虫之类的(**能力：植物检疫能力**)。现在我们配合得都挺好，检疫员去了老百姓都不让回来，都让吃完饭再回来。我们也帮着解决些问题，比如看看有什么病怎么治，你得告诉他，有些特殊的我没办法，比如栽植过程中出现的问题，这个我就不是特别懂。但是有些问题可能是我前2年遇到过的，那我去了就知道怎么解决了，今年同样的问题他找我了，我就告诉他怎么解决(**素质：群众意识；能力：技术推广与技术服务能力**)。尽量成人之美，老百姓不论是造林还是育苗都不易，能解决尽量解决(**素质：群众意识**)。

有些很不起眼的问题，你多替老百姓想，多帮他们办点事儿也是好的。比如栽树，咱现在砍伐，迅速帮老百姓把证办下来，这还能卖100万。你要是推到

2个月、3个月之后，到夏天之后，可能20万都不值，就差这么多。那时候老百姓辛辛苦苦栽的树都成朽了，不值了，都成大柴之后谁要呀，没人买了。这2年，眼瞅着不行的树，濒死的树，咱也坚持一下就给他处理掉，不处理过几天还死，最后还是留不住，老百姓损失可大了。这个老百姓吧，因为他那个素质参差不齐咱不能挑他。我们××、××地区，尤其是坝两边有时候呼一大群人呀，那说啥的都有，咱也不能挑他，就做做工作，尽量帮他们把问题解决了（**素质：群众意识**）。我觉着这几年我们的工作总体来说做得还是不错的，老百姓比较认可，包括跟乡镇的林业站站长，也都挺不错的（**素质：追求胜任取向**）。现在省里对我们要求可严了，非常规范，按照省里说的我们尽力去做呀，也是对上能交代得了（**素质：责任意识**）。

咱们这也谈不上行政部门，有时候协调部门内部的事，另外和财政等其他部门也都得联系，你要不联系的话，你这个部门生存不了（**能力：沟通协调能力**）。这一把手的活跟副的就不一样，你看我当副站长的时候，基本上搞业务就行，其他的都不管。我现在有的时候乏了甚至想换一个轻巧的部门，不怎么累的，森保站在林业行业中还是比较累的。这个部门技术的东西太多，每天就光搞测报就得付出多少。你可能从报表上看就是那么一个简单的数据，今年预发生什么、到什么程度、测达将会达到什么程度。但是你可知道上报一个简单的数据我们得付出多大的劳动，我们得跑多少个地块、多少个乡镇，去调查摸索，根据现场观察这个情况，这样以后，才能总结今年能达到一个什么程度，才能上报数据。为这一个数据可能跑1天 、3天还可能是1个多礼拜（**能力：林业有害生物预测预报能力、林业有害生物调查监测能力**）。

咱们做测报就必须得拿出和事实贴近依据的，挺累的。你像我今年就是在做红松树检测，你说我跑到山区，得跑半天，从我们县城到山区这一趟就是小半天，转一圈一个乡镇你得花上一天两天的，十多个乡镇你得花多长时间？非常辛苦。森保站做这些工作都是技术上的，不像别的部门有闪光点。我们森保站就是默默地工作，根本体现不出什么。你不像防火，赶紧的大伙那地方着火了，现场来个重视，把这人抓起来或者是加强保护，咱们他没有那个东西。我们这工作做好了大家以为根本就是这样，做不好了，大家从下至上都得说你，这是你的责任呀。我们的工作都有考核，你保护那个地段，你要不报，一旦发生什么疫情，最厉害的处罚是开除，一般的就是扣3%的工资，得从方方面面吧加强监测。那么大的面积，200多万亩呢，就是靠我们这几个人，也监护不到，所以得加强监护（**素质：奉献精神，责任意识**）。

这么多年有很多事也是挺难的，就是说自己克服，你要说具体的、突出的，什么轰轰烈烈的也不好找，但是就是说把一些集中的凸出的问题，我们想办法采取最好的方式处理了就挺好了，自己辛苦点也没啥。我们处理不好局长县长他也难过，老百姓不上我这闹嘛（**素质：责任意识**）。作为一个部门的，纵向的，从国家局、省局到市局这都是我们的领导，都有各项要求；横向的呢，我这个部门需要生存，底下呢还有老百姓。你老百姓来，就算你是光脚进来的，我都正常接待，你提出什么问题，在我能力范围内我能给你解决的尽量给你解决(**素质：群众意识**)。

问：能有这样的事例吗？比如哪个老百姓特难缠的？

答：有，我给你举个例子。你像我们那有个叫××镇的，有姓×的一个老爷子，我们林业局跟他也打过交道。他在河滩上栽了一片地，好像和当地政府签了什么合同，这也好几年了，具体可能是有点差头。当地想砍呀还是怎么的，但这老头的意思还想把这个河套栽得鸟语花香的，创造一个好的环境。但是老头性格比较倔。局里协调过几回，可能和其他部门也协调过。有一天他那树有病了，他还想保留它，就找到我，跟我唠了两个多点，唠得可高兴了，我把他那个问题解决了。当时他老认为我们摆架子，很难接触。他事儿挺多，人都不爱理会，但是我没那么做，所以说他特别高兴(**素质：服务群众意识，亲和力**)。他说哪天你到现场去看看，然后真的有一天，我特地为他这事跑了一趟。当时他在地里干活，我就去那地里找他去了，他特别感动。我跟他提个建议，我说你栽植一部分，另一部分怎么怎么处理，他特别高兴。我上他家吃饭，他给我拿农村土特产，我都没拿，我说能帮你解决问题就行。所以他一没事老上我那坐着去，有时候是和其他部门有什么事了，他想解决了，我帮他协调。比如他那小苗、造林什么的，我都帮他协调过一两回。他跟我还挺不错呢，老头脾气可倔可倔了。他一来林业局一到我这，就对我说，我就想看看你。有时候你搞对了，就处上朋友了，他不一定就像你说是那种很难接触的人，我这印象挺深的(**能力：沟通协调能力、技术推广与技术服务能力**)。很多部门都处理不了，都认为他特别倔，他说话冲，最后你能处成朋友。到我这个部门，他就像来请教似的。

还有我们××镇××村有个老头，这几年，年年来。他那个树上叶子生虫子什么的，他给别人帮忙看林子，70多岁了。这2年他来我还劝他，你来你可得多加小心呀，岁数都大来回坐车。他是木匠，以前在林场干过，别人就是让他管这片林子。但是他对病虫害这个东西还是不专业，以前他们是通过当地林业站站长给我打过两次电话，一打就打我手机，一打就是大半个点。他给我提了几个问题，我都给解决了。他就特意上我站里，把实物拿来让我看，我帮他解决。有两次他那儿起个虫子了，问我怎么防。前一阵又来找我了，今年可能起的是叶蜂，你看他70多岁了也可好学了，和我一坐坐两个钟不走，咱也主要是为老百姓服务吧(**素质：群众意识**)。我觉得人还是实在点好，我可能是受传统教育比较深吧，就是想着能帮助老百姓解决问题。我觉得给我安排这地方就是为人民服务的，尽到自己的工作职责吧(**素质：责任意识**)。我主要是为了工作，我不会想他们这样耽误我时间了，就不爱搭理你。咱老百姓有的都七老八十了，有的老百姓一进屋都一股味儿，有的急歪歪就能给人家推出去了，那你就完了，这个工作也干不了。但是你要跟他和和气气唠，他就会特别感动，回去他就老说这人可好可好了，他也给你回去做宣传作用。他有时候真特意上我们这来看看，你说不一定拿什么东西，这就是一种感情呗，这么大岁数了，我认为这事儿必须从思想上端正态度。**（素质：群众意识）**

问：接下来请您谈谈近几年的工作有，处理得不理想的，或者是留有遗憾的，举3个事例。

答：因为从我这个副站长到站长过程中真没有什么漏洞，也没有发生过什么其他的失误，个人也没出现过什么问题。我的工作方法就是以诚相待，有问题咱们当面谈，我帮着协调协调，不搞那些小动作。以前我们站有的同事不太团结，我当了正站长之后第一个件事就是先解决站里的矛盾问题。原来我们站里有两个同事闹矛盾，见面都不说话，一共几个人呀，当时就8个人，两个人不吱声，多别扭呀，他们公开骂过架。我接任之后把事情了解清楚了，我给她俩分别谈的话，两个女同事啊，我也得采取点方法。在此之前我先调查她俩究竟是因为什么事情闹得不愉快，后来一了解发现没有什么，就是一种猜疑，没有什么严重的。有一个岁数小的来得比较早，比较强势些，做什么事光从自己角度考虑，那个岁数大的后来觉得你老凶我，也是不服气。另外这两个都有背景，都是领导的子女。我找她们谈话的这个过程也不是三言两语的事。我也说了很多，最后我挑几个关键的，我说你俩都是我老大姐，我说小老弟不应该说的笑话，你说你俩成天坐对面桌，那得多闹心呀，一坐就是一天。我说你们回家吃个饭和对象上床睡觉了才多长时间？你俩一天心情不好，情绪紧张，长时间不得抑郁呀。我说你俩没什么大不了的事情，谁瞅谁几眼，谁瞪谁几眼那都不是什么了不得的事了。从今以后，你俩再有毛病，就不是你俩的毛病，就是我××的毛病，这以后就不兴有这事。我说咱这挺小的部门，抬头不见低头见的，从你俩身体健康角度出发也不得劲呀。在这之前我也找她俩谈过几次。最后我带她俩吃个饭，沟通沟通感情。我说老大姐你不吝先说个话呗，这一来二去的就好了，现在俩人不错呢。现在就挺正常的了，非常的好。现在她们有的时候还带点东西，早晨，你吃她点，她吃你点，就是起码就是没有互相生气的，有时候过年过节给她带点东西，哪家开超市，给她个卡什么的**（能力：团队领导能力）**。

问：您刚当站长第一件想解决的为什么是这个问题？

答：因为我们站就这几个人，你说这几个人都不团结，你还有个干呀，没个干。你作为一个部门的负责人，必须跟谁都得一碗水端平，你要再有个远近，那你的工作就不行，那你的工作开展起来大伙就不服气了。甚至说以前谁家有什么事情，要是以前我跟她非常关系好，那我就花500元，别人跟我关系普通，我就花200~300元就可以。但是现在当了站长了，就得上她家500元，上她家也得500元，不能分出个里外的**(能力：团队领导能力)**。另外我做人从来不搞那个乱七八糟的东西，咱就一本正经的。虽然当时在站里我年纪是最小的，资历也没有站里的几个同志那么老，但是我业务行，在一个部门你必须得服我，我所有的事都做到位，但你不是那么尽善尽美，最开始也有不配合你的。

问：他不配合您，您怎么办？

答：就是当着面我也不生气，你看我性格有时也挺急，但是你要是作为一个部门的领导，就不能这样做了。尽量压着火，当面我不批评她。一个事两个事我都不批评她，攒到3~4个事的时候最后一下我不是说怕你，说不好听的在大伙面前开会点你批评。就说不点名，那事是你做的大伙不也知道嘛。但总体上我还是希望把矛盾尽量淡化，一回解决不了就逐渐逐渐的，所以我们站这么多年都没乱套。另外我们这里左一个部门右一个部门地查，但我们部门一直属于挺稳定的，也是没动过，就是我自己比较累**(能力：团队领导能力)**。

我们部门就这么几个人，有个别女同志还小心眼，有时候像搞什么福利了，一块钱两块钱她都计较，我对他们有时候也不好意思计较那10块、20块、百八十块的。平常旅游或者组织什么活动都带她们玩，出去从来不用她们花钱，有的单位能报，单位不能报的我自己拿让大伙乐呵。这样一来她们也都不好意思，我尽量让她们感觉咱们这里就是一家人似的。我就是希望大伙和和气气的，像一家人似的，就是说将来我调离这个部门了，她得说××对我们不错**(能力：团队领导能力)**。

问：接下来请您请列举一下您岗位所需的专业知识和相关知识。

答：这个从我们搞森保来说需要的专业知识是昆虫学、病理学、林学，林学包括育种，虽然不是主要的但是是必须要求掌握的。还有搞森保最起码得掌握对病虫害的识别、判断。就像是大夫，病人一来最起码你得会判断啊，什么都不知道，你怎么说他是肺炎是流感呀，对一些症状不了解的话你怎么给别人看病呀？我们也是一样的，比方杨树烂皮病表现的症状、发病的特点你都不掌握，怎么指导别人呀？病理学是最基础的东西，最开始是非常枯燥的，掌握起来也挺费劲。学生时代学这些东西，我还是觉着有用处，在工作中就渐渐显出专业性来了。你看我们省里给我的评价就是比较实干，这也得益于我所学的专业基本功比较扎实，也没有什么特殊的，然后就是踏实去干、去做**(知识：昆虫学、病理学、林学、育种学、病虫害防治技术)**。

问：还需要其他的相关的知识吗？

答：作为站长，其他的比如电脑这些东西你都得掌握，最起码弄个文档、打个报表，这些常用的你必须得掌握。其他的，比如我真就不会开车，真不好使，平常出门得有司机，要是没司机的时候你不也得开嘛。还有我们还得学学怎么打药、器具怎么使用这些都得掌握，你自己的活都得会呀。本身每年购的药液器皿怎么使用，尤其那机械，配什么油也得掌握。不一定说你事事都亲自去干，但你得告诉人家这个东西怎么干。我们这里每年都得采购些药，哪些药物美价廉还好使，这你不得都考虑吗？另外从社会这方面，不一定是森保站这方面的，局里其他工作找你你不也得去做吗？那就还得懂一些财务和法律什么的。尤其是财务，我觉得这个东西你必须得明白，因为我兼过3年的主管会计。会写财务还是很有用的。比方专项公共经费你最起码知道怎么使用，比如买药费用从什么经费出，买个纸、买个机器需要用多少你都得知道。有些东西如果买了超标了，将来查账的时候就出毛病。有的经费应该怎么花，什么是不允许采购的，这都有说道，是特别严格的。我们这一块每年国家有个专项，中央财政有个专项，县里还有个防治专项，还有个公务费、检验费等等，这些经费怎么处理你不得通盘考虑吗？你告诉主管会计、现金会计这钱怎么花，自己必须有个脉络，最后咱们工作做了还没毛病**（知识：办公自动化、病虫害防治器械使用、相关财务知识、林业政策与法律）**。

问：最后请您谈谈，对您来说做好这份工作最重要的经验是什么？

答：我觉得就是要踏踏实实、尽心尽力地工作，我不喜欢工作没做先把材料渲染上了。对待同事就是以诚相待，尽量帮助人、讲团结。

问：谈得挺好，非常感谢您的配合，谢谢您！

案 例 四

受访者：山西省×××站长

问：请您先谈谈您的学习经历和工作经历。

答：我××年××林校毕业，学的是林学专业，我××年林校毕业就分配到××县林业局从事技术方面的工作，一直在林业技术上搞各项林业工程规划验收之类。在××年搞了森防工作，在做森防工作的同时我还在林业技术上干，还包了一个乡镇(**基本情况**)。

问：请简要介绍一下您的主要岗位职责。

答：森防工作主要分森林病虫害防治、森林植物检疫，也就是林业有害生物那个，还有对林业有害生物的监测。我们全县监测面积是××万亩。

问：您个人分管的是哪一方面呢？

答：森防这方面我是全面负责。我们全县的监测工作主要包括全县林业有害生物的监测预报，还有报表之类的。检疫方面就是搞产地检疫和调运检疫，还有对外面调入的苗木的复检、补检之类的。防治就是负责全县县属范围内森林病虫害的防治，指导林农进行防治(**岗位职责信息**)。

问：下面请您列举3件近年来工作中的成功事例，并详细描述事件发生的过程。

答：第一件事是对红脂大小蠹防治上。1999年红脂大小蠹在我县造成大面积油松死亡，我们先采取的一些办法不行，后来用熏蒸法在树干上用塑料布把发生虫害的部位裹住，放入磷化铝进行熏蒸，这个效果不错。在我们的景区，在××山还有××林场，××镇××、××等地进行了防治，防治效果还不错。近几年观察下来，比如从去年到今年，这个红脂大小蠹基本上没有发展的趋势，也在逐渐地减少。今年我观测了一下，红脂大小蠹的新虫孔基本不见了，这个就比较成功(**能力：林业有害生物防治管理能力**)。

问：在这项工作中都遇到了哪些困难呢？

答：这个工作中因为没有防治资金。当时这个防治主要是景区，权属属于国有林场，人家是个人承包的旅游景区，省里有些领导到景区去旅游去了，有些内行人看见这个地方有这个虫害。我们经过多次协调，因为不是属于咱们的县管范围，后来通过县政府分管旅游这方面的副县长协调××山林场还有旅游局旅游公司，经过多次开会研究，让他们出钱，我们在那儿组织防治。当时我和真武山林场的副厂长组织了防治，防治完以后资金不到位，后来县里又经过我们的书记协调了很多次，山上花了2万多元，开了工人的工资。村里是林业局利用检疫费买了些塑料布和绷带材料，磷化铝是市里给的，动用劳力让他们自己防治。我们下去做他们的工作，支部书记有认识以后，他们才开始进行防治。咱们主要是垫付了些防治材料，劳力都是村里出的，这个主要还是县里领导出面，就光靠我们自身的能力是完成不了这个任务的。

问：面对这些困难您自己都做了哪些工作？起到了什么作用呢？

答：我主要是多次找局领导、县领导让他们对这个有认识。咱们有个森林病虫害防治条例，我把条例拿上让他们看。刚开始县里根本不清楚咱们有这个森林病虫害防治条例，他也不清楚这方面的政策，让他们看了以后他们也认识到这是很重要的事情。所以，他们也就开始组织相关部门进行防治了**（能力：沟通协调能力）**。

问：您当时的想法是什么样？为什么会这样做呢？

答：我主要是干这个工作的，因为上面已经反映到省政府，省政府反映到林业厅，林业厅后来又反映到市里，市里的相关领导把我叫下去说了一下。我当时反映这个不是我们管的，他们说属于咱们的旅游景区，这是××的窗口，要把这项工作干好。所以我回来想了一下，我是干这个的，发生了虫害再扩大以后对我县的森林面积，特别是油松有很大危害。所以我觉得我就应该把这个工作做好，不管是谁管的我也要干这个事**（素质：责任心）**。

问：这样做最后的结果怎么样？

答：经过相关林场验收觉得防治效果还不错，我后来听说是什么报纸上还登过这个事情，但是我没有找到那个报纸。在××旅游景区进行了红脂大小蠹防治报纸上登过，但是我没有找到。

问：处理成功之后您自己的体会是什么呢？

答：我自己的体会就是要干成一件事情，必须想方设法的，自己本身技术要过硬，尽自己的职责干好这件事。不要怕麻烦，不要怕领导给你不好看，厚着脸皮多次找他们，我觉得这个事情就能干好。

问：请您再谈一件近年工作中的成功事例，并详细描述事件发生的过程。

答：2009年在护岸林的柳树上发生了柳沫蝉危害柳树事件。当时我对这个虫害从来没有接触过，就不认识这是什么东西，后来在网上查了半天。我记得在大同的一棵柳树枯了，受灾的柳树上就和唾沫一样出白沫子，树上就和水浇了一样都是湿的，我根据这个看像他们说的柳沫蝉。后来我把市里的森防站长和副站长请上来，确认是柳沫蝉。我们这儿的护岸林都是个人承包的，我就把承包人找回来，和他们说不防治的后果是什么，后来又向市里要了一些农药，这属于树体危害，让林农们进行了防治。效果还不错，之后基本没有那个现象发生了**（能力：林业有害生物防治管理能力）**。近2年又出现了这个现象，但我看是不成灾，不厉害只是星星点点有些。

问：在这项工作中您都遇到了哪些困难呢？

答：主要是林农开始不接受，还有就是咱们没有防治资金，连买几瓶药的钱都没有。我只能找市里领导多次协商，要这个防治药品(**能力：沟通协调能力**)，主要是资金短缺。像我出去还得自己开车、自己加油、自己贴钱去干这个事情(**素质：奉献精神**)。

问：面对这些困难，您都采取了什么措施呢？

答：我就是多次找这些林农给他们讲，让他们看森林病虫害防治条例，那上面规定着谁经营谁防治谁受益，让他们明白这个事情。而且给他们讲不防治以后给他本人带来的危害，给其他林农带来的危害，让他们认识到不防治是不行的。经过我多次动员，这些人也都和我很熟，看在我个人的面子上都说行(**能力：宣传发动能力**)。我又和市里要农药，我和市里领导关系也不错，在全市林业上也是三大金刚，我和××县的还有××地区的森防站长，算他们的得力干将吧，所以挺看重我们，也就多给我们一部分农药进行了防治(**素质：成就感；能力：争取支持能力**)。

问：您当时想法是什么样的？为什么会这样做呢？

答：因为我是干这个的，这个事情要是不干将来造成大灾以后，一方面是会给县里领导、局里领导带来麻烦，另一方面我也怕受处分，所以说我就必须干这个事情。我是干这个的，这个事情最终落在我的身上，所以就必须得干，森防上我也是抽时间干，其他事情我还得干(**素质：责任心**)。

问：这件事情最后的效果怎么样？

答：基本上控制了，这个虫害是季节性的，通过防治以后那段时间那几片基本没有再发生那个事情了，效果很好。

问：处理成功之后，您自己的体会是什么呢？

答：要干一件事情就要付出很大的心血，必须把这个事情放在心上，就是睡下了也在想找人家的办法、和人家的谈话方式、采取一些什么办法，这个是主要的。要是办法不得力，人家也不会接受，比方用太强硬的办法，拿出森林病虫害防治条例，说不治以后给什么处分，人家说就不怕这个事情，那你怎么办？所以这些事情要用一种迂回政策，硬的要来、软的也要来、好话也要说，求爷爷告奶奶也要把这个事情干好，这就是我的体会，干这个事情是相当麻烦的。因为老百姓这方面也没有受益，上面也没有给补助，所以对他们来说又花时间又花钱，他们防治也要雇人干，所以对他们来说也是不大情愿干，只能是咱们缠着他干(**素质：责任心；能力：沟通协调能力**)。

问：请您再谈一件近年工作中的成功事例，并描述事件发生的过程。

答：再一件就是中华鼢鼠和兔害防治。这个上面给了一点资金，但是那个资金远远不够，因为防治面积发生的很大。我们退耕还林几万亩，这个仁用杏、核桃、刺槐、油松这些地里都有中华鼢鼠危害，像小油松、刺槐兔害就把皮剥了吃，小油松就把树干都咬断了。所以在这个方面刚开始也是没有好办法，从上面来说鼠兔害防治基础上，国家也没有什么好办法。中华鼢鼠的防治主要是采用地箭，成本相当高。所以，我在这个上面采取了一个办法，用挖沟阻断法挖30～50cm深的沟，在树中间挖沟把鼠洞露出来，再放进去些溴敌隆鼠害农药，再把它埋了熏，让它不在那块地里危害了。兔害防治吧，因为这个兔还是国家保护动物了，不能大面积防治也不能洒农药，所以只能采用局部办法。当时就用老百姓套兔的办法。用细铁丝圈个圈，兔子走的路线比较固定，它从小径上过它就是从这过，其他地方没有办法走。所以把圈放在小路上，兔子过去后它头往里一钻，一撸就把它抓住了，就采用这个办法。这个办法不用大面积防治，只能局部把它套一点。这个办法下来，我调查了一下，林农说还是效果不错，在他们的地里危害不那么厉害了（**能力：有害生物防治能力**）。我觉得这个办法行，但是动用的劳力太多，工程量太大。

问：这个工作中都遇到了哪些困难呢？

答：这个工作主要是动用劳力挖沟。那个沟都是退耕还林的地块，大部分已经不耕种了，地上长的全是芥草，就是禾本科的那个，地块板结很瓷实。挖沟工程量很大，用铁锹挖不下去，只能用撅子、镐子这类的挖。所以说需要大量劳力。我采取的办法就是找各村支书，像仁用杏、核桃挂果的这些退耕地户，把他们找过来，和他们说这个鼠害防治办法，但是必须是你们自己挖沟，我们提供药品，适当再给一点补助，因为这个省里有点资金了。有些人就同意这个事情，自己的地自己挖，有的林农在外打工家里没人的，给点补助让其他人去干这个事情。这个防治了几千亩，效果还不错（**能力：宣传发动能力**）。今年6、7月份我又去观察，见猫在上面活动也是抓那个吃了，我还拍了照片。我找到一个林农，让他带我上去，看他的树去年死的比较多，今年死了1株，效果还行，最起码得到了林农的认可。

问：您当时想法是什么？为什么会这样做呢？

答：人家上面给了一部分资金，这个资金还是要用到这个上面。再一个有些有认识的林农找过我，问鼠害、兔害怎么防治？他们地里有这些危害，他们找到我我也得干。我就和局领导多次协商采用这种办法，把这件事情给他们办好。刚开始我找些愿意干的林农，让他们做那些不愿意干的林农的思想工作。想法帮助林农把这个事情干好，最起码让受益的这部分不要受到损害，最起码对得起自己的工作，对得起自己的良心吧（**素质：责任心**）。有些也是关系户，来了想让我帮他们干这个事情，我也不得不干这个吧。后来，我在防治过的地方和没有防治过的地方进行了对比，没有防治过的地方走进去时常有鼠洞，防治过的地方都是旧鼠洞没有新土，中华鼢鼠常活动的地方要推出新土，所以这些新土基本上不见了。我觉得这个防治效果很好。这个上面就是投入资金太多，要是老百姓自己不干的话就没法干了。这件事干成之后，我的体会是干一件事就要干成一件事，最起码要对得起老百姓。咱们干一点不要给人家落下麻烦，让老百姓说他们就是瞎干了。所以我干一点就干成一点，总让老百姓说他这还是干事的，我就是这个想法(**素质：服务群众意识**)。

问：请您列举3件近年工作中的失败事例，并描述事件发生的过程。

答：第一件说检疫吧。检疫上我觉得咱们应该有个统一的组织管理，我们森防站原来4个人，另外两个去了森林公安，就剩我们两个人，我们又没有编制，像我也是林业站的编制。我主要工作还在林业站搞技术，在检疫上，林业带动全县人民育苗面积10000多亩，有些地方我们根本不清楚。有些熟悉的人让我看他们的苗木，搞产地检疫去了找不到老百姓，找到老百姓也不情愿让咱们干。因为咱们干这个要收点费用，这方面我觉得产地检疫很麻烦。咱们工作人员少，再一个没有这个活动经费，出去搞检疫必须有车，用车就得加油，我是自己开着自己的车，自己加的自己的油，森防上从来没有挣过局里的一分补助，局里也没有给我加过一次油就是贴着钱干(**素质：奉献精神**)。老百姓的钱也收不来，他们卖苗子走的时候开检疫证要交点费用，其他的费用就收不来，检疫工作没法开展，有的人家就不检疫偷着拉上就走了。所以我觉得检疫是比较失败的，只能控制住进来的苗子，自己县里工程上的苗子能搞检疫，出去的苗子我们也不清楚。外面工程结算要检疫证，他们的苗子已经拉出去了，回来让你开证，这个省里一再强调不能是不检疫开证，所以我觉得这个上面是比较失败[**(欠缺)能力：植物检疫能力**]。

问：您觉得这个工作里是哪些困难导致现在的局面呢？

答：第一个困难就是咱们的宣传不到位，人员少没有宣传工具，不可能做到每家每户每个村都去宣传。我们的人还要干其他事情，所以抽不出人去做宣传工作。老百姓也不知道咱们有植物检疫条例，有时候去了他们说我们自己育个苗，你们检什么？他们就不清楚这个是受我们管理这个事情[**(欠缺)能力：宣传发动能力**]。再一个困难就是咱们没有交通工具，致使人出不去，有人举报了咱们也出不去。向局领导多次说了，但是局里面的经费本身就紧张，上面没有经费，产地检疫费只收了千分之四。这部分只是本县工程上的苗木收了一点，一年就是收的几千块钱。这几千块钱还要上交财政，财政返回50%，一年收的就是5000~6000元回来，返个2000~3000元，上面必须规定检疫人员穿检疫服装，有时连检疫服装的费用也交不起。所以我觉得一个是人员，再一个就是经费，没办法搞这个事情[**(欠缺)能力：沟通协调能力**]。

问：您面对这个情况采取了什么措施？是如何做的呢？

答：这个工作虽然说有困难，但是有些事情我还必须去做。因为在自己工程上用的苗木，有部分是从外面调进来的，咱这没有的树种像国槐、垂柳、卫矛还有红叶小檗等，咱们县里不育，只能从外面往回调。最近强调松材线虫病和美国白蛾怕传进来，我怕担这个责任，所以外边调进来的苗子，我必须去补检或者复检。他们不带检疫证的可以补检，带检疫证的咱就得复检，复检不收费所以咱们就是白检，但是要去看一看，他们是不是把那个东西带进来了，出于责任我也得去。再一个咱们本县工程上用的苗木，他们将来要开检疫证，既然要开检疫证我就要负这个责任，要做产地检疫（**素质：责任心**）。每年秋天开始，我们都和种苗站联合起来进行种苗的质量评估，再一个进行苗木检疫。所以对报回来的苗圃，县里准备用的苗圃，我们必须进行产地检疫，这个基本是局里组织我们参与（**能力：植物检疫能力**）。

问：您为什么会这样做呢？

答：我是为了尽我的责任吧。因为去年省林业厅和省审计厅的人下来查这个省直林局的账，他们主要查的就是种苗检疫合格证，所以我觉得这个上面出了麻烦就是咱们的责任（**素质：责任心**）。因为咱们省在检疫上多次出现问题，去年××地区的森防站长被撤职，他是异地开证把美国白蛾带到了内蒙古鄂尔多斯。还有大前年，××森防站也是出了事。我们也是怕出事，所以我们就必须进行检疫。最起码用在自己工程上的苗木不要出现大的问题。上面一直强调我们必须要检疫，我们只能这样做。在我们各项林业工程上用的苗木，到现在最起码没有森林病虫害成灾的现象。有的有一点病虫，但它不是检疫对象。像白杨透翅蛾它是危害性的，但是那部分苗木我已经把它烧了，烧的照片我也都有。通道绿化上的树木，去年我烧了一车从××地区进来的苗木，带的美国白蛾带的烂皮病，还带的介壳虫（**能力：植物检疫能力**）。烧那个苗木相当困难，我们分管副县长××同志现在担任人大副主任，还有我们×局长，我和他们讲清利害关系，这是属于危险性的病虫害，不能在行道树上用。他们也认识到这个问题以后，他们和我上去做承揽工程人的思想工作，让他自己烧（**能力：沟通协调能力**）。这件事我的体会是上面做件事情相当困难，比如检疫工作相当困难。外边调进的苗木虽然带的检疫证，那个出苗的地方有的根本没有检疫，像我刚才说的那件事要是检疫了的话，苗子肯定带不进来。他们来了以后处理他们的苗子，就会涉及相当多的人情关系。像烧苗子那个，一个是在当地有一定的名誉，他哥哥在县里有一定职位的人，所以这个工作我当时相当矛盾，不处理怕将来把所有苗木染上（**素质：原则性**）。因为白杨透翅蛾是飞的东西，从这个出来飞到那个上，病株出来飞到无病株上造成重新危害。我为了不把事情扩大，不让虫害再扩展，我只能找领导。他们骂不骂我，我只是尽我的责任，只能这样做（**素质：责任心**）。

问：请您再列举一件近年工作中的失败事例，描述事件发生的过程。

答：2000年红脂大小蠹危害的那年，刚开始我不认识这个虫害，全国都没有防治红脂大小蠹的好办法，刚开始谁也不认识这个红脂大小蠹。上面有关专家刚开始定这个虫是强大小蠹，后来美国专家来防治这个东西。刚开始用的是砍伐病株的方法，就是哪棵树发生虫害就把哪棵树砍掉，谁也不清楚红脂大小蠹的习性是什么。结果发现砍了以后新的油脂散发出来，虫害更厉害，所以采伐后比不采伐发生的面积更大，这个我认为是比较失败的。当时砍了很多带有红脂大小蠹的树，因为主要发生在阳坡上，林分本身条件不行，大部分都带虫都采伐了，剩下的也感染了。这个虫祸害完这棵树之后重新又到新的树上接着祸害，后来这个虫飞到阴坡上，阴坡上也有部分树受灾。所以带来的后果是不太好，传播面积更大。所以我觉得这个事是比较失败的事情[**（欠缺）能力：有害生物防治能力**]。

问：在这个工作中都遇到了哪些困难呢？

答：这个事情上困难不太多，因为当时砍下的树木经过熏蒸以后都可以卖的，当时那个树木是村集体的，他们也都愿意砍，能卖点钱。所以这个砍的时候基本上没有什么困难。所以这个事情没有困难，就是砍了以后带来的危害更大。当时我刚干这个工作不到两个月，我也不懂这个。局里有个比我还年龄大的老技术员，主要是人家搞了采伐的设计，我只不过是起了个哪株病株采哪株，监管他们不能采伐不带虫的树，只能砍伐带虫的树。当时国有林场也在砍，我在运输过程中配合林政工作，在路上查获了不带虫的树，当时没收了两车他们的树，就起了这个作用。卡了一部分他们不能砍的不带虫的树。这件事给我的体会就是这个虫算生物类的东西，咱们不清楚它的生活习性，不清楚它发生危害的生物条件，盲目干是不行的，只能是加强学习。在红脂大小蠹上我下过很多功夫，查过很多资料，几乎是常去观察那个东西。我们出去搞其他工作时，只要看见有油松林子我都跑进去观察这个树上有没有，什么树上有。刚开始是在12公分（厘米）以上的树上有，后来我发现在8、9公分（厘米），十几公分（厘米）的树上都有，感觉到不学习是不行的（**能力：学习能力**）。

问：还有没有其他的失败事例？

答：再一个失败事例就是去年我们在外环路上，属于园林局实施的工程，不属于我们局里的工作。他们没有通过我，后来我发现他们进回来一部分桧柏，那些树有些发黄。刚开始以为是栽的过程中存在问题，树木自然死亡。我观察了半天它是带一个蠹虫的，到现在也没闹清是什么蠹虫，蠹虫种类很多，上面有这个危害。我在网上查了半天也没闹清什么蠹虫，但是上面有个蠹虫的防治办法，是用柴油配乐果乳油刷树干。我开始找到园林局局长，他开始对这个很没有认识，后来也是把这个病虫害防治条例让他看，他说这是你们林业局的事情不是园林局的事情，后来我说我要找县里领导、市里、省里反映，你们这部分树木给其他绿化带来危害，必须追究你的责任（**素质：责任心；能力：行政执法能力**）。后来他看我要向上面反映，他说你不要反映我自己防治吧。他去年进行了防治，但是今年我看见还是有些死亡的。在这个防治上我也是没有好的防治办法，也让市里专家上来看过，他们看了也是说属于小蠹类，但也闹不清是什么，因为树干不好防治，他们没有什么好办法，我也没有什么好办法，感觉比较失败吧[(欠缺)能力:有害生物防治能力]。负责全县森林病虫害是森防站的主要工作,在行道树上发生这个问题而且是国道,就是县里领导不懂,上面来的旅游内行人他们懂,最起码这是个窗口吧,损坏××地区的形象。人家最终追责任可能还是要到我这里,我只能是这样厚着脸皮去干。咱们已经干了,至于效果怎么样,我已经对得起自己了,我已经干过这个事情,只能是这样(**素质:责任心**)。

问:您觉得这里面最大的困难是什么?

答:最起码咱们不是官,说谁也说不动,只能是厚着脸皮,看着人家的白眼去干,有时有些事情可能就干不成,有时有些事情可能就干成了。他们要干这些事情都是来自上面的压力,我觉得森防站的地位太低,起不到一定的作用,只能是分配他们干这个事情,我觉得没有一定的权利吧。因为园林局局长当时在乡镇是分管林业的副书记,我和他比较熟,我在他跟前什么话也能说,他不让我向局领导反映,也不让我向上面反映。我只能和他凭着个人的关系,我骂他他骂我,就是这样骂出来的,其他办法没有,就是这样骂出来的吓出来的。他怕我找县里的领导,那个树一共200多万,你不烧我最后倒上汽油就烧了,吓得他怕惊动县里也就做了,但那个防治我看效果不大(**素质:原则性;能力:沟通协调能力**)。因为树干害虫是树皮里面的害虫,就没有个防治的好办法。只能用刷子刷,渗进去一点药就防治住了,渗不进去就没有办法。不像蛀孔的能用棉球塞,皮里的这个就没有办法。所以发生以后只能是把它砍了烧了,我觉得这是个最好办法,其他没有[(**欠缺)能力:有害生物防治能力**]。

问:接下来,请您列举履行好岗位职责所需要的专业知识和相关知识。

答:专业知识就是林业有害生物防治。有害植物我大概清楚几样,剩下的我也不清楚,这部分东西我在书店买过资料,没有。再一个是虫害、病害呀常见的我能认识,学校里学的我也有点忘了,所以说这部分专业知识要加强学习。我出去后常跑书店,看有没有这方面的书、相关资料啊什么的(**能力:学习能力**)。再一个搞检疫搞病虫害有法规,要学植物检疫条例、山西省实施办法、病虫害防治条例等等。咱们处理的算是林政案件吧,像检疫法,相关一些程序,像森林法,民事诉讼法一类的都得学。我也是在床头柜上放着一本法律书,我也是常看,像处理检疫程序、一般程序、送达之类的(**能力:学习能力**),人已经上了年纪的很多记不住。因为我配合过省种苗站工作,当时在我们县里贩运柠条种子,人家告到市里,市里没有办法。因为市里种苗站没有实力处理这个案子,就请的省种苗站的下来,让我像侦查员一样。在我们县里不能动,贩运种子的人在我们县里是一个领导的侄儿,我和省里的工作人员说过,这如果出了××地区就不受我们管了。省里的工作人员就又动用了××森林公安局在××地区进行拦截的,扣了2万元钱放走了。人家回去后到省里起诉了这个事情,省种苗站两次败诉,因为他们的处理程序上不好,他们没有搞送达。通过这个事情咱们处理程序上还是很不规范，这些东西还得学习，人家要是把咱们告了，咱们就败诉了。处理这个事一个人也不能干，两个人我们还是倒不过来，所以这个人手也是很缺。有关文件的法律都得学。咱们外出学的机会又不多，基本上出不去，也看不到人家是怎么做的，学不到人家的好经验。也该出去走走看看，也是长知识的一个办法，但是咱们做不到那个。

问：您觉得履行好岗位职责最重要的经验是什么？

答：最重要的经验就是自己要过硬。首先自己要认识到这个是自己应该做的工作，有些事自己必须去做。像我说的那几件事例吧，基本上是我和局领导反映以后，只能是我一个人去找相关部门、相关领导、相关人员，我觉得这个成功的经验就是自己要身体力行地去做，而且要用一定的事实向他们说明情况，让他们认识到这个事情不做不行。就是要自己多跑、多说，不要怕别人给你白眼，这就能做成。要是咱们脸皮薄的话就什么也干不成，干工作不仅是要从工作角度出发，还要从个人感情、交情角度出发干这个事情，从工作角度出发人家有时也就不吃你这一套。

问：好，非常感谢您接受我们的访谈，谢谢！

案　例　五

受访者：云南省×××站长

问：请您简要介绍一下您的学习经历和工作经历。

答：好，我是××县林业局森防站站长××。我个人的学习经历是：我在参加工作前是中专文凭，毕业于云南省林业学校森防专业。在参加工作期间通过函授学习，取得了××大学园艺专业的专科文凭。××年参加了云南省林业厅组织的全市检疫员培训，学习了云南省森林病虫害防疫岗位规范培训教材、林业综合执法教材，通过培训取得了检疫员证。我的工作经历是××年×月到××年×月在××县××乡林业站工作；然后，××年×月份到××年×月在××县林业局森防站工作；××年×月到××年×月在××县林业局天退办，现在的天保站工作；××年×月到××年×月在××县林业局森防站工作；××年×月到××年的×月在××县政务服务中心林业窗口工作；××年×月至今在××县森防站工作，然后我当站长是从去年7月开始，也才一年时间（**基本信息**）。

问：请您介绍一下您所担任的森防站站长的岗位职责。

答：我的岗位职责，基本职能：第一是行政执法，第二是行政管理，三是灾害防治。然后，主要任务就是一是负责全县森林植物及其产品检疫的执法、监督和检查；二是负责全县林业有害生物防治管理及业务管理；三是负责全县林业有害生物预测预报的行政管理及业务管理；四是负责全县林业有害生物防治技术指导与培训。岗位职能是：一是宣传贯彻执行《中华人民共和国行政许可法》《中华人民共和国森林站植物检疫条例》《森林病虫害防治条例》《植物检疫条例实施细则》和有关的法律法规和规章制度；二是按照森林病虫害防治预防、预测、预报管理办法，负责全县林业有害生物的预测、预报工作，指导全县林业有害生物预测、预报网络的建设；三是负责全县林业有害生物的防治工作、组织工作，编制主要林业有害生物防治规划和预案，组织指导、协调重大和突发性林业有害生物的处置工作；四是依法履行林业植物及其产品的检疫；五是负责全县外来林业有害生物的防范，组织检疫性、危害性病虫调查，编制当地检疫对象资料，制订有关防范措施；六是管辖本辖区内的重要林业有害生物的防治技术的指导，检查验收防治效果；七是积极开展林业有害生物防治研究技术指导科技推广和应用；八是负责局领导安排的其他工作（**岗位职责信息**）。

问：您的岗位责任介绍得比较全面，也比较详细。接下来，请您介绍一下您担任森防站站长以来做得比较成功的事例，列举3个。

答：好的。去年4月份，市林业局森防站，现在的林检局，他们下来带领我们当时的老站长和我去××县××乡现场观看松材线虫病的危害。当时我们去的时候，那边已经砍了有1000多亩了，已经用一种塑料薄膜打了药盖好了。这个虫灾离我们××村只有三十几公里，它给我们县松材线虫病的预防敲响了警钟，相当危险。我们回来以后，马上就这项工作就采取了6项措施：一是成立了松材线虫病预防领导小组。二是编制了水富县松材线虫病预防方案，这个方案以县政府的文件下发到各个乡镇和有关单位。三是构建松材线虫病监测网络。因为我们涉及有松树的村、乡镇只有××乡和××镇，监测网络就到有松树的这一个村，让他村林员立马下去宣传松材线虫病方面危害的知识。宣传资料拿给他们，让他们随时设置监测，发现松材线虫病立马上报我们。然后又请他们村上的村支书这些人在我们送的材料上签字，叫他们组织专人帮我们监测，为此事我们专门下去跑了一趟。我们返回来以后，每年春季和秋季都要搞这个宣传和监测措施。第四个就是开展普查，每年我们都要搞两次普查。一般3、4月份春季的一次，10～12月份秋季的搞一次。五是积极开展联合执法行动。就与他们林政、森林公安、种苗站互相掺着一起搞。对有经营、加工许可的这些去搞执法检查。第六就是加大宣传，通过科技下乡活动、在网上，去年我都写了10多篇文章，在云南林业信息网上都发表过10多篇信息（**能力：计划组织能力、林业有害生物防治管理能力、宣传发动能力、行政执法能力**）。

问：××站长打断你一下，在前面的介绍中，你所谈的主要是一些措施，能不能再深入地谈一下这个事件，比如说有没有遇到什么困难等等？

答：困难还是有的。一个是我们这些松林，它不是纯林，都是混交的。另一个是技术设施还比较简陋，比如说松材线虫病防治方面，连一个高倍显微镜都没有，有点什么事都没办法镜检。还有现场人为地区别虫害非常难，技术设施不够先进。我们也只能是尽我们最大的努力，能干成什么样就是什么样了（**素质：责任心**）。要说成功的话，主要是把这个预防工作搞得全面，加上松材线虫病这个事情，领导很重视，把材料报到政府去，他们立马修改，打下钱。这个他们很支持，县里面的领导也非常重视。相对来说，比以前我感觉，因为我在森防站在了这么久，我觉得他们还是很重视的。以前，森防工作很难上会说，现在每年我都提出来，当着领导说，每个部门肯定有它存在的意义。第二个，我觉得我们这个网络建设，就是这个森防网络建设得比较好，从基层村林员、护林员这一些到林业站到我们县森防站，是建设得比较好的。我们下乡他们也比较热忱。通过这个网络，信息交流还是比较快的，一个项目跑一趟，一两天就跑完了。

问：还有没有其他案例？

答：第二就是我们云南省开展这一个"利剑行动"，这个行动是云、贵、川、渝、藏森林植物检疫联合执法专项合作，我觉得这项工作开展得非常好。以前我们对这个植物检疫这一块，只限于苗木、种苗之类的，苗木的繁殖这些，执行起来还不是很严格。我们县涉及松材方面的问题还很少，我们也没有引起重视。但是，通过"利剑行动"提高了我们的认识。2008年的时候，我们搞得轰轰烈烈的。当时是我们的××副局长分管，我们首先写了一个广告，通过电视通知种苗经营户，要对他们的经营权(范围)进行登记，在什么时间内过来登记。我们森防站当时就准备了关于病虫害方面的和松材线虫病方面的材料，再配了两个条例《植物检疫条例》和《病虫害防治条例》，把这些材料在县城内人手一份发到种苗经营户手里。我们自己亲自上门给他们解释。我记得有一天，我嗓子都哑了，还是去跟他们解释。因为刚开始检疫方面很薄弱，所以我们下去还是尽量做到宣传到位，挨家挨户上门解释，告诉他们检疫证要保存3年以上。这个宣传当时我们真的是搞得轰轰烈烈，是下了一番工夫的。然后也是通过这些活动的开展，包括电力公司的宣传资料也是我亲自送上门的。当时有些是现场签了字，没签字的是开始的时候没想起，后面想起还是让他们来签字，这些工作我们是全部到位的(**素质：责任心、群众意识**)。但是，没有人来登记。

问：为什么？

答：我们也搞不清楚。那个广告在电视里也是播了一个星期，是他们没收到看到，还是什么原因[(**欠缺)能力：宣传发动能力、行政执法能力**]。我们的宣传材料，包括公开信(就是要求他们来检疫登记的那一个公开信)、办证程序、经营许可的宣传材料、森林病虫害宣传资料等都准备得相当齐全。不过通过"利剑行动"一个是我们县的办证管理工作得到了规范。第二是我们公布了办证程序，设置了检疫调查登记流程，工作更规范了。我们搞这个检疫调查，在种苗这一块。今年是13户，去年是16户。相比去年而言减少了3户。今年13户我们都做好了检疫登记工作。三是严格执行产地检疫，完善了检疫程序。我们现在这项工作每年都开展两次，对于苗木及木材我们都要到现场去看，包括苗木繁殖的种苗。办产地检疫自从我接手来，产地检疫合格证都办了，以前可以说这些手续都不是很完善，凭感觉开检疫证，有的没检疫的也给办检疫证。现在通过这个"利剑行动"都是检疫后再发证，把这个问题解决了。所以这项行动规范了许多工作(**素质：规范性；能力：植物检疫能力，行政执法能力**)。

我们查的时候，也是严格按照条例上的规定，一是查他有没有证，二是查他有没有弄虚作假。比如数量上不符合的就叫弄虚作假，还有不能涂改检疫证，这些都是违法的(**能力：行政执法能力**)。

问：还有没有其他的案例？

答：去年我们有一件，从昆明拉到××地区，他们没有办证，在××派出所堵下来以后，我们就到现场去看。因为昆明不是松材的疫区，当时我们就想让他立马补(检疫证)过来。他当晚乘飞机从昆明飞到××，然后从××到××

地区就把证补进来了。还有一次是那个人的植物检疫证没带着，当时我们检查的时候，他说没有，我们就作为案子处理了，处理后他还是把检疫证补进来了，就是他办了，我们就放行了。因为检疫证要求要随车走，相当于我们的身份证，一车一证，他没有我们肯定要查处他。这两次都是从昆明来的，尽管不是很严格，但罚款还是很重。我们的最高罚款是 2000 元，50～2000 元，我们罚了他 1000 元，因为是松木，松木国家规定是必须要办检疫证的（**素质：原则性；能力：行政执法能力**）。我们的检疫法规是跟不上形势，现在我们都改成森林植物及其产品了，以前我们的法律法规就有所限制，必须办理的，强制性的。

问：近几年，您工作过程中，有没有处理得不成功的案例？请给我们举 3 个。

答：我们处理案件的时候，当时有个××地区的师傅，不让我们处理，脾气相当怪，我们给他解释了很长时间。我当时还是看了一下他的木材的，没有松材线虫病。我们做了一些最起码的观察，所以我还是很放心[（**欠缺）素质：责任心**]。他补办了检疫证来，我还是放他了行，他只是没带证。毕竟他是云南人[（**欠缺）能力：行政执法能力**]。

这个办案子的事情，我觉得森防站的人员不足。因为办案子必须要两个人以上，就是执法人员。我们的案子办理起来相当困难，第二个森防站人员不足，编制 5 个人，但实际上只有两个人长期在办公室工作。有一位同志去年才回来，他是一直在防火办工作。森防站就一直只有我和另一位人员，那位同志 2010 年 8 月就抽去了政务中心林业窗口，专门办理植物检疫证。另外从防火办回来的一位同志，还有 2 年就要退休了，由于家庭情况呢，他也不很能胜任这项工作了。所以森防站现在只有我一个人，办的案子都是由森林公安、森林派出所协助，我就感觉到技术力量上比较薄弱。因为以前也没办过案子，在这个办案过程中那个卷宗操作起来觉得相当困难，办一个案子卷宗起码有那么厚。如果要我一个人来整的话，肯定需要相当长时间，其他工作不开展还凑合。他们森林公安的来办理我也不好要求。上面来检查检疫案子的时候，就提出卷宗管理不规范，当时他们也觉得委屈得很，又不是我们的案子，又要叫我们办理，整得也不规范。

第二个案子就是从四川拉来的建筑上用的那种松木。当时领导也是才来不久，他也不了解情况，不知道松材线虫病对我们森林的危害程度，所以当时处理的罚款额度也相当低，虽然我还是跟他解释松材线虫病的危害情况。

问：他没有检疫证是吗？

答：没有检疫证的。他当时已经把拉进来的松材下在建筑工地上了。我叫他不能动。

问：是你们到现场检查出来的？

答：是接到举报后我们赶过去检查，当时负责运输的师傅已经走了，只有建设方在。因为他是私人，可能领导他也不了解情况，不了解松材线虫的危害影响。然后，我就给他解释，这个案子必须办理，然后他也同意啦。但是他当时就跟我们说罚他200元算了。我就跟他们说不行，这个松材线虫病危害很大，最终罚500元。然后让他们重新办证（**素质：原则性；能力：行政执法能力**）。当时在人员不足的情况下，请他们森林公安的同志过来帮忙，他们就把材料甩给我，就叫我一个人办。当时我也生气得很，我说我也只有一个人，我怎么办！我也跟分管领导说了你们把我的站长撤了，我也不管了。然后也没有镜检的，什么手续都没有，也不知是从何出来的，只晓得从四川。但是从我们的理解，××地区的松木我们是一定不能要的。所以当时我请示市里这个问题如何处理，市林检局的领导答复我，叫我拿着到西南林学院去镜检。我说我没得办法，我一个人，我也不熟悉西南林学院。所以我说你们派个人来帮我解决一下，他们提出让我去西南林学院，后面我也没去。我一个人，不知道如何处理，这件事应该是很失败。虽然后面我们办理案子，通过上面来检查后，他们把档案还是规范了，纠正了森防工作上的行文，但是最后这件事情不了了之（**素质：缺乏责任心；能力：缺乏沟通协调能力**）。

问：压力不小，有领导、有同事多方面的，加上这么多的工作量。

答：是的，所以心情相当难过。当时我都冒火。总的来说我觉得压力相当大，一个是技术跟不上，应该说知识面跟不上，因为从来没办过案子。第二个就是人员的问题，如果说多一个人，我慢慢学着干，应该是办得了的。如果有个老同志能带一下就更好了。就我个人而言我是非常愿意学习的，就说电脑、英语呀这些我成绩都不是差的，英语学着学着62分，电脑考试就更不需要说了，考了100分还是95分，全部是靠自学（**能力：学习能力**）。我是愿意学习的，我觉得还是要环境，缺乏培训。说句老实话，我们真的培训得太少了。我1998年以后就没怎么培训了。给他们提点意见就是多对我们培训一下，多培训一些我们的专业知识。真的，我觉得我们的工作非常需要培训。

问：好的，我一定反映。非常感谢您接受我们的访谈，谢谢！

六、国家级自然保护区管理局局长访谈文本案例分析[①]

案 例 一

受访者：江西省×××局长

问：请您简单介绍一下您的学习经历和工作经历。

答：我叫××，是江西××国家级自然保护区管理局局长。××年×月出生，××年×月参加工作，从××年×月开始就一直在保护区工作，从××保护区一般的工作人员干到办公室主任、科长、站长。××年×月份，从××保护区办公室主任到××自然保护区任处长助理，××年×月份我升为副处长，后面叫副局长（级别都是副县级干部，叫法不同）。××年×月份调回××保护区任副局长，××年×月份到江西××国家级自然保护区管理局做局长。××保护区属于湿地类型的保护区（湿地、候鸟），而××地区保护物是森林生态系统的，带点野生动物，森林生态系统保护得很好。现在是纯动物型的，是保护野生梅花鹿的。所以湿地类型的、森林生态类型的、野生动物类型的保护区我都干过。

问：请您介绍一下您的工作职责。

答：我担任江西××国家级自然保护区管理局局长的重要职责，一个是执行国家赋予我们的法律法规（自然保护区法规、条例），这个是政策方面的。另外，我感觉作为保护区局长，一个是执法，再一个从内部来讲就是做好管理这一块，抓好班子、队伍，对外就是增效，搞经费（**基本信息**）。因为我们这个保护区普遍都存在经费不足的问题，现在还是事业单位，虽然讲省财政拨款，但是我们江西财政是比较穷的，一年的人头大概是30000元，包括工资什么都在里面。所以要提高、改善职工的福利。再一个要使保护区发展得更快，整点经费是局长最大的一项工作，要不你这个保护区就没什么变化。

问：你们那儿开展生态旅游了吗？

答：我那儿不是讲不能开展生态旅游，而是没有很好的资源让我去开展生

① 本章节文本分析人：丁娜

态旅游。因为梅花鹿是吃草的动物，我们那儿的山最高也就不超过600米。那儿历史上就是一个火灾的多发区，经常烧山火，因为那个杂草多。这几年通过保护力度加大了以后，使那些杂灌（灌木）全部长成了乔木。我们那里基本上是比较荒凉的，它不像那个森林生态保护区，走过去一片大森林。所以那里搞生态旅游是很有难度的。而且江西的森林资源整个都很好，但是你看我们那个地方基本上没有什么。××地区也存在这个问题，我在那儿工作了大概18年了，它的候鸟季节来得不是时候，你看十月国庆节的长假，没有鸟，鸟要到10月中下旬，天气比较冷了，才从西伯利亚飞过来。就是寒潮来一下，鸟才飞回来。大概最集中的时候就是11月份。五一长假，鸟又走了，一般清明节过了，鸟就没有了。过年的时候人家回家团圆去了，哪个去看鸟？它那个生态旅游也很难搞。

还有一个问题就是中国不像国外，现在稍微好一点，在国外我们去哪儿都是要排队的，不管谁来都要买票，没有搞什么特殊化的，不像中国要走后门。中国的生态旅游比较难搞就在于它是行政旅游，不是商业化的。比如像我们保护区，尽管是省里管，原来我在××地区的时候，每年都有很多人冬天来看鸟，周末也会有人来，你要赚他的钱很难赚得到。他总是要找各种各样的关系要免门票，还要请他吃饭，他走的时候还要带一点土特产，他就高兴。我们梅花鹿保护区18万多亩，12000多公顷，又是在大山里面虽然山不是很高。人看得到的时候一个是早上，一个是晚上，它也不像候鸟，只要居高临下望远镜一架，就能看得清楚。梅花鹿很难捕捉得到，而且它的花纹和保护区里面杂灌的花纹很接近，你也很难看得清楚，而且它一看到人就跑掉了，所以要开展生态旅游难度很大。我们现在要发现它们主要是对它们进行电子监控，利用红外线，再一个搞盐碱地（**能力：分析判断能力**）。现在我们想从野生动物产业这一块入手，看能不能做一点，加强一些自己的造血功能（**能力：森林资源经营能力**）。

问：您最近几年工作中有没有感觉做得比较成功的事例？请列举3个。

答：我就是班子团结抓得最好。一个班子好与坏关系到一个单位的发展。原来我们的领导班子是不太团结的，各打各的算盘。你要搞什么东西，放到会上是从来通不过的，平时还互相反映问题。我到这个单位已经3年了，我的班子几个领导没有什么矛盾。我主要是工作比较人性化，抓大放小，其他什么事包括人事、财务从来不管，讲不管其实还是要管的。我做一把手就是提纲挈领，外面争项目跑经费这是我的事，我把钱去搞回来，这对保护区发展是有利的。再一个就是把职工的福利待遇提高。因为职工是很现实的，他跟农民一样，有的讲农民有些是刁民，刁民事实上人家是懂法，不懂法人家要刁也刁不起来。我们的职工我讲实在话，考虑仕途的毕竟还是少，一般的工人、一般的干部，也不是每个人都能出人头地的。他就是要有一点实惠，比如一年发10000元奖金，一年能发20000元更好。这个作为我一把手，能说会道没用的，他会说你吹牛皮，职工就是要来点实惠的东西。我任局长以后，无论是给他们站里面的经费也好，给每个职工的福利待遇也好，都是逐年在增长。

另外一个班子团结，如果我们几个成员一条心的话，下面的人想搞点什么事情也搞不起来。比方说下面的人跟你说哪个领导说你坏话，不会相信的，跟人家说我讲他坏话也不会相信。所以他们下面的人也是会看领导脸色行事的，领导确实很团结的，他们底下也搞不起来，所以整个团队也是比较和谐。再一个违法乱纪的事情，我们是严惩不贷，这个不能做好好先生，这个是不行的(**素质：原则性；能力：团队建设能力**)。

再一个我们研究的什么事情都要不折不扣地执行，工作干得好，我们领导班子肯定要考虑。我们那里中层干部 8 正 8 副，但是我们在省里面争取了 11 个正职，要去解决一些人，不能使保护区班子整个老龄化，这个不行的。像这些大学生来了，我们就要用。干部他有一个干部质数的问题，比如培训学院 1 正 4 副，他规定得很死的，都是编办的编委给你克定的，如果搞1 正 5 副是肯定搞不到的。所以我们到人事局做工作，不光是我们厅的问题。所以我们 8 正 8 副，我就弄了 11 个正职，使这些年轻的人有希望出来，让他们在政治上有点盼头，这样积极性也提高一些。所以，我感觉到在××工作这3 年，心情还是比较舒畅的(**素质：追求胜任取向；能力：团队建设能力**)。

虽然当了一把手之后，操心的事情比较多。你看我这个手机一天也不响几次，不像有些局长手机一天到晚遥控指挥。我是感觉到人是以心换心，比如我是一把手，你们俩是我的副手，你也不是给我个人打工，都是我们厅党组的干部。你不相信人家，人家也不相信你，这个就是作用力与反作用力的关系。比方我们这个头碰在墙上，感觉墙把我们的头碰痛了，它不是一个生命，它哪晓得你要碰到它一下。所以我要讲，如果我对人家好，人家是不太可能对我坏到哪里去。再一个有什么事，我们就交心，所以作风民主一点。本身保护区就是一个求人的单位，本身没有什么特权。人本身就容易产生一些疙瘩，我什么事情都摆到桌面上谈，分管领导一抓到底。比方有个小的工程项目，你去管，你不同意的事情不签字，我虽然是一把手我也不签，这样就把你的威信树立起来了，这样才会团结。并不是讲无原则地去做事情，无原则地做人家也看不起。作为一把手不是对下面的人拍桌子，吹胡子瞪眼睛，威信就树立起来了，我认为不是这样的，关键是有为才有位(**素质：民主性**)。

我认为做得比较漂亮的事是，我刚刚到那里去，那个时候经济比较困难，正好遇到我们省从环保部报了一个能力建设方面的项目，等我知道这个消息人家已经搞了一个多星期了，而且我们基本上是没有希望的。我通过很多关系，很多是我私人的关系，而且在我争这个项目之前，我们班子开了一个会，就是争还是不去争这个项目，大家都表示要去争。要争肯定有风险，特别像这种项目当时都已经内定了，那个风险更大。但是既然班子全部同意要争，我就去跑，最后这个项目给我跑下来了。尽管这个项目钱不是很多，100 万，但是我感觉到这个项目我跑得很值得。我感觉到作为一个领导，要把公事当成是私事来办，就什么都好办。所以作为保护局的一把手，目前的这种管理体制，这种现状，不适宜太大年纪的人来当，年轻人更有闯劲。年纪大了以后，他不愿意去求人的。我们都是跑步前进，你不跑不动，天上不会掉馅饼。所以保护区的人非要30多岁的人来做，那才有干劲，效果会更好。像我，干不出名堂宁可不干，因为你跑了划不来，争取不到项目还要亏本（**素质：民主性、追求胜任取向；能力：沟通协调能力**）。

我们保护区成立30多年来，通过宣传，比如对野生动物保护、森林防火等一系列政策、法规的宣传，我们那儿对梅花鹿有意猎杀的情况很少，基本上没有。但是现在的情况是保护区内野猪泛滥，它们的繁殖能力特别强，它1胎要生10多个，多的时候20多个都有，它的发展速度很快。我们梅花鹿一年就1胎，1胎就产1个，有的体能不行还会夭折，所以梅花鹿特别地珍贵。野猪对于农作物的破坏也很大，加上我们那儿周边老百姓又很多，××保护区涉及群众大概是最多的，大概周边有20000～30000名老百姓，所以这个保护区地界划得也不是特别合理。野猪经常一伙一伙地下山，当地农民为了防止野猪破坏农作物，就装电网把农作物圈起来，再有就是放铁夹子，这些东西有时候也会伤到梅花鹿。所以我们这里误伤梅花鹿的现象时有发生，但是故意去打猎的情况还是少，因为抓到是要判刑的，他们也知道（**能力：政策宣传与执行能力**）。

另外，处理得比较满意的事情是我和当地政府，包括和社区的关系处理得比较好。比如，我来之前处理了一个事，就是在我们的核心区有一个庙，它建立的时间比我们保护区成立还早，庙里只有一个和尚。现在随着生活水平提高了，信佛的人也多了。有一个石油的老板，给了庙里几万块钱，要在庙边上，也是我们的核心区的地界内，要造一座宾馆，供还愿的人住宿。我通过当地政法委、公安系统、宗教事务局，把房子推到了，当时房子已经建了一层了。你不要看这么小小的一层房子，搞掉它是很不容易的。它不是涉及一个和尚的问题，它涉及很多信佛的老百姓，这工作做起来很不容易。我做了很多工作，一个就是把那些拆掉的砖块，还有一些没有使用的砖块，包括水泥、钢筋，我花了10000多元，把那些东西买回来。等于是作价给他们，让他们也减少一些损失。因为我们核心区有一个生态建设站，那个房子也比较老，基本上是危房了，下沉、墙体发裂，我到时候维修起来也需要用这些材料。所以我感觉到一个是人还是要讲点人性化，补10000元我认为还是值得，最起码制止了他们建房。开始协调的时候是让我补偿的，我坚决不同意。他们本身就是违法的，我给你补偿什么，我对你造成的损失，我只能是小小的意思意思。把你东西拿过来，一个是断了你今后再建的可能，另外我们也需要这些材料。另外一个还是和地方搞好关系，如果和当地关系处理不好，这个事是很难搞的，你自己去跟老百姓搞，那是根本搞不动的。当时老百姓抵触情绪很大，我们是强行执行的（**素质：**

原则性；能力：社会关系处理能力）。我感觉到我们每年付出一点，包括对周边重点地区进行扶贫，还是有些好处。使人家慢慢改变观念，你这个保护区并不是完全阻碍我当地的发展，而且还能给来小小的实惠（**素质：服务群众意识**）。

尤其是这几年，我们江西的林业工作搞得风生水起，一个是林间制度改革，要返利于民。这虽然对政府部门，包括对重点林区的政府部门、林业部门带来一点冲击，但是对林农实实在在是带来好处的。第二个是一大十小工程，白天见不到村庄，晚上见不到灯光，我认为这个总体还是好的，对老百姓也是一个实实在在的东西，包括对自然环境的改变也有好处。这个事情，每个县都想得先进，每个县都要争，有时候我就经常出面到厅里面去争一争。我就跟厅长去反映，阐述我的观点。比如说我们3个县，我这个县是有1个林业厅直管的保护区，在3个县工作不相上下的情况下，尽量往我们这个县偏一偏。因为我们这个工作很大程度上需要县里面支持，他们不支持就一事无成了。争取过来以后，县里面领导也很高兴，虽然钱不多，评上一次先进奖100万，对一个县建设来说没什么作用，就是给1000万也不算什么。但是现在很多县委书记年轻，他们很看重这种荣誉，有时候省长亲自颁奖，他也很高兴，这样就把我们的地位也提高了。因为我们有个好领导被评到先进了，非常厉害，所以就把我们保护区地位也提高了（**能力：沟通协调能力**）。

再有一个，这么多年，国家加大了对保护区的投入，保护区各方面设施设备也好起来了，尽管收入不高，但是从表面上看过去还是蛮不错的。尽管保护区现在经济上还比较困难，但是我对保护事业还是充满信心。一般其他单位我还看不上，这个单位发展潜力很大，特别是我感觉到年轻人在这里会有前途。这种单位只能是越来越好，随着社会越发展、越进步，对保护事业会越来越得到重视。尽管我一天到晚要去求人，我求得很高兴，很安心。我比坐在那里打麻将要好，我们这个工作追求是无止境的，只要国家重视，有一班子人能做事，这个单位还是蛮好的（**素质：自信心；追求胜任取向**）。现在全国基本上林家铺子是一家，保护区基本上也是一家。只要你一个电话，我肯定好好接待，这也广交朋友。一个单位如果没有一点人气，也是死气沉沉的，热热闹闹还是好。现在我家里也不是很缺钱，你和有钱人有什么好比，我们这里好几个农民都是亿万富翁。我有时候跟他们开玩笑，虽然你们是亿万富翁，我不跟你借钱，你也是穷光蛋。

问：在您近几年的工作经历中，有没有什么事件感觉处理得不太理想的，或者留有遗憾的？请举3个事例。

答：我经历了几个阶段，一个是1986年的时候，那个时候保护区是举步维艰。因为当时国家发展速度也不是很快，保护区一个是在地方上没有什么地位，再一个是收入不高。到现在这个时候，保护区的地位已经有所提高了，包括职工的福利待遇、工资收入，在地方上比上不足比下有余，应该还是可以，还是看你这个局长怎么去为职工着想，去为社区群众着想(**素质：服务群众意识**)。我们是省直属单位，人、财、物都是省林业厅直管。我家在××市，我工作地点在××市，从家里到工作地点高速公路开车要走2个多小时。我感觉地方关系很重要，保护区工作人员不可能有很多。我们现在编制是43个编，包括退休的大概有50来人，现在在岗在编的还不到43个人，大量的工作需要当地政府，包括县一级、乡镇一级的政府，还有一些行政部门总体支持。所以我感觉到保护区这一块很多地方涉及共管，所以每一年尽管我们自己(经费)很困难，我还是挤出一部分资金帮助社区发展。所以我们和地方关系协调得还是很好的。工作协调得好，我们工作压力也就轻一些，也就轻松多了(**能力：社区关系处理能力**)。

我主要是想谈一下对保护区发展的建议，我感觉到这一点很重要。他们开玩笑说我们保护区都是穷山恶水的地方，事实上都是青山绿水的地方。因为所有的保护区所属的位置都是比较偏远，在城市边上不可能有那么好的地方，也不可能有那么大面积的地方。现在我看保护区与保护区以外，特别是森林生态系统的保护区，那是截然不同的。比如森林生态系统的保护区从它的林效也好，从它树木的生长也好，和区外有很明显的区别。保护区基本上是封闭的，我们也不能去砍，但是外面的基本是看不到什么东西了。我认为保护区成立这么多年了，在这方面是做出了很大的贡献。所以很多人说保护区是捧着金饭碗要饭。如果把这一片林子去做一个价，把你所保护的这些濒危的物种去做一个价，那该值多少钱。但是我们的日子是过得比较艰苦的(**素质：奉献精神；能力：森林资源资源管护能力**)。

还有一个问题，我到过这些不同类型的保护区工作，我感觉到保护区分类管理很有必要。一定要实行分类管理，不能所有的保护区都按照一种模式去管理，那是没有办法的管理，我今天也向国家林业局保护司的同志反映了这个事。我现在从事的是动物类型的保护，是野生梅花鹿，叫华南亚种，它这个种群在全国来讲都不多，只有大概1000只左右，我们那里大概有400来只。一个是我们保护局自身工作做得比较好，通过30年的保护(省级保护区已经成立30周年了，国家级晋升也是4周年了)，包括行政执法(对乱捕乱猎的打击)、宣传，再一个是公益林(省级、国家级公益林)的管理也是比较严格的，再一个就是森林防火的管理，在江西管理得特别紧。现在的问题是，在江西森林防火采取一票否决制，在江西只有计划生育、社会治安综合治理、森林防火这3块采取一票否决制。它把职能压给政府，如果哪个县里发了大火，要追究县长的责任。所以通过这些保护管理措施，就使我们这种以草食为主的动物——野生梅花鹿，它的栖息地环境得到了改变。它要吃草，原来的灌木，包括一些草丛，现在全部都长出了乔木，严重影响了梅花鹿的生存。我们现在采取什么方法呢，就是干扰乔木生长，最好的方面就是计划火烧。用火烧了以后来年草长得很好，大东西都烧掉了。都认识到计划火烧的好处，因为我到海南坡鹿保护区考察的时候，他们那儿就是年年都放火烧，烧了以后他们的梅花鹿发展的速度很快。但是谁也不敢承担这个责任。我到美国、德国都去考察过，在美国林地公园我也看到很多林下有很多枯枝落叶，我想怎么不运走呢，他们说就是在林区林烧，第一个好处就是附作物少，因为发了大火之后，森林里面可燃物就少，第二病虫害也能烧掉一些，因为他们那儿的树特别大，树皮特别厚。但是江西山太密集了，要烧起来很麻烦。虽然上次我们一个厅党组成员讲到时候调2架直升机运水(空中扑火)，我估计都很危险。用火烧最节省时间，最节省精力。第二种方法叫林地矮化，就是开一个天窗，砍一片，效果很好。我就是刚到保护区经费比较困难的情况下，就是从山下到山上开了几条路，开完了以后再去看，发现通道里有很多梅花鹿的爪印，效果很好。有时候梅花鹿也是根据不同的气候从山上往山下吃，吃了以后由于到处都是树啊、林子啊，全部都长满了，它上不去了。如果开一个通道，它就又可以上去。林地矮化这一块，我们做一个项目国家林业局都会批，可以搞栖息地恢复、栖息地改良。但是现在的问题是，核心区和缓冲区它不允许做林地矮化，只能在实验区做(**能力：学习能力；森林资源管护能力**)。

保护区主要就是从核心区到缓冲区再到实验区，实验区基本上老百姓很多，活动也很频繁，加上我们当时划界的时候又是以公路为界的，梅花鹿到实验区来，对它的栖息安全是一个很大的威胁。上个月我们的梅花鹿突然跑出来被火车撞死了，还有一次凌晨4点到公路上被汽车又撞死一头。所以在实验区允许做林地矮化，把梅花鹿吸引到这一部分区域来，是不太可取的。所以我为什么说要分类管理。比方以湿地为主的保护区它又不同，比如××保护区，它涨水的时候是一片汪洋，低水的季节是水落滩出，形成了一个个小湖水。那么你低水的时候不允许人家开船是可以的，涨水的时候你不允许人家开船是做不到的。所以我讲森林类型也好、湿地类型也好、野生动物类型也好，包括沙漠的、草原的等各种不同类型的保护区，一定要实行分类管理。如果像我们这种矮化试验不能在核心区、缓冲区搞，那梅花鹿生存就比较危险了(**能力：分析判断能力、森林资源管护能力**)。

再一个，这么多年自然保护区总是没有重新修订，因为刚刚搞自然保护区法的时候，我看到过它的初稿，它里面有一条：国家级自然保护区按照或者参照公务员管理。这一点，我觉得至关重要。这个在国外，比如美国，这个保护区工作人员地位很高的，他们都是国家公务人员，但是在我们这里很多都不是，我们江西只有一家，就是××自然保护区已经参加公务员标准管理了。我们大部分都是事业单位，存在的一个问题就是前面说的经费不足，让我们局长就没有很多心思去谋取保护区更大更快地发展。我首先要考虑的就是这些人的生存问题，职工的工资待遇问题，保护区的发展、建设相对来讲(精力)就不够了。

如果是参照公务员管理，员工工资国家给你兜底，那样这些问题就不存在了(**能力：团队建设能力**)。现在很多项目经费，很多都是国家项目，你用不能乱挪用，乱挪用了我这个局长要承担责任。我们江西人头费一个人30000元多一点，浙江大概一个人60000~70000元。我这个局长每一个月发到手的工资大概2000多元，我还是正处级待遇，算保护区工资最高的，所有的加在一起可能就是3000元多一点点。一般的人可能就是1000元多一点。

再一个保护区发展到这个时候，不提高工作人员的待遇，工作单位性质改变不了，人才吸引就存在困难。我这个保护区正儿八经是搞野生动物专业的几乎是没有的，我想要大学生都很难要得到，要来的也不是这个专业的，本科生很少。就是要来了，他过一段时间肯定会走。因为我们保护区工作环境比较艰苦，比较偏远的地方。我们那个小县城房价又很高，他拿那么点工作哪里买得起房子啊。现在这个小县城和安徽东侧交界，交通也不是很便利，现在已近是4000多一平方米了，我们一般来的大学生就1000多一个月，哪里买得起房子。所以他们必定想走，加上一天到晚坐在保护站里面，工作也很枯燥，所以这个对人才吸引很不利。

我感觉保护区有几个发展阶段，刚刚开始的时候，这种兼职人员、复员军人那是比较看重的，做一般工人做的事。现在到了这个阶段，工作不单单是每天到山上去爬一下，再下来这种概念了。我们要接一些项目，没有一些有知识的人，没有一些人才，就根本就做不了。就是给你一个活你也做不了，连结题报告都做不了，怎么去开展接下来的一系列的工作？所以我发现一个是从经费方面一定要确保。我们这个30000块钱里面没有包含什么东西，一个工资、一个单位开了以后迎来客往，吃饭总要吃的，有的上面来领导还要买点土特产，这都要钱。所以我想，工资待遇如果不提高，我们争取项目又没有人才，这个保护区就很难发展得了。加上我们单位如果不参加公务员管理，我这个局长也没有很多精力，我就是有想法要发展也做不了，没有钱。如果新的自然保护区法不出来，这个始终是一个瓶颈。现在又搞示范性保护区，原来××保护区是，这个××保护区不是，现在国家林业局重点扶持的还是这些示范性保护区，我们这里就又落下来，在政策上、资金上又比人家差一些，这样下去就形成恶性循环。不过总体来说这个保护区还是比原来好多了，以前还要借工资，工资发不出来，要到别的地方借。现在我们硬件、软件设施都好多了，基本每个站都配一辆车，形势比以前好多了。但是没有人才，有些东西都没有人会用(**素质：奉献精神**)。

现在我们非常缺科技类的、野生动物保护这一块专业的，森林生态系统就缺植物分类方面专业的，你总要认得一些植物。现在学这个专业的人特别少，加上这个专业又是个冷门专业，包括我们江西农大这个专业都很少了。现在学园林的比较多，前一段时间学计算机的比较多。现在这种传统的专业基本没有。

现在这方面人才比较缺，我们培训又没有经费，所以培训开展几乎没有。有一些所谓的年轻人，你叫他出来培训，他还不太愿意，他走不出来。现在主要还不是这个问题，是我培训了以后我留得住留不住的问题。所以我招人还要带一个要求，当地的最好，你住房什么家里都有了，比较好留得住。如果是外地的很难留得住。我其实也是很爱人才的(**能力：团队建设能力**)。

问：你们那儿对职工的培训情况怎么样?

答：我们局里面没有设培训机构，平时职工内部培训组织一些，我也兼书记。培训就是分两部分，一个是政治上，一个是业务知识上学习。这个也是法律法规学习，请老师来，像和北京师范大学联合搞一些监测项目，我觉得这也是一个学习的过程，人家怎么做，我们要学习。派出去的还没有。一年内部培训大概最多做3、4次。费用基本上就是请老师的费用，一次1000~2000元，其他费用也不怎么产生。也没有硬性规定每年必须要满多少次培训。我们局里能力建设项目这几年开展得还可以，对局里促进还是很大的。最简单的就是保护区原来靠走路去巡护，现在有摩托车，那都很危险的，现在又有汽车，这就是一个效果了。无论从工作效率也好，还是职工安全着想，都比以前好很多。再一个就是每一年我们都组织一些人出去走一走，提高他们的思想、素质。还有就是从设施设备上改善。我认为还是有些效果。你要是讲很大的事情做不了(**能力：团队建设能力**)。

我感觉现在的培训，可能对一些新上任的局长，特别是一些县管的，他调动可能比较频繁，他交流的地方也多。我们省管的基本上比较固定，不是在这个保护区就是在那个。学习一些理论上的东西还是有用，我们就接触比较多了，包括以前搞GEF项目(美国的)，也是经常到全国各地培训。我个人就参加过好多次培训，比如GEF项目培训，涉及项目管理、公共管理等好多内容，那个时候也认识了很多同行，交了很多朋友。还有保护区类似管理的培训班也参加过好多次，当副局长的时候也参加过好多次，有时候研讨会也参加，接触的人也多。和部里面的领导、保护司的领导都很熟。我感觉这种类型的培训还是多去实地考察比较好，比如说一周之内能花个一两天时间到周边保护区去走走。我感觉到再差的保护区，都有他的工作优势，都有值得学习的地方。这样就更直观一些，学习的效果就更好。

纯理论的东西，说实话，现在网上资料也多。我们搞了这么多年工作，我从××年开始在保护区工作20多年，××年参加工作到现在也将近30年了。我现在最需要的是能实打实地学一点东西。比方国家林业局能组织大家到几个示范保护区去看一看，这样比坐在这里听课效果更好。我们的保护区和××保护区不同，××保护区的鸟是世界性的，它是到这儿越冬，又到西伯利亚繁殖，它交流的机会就多一些。像我们这种鹿，基本上是国产的，和国外交流就不多。台湾的梅花鹿有台湾种，我们这个是南方亚种，还有四川种，它有好几种。也可以和台湾交流，学习人家的先进管理经验，包括检测的手段。比方现在我们要搞一个样方调查，我就和中国科学院动物研究所贾老师联系，希望他们来帮我做，我们自己的力量就做不了。如果我们到的地方多一点，学习人家的先进经验，可能整个就能做了。但是我现在一直考虑这个样方调查准确率有多少。××公布的鸟类数字我认为是很准确的。为什么？我举一个很简单的例子。比如说××保护区原来它管9个湖，最远的湖离我们局里的中心位置步行1个小时，最近10分钟就可以了。那么最近的到了以后，再等50分钟，统一开始数鸟。因为它没有障碍的，位置定好，手上拿一个计数器，一个一个数，这个准确率是比较高的。再一个是利用飞机，航拍航调，也是比较准确的。但是对梅花鹿、野猪的调查，用这种方法就不一定合适，因为你数不到准确数，只能是这一块里面，估计是多少多少，这个估计的程度比较大。今天培训发下来一个表，我们基本上是没有什么对外交流的，所以我就想像我们这种是不是经常能到周边走一走，学习一下别人的先进经验。我特别希望能实打实地学习点东西，你像到了局长这个层面，因为我们是分工管理，所以很多具体操作之类的不一定需要我们亲自参加，所以太专业的对我们来说也不一定是太合适。我们还希望去基层看看他们对一些问题具体是怎么操作的，可以和他们互相交流一下，对我的思路可能会有些帮助。

我是比较善于观察、发现一些问题，喜欢思考一些问题。我来到××保护区之前，也没有从事过这项工作，但是人总要有个悟性。因为长期在保护区工作，他还是有一个连续性的。我来了以后，因为有一头野生梅花鹿的一条腿被那个夹野猪的夹子夹伤了，那条腿就短了一点。老百姓报告以后，我们就弄到救护中心。我们那个鹿舍里面全是水泥地，这个鹿受伤的腿走路，杵在水泥地上，最后死掉了。我就搞不懂鹿舍为什么要用水泥地呢，还有没有其他的替代物呢，这种水泥地梅花鹿受伤的腿在上面走路肯定是不行的。前年我们厅里组织了一些林业产业大户，到广东、海南去学习。我就争取个机会，终于把这个问题搞懂了。因为广东那边搞饲养比较多，我就问他们鹿舍用什么材料最好。他们告诉我用红砖，或者水泥砖铺在里面是最好的，做成特定的形状，也利用排水，鹿舍就不会很脏。光用泥是不行的。因为鹿经常排粪，也不卫生。现在我们的鹿舍就搞好了。这就是培训带来的收获（**素质：责任心；能力：学习研究能力**）。

还有一个比方说我有一个培训，可以把你们请过去培训，这种形式也挺好的。因为派人来你们这儿学习野生动物保护也不是不可以，但是作为森林生态类型的，南北方差异很大，北方的树丛也很少，南方的树丛多，我们可能就更偏向于南京林业大学、江西农业大学，这方面他们可能更厉害一些。像野生动物这一类的，我们还是比较希望请东北林业大学的老师。也就是我们如果有培训需求，是否可以通过你们来联系相关的老师、专家，到我们那里作短期的培训。

问：您说的这些建议特别好，我们一定及时反映。听您谈了那么多挺受启发的。就您个人而言，这些年来在工作中有没有遇到过什么困难，或者有没有什么工作觉得当时处理得不是很理想的？

答：我目前还没有遇到什么困惑的事情，或者处理不好的事情。我这个人比较乐观，按照我爱人的说法就是：我这个人属于吃了中饭，不会愁晚饭有没有吃的人。心情比较开朗，业余爱好比较多，喜欢写写书法，我是江西省书法家协会会员，喜欢唱唱歌。朋友、同学有时间就来往。我看我们一些老的干部，在位的时候朋友、同学都忽视掉了，等退下来，人家也不会跟你来往了。所以我有时间也和朋友、同学喝喝茶、聊聊天、打打牌。我感觉到人总是要老的，等老了，还有这么一帮朋友在挺好的。

我感觉我不太喜欢到领导那里讲这里苦那里苦，有困难了还是自己要想办法去解决，靠谁都不如靠自己。人那思维活跃一点，点子多一点，困难都会迎刃而解（**素质：自信心**）。有一段时间，让我最操心的倒不是其他的，人的工作是最难的。如果人摆不平，我想用的人也用不起来，你像这些新来的大学生。人的工作是最难做的，因为人的思想不能去克隆。老话说“一鸟生九子，九子九条心”，就是兄弟，他的想法都是不同的，10个指头拿出来都有长短。所以就是只要工作在努力做，我们组织上能考虑的一定都会考虑。

我经常和他们讲，没有必要刻意去表现自己，做工作还应该是脚踏实地的。因为我是从一般的巡护人员干起来的，我感觉平时学习很重要，善于学习更重要。2008年我们省里面搞副厅的考试，我也没有什么准备，一考也考入围。我就感觉到平时的学习积累很重要，要经常上上网，再一个好记性不如烂笔头，记忆力再好不如笔下留下东西，今后翻起来也方便。我看报、看电视、上网，有好的我都拿笔记下来，一年能确保一本。再一个我还喜欢剪报，报纸上有什么经典的东西，我就剪下来（**能力：学习研究能力**）。特别是公文写作，叫拿来主义，它不是抄袭，你只要能组织得好，罗列得好，就是自己的东西。我原来读书的时候很顽皮的，等于是在学校读书是很落后的一个人，读书的门都怎么进过，今天能走到这一步他们都想不通，这个就是兔子和乌龟在赛跑。再一个广交朋友是有好处的，交一些有质量的朋友，差朋友不交，我跟我女儿也老是这么说。交一些有质量的朋友，对你是有帮助的，因为潜移默化也是一种教育。再一个就是对朋友真心对待，有些事情能办就能办，不能办也要说明。现在社会人脉是很重要的，包括你去跑一些项目，也要关系，没有关系你绝对跑不到。人家会给你出点子，我前面讲的那个环保的项目，已经定了两个人。这个项目不是环保一家说了算，还有一个财政，我可以通过财政把你加进来。然后我也可以通过关系把你们两个也说通，使你们也不会有很大的抵触情绪，这样工作才能做得好。我那次就是这样干的，他们也认为干得比较漂亮（**能力：沟通协调**

能力）。

做好领导干部不是吹胡子瞪眼睛就有威信，你能跑点东西，让职工福利待遇都有改善，环境面貌好起来了，班子又团结了，他们都看到这些变化的。你想用的人都能用起来，不是我想用谁就用谁，不是这个意思。是事业需要什么样的人，我们也能用得上，尽管名额不够，我们也能去想办法争取下来。有些人就不会去想办法，那怎么办，名额不够，不能用就不能用，这就不行了。我们要去想办法去帮助这些人，使这些人能够得到很好的成长，事业才有希望（**能力：团队建设能力**）。

我们局里设了办公室、职员管护科（保护科）、科研宣教科、设计事务科、工会。下面就是4个保护站，一个生态建设站，还有一个南方亚种梅花鹿繁育中心（救护中心），繁育中心这个牌子好像还是国家林业局给我们发的。我们局编制43个编，人数是30人左右。我们需要人的话，自己没有权力招，要通过省人事厅，事业单位考试。我们倒是希望有高等教育的人才。我当时到南京林业大学去招人都招不到，因为那边就业的机会比较多。江苏那边比较发达，又靠近上海，就业机会很多。东北林业大学也很难招，现在就是江西农业大学的都没有几个报名，现在就是几个所谓的大学，比方衡水学院这种地区一级的，还有江西环境工程学院，大专一级的，原来中专升为大专的，就是这种人才。你像研究生我们想都不敢想，不够人数报名也开不了考。

我们争取的项目基本都是科研项目，都是单向物种，那个还比较难，因为这个项目发改委还管。一般是监测的、能力建设的项目，他也基本上是按照平均分配。前年我们报了4家，我还是排得比较后。我们4家120万，但是我们省里有一家得了80万，因为这个是在一个总盘子里分。我感觉这个意义不大，因为都是兄弟保护区，搞多了人家也有想法。我去跑项目，我绝对不会讲你应该给我多少钱。我们都是从感情上出发，只谈感情，至于你能给我多少，那是你的事。有些人不理解，认为我拿多了，就拿走了别人的钱，因为别人少了20万。基本上项目经费还是平均分配的。我感觉到林业能力建设这一块比环保还是少，江西环保厅一年给保护区不多，总共给两个保护区，每个300多万。我们今年4个保护区400万。这个钱我感觉到相对集中一点比较好，要是像撒胡椒面那样，撒不到多少，现在100万真的不能做很多事。今年项目我拿到200万，一个是国家林业局能力建设，另外是山区项目配套。我们一个分管厅长叫我到省发改委自己去跑。我经过几个月的跟踪，就拿到了100万。再一个，厅里面小的项目还可以给一点，所以从用钱来讲，基本上还是可以。再一个我手上正在做三期的，我现在考虑的就是三期结束以后这个项目怎么去争取（**能力：沟通协调能力**）。总的来说目标不是很多，我们这一块不像××地区，湿地类型的钱更多，一搞就是1000多万，我们也搞不到这么大的项目。

问：谈得挺好的，非常感谢您的配合，谢谢！

案 例 二

受访者：福建省××局长

问：请您简单介绍一下自己的学习经历和工作经历。

答：我××岁，工作××年，已经在多个岗位上工作过。我是学农业的，原来在乡镇一级工作。去年在福建××自然保护区担任局长，以前一直从事农业、农村方面的工作。

问：请您简单介绍一下您的工作职责。

答：我现在在保护区的责任主要是确保保护区的经费来源，确保保护区的各项安全，做一些保护区的科考和科教方面的工作。

问：你们单位现在有多少职工？

答：我们单位总共76个人，属于国家财政拨款的才24个，我们编制有60个，但实际入编的人没那么多，不让入。现在多数是林业院校毕业的，农业院校的也有。职工高中比较多，中专的不多，其他的就是函授本科。高级职称有2个、中级职称8个。如果职工学历还想深造的话，我们支持，毕业以后费用50%报销。基本上学本科的多。我们保护区岗位森林防火的有、森林管护的有、计财的也有，都有那么一两个吧。上面给我机构设置有科技科、保护科、旅游科、计财基建科、办公室就这5个。旅游科主要负责生态，生态旅游做过一段时间，但是要贴钱最后不做了。完全要做生态旅游投入很大，一个缺资金，一个如果报上面项目作为工程建设来做的话要逐步地完善的。

我们保护区比较需要林业、农业、财务、建筑工程、计算机、法律的这些方面人才。现在我们招人渠道一个是参公，一个公务员考试，事业单位也要考试，不是由我们来挑的。考进去了还要按照规划啊，你一年不能进这么多人啊。必须新老交替啊，今年进两个，明年进两个，陆陆续续地进。参公人员才16个，其他是事业定补的，财政只给你一个人一个月1000元，按照事业编制的话一个月2000~3000元，管理区还要给他找钱发工资。其他是护林员，护林员都是我们聘用的，也是我们原来劳动区招工过来的，他们是没有工资发的，财政不管，也是我到处去找钱。我这个局长是大部分精力，一部分找钱发工资，一部分做群众工作。如果按照（比例）的话是三分之一找钱，三分之一做保护工作，三分之一做群众工作。找钱就是向当地保护区的林业部门、环保部门、发改喽、科技喽、财政喽，策划些项目喽。争取财政也有一点，科技也有一点，发改委也有一点，反正就是各个渠道都要一些。难度肯定有，这个八仙过海各显神通吧，那没办法。这我原来在乡镇工作，在部门工作都是这样，到处要钱。我们一年可以筹到100多万资金，用在职工工资、培训等方面(**能力：团队建设能力、沟通协调能力、森林资源管护能力**)。

问：您那儿开展森林生态旅游吗？

答：我们保护区也做一部分生态旅游，但不是主业，没有什么经营模式。我们保护区在当地也算是自然森林生态保护得比较好的一个景点，去旅游参观的人比较多，但是我们就没有专门设立旅游开发的项目，反正有来的人，我们按照保护的有关规定要求，进入保护区，他要参观啊休闲啊，我们也就让他进去了，既不收什么门票，也不收什么费用，只要不破坏就行了。就是那种核心区我们就不让进去。我们那儿海拔比较高，湿度比较大，不易引起森林火灾。森林多数属于原始森林，原始森林火灾发生的次数非常少。

问：盗伐现象严重吗？

答：盗伐现象很少，我们那儿只有一条路，设有几个哨卡。

问：您近几年工作过程中，有没有什么事是做得比较成功的？请举3个事例。

答：抓了一起森林盗伐事件。就是前几天发生的，一个村民在我们保护区最边缘的地方，他盗伐了红豆杉，我们当时巡护员发现了。我就说在我们保护区内最好有一个典型的例子把他抓来作为宣传，然后这个人通过林业公安的介入，把他抓来。本来这个人也够上森林法的处罚的，盗了一立方米多(**能力：行政执法能力**)。

第二个我们讲任何保护区的东西，不经过有关部门的审批是不能够拿出来的。我们这个保护区成立时间也算比较长的，××年成立的。原来没有成立保护区之前，山上是可以自行采伐的，有的采伐树根啊、树兜啊、枝桠材啊比较多。现在成立了保护区，捡松柴的人还是有一些的，他就硬要捡，捡完了以后他就要通过各种渠道各种办法给他装出来。按照我们保护区的法规就处罚不到他，因为我们没有执法权，我们在哨卡上是没有办法对他进行执法的，这个也是通过和林业公安协调。然后我就让他去冲卡(冲破哨卡)，第一次是教育，第二次警告，第三次让你冲卡，以这种形式你违反了保护区的一些要求。这样子来处理，起到警示、宣传、教育的效果(**能力：行政执法能力**)。

这个保护区工作我感觉到很多法律法规既明确又不明确，既能又不能。对我们保护区来说虽然有这些法律法规，但是我们不能用，我不是执法人员。你说像我这个局长能上山执法吗？不行。那我底下的工作人员也没有这种资格，这就给我们工作上带来了一定的困难。所以如何去做好这个保护区的工作，他的困难和问题也是非常多的。那我们也感觉到为什么说一个捡松柴的人我们都制止不了他呢？就是没有一个处罚的手段。虽然说我在保护区工作时间不长，但是我感觉到保护区的工作非常难做。

第二个，这个保护区都是根据国家的要求划定的，它跟当地的政府以及当地的经济发展产生了一些矛盾。保护和经济发展是一对矛盾，如何解决这对矛盾，需要国家加大财政投入。那这只是一方面，但是保护与经济发展这种矛盾是一定要解决的，你不解决这个矛盾，所谓的保护也只是理论上和字面上的保护，你不能够完完全全做到这种真正的保护。因为当地经济要发展，人们群众必须要生产、生存啊，你保护完了，把这个控制那个控制，严禁什么严禁什么，那么多严禁的话他怎么生存啊，他怎么生活啊？

问：您在位期间这个矛盾产生的时候您是怎么解决的？

答：我天天被这个问题困扰着。我天天和村民打交道，村民天天都来找我。我这个保护区村民不多，总共村民和居民加起来达不到1200人。长期居住在山上的在保护区实验区内的才300～400人，还很分散，因为保护区范围比较大。他们原来居住在深山老林里面以造纸为生。这一带划为保护区以后，这部分人原来以砍伐毛竹林为主的，山上可以砍木头，偷盗一点木头，再捕杀一些动物为生，现在不允许了。他现在的生产生活以及生存就受到了影响，国家又没有给他其他的什么补助。现在的生态补偿金现在不多，你那个千把块钱几千块钱算什么呢？

问：现在每户一年有多少补偿金？

答：就是按照文件规定的全部给他，那他也不够，那他怎么生活？那这个矛盾越来越突出啊，他整天要向上反映。

问：遇到这种情况您怎么做呢？

答：那要落实林权啊，林权要给他啊，让他享受和其他的村民和居民的待遇。我们现在林权的话，按照国家的林权制度改革，已经全部作为林权证发给村民了。但是我们保护区的村民没有这一块，一划入保护区，按照我们保护条例规定的话，对保护区的林权不进行分配和处置，不属于林权改革范围内。我现在只好天天和这些村民磨嘴皮子，他找历史的档案资料出来，我也找我们有关的历史档案出来。因为我们这个保护区有点特殊，它如果按当时历史上延续下来的话，这个保护区是隶属人民政府管理的，最早是个独立大队，然后就是属于人民政府的一个办事处。所以它当时有一些林子作为集体林，属于集体所有制，成立保护区以后属于国有林。所以现在就整天和他们耗在这个地方，大部分的工作精力与时间消耗在如何解决群众的这种生活与生存的问题（**能力：社区关系处理能力**）。所以这一对矛盾是最大的矛盾，发生最严重的冲突就是打，打得厉害，当时我还没在这儿工作。现在村民找我基本上都是倾诉。我现在看到的一个最大的优惠政策就是在核心区内搬迁，一共50000元。但这50000元太少了，对村民来说他们要从祖祖辈辈生活的地方搬出来，这50000元太少了。现在买一个房子起码要百把万的，他怎么够？他不接受的。但我看了，最大的政策也就是这个政策的，其他的对保护区的政策也没有什么了。其他就是保护区工程建设一期二期，国家给多少，那我们按照规划设计去做就是了。对当地的村民、居民，你只能是尽力改善一些基础设施，其他你能为他做什么事啊？（**素质：服务群众意识**）

你不能对当地的经济发展带来什么，因为我旅游没有开展起来。为什么没有开展旅游呢？出于两个原因，一个就是开展了以后确实对森林生态有点破坏，第二就是我们这儿门票也收不起来，因为大家都熟悉啊，打个电话，门票没有不说，还要贴他吃，这个情况非常多。就是你从外地到我们这儿也一样，既然你会到那边去基本上也就是熟悉的。这里还没有形成真正意义上的这种旅游型的景点，跟黄山、故宫不一样。那些地方谁给你打电话啊，打电话也没用。所以旅游这块来说，不但没收入我们还要贴钱，所以就不做了，从我们当地的实际情况就是这样。我们那儿作为一种完全的生态旅游是非常好的。现在大家不知道，宣传力度不够，经费不够，你像我们打旅游品牌广告也要钱。再加上我们保护区从某个角度来说也不宜宣传过度。从我这个角度来说是这样的，如果增加旅游的话，我不是事情更多，责任也更大，难度也大。防火的话，旅游的人多了，防火责任就大了。所以现在保护区以保护为主，开发做得少。本来适度开发是要做的，但是由于这些问题，一个资金问题，主要也是这个［（**欠缺**）**能力：森林资源经营能力**］。

我们这儿林下经济没有开展，主要我们是原始森林，是保护区，你种林下经济一定要把草皮弄掉再种，我们这儿不允许弄草皮，所以这部分就没有开展了。我们这儿连为了行走方便开条小路都不可以的，一定要保持原始风貌。

我们那儿野生动物保护也有，但是处理的事例不多。那儿村民也就才千把号人，保护意识还是有的。外面的人来不会让他去的，基本上外面进去的人乱捕乱猎不太可能，因为他进不去。我们那个保护区还是属于原生态比较强，外界知道的也比较少。我们保护区在全省来说有一定知名度，在全国的话知名度就不大了。

作为我来说，在我职权范围内对老百姓能做的也只是比方说他们还有一点耕地面积的，那就帮他们出出点子啊，调整一下产业结构啊，增加一些收入啊。对他们的毛竹林进行一些科学养竹育竹的知识普及啊，科学规划、科学采伐啊，然后病虫害的防治啊，做些这个事情（**素质：服务群众意识**）。比方说前段时间村民的毛竹得了一个什么病，农民没有发现，农民不懂。我们专门有一个科技科，这些工作人员到山上看了以后发现毛竹有问题。如果从农业方面来看我们可以不管，那我们出于农民收入的角度来看，我们还是给他去看了，看完以后写成材料进行宣传，分发给群众，让他们知道这是什么病，然后怎么治疗，怎么预防（**能力：林业有害生物防治管理能力**）。这事情也是应该做的，我们不但要做保护区工作，还要做群众工作，这也得做好（**素质：服务群众意识**）。

我们保护区科研这一块我们自己搞一点基础性的工作，比方说气温啊、温湿度的变化啊、水文地理的变化啊、气象的一些观察啊。我去了以后要求他们必须做这些最基础性的最日常的工作你都必须做好记录，便于今后进行查找，也便于今后作为一种对森林生态保护的数据参照。不然的话，你一个保护区的技术人员十几年，最后你连一篇论文都写不出来，因为你平常没有做记录，基础性的数据都拿不出来。你用什么东西来证明森林生态是保护得好了还是没有做好，好了，怎么个好法，动物保护还能看出来。今年动物越来越多，猴子多了、野猪多了、鸟类多了，那你这个工作做好了。但是，其他方面(不做记录，光看)你怎么看得出来(**能力：森林资源监测能力**)。前2年我去争取了一个红豆杉苗木培育的科研课题。因为什么，红豆杉这个苗一定要红豆种子通过一种鸟类吞食下去，拉出来以后才能生长。我让科技科去做试验，如果鸟类不吃这个红豆怎么办？是不是在山上就长不出了？我就要求他们去把鸽子、家禽这种鸟类各搞一组试验，一个反正也很简单，再一个做完以后红豆杉这个盆景也创造经济效益，也很好。现在这个课题刚开始做，保护科的同志也参与一些。现在科研主要是科技科、保护科在做(**能力：科学研究能力**)。

问：这几年在您的工作中，有没有什么不满意的地方，或者是某些事处理得不够理想的，留有遗憾的？

答：工作上处理不是特别满意的地方没有。工作中遗憾的地方一个是保护区的机制、体制需要理顺，要把保护区列入垂直管理，再加上经费有保障，一些机构配齐配全。比如说我们保护区把配森林公安作为强制性的规定，一定要配，再加上你这个人员要归我们管理，这么样一个完整的机构、队伍，那你这个工作绝对好做的，那是绝对保护的。现在这些都没有实现。现在做起来特别有难度的一个是工作经费没有保障，还有人员不是很完善。保护区需要各种专业人才，而不是说就那么几个就行了。有涉及林业、农业的，一些花卉啊，我认为是各类型的专家都要有，计财、建筑都需要的。不一定每个保护区都有这么多，当然不是每个保护区都去搞科研，但是你这些基本人才还是要有的。最大的一个是这个保护区属于林业的大范围的，属于森林生态这方面的，我认为都要有森林公安，它要有执法人员，没有执法人员是不行的(**能力：协同执法能力**)。

问：你们那儿的培训情况怎么样？

答：我做局长以来，保护区的培训这是第一次。今天上课感觉很好，因为保护区的工作跟我们以往的工作是不大一样的，所以我感觉进入保护区对我们领导的话确实要培训。我比较需要一个是政策法律法规方面的培训，第二个是业务方面的培训，第三个是学习一些先进的保护区的经营管理方面的东西，能到国内哪几个示范点的保护区看一看，参观学习一下，或者到国外参观学习一下这就非常好。国外的理念比我们国内的更好，当然我们国内的也有比国外好的。这种学习一定要走出去。还有，作为保护区局长比较需要管理水平方面的培训。

我当局长以来省里的培训很少，真正保护区的这种培训都很少。国家林业局每年就搞一期这种行政领导的培训，但平常也很少。像这种参观学习的、相互交流的就更少，我到现在都没有看到什么相互交流学习的机会。最好像中央党校的那种培训多一点，天数不一定要长，而且可以到好多保护区去参观学习，省级、县级保护区的类型都不一样，我们可以去学习借鉴一下，看看各自的保护区都有什么经验。建议对自然保护区局长培训的，最好有两次，上半年一次，下半年一次。这种培训一个可以是理论学习的培训，一个是可以实地参观、经验交流的培训，再一个可以走出去嘛。像我们这种培训，参加完以后没有什么考核，但一般来说作为我们局长，培训完以后都会去局里汇报一下，学习情况啊，体会想法啊。借这个机会向局里领导汇报如何把我们这个保护区建设得更好，取得政府领导的支持，再来做工作。这个机会要把握好，这个不汇报怎么行，不是失去机会了吗？你没有想法创造新的想法也要去，这样工作也好取得支持（**能力：沟通协调能力**）。

我们单位也有专门的培训机构，我们各级各科都有搞培训，我们经常搞培训，连我周边的村民都组织过来参加培训，让他们对保护区要认识，为什么保护区要禁止滥砍滥伐、猎取动物等，然后结合森林防火进行培训。今年已经做了6次培训，一个是保护区的政策和法律法规的宣传，然后是保护知识、防火知识等方面。我这个是综合性的培训，分对象，村级一趟，干部一趟，职工一趟，不一定的。培训倒是没有专门经费，培训经费是自筹的，会用一些宣传上的费用，一年要用花50000~60000元。有培训比没培训好，最起码群众、干部、职工能多了解一些保护区知识、政策。我们单位对干部职工培训是有培训学习制度的，要求是每个人都要参加培训，学时上没有规定要满多少，但是比如说今天培训，如果不来的话一次扣50块钱，然后年终奖金再扣。培训和评定职称有挂钩，如果不参加培训，这个半年不能参加职称的评定，再一个年终不能评先评优，但是和任职没有挂钩。我们局里职工出去机会就更少了，科长级的我放他们出去培训，也是国家林业局组织的。这个方面不做硬性规定的，反正你自己根据各自保护区的经济情况派出去，我是每个科长都让他去一趟。上次是8月份在内蒙古，还有一次在神农架，我派了科长去的。（对他们有什么考核吗？）没有，他培训完，回来再培训下面的。像这种培训经费都是我们单位自己出，也是自筹部分出，国家财政对自然保护区继续教育这一块从来都没有什么经费的（**能力：团队建设能力**）。

问：谈得挺好的，非常感谢您的配合，谢谢！

案 例 三

受访者：河北省××局长

问：请您介绍一下你的学习和工作经历。

答：××年，××林学院毕业，毕业后分到林管局，在基层林场干了10年，××年到林管局机关任办公室主任、局长助理、副局长、副书记、党委书记，后来局长，每2年变一个岗位。学习经历呢，一开始我底子不太好，我是最初文凭是专科，后来学了本科、硕士、博士。现在在××学院做博士后，研究森林健康的课题，这个课题和林管局主业、与保护区有关系（**基本信息**）。

问：您目前的岗位职责是什么？主要负责哪几项工作？

答：现在我们单位是一套人马两块牌子，一个是国有林场管理局，一个是保护区。管理局这块就是提高林地的覆盖率，提高林木蓄积，这是最重要的。从局长的角度来说，强局富职工，让林场经济有个大发展，让职工生活好一些，特别是让职工子女有好的就业（**能力：团队建设能力**）。作为保护区这块，现在做的就是限制采伐，加强管理。因为现在保护区没有经费，用林场养活保护区，所以保护区完全限制所有的经营活动和采伐，加强保护呢也没有更加凸显（**岗位职责信息**）。从××年建省级自然保护区，××年批国家级自然保护区，我们所有的采伐和作业都停了。××年争取了保护区一期建设998万国土资金，现在没实施完，很难实施。

问：保护区面积占多少？

答：49%。

问：你们开展生态旅游吗？

答：我们跟××地区不同，我们这地方保护区旅游还没起步，或者只是停留在接待水平上，没有形成规模旅游收入。我们资源还是不错的，但是相对来说比较边远，技术设施投入不够，靠保护区投入来发展旅游难度比较大，连主干道都没有，就是比较分散。

问：请您谈一谈近几年来您工作做得比较成功的事例，请举3个。

答：我保护区这边工作就是看着，没有太精彩的地方。我们在双增长这块做出些成绩，第一个就是造林，造林我们造得非常好，从投入、技术再到管理上，我们这几年每年造林在20000亩，而且是在过去很难造林成功的地区：山地、沙荒，在这上面，我们每年造了20000亩地，造林成活率在95%。我们都是用容器苗，增加投入，增强管护，使用良种（**素质：自信心，开拓性；能力：**

森林资源管护能力)。

问：您的投入从哪里来？

答：一部分是自筹，一部分是争取国家、省级一级项目，像经济封山园这个重点示范工程，还有育林基金使用，省级育林基金大体一年1000万。一是造林；二是在经营上有些突破，过去经营经验不深，觉得砍了再栽上还是一样的。现在通过我们的学习研究，认为还是应该搞一些间伐期，让它有合理的保有量，搞少量多次抚育(**能力：森林资源经营能力，学习能力**)。正好把我现在做博士后接触到的新的理念、研究的东西用到实践上了，所以说对国家的中低林抚育还是做出了贡献。

第二个，我们把以前的一些遗留问题处理得比较好，过去一些残次林没有很好经营的，把残次林给干掉了，然后保留的都是有前途的。另外密度不够的，在林下搞珍稀树种，让林子生长有后劲，将来有个更好的前景。在国家没有投入的时候，我们每年自筹400万元，每年完成3万多亩的中低林抚育。从2010年有任务后，育林力度比较大，当年完成了5.7万亩(**能力：森林资源经营能力**)。2012年我们正在设计，计划完成11万亩。这个力度很大，我认为对后备资源培育做得比较好。这次全省验收报告会，我们河北省无可争议的效果最好(**素质：追求胜任取向**)。

第三个就是我把采伐的脚步降下来了。我当局长时间不长，1年，过去我们采伐10万多个蓄积吧，今年我们只采伐了6.5万个蓄积，少了将近4万，还是少采点。通过增效、节支、争取项目等行为，争取把采伐的脚步缓一缓，让林子长得好一点(**能力：森林资源管护能力**)。大体上我认为我做的这些还能拿到桌面上来，剩下的就是常规工作。在资源培育上我没欠账(**素质：自信心**)。

问：你们还是计划2000万亩继续造林吗？

答：继续(**素质：自信心**)。

问：每次都是用容器苗吗？容器苗是成本高吧，这采伐量降低了，资金方面您觉得还能筹集到吗？

答：筹集。就是争取项目，我们是省局直属单位，国家这头我们也是工程项目重点区域。要是确实有荒山，有这个条件，只要下大力气去争取，我们又已经有经验和成果了，肯定能争取到项目资金，现在尤其有些个项目资金还是能够用(**素质：自信心；能力：沟通协调能力**)。你像我们今年争取这个经济封山园这个精品示范工程，一亩地600元，栽容器苗基本够了。多争取，没有钱可以争取，但是少砍树(**素质：原则性；能力：森林资源经营能力**)。

问：您谈到在博士后学习过程中接触到的新理念，研究的新东西运用到了实践中，这些东西您是如何让大家接受的？

答：一个是给他讲，从理论上有个更新，更主要的请大家去看，去好的地方参观，到东北、到代金河、到哈尔滨林业局、到吉林，让大家看。他们那里的采育林、择伐林都做得比较典型，比较好。另外我们自己做样板，通过我们的理论强推，做几个样板让大家看。我们这种做的和你原来做的相比有什么不一样，让大家有这个认识。另外，把我们过去做法和现在情况做对比，让大家有忧患意识，如果你再杀鸡取卵，将来就发不了工资了，职工没有就业机会了，未来发展将陷入泥潭。一个是给他说，一个是让他看，另一个让他们心里有体会（**能力：团队领导能力；沟通协调能力**）。现在我们降低采伐量是我们主动降，省级依然给我们10万蓄积，这个可以算到以后，如果用得着，也不用退回，可以接着用。能少砍一年少砍一年，多留树少留钱，留钱没用（**能力：分析判断能力**）。

问：除了保护、造林，有没有其他产业设想？

答：现在还没有特别成型的，过去搞了很多，多种经营，林下经济，投了很多钱。由于林区职工思想意识、基础条件、体制机制、职工的积极性不高等各方面因素，多数项目95%以上以颗粒无收为结局，这是20年的教训。从20世纪80年代就搞多种经营，以副养主，以副养民，我们就开始实践，始终没成功过。在我们发展史上有个化工产业还不错，搞沙子，主做材料还可以，一年没多少钱，利润一年100万。现在靠一个技术领头人他做得比较好，他自己家里有钱，个人就想做个事业。在我们机制体制不太健全的情况下，大锅饭，他带着我们20个人一年给林管局税100万，这个企业还是有点效益。这算一个，另外我们有个产业是种苗，因为我们离北京比较近，我们觉得绿化这块还是比较好的。对现有大树进行修剪、整形、上工程。这些小苗，搞容器苗，除了给自己以外还往外卖，因为我们技术比较好，有良种，小苗不错，大苗进行修剪，有比较好的技术，这块还是重点，一年利润2000多万。以后我们还要在地产上做些事，我们在县城边上还有些地，这些地现在是租用，将来我觉得租用不是最好的办法，租用增值空间也比较小，对我们单位的经济支持力度几乎为零，一年收入百八十万的（**能力：分析判断能力**）。现在我打算适当地搞些地产，用地产养我们的主业。我就想干个5~6年，算是重新振新一下，但时间短了肯定是不行。总的几个问题，一个是要钱，另外一个自己要产钱，想办法（**能力：森林资源经营能力**）。

问：要钱的过程难不难？

答：不是很难。我们不是瞎要，我们要钱和其他要钱不一样，因为我们是林业厅直属单位，领导经常去，对我们的实际情况、资源现状太了解了，对我们所欠的账太清楚了，我们要这钱绝对不是吃饭，是为了生产，是为了双增长。应该是不太难。今年我们各种项目，营林方面2000万，够了。

问：你们林管局下面还有什么部门？

答：有12个林场。

问：保护这方面会不会遇到阻力？

答：目前没有阻力。

问：就是说不让砍就不砍了？

答：那肯定是，我有绝对领导权啊。大家绝对有些想法，但是我还是觉得我们尽管是限采，但是大家收入没降低，你采树的目的也是给大家发展林业生产，改善生活。这两样咱都不差。我给大家讲，你存这么多钱有什么用，你存钱现在不如存树，你少砍一点，你能把工资开了，满足你基本福利、基本生产就够了。因为我们有截留的项目，将来实在过不了再砍也不迟，能过一天是一天，能过一年是一年，能少采一年是一年(**能力：沟通协调能力**)。

问：但是林区砍树是林区居民的主要生活来源，您不让砍了，他们生活会不会受到影响了？

答：现在还可以。一个是苗木收入解决一部分，另外也搞一些短期的，还有一些其他的收入。你比如说今年有几次占地，高速公路占地啊，要点钱，用这个钱(**能力：森林资源经营能力**)。我说了因为我们没有形成一个支柱产业的时候，只能是在可预见的有限时间内不砍。要是实在影响到职工收入，我这局长也不能干，这个我肯定也得砍，因为你没别的收入啊，但现在1~2年之内，我们还有点积蓄(**素质：责任意识**)。

问：还有什么值得自豪的事？

答：这都不值得自豪，说实在的，有什么自豪的呢？我认为我确确实实是当书记的料(**素质：自信心**)。我从××年就是林管局党委副书记，分管干部，××年我当党委书记管干部，在这整个过程中对我们职工队伍建设，我应该说做出了贡献。从工人这块，我们把工人结构做了非常好的改进。当时我当副书记的时候，我们好多同志因为是在一线，林区，一个是当时的条件，吸收的工人文盲多，知识结构非常差。另外这些人已经50多岁了，身体非常不好，不能够满足我们的工作，但是他占着我们编制。当时我就找省社保局、人事厅汇报，请他们到我们林场来调研，结果领导来了到山里看，到没电的地方看，到最艰苦的地方去，让他搞慰问。他们对我们工作的艰辛有了认识，觉得我们这个行业还是比较艰苦的。虽然都是林业，机关不错，但我们和坝上一样，非常艰苦。后来人事部门、社保局给我们一个优惠政策，男的55岁，女的45岁，可以列入繁重工种，提前5年退休。通过给职工做工作，这部分就提前退休了。一共退休了230人，这样就给我们200多个岗位。我们就设立一定条件，招录大学生，招录转业兵、子弟兵，现在我们招录了大概50人(**能力：团队建设能力、沟通协调能力**)。现在我们情况就好了，那些文盲，身体不太好的就退休，由社保局来发工资。我们的新鲜血液大学生，每年都进15个大学生，还有子弟兵、转业兵，进来后充斥到我们生产一线。现在我们职工结构非常好，这些人有知识，当地人子女，这样比较稳定，这是从工人这方面来讲。从干部这方面，我们也实行动态管理。当时我接这个副书记的时候是××年，当时我们这个队伍是50岁二线，科级干部一刀切。后来发现个问题，大家50岁退居二线的话，他们到了46岁、48岁的时候就不想干了，等着平稳过渡，到50岁的就更不干了，就是不得罪人了，事也不干了。然后我把这50岁的刚性改成弹性。怎么改呢？就是50岁时你是正科，我们那有40多个正科级，正科级就率领某个部门。比如他们一个科室或者林场场长，你这个人在50岁前1年率领你们部门争取达到林管局综合考评的成绩突出单位。如果达不到，50岁退居二线，如果达到了50岁你还接着干。以后相隔2年你必须有一个成绩突出单位，有这个荣誉你还可以接着干，一直干到55岁。这样，干部从47岁、48岁开始，往后都必须好好干，如果干好了可以一直干到55岁，不乐意干了，50岁二线也满足你，没啥说的。副科级干部也同样的办法，争取做先进工作者，否则退居二线。这样我们这个队伍时时刻刻保持旺盛的精力。所以我是当书记的料(**能力：团队领导能力**)。

问：这些年，您有没有感觉比较沮丧的，或者做起来不太顺畅的事？

答：那就是关于保护区建设的。当时我是副局长，我们划保护区时非常盲目，认为划入保护区后就可以衣食无忧、颐养天年了，没想到保护区有这么多负面的制约。因为我们过去是国有林场，在林场里造了大量人工林，一成为保护区一点都不让动了。当时因为我是办公室主任、副局长，年轻，让我负责完成这项工作。我拿着我们的资料和报告书，全国各地向所有的保护区评委汇报，全国一共29个评委，26个我全都汇报了。其中就有人跟我说你这划入保护区后限制因素很多，你们得注意，我就意识到这点了。但是回去跟领导交流的时候没同意，领导有领导的考虑，说是把保护区调成合适大的规模，不能弄大，弄大后将来限制你的发展和资源的增长。就这个领导不支持我，还让接着跑，我作为副局长，服从领导完成任务是我的职责，结果一跑，还跑成了(**素质：追求胜任取向；能力：沟通协调能力**)。跑成之后，我们这个保护区大量的林子得不到经营，涉及我们保护区的3个林场没有收入，靠我们其他林场的收入来维持。后来我多次呼吁能不能解禁，能不能在实验区人工林搞点采伐，现在我仍然在做这事，一直没做动。从2008年到现在一直没做通工作。这工作我有愧新保护区，要不是我去跑，可能就跑不下来，可能就不会有这事。同时我向多位领导汇报，把他们请到我们区，汇报完了大家也认为我说的是对的，但是对我们的想法没人发表支持的意见。我这种忧虑呢是非常爱国的，因为我们林子进入僵局，人工林不能得到经营，出现逆向演替，因为十几年你不动，树越长越高，枯枝败叶到处堆积，病虫害年年攀升，生物多样性锐减，因为它见不着光，所以说这是一个败笔。这事儿让我最难过，是最大的败笔。当时保护区通过国家两级评委成功之后，很多人给我发短信说祝贺啊，你为林管局做贡献了，我说我可能成为罪人，当时就意识到了。我现在还继续在争取解禁，估计将来还能通一些，但我认为是败笔(**素质：责任心；能力：分析判断能力**)。有我这种想法的不只我一个单位，涉及保护区，只要有一些资源的，都是这个情况。一个是国家没有投入，另外一个资源得不到应用的提高，这对我来说是败笔。

问：除了这件事还有没有其他的事例？

答：就这件事让我觉得特别的遗憾。

问：您对培训方面有什么建议吗？

答：我认为还是需要培训一些森林资源保护、抚育方面的新的理念，让大家都可以走出去看看，多学习，多交流。

问：谈得挺好的，非常感谢您的配合，谢谢！

案 例 四

受访者：甘肃省×××局长

问：请介绍一下您的学习经历和工作经历。

答：我是在××党校取得了本科文凭，今年到这个自然保护区工作，之前在××林业局当了3年局长，在××林业局当了4年局长，当林业局局长的时间很长。到保护区以后，其他林业方面的管理都差不多，就是这个保护方面，法律上我最近在学习看看一些资料，跟以前的不太一样，原来我们侧重于的就是护林防火，把林子管好。到保护区后，主要就是动物这块，生态这方面，比较侧重，要保护好，我觉得有必要来学习，尽管手头还有很多事，但其他的都先不管了，先过来学习学习（**素质：追求胜任取向**）。

我们保护局地理位置在××和××交界的地方，主要是对大熊猫栖息地的保护。据专家的预测，整个县的监测，大概有大熊猫10多只，人见的还是比较少的。我们那里有6个保护站，1个监测中心，主要的基层单位就是这么7个，主要保护对象就是大熊猫、金丝猴，还有羚牛、羚羊的栖息之地。我们属于国家的事业单位，目前工作人员的编制是132个，还有雇用的临时护林员、聘用的炊事员之类的零工，总共有大概有20～30人，加上退休的有220人。人员组成情况就是有领导班子，科技人员、高级工程师啊、工程师啊，高级工程师好像有3～4人，其他基本上全部都是工程师。目前单位的状况，国家管的3个保护局其中一家就是我们，国家要求我们和陕西××再不能办圈养大熊猫，不能在室内养殖，现在只有四川卧龙有室内养殖大熊猫的权力，我们都是野生养殖。咱们在电视上能看见，他这个大熊猫老能出国什么的，我们这就没有了，出不了国了。我们这主要保护野生的大熊猫，这个野生的大熊猫很珍贵，闻见气味就跑得远远，根本就看不到。所以最近我就安装一些高科技的摄像头监测一下，他们说这个装电池几天就完了。最近报了两个项目，我就跟给我们讲课的那个计资司的老师谈了一下，我们关系也很好。主要就是这个监测上，科技不发达，监测能力也太差，好多大熊猫活动的场所、景观我们看不到。所以我就想把这个搞监测的红外线的摄像头尽量搞成太阳能的，高科技的，下一步就可以把大熊猫活动场景摄上以后就更好一些。我们的工作主要是大熊猫保护，其他还有一些金丝猴、羚牛、羚羊，还有一些野生植物，红豆杉啊什么珍稀野生植物的保护。（**能力：森林资源保护能力**）

问：您的主要工作职责是哪些？

答：主要职能除了保护还有冬天的护林防火，这个跟各林业局是一样的，一到11月1号防火期开始，主要的工作就是防火了。

问：咱们有没有专门的防火机构?

答：有防火办，值班电台什么都很全，昼夜值班，11月1号以后就要召开全局的护林防火会议。开完以后就要给各村子上村委会都要签订责任书、防火协议什么的，还要加大宣传力度，每年都是这样的。防火还是第一位的。这几年这个盗伐林木的现象还是要少一些，老百姓这几年的觉悟也提高了，国家高科技也越来越发达了。上任后我6个保护站全跑了一遍，跑完以后跟各村子上的村委会主任、书记都谈了，现在的砍伐林木的现象普遍都比较少了，但是老百姓烧柴的问题一直解决不了（**素质：责任心**）。我们这个地方每条沟里都是几百户人，原来咱们通过一些国际上的项目，世行贷款、亚行贷款投资了的项目，比如沼气灶之类的，起了一点作用，但是从根本上看还是解决不了问题。我这次在黄山开会时，就在讨论下一步世行贷款项目怎么做。我就在开会座谈的时候提了一些意见和建议，那么怎样从根本上解决这个问题呢？咱们国家对保护区，尤其是一些比较大型的保护区，层次比较多的，应该搬迁。如果能够让保护区内的群众搬走，那是最好的。但是目前看咱们国家的一个现状，一个是老百姓不愿意走，再一个是真正需要一大笔钱安置他们，让他们搬走，但是我们很穷，没有这部分钱。所以我们只能还是让老百姓住在那里，主要是在实验区，但是他砍开柴了可就说不定了，搞不好就到缓冲区、核心区里去了（**能力：分析判断能力**）。所以我在想，哪天得向上面反映一下，跟他们谈一谈，能不能搞几个大型的项目，一条沟里建一个液化气站，第一批资金，给液化气站的职工和每村的村民一家发一个液化气灶。过去在兰州附近的农民也都是烧煤烧柴的，现在我看液化气灶也使用的很普遍嘛，如果老百姓习惯了以后，液化气到底是方便呀。所以开始给他们沾点便宜，适当地补助一些，等他们用的习惯了，他也就不会去砍柴了，这样农民也比较高兴。但是这个投资比较大，建站啊、专门拉液化气的车啊什么的，开始投资是比较大的，但是以后就好一些了。要是这个建起来老百姓习惯以后，那你最起码就要给我们交点成本钱什么的了。像生活上冬天取暖，他们也主要用的是烧柴取暖。我这次转了好几个林区，我们的职工家里边用的土暖气，烧煤的我觉得也很好，要是推广开，最好再能补助一些那就要好一些。我们的事业费都是国家拨的，但是我们那边的工资低得很，职工平均工资就是每月2000多元。相对来说，一直在那个沟里生活，吃菜又贵，下来也是很麻烦的事情。我大概跑完以后跟那个主管的副厅长汇报了一下，但是这个事情怎样调解和解决，一个是地方要管，一个是国家林业局也要支持。我们现在是个两岔子，省上也就光人事上管一下，其他都管，国家光资金上帮忙管一下，其他的至于比如职工工资怎么样，生活待遇怎么样也不管。有好多困难，除了老百姓砍柴的问题，还有砍伐的问题，再有猎杀野生动物的问题。

比如说白鹿、果子狸、蛇之类的，有时候我们抓住了就教育，让赶快放掉(**能力：行政执法能力**)。

还有一个职责主要就是社区管护。我们专门成立了一个社区科，那天我把科长叫来，跟他谈了一下，问这项工作开展得怎么样？2 年开展了一些工作，我去村子上也看了，专门有我们的宣传点，进行学习的，法律法规宣传的专门弄了一个办公室，资料、凳子都摆上了，我感觉效果还可以。我觉得要从根本上真正的把百姓的生活解决好，难度很大。那天一个村上的主任来找我，还跟我说你看人家地方上的政府都管修路，基本上现在都是柏油路，上千万的支持着呢，你们怎么给我们支持一下啊？原来我给他们支持了一些就像甘肃××地区那边炒茶叶的，我看了一下资料，原来都用柴火炒，现在老百姓比较自觉地不烧柴了，用电炒，我去看了看效果也比较好。局里面刚开始的时候大概买了十几台用电炒茶叶的机子，给老百姓了，现在老百姓已经自觉换了电炒的机子，不需要我们再给买了，这就是一种习惯。用电的来炒，温度各方面都比较好掌握，所以也就会自觉地去用(**能力：社区关系处理能力**)。但是过去建的一些沼气池啊、节能灶啊，老百姓就不习惯去用，咱们那边的节能灶其实也是烧柴的，只不过控制让火着得小一些，这样一来老百姓就不爱用了。

问：咱们局里有没有专门的培训机构？

答：有，我们有专门的大熊猫展览馆，针对局里职工的培训一年安排 2~3 次，外面考察，一年安排这么 1 次，5·12 地震后咱们安排得少一些，目前看总体上比较好。

问：在您的工作经历中有没有什么比较成功的事例或者说经验？

答：首先要对职工关心，对咱们的科技干部关心，这是第一位的。作为一个领导，制度上要严明。最近我去这个局里以后，就要整章建制，让他们把原来的制度拿出来以重新制定，该修改的修改。以前有一些做得不是太全的，通过这次整章建制都给他补全了，以后用制度来管理团队就好办了。再一个就是要对职工的生活啊、工资待遇等要关心。最近我开了几次局务会议，一个是对电话费的管理。像我们局里的工作性质，就是野外电话打的比较多一些，那就是手机用的比较多。经常出野外的，办公室的直拨电话该撤销的就撤销，集体保留一部分直拨电话，把电话费加到职工的手机里，算是一块通讯补贴。再有一个是增加差旅费补贴，像机关干部就经常要下去，到各个点、各个保护站去看。我们监护的任务比较大，一类调查要搞、二类调查要搞。这个原来不是保护区工作范围之内的，每个省每年都要进行一类调查、二类调查，这个不给钱，让你还要干出来，那是任务，限多少天、几个月内就要完成，这个任务量也比较大。最近我们也才把一类调查搞完。我的一个副局长带着人拿着我们这个一类调查的资料去兰州去审去了，就是上面不给钱，我们自己先垫钱干。最近我去了以后，把局里的一些办公设施进行了改善，把原来的电脑啊，都是十几年前的全部都更新了一次，没有电脑的都配了电脑。原来办公室里没空调，你想我们文县那个地方，靠近四川，夏天热得很，温度都在36℃、38℃左右，没有空调肯定热得不行。最近我给职工把空调也都给装上了，所以职工从各个方面都非常感谢，就这一届班子比较好。最近我还在考虑要让职工出去考察一下，让他们看一下外面是怎么干的。最近我让一个副局长带队出去了一批20多人，下批还有20多人，让他们去参观、学习，回来以后好好干工作，出去看看，回来以后思路就会不一样了，眼界拓宽了。最近就是没有时间，陕西××的×局长给我打了好几次电话，叫到他们那里去。我也有这个想法，把副局长们、科长们、保护站的站长们带上，到他们那里去一趟，看看兄弟省区、兄弟局是怎么做的。我也打算这次回去以后，去基层看一看，再到各保护站、哨卡看一看，7个保护站，其中有一个我还没去，上任3个月，实在是没有时间。这次回去后要抓紧跑一跑，还有什么问题需要解决的，该解决的、能解决的就全部解决完**（素质：责任心；能力：团队建设能力）**。

再一个方面，就是禁毒。刚好我们就处于甘肃南部，甘肃南部像××、××、××地区，还有我们这几个地方，种罂粟比较普遍，比如大烟罂粟壳、罂粟花，所以每年禁毒这个事也很麻烦。我原来在××林业局的时候，每年除了护林防火以外，大部分的时间，大概从5、6月份就开始禁毒了，一直到9月份这个东西不长了，这事才算结束。这几年国家、中国科学院弄个天上的卫星，他就能看到，你哪个地方有，看得清清楚楚的，那个叫靶点。哪个地方有，原来他不说，过去我们租外国的卫星，他专门就看你有没有，不给你说具体地点，叫你去清理。我们就专门去找，完了以后铲除，但是他不提供给你，你不好好找就没办法。现在关系搞得比较好了，他是GPS定位的，会告诉你在什么地方，你去看看去。我们的人上去一看基本就有呢，就铲除了。有些在悬崖上很小的一片他有可能照不到。现在这个也是我们一个主要工作，我们也有专门的公安机构，但是现在公安局交到省林业厅管了，再一个公安上人也少，主要还是我们的职工协助去做这项工作，每年从宣传到铲除，费的劲可不少**（能力：协助执法能力）**。

问：在您工作的这一年里，有没有觉得做得不太满意的事例呢？

答：主要就是经费上，我们经费大部分由国家林业局给，所以基本上都还可以。其他就是一些控制的事情没有开展好，就像我刚才说的那个野外大熊猫监测的一些设备，高科技的一些东西投资少，人才也很缺乏，18万公顷，就我们130个人，所以人员太少。但是这个看来可能是没办法，这原来是咱们国家林业局和财政部核定下就是这么多，资金使用上除了工资待遇比较低，其他拨的那些经费基本上也就够了，养老金上稍微缺一点。当然，每年我们给他报预算，去年不够，今年就会有一些调整，但是工资待遇太低，这个确实是比较麻烦。我们每月2000元多一点，这几年工资就没变过，高科技的人才也就引不进来，引进来也留不住。

还有一点就希望国家、省里对我们的工作再重视一些。我们的工作政治责任比较大，出个事情，比如说死个熊猫什么的，国际影响、政治影响都比较大，而且责任重大，所以我们也格外注意，尽量避免一些问题的发生。所以这项工作要求有很高的责任心才行(**素质：责任心**)。

问：您觉得咱们教育培训方面目前还存在什么问题，或都遇到什么样的困难?

答：培训这个事情非常好，每半年培训一次，都很有必要。能够学一些知识、经验，听一听国家目前的动态，这些都很好。希望不要光给我们局长培训，也应该把主要的一些专业技术人员组织起来培训一下，这个方面我觉得咱们国家林业局应该组织一下，全国范围内要组织培训，一个单位来上1～2个主要业务人员，有个侧重点。比如侧重森林保护的，我就让主管森林保护的科长来，侧重动物保护的我就让主管动物保护的科长来。他们懂了，就不需要我回去再给他们传达了，他们本身就是实施人。他们会了，回去又可以给各保护站的工作人员进行培训。比如我们单位，我就定了一个学习制度，每周四下午是学习日，现在主要是法律法规知识的培训。这是上个月我开局务会议定下来的，现在开始执行(**能力：团队建设能力**)。我们对社区林农也有专门的培训，是由社区科来负责的，效果也很好。前一阵子他们有几个村的还到我办公室来聊天，说是通过我们的这个培训、宣传整个法律意识呀，保护环境的意识也都提高了，现在他们要是碰到这个滥捕滥猎野生动物的人，抓住了，就主动给我们送来了(**能力：社区关系处理能力**)。

我非常鼓励职工去学习，现在我们的科研力量还是有点薄弱。我们也有国家林业局专门划拨的培训方面的经费，这是列入计划的，所以经费上也还行。我们跟中国科学院、兰州大学都有搞一些项目，主要是动植物调查的。所以他们中国科学院每年专门去我们那里，跟我们合作搞一些调查。这个我还没有彻底理清，我下一步也要着手开展这项工作，看目前主要搞的是哪几个项目。

问：谈得挺好的，非常感谢您的配合，谢谢!

案 例 五

受访者：山西省×××局长

问：请介绍一下您的工作情况？

答：我××年中专毕业，读的是××省林业学校，当时学习了整个林业方面的基础知识，学得比较笼统。××年，我到山西××自然保护区，担任副局长，属于正科，我的技术职称是工程师，现在主要分管资源保护这一块的工作，主要是关于动物、植物的保护。在这以前我一直从事的是林业技术工作（**基本信息**）。

到了保护区之后，我发现保护区工作和林业技术工作是两个概念。因为自然保护区不搞建设这一块儿工作，主要是把现有的资源保护起来。××保护区主要保护的动物是褐马鸡，然后就是保护褐马鸡赖以生存的植物群落——云杉落叶群。它不搞植树造林、封山造林（**岗位职责信息**）。

问：您怎么看待保护区的工作？

答：通过3年多的工作，感觉保护工作不是光靠一个单位独立可以完成的，它需要全社会配合。我们这个自然保护区总面积是21453公顷，大概就是30万亩。而且这个保护区从主要一条沟进去，整个这一块就是一个乡，里面自然群（居民居住地）大概20多个。但是这2年由于社会形势的变化，常住人口大概2000多口。这里面也有搞旅游这一项，相应的游客这些外来人口比较多。我为什么要说保护工作需要全社会努力，因为这2000多口人生活在这里，需要有自己的生活。当地的农民以耕作为主，这里的地形大部分是坡地，本来这个坡地粮食产量不是很高，而且保护区范围内，动物、植物全部属于保护范畴，尤其是国家实施天保工程以来保护确实起到了作用，这两年动物比前几年多了。但是有些动物就对老百姓的生存构成了威胁，比如说野猪。打个比方，春季播种的时候，当地老百姓种的大豆、土豆、油麦这一类。土豆前一天种下去，第二天被野猪拱掉了，不清楚的以为是有人故意搞破坏。到了秋季收获的时候，野猪又提前下手。这个动物保护就和老百姓的生活构成了一定的威胁。

当地老百姓的思想境界、生态保护意识毕竟受他自身文化水平、生存环境的影响，有一定的局限性。他想的就是我种了这个地，我就是要收获多少粮食。你不管说成啥，我老百姓就是种地。我辛辛苦苦春天种进去，野猪要来，种了一次又一次。秋天收获了，野猪又来拱，本来我产量就不高。一说起来野猪又把我家里的地拱了情绪就很激动。老百姓是最实在的，你给他讲好多大道理，褐马鸡、野猪保护如何如何，他不想听。他就是野猪来搞破坏了。我很多时候都在想，咱们老百姓土生土长这么多年，毕竟是他先在这儿生活的，你后成立的保护区，1981 年成立的，这个你肯定要尊重老百姓。林区老百姓生活比较艰苦，现在煤炭价格非常高，尽管像我们临武县煤矿不少，但是他们根本就买不起，只能捡点山上的枯枝这一类的取暖、做饭。像这种情况，说实话，老百姓就是“靠山吃山”。尽管我们确实是要保护森林、保护动物，但是老百姓的生活太苦了。他们捡点枯枝、柴火，我们就睁一眼闭一眼。只要那个木柴不是现砍的，只要他看上去是枯枝，他扛回去烧火，我们也尊重他（**素质：服务群众意识；能力：社区关系处理能力**）。

野猪这个问题我们也经常和上面的保护区反映，但是各方面的原因，现在没有一个明确的法律法规。哪怕就是说上边根据我们这儿的情况，弄一条法律法规注明，如果发生这种情况给老百姓多少补偿啥的也行，可是到现在这个也没有。后来我们也想过，你就是向上边反映，你不能笼统地说野猪破坏老百姓生活，老百姓气得不行，也不能就干巴巴的这两句。后来我们就针对各个村里面，直属管理的，我们跟他们说，你们搞一个调查，弄一个具体数字。比如说，春天，野猪破坏老百姓耕地多少面积，秋天糟害了多少粮食，大致估个量，大豆糟害多少斤，土豆糟害多少斤。因为价格估计不出来，我们就要求数字尽量准确一些，为将来法规出台提供依据。制定法规也肯定是要有可量化的东西作依据，这样也方便补偿。这些数字我们拿过来汇总以后，到厅里面反映（**能力：沟通协调能力**）。现在从事保护区工作，它毕竟是公益事业，它产生的效益不像发电这类这么直接，它的效果是需要很长一段时间才能显现的。所以我们就考虑，通过新闻媒体呼吁全社会来重视这个事情，引起有关方面的重视，让具体的制度赶快出来。因为最近国家比较重视西双版纳这些地方，它威胁到人的生命，那个有补偿法。这个没有威胁到生命，只威胁到生存。我们就请了省里面两个报社记者，下来搞了一段时间调研。一个是去村里走访老百姓，另外正好到秋季，带记者去地里看野猪糟蹋过的地方。整个拍的摄像，都搞了一套。记者回去以后也发了文章。主要是做了这些工作（**能力：宣传发动能力**）。尽管是起了点作用，但是老百姓现在一见到还是说“你家的野猪”，还是这口气。好在保护区成立有保护褐马鸡这一项，所以在老百姓脑子里对保护动物这个概念还是非常强。所以尽管野猪糟害他们庄稼，他们也不会去打，更不要说褐马鸡。我们这里除了保护褐马鸡，还有黑獾，还有金钱豹。我来之前曾经有老百姓捕杀过褐马鸡，被处罚得非常重。这对老百姓震慑很大，从那以后一级保护动物没有人捕杀过。

我感觉作为××县当地政府来讲，特别是当地的乡镇，咱们这些年来跟他们沟通不少，他们在这一点上还是很支持我们工作的。尽管当地老百姓有这样那样的想法，但是当地政府还是跟我们一起做工作（**能力：沟通协调能力**）。

森林维护这一块，我感觉自己尽了最大努力了（**素质：自信心**）。首先一个就是宣传，这个非常重要。到防火季节，贴标语，带车带人到村里面散发传单，搞个大喇叭到村里面给他们喊一喊，这些都非常起作用的，当地老百姓脑子里都有这个概念的。下一步就是找重点人群，比方说针对不听话的小孩，我们去学校宣传，还有针对文化程度比较低的放羊的、痴呆傻的这些是重点对象，想办法怎么做宣传工作。再一个是针对外来人口，对这些人我们路口上都要设卡，没收火种。这个不是要把打火机之类的从他口袋里掏出去，不是这个意思。是我们跟他说，你来了，你看我们这个范围内现在防火非常紧张，你把你的火种留下，等你出来以后来领，我不要你的，咱们也要以人为本，以教育人为主（**素质：法治意识；能力：宣传发动能力**）。

第二，防火季节的时候，从事管护工作的所有人员，没事儿就戴着红袖章骑着摩托到山上到处转，起码要营造一个氛围，让大家感觉到这个防火抓得很严。这几年通过这些办法，效果还是挺好的，起码没有发生大火，林区起码没有，个别农田和灌木交叉的地方也许有一些，但是都没有造成大的火灾（**能力：森林资源管护能力**）。

第三，虫害方面主要靠观察，也就是护林员巡山的时候，要他去注意这些事情。每天上山每天转。这看个人工作方法，有的人也许管护就3天、5天不上山，就坐在村里边，肯定山上不出事儿。因为主要山上生活的就是老百姓，他是村里边的，这个人平时干啥的，平时什么喜好，观察一下就可以了，就把工作做到位了，不需要每天上山。也许有的人每天上山，1万多亩你也转不全，也许明天有人上山就着火了。我们局里面有个防检分组，平时如果发生虫害了，由他们负责来灭虫。我们那会儿容易发生绒松（音译），那叫什么大小洞？就容易发生这个。曾经发生过，但是很少一点面积，没有造成灾害。一般防检分组都有要求我们平时专门要有人观察，发生了以后赶紧上报，他们组织灭虫（**能力：森林资源管理能力**）。

现在保护区也有一个保护区条例，这些条例从实际运用来看，有些地方要改进，很多东西它不是太全面。保护区下边有派出所，派出所又不受保护区领导，它上边有自己的公安分局，尽管是派驻在保护区的，但也是双层领导。这种现象不利于开展工作。同样处理一起事件，比如老百姓破坏森林，有人说情，那么派出所处理起来就不按照咱们保护区的意思来处理。发生这种事情，下边有下边的实际情况，我们咋说呢？我们只能跟他们多沟通，叫他下次要注意一下这种情况，只能做到这样，我们毕竟不是他的直接领导。如果我领导他，他不按照我的意思正确处理，我明天把他所长免了。可是实际上你根本也涉及不到人家什么利害，你领导啥，你得管他的钱，你才能领导他。他不挣你工资，不挣你的补助，你领导他啥？（**能力：分析判断能力，沟通协调能力**）

另外一个就是，保护区毕竟是行政职能单位，而且里面很多方面涉及老百姓，涉及当地政府、林业系统，单位不统一，这是个大问题。如果有什么办法能把老百姓迁出去，把这个整个辖区范围形成保护区制度，实行封闭式的管理，我想保护效果要比现在好得多。这个问题涉及的单位比较多，因为现在对保护区直接管理的是山西××国有林管理局，这个管理局隶属于山西省林业厅省××局，跟县林业局、地区林业局是两个概念。这个在执法的过程中肯定要面对当地政府，当地政府又有各个部门，环保、公安局之类的，这些部门毕竟是当地的，跟保护区没啥关系，所以我们在执法过程中会遇到一些困难。假如你把老百姓迁出去，就不存在这个问题（**能力：行政执法能力**）。所以到现在为止，县里边好多包括局长、科局级一级干部，到县长一级干部，有很多人要这样说，这个林子是你保护区的，但是地是我××地区的。这个认识就很有问题。在这些问题上处理不是太成功，大多数情况是只能牺牲保护区的利益，这样才能跟当地把各项工作正常的维持下去，不然的话，工作就不好做。

问：您说的牺牲保护区利益，主要指的是什么？

答：我说的牺牲是发生林业执法案件的时候，咱们只能是主动做些让步。本来处罚力度重一点的，人家搬出地方政府这个靠山来，咱看对象只能是轻一点（**能力：行政执法能力**）。咱搞这个工作，不能处理问题的时候，人家给你什么条件，你就以权谋私。特别是有的时候，下边处理问题的时候，利益诱惑，咱绝对不沾这个事儿（**素质：原则性**）。具体怎么说呢？下面一些事情都不是太好说。林地范围里也许有矿山，有煤矿，一般老百姓根本没有能力雇个铲车、挖掘机什么的上去，他后面都有人，这些人都不是一般人。他这方面肯定通过很多关系，咱只能说我不干这个，你也别干这个，只能做到这个（**素质：自律意识**）。

我们那儿有也搞旅游，目前旅游主要是委托××公司。但是到现在为止我具体就是搞不清，它既然是开发应该是利害并存的，不能光从我这儿取利，你也应该承担一定的责任。这个风景点在我们的保护区内，但是在我们上边有一个××国有林管理局，是我们的领导。反过来我们又受林业厅保护区领导，我们是受双重领导。××这个旅游开发的时候，是上边和××集体达成的协议，但是这个协议具体什么情况我不太清楚。到现在为止我觉得这个旅游集团光从这里边取利，但是它的职责具体是啥，我都搞不清楚，我们也没有权力过问。

问：在你们的职责范围内可以过问吗？

答：这个怎么说，我也只能尽自己的心吧。我反正觉得这个集团承包旅游，我的担子更重了。我分管管护这一块，只能是自己多尽点心。目前没有出过事，没有发生火灾之类的事儿[**（欠缺）素质：责任心；（欠缺）能力：森林资源经营能力**]。

我们现在也不宣传××保护区，从我搞管护的来讲，我一个游人都不想要。我现在看到××集体的人就讨厌，我希望山上一个人都没有。我平时巡护山林的时候，特别是到了秋天，我们那地方受天气影响，国庆以后天就凉得很了，一般游客就不来了。特别那两天，我开着车在山上巡护的时候，看到一个人都没有，我心里非常非常地高兴。到夏天看到那个游客，哎呀，我讨厌得不行。我也跟××集团的人沟通过，他每年从五一到国庆搞旅游。五一的时候我那里山上还下雪，草都还是枯黄的，那个时候是最危险的时候，比冬天还危险。春天因为风大、草干，稍一点火星就不可收拾。他还要搞旅游，像今年我到五一的时候上山去看了一下，他搞旅游条幅倒是乱七八糟贴了不少，但是山上你真的实实在在协助我搞防火的人很少。我回去以后就在局务会上提，你们谁都可以搞旅游，但是我今天这个会上提出来，从今天开始我不让任何一个人进来了。而且我下去让管护站的人把栏杆放下来，锁上锁，来旅游的全部让回去，一个不要。旅游也就是××集团收费，利益分给我们20万元，我就跟他们说："你们是承包了，但是出了事情全是我的问题，与其我坐监狱，我先把这个事情制止。"当时签约的时候，他嘴上说得挺好，协助你防火，我们山上如何如何搞，采取哪些措施，如何如何防止游客上山引发火灾，当时说得倒是挺好的，结果一个没兑现。合同有，但是我没有见过。反正我停了也没跟他们打招呼，他停了有意见，跟我也说不上话，我不搭理[**（欠缺）能力：沟通协调能力**]。但是后来他们找了我上面的领导，所以有些工作就很无奈。

像今年春天的时候，山西、山东曾经发生过大火，春天是最危险的时候。唉，这事儿很多时候只能是侥幸地过了一年又一年。可以说在我任上没有发生过大火，因为我自己就能做到。到了秋季，采摘球果，他可能破坏树。我就一个多月住在山上不回去，白天晚上都带车出去，可以说受了非常大的苦（**素质：责任心、奉献精神**）。

我20多年大部分时间就是从事林业工作比较多，这么多年，我切身感受到国家现在林业发展有一个地方有点欠缺，就是投资造林，搞什么项目之类的。有些地方就根本不适合林业造林。我认为把这个钱用于小范围的把老百姓迁出去，那点钱搞移民，剩下的钱搞封山的话，绿化效果相当好。我现在工作中最棘手的也是这个问题。既然是保护区，就不要把人和动物成天混在一起。人的活动会影响到动物的繁殖，人找对象要找没人的地方，动物也一样。你每天来那么多游客，那么多村民采草药啥的，动物繁殖肯定是受影响的。如果把老百姓迁出去，要找个地方把他安定下来，帮助他们找一个存活的办法，他就不回去了。不回去这个山成了无人区，只要没有什么人活动，它自己就绿起来了。造林根本不是一次成活，每年都要补植补种，还要搞管护，才能好不容易活那么一点。这么多年国家钱不少花，真正造起来的林子很少。我说的这个建议就是适合我这个地方的（**能力：森林资源管护能力、分析判断能力**）。

问：你们的管护工作有什么困难吗？

答：作为林区来讲，首先一个应该先把林区职工的收入提高，这样他们才能安心地从事你这个社会公益事业。我参加工作到现在20多年了，我是正科，技术职称是工程师，现在工资2600元，还是享受省级事业单位的待遇，你看这个工资太少了。我们××保护区，当初1981年国家定的是27个编制，到目前为止，除了27个编制内的，还有7、8个不在编制里面的，正常上班的40个人。我们局有办公室、科研室、管护室、财务室。从事管护工作的加上我是15个人，40个人里面就有15个人是搞管护的，可以说力度很大。下面有5个管护站，每个管护站是2~3人，总共12个人，人员是非常非常少。打个比方说，我和你是一个管护站的，管护站都在深山老林里，我们都有自己的家庭、老人和小孩，比方我今天要回家一趟，那丢下你一个人，这边要出去巡山，那怎么弄。从现在来讲，我认为一是编制应该继续扩大，第二是增加经费，这个事业属于公益事业，应该动员全社会。比如说林区里面老百姓搬迁有困难，你不妨从上面专门给管护拨点经费，雇几个村里的人，这个效果应该很好，动用全社会共同管护**（能力：分析判断能力、团队建设能力）**。

另外，我们这个单位是在一个乡里面，周边环境不是太好。下一步厅里面的意思是把机关搬到城市，这也是为解决林区职工生活的一些具体问题，比如孩子上学，当地的教育很差。如果这些问题解决不了，他不可能安心工作。

问：你们保护区有科研任务吗？

答：我们有一个科研室，主要负责动物研究这方面，和其他保护局一起合作做过褐马鸡生活习性等方面的课题研究。这两年主要请一些高校老师，主要搞菌类的、昆虫类、两栖爬行类的研究。现在我们单位最需要引进的是搞动植物研究的专业人才。我们这儿职工学历比较低，科研室主任是专科，其他都是中专，纯粹4年本科毕业的我们单位目前为止没有，我这个还是函授本科。

问：谈得挺好的，非常感谢您的配合，谢谢！